NE능률 영어교과서

대한민국 고등학생 **10**명 중 **4.7** 명이 보는 교과서

영어 고등 교과서 점유율 1위

(7차, 2007 개정, 2009 개정, 2015 개정)

능률보카

그동안 판매된
능률VOCA 1,100만 부

대한민국 박스오피스
**천만명을 넘은 영화
단 28개**

리딩튜터

그동안 판매된
리딩튜터 1,900만 부
차곡차곡 쌓으면 19만 미터

**에베레스트
21 배 높이**

190,000m

에베레스트 8,848m

그래머존

그동안 판매된 400만 부의 그래머존을 바닥에 쭉 ~ 깔면

1000km 서울-부산 왕복가능

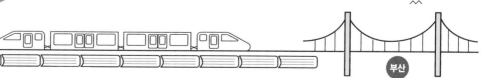

서울

부산

HIGH SCHOOL
ENGLISH 자습서

지 은 이 양현권, 강규한, 백순도, 남택현

연 구 원 조문영, 손은미, 이혜령, 류은정

영문교열 Thomas Field

디 자 인 내지: 우명균 표지: 로브웍스

맥 편 집 ㈜ 이츠북스

마 케 팅 박혜선, 남경진, 이지원, 김여진

영   업 한기영, 이경구, 박인규, 정철교, 하진수, 김남준, 이우현

NE능률이
미래를
창조합니다.

건강한 배움의 고객가치를 제공하겠다는 꿈을 실현하기 위해
42년 동안 열심히 달려왔습니다.

앞으로도 끊임없는 연구와 노력을 통해
당연한 것을 멈추지 않고

고객, 기업, 직원 모두가 함께 성장하는 NE능률이 되겠습니다.

NE 능률

HIGH SCHOOL
ENGLISH
자습서

양현권 ㅣ 강규한 ㅣ 백순도 ㅣ 남택현

NE 능률

Introduction

정답 및 예시 답안
교과서 문제에 대한 정답과 예시 답안을
쉽게 확인할 수 있습니다.

Solution
문제풀이에 도움에 되는 Solution을 제
공합니다.

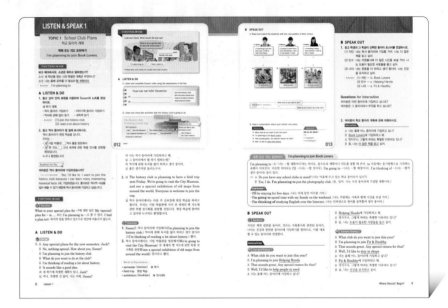

Words & Expressions
교과서 본문에 나오는 주요 어휘의 뜻풀
이 및 예문을 제공합니다.

본문 해석
교과서 본문 문장과 해석 문장에 동일 번
호를 붙여 찾아보기 쉽게 정리했습니다.

Structure
본문의 문법이나 구문에 대한 설명을 통
해 읽기 본문의 문법 사항을 자세하게
학습합니다.

Check It!
간단한 확인 문제를 통해 교과서의 핵심
내용을 이해했는지 확인합니다.

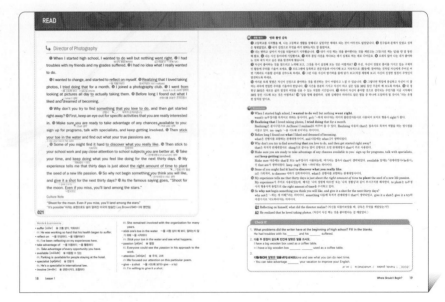

교과서가 한눈에!

교과서의 모든 문장에 대한 해석은 물론 주요 어휘와 구문에 대한 상세한 설명을 제공합니다.
또한 알아 두면 좋은 추가 표현이나 배경지식도 함께 제공합니다.

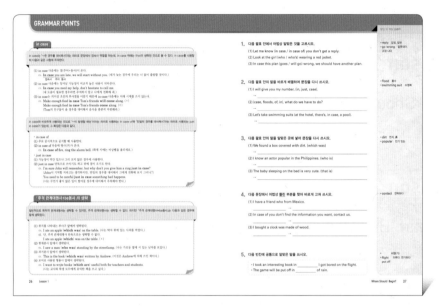

Grammar Points

– 상세한 문법 해설과 예문을 통해 각
단원의 핵심 문법을 학습합니다.

– 간단한 확인 문제부터 영작 문제까지
다양한 유형의 문제를 통해 핵심 문법
에 대한 이해를 확인합니다.

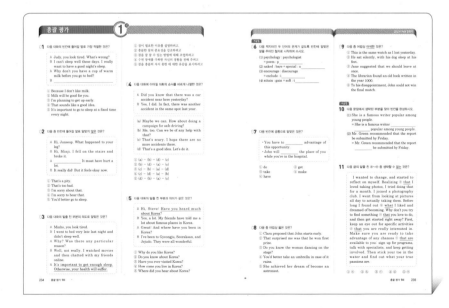

총괄 평가

내신 유형에 맞춘 총괄 평가를 통해 학
교 시험에 대비합니다.

Contents

LESSON 1

어디서 시작해야 할까?

Where Should I Begin?

의사소통 기능

- 계획 또는 의도 표현하기
  I'm planning to join Book Lovers.
  나는 Book Lovers에 가입할 예정이다.

- 제안하기
  Why don't you join the Get Along Program?
  Get Along 프로그램에 가입하지 그러니?

단원 미리 보기

What do you want to do in this lesson?

WRITE

New School Year Resolutions

ACROSS SUBJECTS

Bucket List for Teens

STRUCTURES

• I keep my paint brush **in case** I need it.
• Take advantage of any chances **(that are)** available to you.

YOUR GOALS

- _____
- _____

LESSON QUESTION

What are you planning to do this new school year?
여러분은 이번 새 학년에 무엇을 할 계획입니까?

Sample Answer

• I'm planning to study harder.
나는 공부를 더 열심히 할 계획이에요.
• I'm planning to exercise every day.
나는 매일 운동할 계획이에요.

이번 단원에서 무엇을 배우고 싶은가요?
여러분의 목표

- _____
- _____

언어 형식

• in case
I keep my paint brush **in case** I need it. 그것이 필요할 경우에 대비해 나는 내 페인트 붓을 가지고 다닌다.

• 「관계대명사+be동사」의 생략
Take advantage of any chances **(that are) available to you**. 너에게 주어진 어떤 기회라도 이용해라.

LISTEN & SPEAK 1

TOPIC 1 School Club Plans
학교 동아리 계획

계획 또는 의도 표현하기
I'm planning to join Book Lovers.

FUNCTIONS IN USE

보고 체크하시오. 소년은 뭐라고 말하겠는가?
소녀 새 학년을 맞는 너의 특별한 계획은 무엇이니?
소년 나는 올해 공부를 더 열심히 할 계획이야.
Answer I'm planning to

A LISTEN & DO

1. 듣고 상자 안의 표현을 이용하여 Susan의 노트를 완성하시오.

새 학기 계획
- 역사 동아리 가입하기   • 이야기책 동아리 가입하기
- 역사에 관해 많이 읽기   • 과학책 읽기
  Answer (1) join the history club
  (2) read a lot about history

2. 듣고 역사 동아리가 할 일에 표시하시오.
역사 동아리가 현장 학습을 갑니다.
우리는 …
- ☑ 시립 박물관 ☐ 역사 홀을 방문해서
- ☑ 옛 지도 ☐ 고대 세계에 관한 특별 전시를 관람할 예정입니다.
누구나 환영합니다!

Question for You

여러분은 역사 동아리에 가입하겠습니까?

Sample Answer Yes, I'd like to. I want to join the history club because I can learn many interesting historical facts. (네, 가입하겠습니다. 흥미로운 역사적 사실을 많이 배울 수 있기 때문에 역사 동아리에 가입하고 싶습니다.)

FUNCTIONS IN USE

Solution

What is your special plan for ~?에 대한 답은 My (special) plan for ~ is .... 또는 I'm planning to ~.로 할 수 있다. I had a plan to는 과거의 일을 말하고 있으므로 빈칸에 어울리지 않는다.

A LISTEN & DO

Script

1. G Any special plans for the new semester, Jack?
B No, nothing special. How about you, Susan?
G I'm planning to join the history club.
B What do you want to do at the club?
G I'm thinking of reading a lot about history.
B It sounds like a good idea.
여 새 학기에 특별한 계획이 있니, Jack?
남 아니, 특별한 건 없어. 너는 어때, Susan?

FUNCTIONS IN USE

Look and check. What would the boy say?

What is your special plan for the new school year?

_____ work harder this year.

○ I'm planning to   ○ I had a plan to

■ Now listen and check the answer with your partner.

A LISTEN & DO

1. Listen and complete Susan's note using the expressions in the box.

PLAN FOR THE NEW SEMESTER
(1) _____
(2) _____

- join the history club
- join the story book club
- read a lot about history
- read science books

2. Listen and check the activities that the history club is going to do.

The History Club
Is Having a Field Trip

We're going to …
- visit ☐ the City Museum ☐ the History Hall
- see a special exhibition of ☐ old maps ☐ the old world
Everyone is welcome!

Question for You
Would you like to join the history club?
☐ Yes, I'd like to.
☐ No, I don't want to.

012 Lesson 1

여 나는 역사 동아리에 가입하려고 해.
남 그 동아리에서 뭘 하기 원하는데?
여 역사에 관해 독서를 많이 하려고 생각 중이야.
남 좋은 생각처럼 들리는구나.

2. M The history club is planning to have a field trip next Friday. We're going to visit the City Museum, and see a special exhibition of old maps from around the world. Everyone is welcome to join the trip.
남 역사 동아리에서는 다음 주 금요일에 현장 학습을 하려고 합니다. 우리는 시립 박물관에 가서 전 세계의 옛 지도에 관한 특별 전시회를 관람할 것입니다. 현장 학습에 참여하고 싶다면 누구라도 환영합니다.

Solution

1. Susan은 역사 동아리에 가입해서(I'm planning to join the history club.) 역사에 관해 독서를 많이 하려고 생각 중이라고(I'm thinking of reading a lot about history.) 했다.

2. 역사 동아리에서는 시립 박물관을 방문해서(We're going to visit the City Museum) 전 세계의 옛 지도에 관한 특별 전시회를 관람할(see a special exhibition of old maps from around the world) 것이라고 했다.

Words & Expressions
- semester [siméstər] 명 학기
- field trip 현장 학습
- exhibition [èksəbíʃən] 명 전시(회)

8   Lesson 1

B SPEAK OUT

1. Read and match the students with the club posters of their choice.

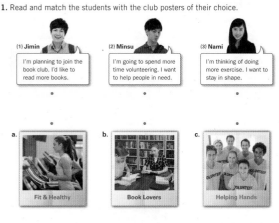

(1) **Jimin**
I'm planning to join the book club. I'd like to read more books.

(2) **Minsu**
I'm going to spend more time volunteering. I want to help people in need.

(3) **Nami**
I'm thinking of doing more exercise. I want to stay in shape.

a. Fit & Healthy

b. Book Lovers

c. Helping Hands

Questions for Interaction

What club do you want to join?

What do you want to do at the club?

2. Have a conversation about your school club plans.

Interaction

A: What club do you want to join this year?
B: I'm planning to join <u>Book Lovers</u>.
A: That sounds great. Any special reason for that?
B: Well, I'd like to <u>read more books</u>.

Expression +

계획 또는 의도 표현하기
• I'll ... .
• I'm going to ... .
• I'm thinking of ... .

013

B SPEAK OUT

1. 읽고 학생과 그 학생이 선택한 동아리 포스터를 연결하시오.
   (1) 지민: 나는 독서 동아리에 가입할 거야. 나는 더 많은 책을 읽고 싶어.
   (2) 민수: 나는 자원봉사에 더 많은 시간을 보낼 거야. 나는 도움이 필요한 사람들을 돕고 싶어.
   (3) 나미: 나는 운동을 더 하려고 생각 중이야. 나는 건강을 유지하고 싶어.

   Answer (1) 지민 — b. Book Lovers
   (2) 민수 — c. Helping Hands
   (3) 나미 — a. Fit & Healthy

Questions for Interaction

여러분은 어떤 동아리에 가입하고 싶나요?
여러분은 그 동아리에서 무엇을 하고 싶나요?

2. 여러분의 학교 동아리 계획에 관해 대화하시오.

Interaction

A 너는 올해 어느 동아리에 가입하고 싶니?
B <u>Book Lovers</u>에 가입하려고 해.
A 멋지구나. 그렇게 하려는 특별한 이유라도 있니?
B 음, 나는 <u>더 많은 책을 읽고 싶어</u>.

계획 또는 의도 표현하기 | **I'm planning to join Book Lovers.**

I'm planning to ~는 '나는 ~할 계획이다'라는 의미로, 앞으로의 계획이나 의도를 말할 때 쓴다. to 다음에는 동사원형으로 시작하는 표현이 이어진다. 비슷한 의미로는 I'll ~(나는 ~할 것이다), I'm going to ~(나는 ~할 예정이다), I'm thinking of ~(나는 ~할까 생각 중이다) 등이 있다.

ex. A Do you have any school clubs in mind? (너는 마음에 두고 있는 학교 동아리가 있니?)
   B Yes, I do. **I'm planning to** join the photography club. (응, 있어. 나는 사진 동아리에 가입할 계획이야.)

Expression +

• **I'll** be staying for five days. (나는 닷새 동안 머무를 거야.)
• **I'm going to** spend time with my family on the weekend. (나는 주말에는 가족과 함께 시간을 보낼 거야.)
• **I'm thinking of** studying English over the Internet. (나는 인터넷으로 영어를 공부할까 생각 중이야.)

B SPEAK OUT

Solution

지민은 책과 관련된 동아리, 민수는 자원봉사와 관련된 동아리, 나미는 건강과 관련된 동아리에 가입하기를 원하므로, 이를 대표할 수 있는 동아리와 연결한다.

Interaction

Sample Dialog 1

A What club do you want to join this year?
B I'm planning to join <u>Helping Hands</u>.
A That sounds great. Any special reason for that?
B Well, I'd like to <u>help people in need</u>.
A 너는 올해 어느 동아리에 가입하고 싶니?
B <u>Helping Hands</u>에 가입하려고 해.
A 멋지구나. 그렇게 하려는 특별한 이유라도 있니?
B 음, 나는 <u>도움이 필요한 사람들을 돕고 싶어</u>.

Sample Dialog 2

A What club do you want to join this year?
B I'm planning to join <u>Fit & Healthy</u>.
A That sounds great. Any special reason for that?
B Well, I'd like to <u>stay in shape</u>.
A 너는 올해 어느 동아리에 가입하고 싶니?
B <u>Fit & Healthy</u>에 가입하려고 해.
A 멋지구나. 그렇게 하려는 특별한 이유라도 있니?
B 음, 나는 <u>건강을 유지하고 싶어</u>.

TOPIC 2 New School Year Worries
새 학년 고민들

제안하기
Why don't you join the Get Along Program?

보고 체크하시오. 소녀는 뭐라고 말하겠는가?
소년 더 건강해지려면 내가 뭘 해야 할까?
소녀 매일 운동을 하지 그러니?
〔Answer〕 Why don't you

A LISTEN & DO

1. 두 개의 대화를 듣고 대화에서 이루어지는 제안을 고르시오.
   더 건강하고 더 행복한 삶을 위하여
   a. 잠자리에 들기 전에 따뜻한 우유 한 컵을 마셔라.
   b. 더 적게 먹고 더 많이 운동해라.
   c. 며칠 휴식을 취해라.
   d. 자신이 가지고 있는 것을 즐겨라.
   〔Answer〕 a, c

2. 듣고 상자 안의 표현을 이용하여 요약문을 완성하시오.
   소년은 더 건강해지기를 원했고, 소녀는 그에게 운동을 더
   하고 학교에 걸어가라고 말했다.
   〔Answer〕 (1) get healthier
   (2) walk to school

〔Question for You〕
여러분은 소년에게 무슨 제안을 할 수 있습니까?
〔Sample Answer〕 Why don't you take a walk every day? (매일 산책을 하는 게 어때?)

🔊 Solution

Why don't you ~?(~하지 그러니?)는 제안할 때 쓰는 표현이다.

A LISTEN & DO

🔊 Script

1. (1) **B** Judy, you look tired. What's wrong?
   G I can't sleep well these days. I really want to have a good night's sleep.
   B Why don't you have a cup of warm milk before you go to bed?
   G That sounds like a good idea.
   남 Judy, 너 피곤해 보여. 무슨 문제가 있니?
   여 요즘 통 잠을 잘 못 자. 정말 밤에 푹 잤으면 좋겠어.
   남 자러 가기 전에 따뜻한 우유 한 컵 마시는 게 어때?
   여 그거 참 좋은 생각이구나.

   (2) **G** You look worried.
   B Yes, I'm stressed out and don't know what to do about it.
   G You need some rest. Why don't you take a

Look and check. What would the girl say?

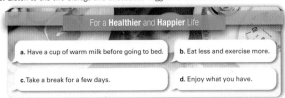

What should I do to get healthier?

_____ work out every day?

○ Why don't you   ○ Why do you

■ Now listen and check the answer with your partner.

A LISTEN & DO

1. Listen to the two dialogs and choose the suggestions made in them.

For a **Healthier** and **Happier** Life

a. Have a cup of warm milk before going to bed.

b. Eat less and exercise more.

c. Take a break for a few days.

d. Enjoy what you have.

2. Listen and complete the summary using the expressions in the box.

The boy wanted to (1) _____,
and the girl told him to exercise more
and (2) _____.

Question for You
What suggestions can you make to the boy?

• walk to school   • get up early   • get healthier

   break for a few days?
   B All right. I think I should do that.
   여 너 걱정스러워 보여.
   남 맞아, 스트레스를 받는데 어떻게 해야 할지 모르겠어.
   여 휴식이 좀 필요하겠구나. 며칠 휴식을 취하는 게 어때?
   남 알았어. 그래야 할 것 같아.

2. **B** I want to get healthier, but it's not easy.
   G Why don't you exercise more, John?
   B I want to, but I don't have enough time to do exercise.
   G Then how about walking to school instead of taking the bus?
   B I tried that several times, but it's easier said than done.
   G Well, nothing can be achieved without hard work and patience.
   B You sound just like my mom. She always says, "Patience is bitter, but its fruit is sweet."
   남 나는 더 건강해지고 싶은데 쉽지가 않아.
   여 운동을 더 하지 그래, John?
   남 그러고 싶지만 운동할 시간이 충분하지 않아.
   여 그럼 학교에 버스 타고 가는 대신에 걸어가는 건 어때?
   남 몇 번 시도해 봤는데 말하기는 쉬워도 행하기는 어려워.
   여 음, 노력과 인내가 없이는 어떤 것도 이룰 수 없어.
   남 너는 우리 엄마처럼 말하는구나. 엄마는 "인내는 쓰지만 열매는 달다"라고 늘 말씀하시거든.

B SPEAK OUT

1. Read and match the worries or concerns with the appropriate suggestions.

Starting a new school year, you may have worries or concerns.

Here are some suggestions to help you.

(1) I'm putting on weight.

a. Pay more attention to school work.

(2) My grades are getting worse.

b. Join the Get Along Program.

(3) I have trouble making new friends.

c. Do exercise regularly.

Questions for Interaction

What worries does your partner have?

What suggestions can you make to your partner?

2. Have a conversation about your worries.

Interaction

A: What's up? Are you worried about something?
B: Well, I have trouble making new friends.
A: Why don't you join the Get Along Program?
B: Thank you. I think I should do that.

Expression+

제안하기
• How(What) about ...?
• Would it be a good idea to ...?
• You'd better ....

015

B SPEAK OUT

1. 읽고 걱정이나 고민을 알맞은 제안과 연결하시오.

새 학년을 시작하면서 여러분은 걱정이나 고민을 갖게 될 수 있습니다.
(1) 나는 몸무게가 늘고 있어요.
(2) 성적이 더 나빠지고 있어요.
(3) 새 친구들을 사귀는 게 어려워요.

여기 여러분을 도울 제안이 있답니다.
a. 학업에 더 집중하세요.
b. Get Along 프로그램에 가입하세요.
c. 규칙적으로 운동하세요.

Answer (1) I'm putting on weight. – c
(2) My grades are getting worse. – a
(3) I have trouble making new friends. – b

Questions for Interaction

여러분의 짝은 어떤 걱정이 있나요?
여러분은 짝에게 어떤 제안을 해 줄 수 있나요?

2. 여러분의 걱정에 관해 대화하시오.

Interaction

A 무슨 일 있니? 뭔가가 걱정스럽니?
B 음, 나는 새 친구들을 사귀는 게 어려워.
A Get Along 프로그램에 가입하지 그러니?
B 고마워. 그래야겠어.

| 제안하기 | **Why don't you join the Get Along Program?** |

Why don't you ~?는 '~하지 그러니?'라는 의미로, 상대방에게 무언가를 제안할 때 쓰는 표현이다. you 다음에는 동사원형으로 시작하는 표현이 이어진다. 비슷한 의미로는 How(What) about ~?(~하는 게 어때?), Would it be a good idea to ~?(~하는 게 좋은 생각일까?), You'd better ~.(너는 ~하는 것이 좋겠어.) 등이 있다.

ex. A Mom's birthday is coming. I don't know what to do for her. (곧 엄마 생신이야. 뭘 해 드려야 할지 모르겠어.)
    B **Why don't you** prepare a surprise party for her? (엄마를 위해 깜짝 파티를 준비하지 그러니?)

Expression+

• **How(What) about** recycling bottles and cans? (병과 캔을 재활용하는 건 어때?)
• **Would it be a good idea to** buy a new computer? (새 컴퓨터를 사는 게 좋은 생각일까?)
• **You'd better** tell the truth to your parents. (부모님께 사실을 말씀드리는 게 좋을 거야.)

B SPEAK OUT

 Solution

(1)은 체중 증가, (2)는 성적 하락, (3) 사교성 부족에 관한 고민이므로, 각각 건강, 학업, 교우 관계와 관련 있는 제안과 연결한다.

Interaction

Sample Dialog 1

A What's up? Are you worried about something?
B Well, I'm putting on weight.
A Why don't you do exercise regularly?
B Thank you. I think I should do that.
A 무슨 일 있니? 뭔가가 걱정스럽니?

B 음, 나는 몸무게가 늘고 있어.
A 규칙적으로 운동하지 그러니?
B 고마워. 그래야겠어.

Sample Dialog 2

A What's up? Are you worried about something?
B Well, my grades are getting worse.
A Why don't you pay more attention to school work?
B Thank you. I think I should do that.
A 무슨 일 있니? 뭔가가 걱정스럽니?
B 음, 성적이 더 나빠지고 있어.
A 학업에 더 집중하지 그러니?
B 고마워. 그래야겠어.

CONVERSATION IN ACTION

새 학년의 시작은 새 출발을 할 수 있는 좋은 기회입니다. 여러분의 시작은 어떻습니까?

A GET SET

듣고 Cathy가 새 학년에 생각하고 있는 것을 고르시오.

Answer | b

B ACT OUT

1. 보고 그림을 순서에 맞게 배열하시오.

A 남 Cathy, 새 학년을 맞이해서 결심한 것이 있니?

여 응, 올해는 게임을 더 적게 하려고 생각하고 있어.

C 남 어려운 일처럼 들리는데.

여 그렇기는 하지만 우리는 고등학교 첫해를 시작하니까 공부에 좀 더 집중하려고 계획하고 있어.

D 남 좋은 생각이야. 영감을 얻기 위해 사람 책을 방문해 보지 그러니?

여 사람 책이라면 학생들에게 자신의 경험을 나누는 전문가를 말하는 거 아니니?

B 남 응, 맞아. 나는 지난주에 그들을 방문했는데, 새로운 출발에 도움이 될 멋진 아이디어를 얻었어.

여 글쎄, 나는 잘 모르겠지만. 아무튼 고마워.

Answer | A – C – D – B

2. 다시 듣고, 짝과 역할극을 해 보시오.

A GET SET

Listen and choose what Cathy is thinking about for the new school year.

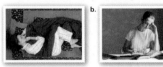

B ACT OUT

1. Look and place the pictures in order.

A. Cathy, do you have any resolutions for the new school year?

Yes, I'm thinking of playing fewer games this year.

B. Yes, they are. I visited them last week, and got some great ideas for a new start.

Well, I don't know, but thank you anyway.

C. That sounds like a tough one.

D. That's a good idea. Why don't you visit the living books for inspiration?

Yeah, but we're starting the first year of high school, and I'm planning to focus more on my studies.

They are the experts who share their experiences with students, aren't they?

2. Listen again, and act out the dialog with your partner.

Sounds in Use

I'm planning to focus more on my studies.

Why don't you visit the living books for inspiration?

Sounds in Use

- I'm planning to focus more on my studies. 나는 공부에 좀 더 집중하려고 계획하고 있어.
  I am[aiǽm]은 축약되어 I'm[aim]으로 소리 난다.
- Why don't you visit the living books for inspiration? 영감을 얻기 위해 사람 책을 방문해 보지 그러니?
  끝소리가 /t/인 단어와 첫소리가 /j/인 단어가 연이어 오면 두 음이 연음되어 /tʃ/로 소리 난다.

A GET SET

Script

B Cathy, do you have any resolutions for the new school year?

G Yes, I'm thinking of playing fewer games this year.

B That sounds like a tough one.

G Yeah, but we're starting the first year of high school, and I'm planning to focus more on my studies.

B That's a good idea. Why don't you visit the living books for inspiration?

G They are the experts who share their experiences with students, aren't they?

B Yes, they are. I visited them last week, and got some great ideas for a new start.

G Well, I don't know, but thank you anyway.

Solution

Cathy는 I'm planning to focus more on my studies.라고 새 학년 계획을 말하고 있으므로, 가장 관련 있는 것은 b이다.

B ACT OUT

Solution

내용상 C의 소년의 말에서 That은 A의 I'm thinking of playing fewer games this year를 가리키고, D의 소년의 말에서 That은 C의 I'm planning to focus more on my studies를 가리킨다. B의 소년의 말 Yes, they are.는 D의 aren't they?에 대한 대답이므로, A – C – D – B의 순서가 알맞다.

Words & Expressions

- resolution [rèzəljúːʃən] 명 결심
- be thinking of -ing ~하려고 생각 중이다
- tough [tʌf] 형 어려운
- focus on ~에 집중하다
- living book 사람 책 (=human book)
- inspiration [ìnspəréiʃən] 명 영감, 고취
- expert [ékspəːrt] 명 전문가
- share ~ with ... ~을 …와 나누다
- experience [ikspíəriəns] 명 경험
- anyway [éniwèi] 부 아무튼, 어쨌든

12   Lesson 1

A LISTENING FOR REAL

Listen and complete the graph using the expressions in the box.

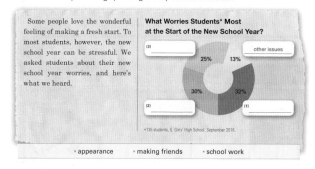

Some people love the wonderful feeling of making a fresh start. To most students, however, the new school year can be stressful. We asked students about their new school year worries, and here's what we heard.

What Worries Students* Most at the Start of the New School Year?

(3) _____   other issues
25%   13%
30%   32%
(2) _____   (1) _____

*135 students, S. Girls' High School, September 2016.

• appearance   • making friends   • school work

B SPEAKING FOR REAL

Talk about your plans for the new school year with your partner and put them on the class blog.

What are you planning to do this school year?

I'm planning to....

▶ Go to p.192 for a sample dialog and answer.

Speaking Tip
새로운 학교생활을 시작하는 마음가짐과 계획을 구체적 내용으로 마련하여 대화해 봅시다.
Listen & Speak 1의 계획 또는 의도 표현하기 활동과 Listen & Speak 2의 제안하기 활동에서 익힌 표현도 활용해 봅시다.

Stop & Reflect	I think ...	My partner thinks ...
I can complete the graph about my new school year worries.	☺ ☺ ☺	☺ ☺ ☺
I can talk about my new school year plans.	☺ ☺ ☺	☺ ☺ ☺
I can work together with a partner in preparing and presenting plans.	☺ ☺ ☺	☺ ☺ ☺

017

REAL-LIFE TASKS

A LISTENING FOR REAL

듣고 상자 안의 표현을 이용하여 그래프를 완성하시오.
어떤 사람들은 새 출발을 하는 멋진 느낌을 좋아한다. 하지만 대부분의 학생들에게 새 학년은 스트레스 요인일 수 있다. 우리는 학생들에게 새 학년을 맞이하는 걱정에 관해 질문했는데, 여기에 우리가 들은 대답이 있다.

Answer (1) school work
(2) making friends
(3) appearance

B SPEAKING FOR REAL

새 학년 계획에 대해 짝과 이야기하고, 학급 블로그에 게시해 보시오.
이번 학년에는 뭘 하려고 계획하고 있니?
나는 …하려고 계획하고 있어.

Stop & Reflect
나는 새 학년을 맞는 걱정에 관해 그래프를 완성할 수 있다.
나는 새 학년 계획에 관해 말할 수 있다.
나는 짝과 계획을 준비하고 발표하는 일을 함께 할 수 있다.

Speaking Tip   Talking about your plans for the new school year

새 학년을 맞아 계획에 관해 말하기
교과서에 제시된 Sample Dialog와 Sample Answer를 참고하여 자신의 계획을 말한다. 계획을 말하는 의사소통 기능인 I'm planning to ~를 활용하여 말할 수도 있지만, 이미 알고 있는 표현인 I want to ~나 I'd like to ~를 이용하여 말할 수도 있다. 짝과 새 학년 계획에 관해 대화할 때는 Listen & Speak 2에서 배운 Why don't you ~? 표현을 이용하여 짝에게 새 학년에 하면 좋을 일을 제안해 줄 수도 있다.

A LISTENING FOR REAL

Script

W Thirty-two percent of students worry about their school work, thirty percent have problems making friends, and twenty-five percent are concerned about their appearance.

여 32퍼센트의 학생들은 자신의 학업에 대해서 걱정하고, 30퍼센트의 학생들은 친구를 사귀는 데 문제를 가지고 있으며, 25퍼센트의 학생들은 자신의 외모에 대해서 걱정한다.

Solution

학생들의 고민 중 학업(school work)이 32퍼센트로 1위, 친구 사귀기(making friends)가 30퍼센트로 2위, 외모(appearance)가 25퍼센트로 3위를 차지하고 있다.

B SPEAKING FOR REAL

Sample Dialog

A What are you planning to do this school year?

B I'm planning to study harder. I'm also going to eat more healthy food. In addition, I'm thinking of joining a volunteer club.

A 너는 이번 학년에 뭘 할 계획이니?

B 나는 더 열심히 공부할 거야. 나는 또한 건강에 좋은 음식을 더 많이 먹을 거야. 그리고 나는 자원봉사 동아리에 가입할 생각이야.

Sample Answer A new school year has started. I have a wonderful feeling and want to make a fresh start. I'm planning to do some great new things this year. Here's what I want to do: I'm planning to study harder; I'm going to eat more healthy food; I'm thinking of joining a volunteer program.

새 학년이 시작되었다. 나는 기분이 아주 좋고 새로운 출발을 하고 싶다. 나는 올해 몇 가지 굉장한 일을 하려고 계획하고 있다. 내가 하고 싶은 일은 다음과 같다. 나는 더 열심히 공부하고, 건강에 좋은 음식을 더 많이 먹고, 자원봉사 프로그램에 가입하려고 생각하고 있다.

ACROSS CULTURES

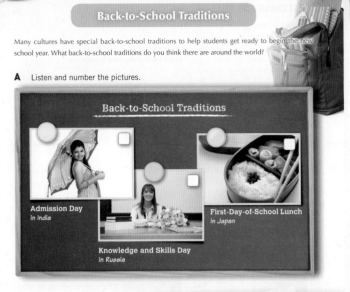

새 학기 전통들

많은 문화권에는 학생들이 새 학년을 시작하도록 준비를 도와주는 특별한 새 학기 전통들이 있습니다. 세계에는 어떤 새 학기 전통들이 있다고 생각하나요?

A 듣고 사진에 번호를 쓰시오.
새 학기 전통들

> Answer   Admission Day(입학식), 인도 – 3
> Knowledge and Skills Day(지식과 기술의 날), 러시아 – 1
> First-Day-of-School Lunch(등교 첫날 점심 도시락), 일본 – 2

B 새 학기 전통에 관해 인터넷을 검색하시오. 전통에 관한 사진과 간단한 설명을 준비하시오.

> 예시   인도에서는 학년이 시작되는 첫날은 우기가 시작되는 시기이다. 모든 학생은 새 우산을 새 학기를 맞는 특별한 선물로 받는다.

새 학기 전통에 관해 인터넷에서 더 많은 것을 배워 보세요.
검색어: 새 학기 전통/praveshanotshavan/schultuete
/학기 첫날 전통

C 사진과 설명을 학급에 발표하고, 가장 재미있는 것을 뽑으시오.

Back-to-School Traditions

Many cultures have special back-to-school traditions to help students get ready to begin the new school year. What back-to-school traditions do you think there are around the world?

A   Listen and number the pictures.

Back-to-School Traditions

Admission Day *in India*

Knowledge and Skills Day *in Russia*

First-Day-of-School Lunch *in Japan*

B   Search the Internet for a back-to-school tradition. Prepare a picture and a brief description of the tradition.

Example   The first day of school comes at the start of the rainy season in India. Every student gets a brand-new umbrella as a special back-to-school gift.

Learn more on the Internet about back-to-school traditions

Search Words   back-to-school tradition   *praveshanotshavan*   *schultuete*   first day of school tradition

C   Present your picture and description to the class, and vote for the most interesting one.

▶ Go to p.192 for a sample answer

018

A

🎧 **Script**

1. We start our school year on September 1, which we celebrate as 'Knowledge and Skills Day.' We bring beautiful flowers for our new teachers. We don't have to worry about making new friends, because we stay in the same class from first to tenth grade!
우리는 새 학기를 9월 1일에 시작하는데, 우리는 그날을 '지식과 기술의 날'로 축하한다. 우리는 새로운 선생님들에게 아름다운 꽃을 가져간다. 우리는 새 친구를 사귀는 것에 대해 걱정할 필요가 없는데, 1학년에서 10학년까지 같은 반에 머물기 때문이다!

2. Our school year begins in April and ends in March. Many of us bring a special lunch for the first day of school. The lunch usually contains rice with special sauce and eggs. This is believed to bring us good luck.
우리의 한 학년은 4월에 시작해서 3월에 끝난다. 많은 학생은 개학일에 특별한 점심 도시락을 가지고 온다. 점심 도시락에는 일반적으로 특별한 소스와 달걀을 곁들인 밥이 담겨 있다. 우리는 이러한 도시락이 행운을 가져다준다고 믿는다.

3. We get special gifts on the first day of school, called *praveshanotshavan*, Admission Day. Because the first day of school comes at the start of the rainy season, the gifts often include a brand-new umbrella.
우리는 praveshanotshavan, 즉 개학일이라고 불리는 새 학

년 첫날에 특별한 선물을 받는다. 새 학년 첫날은 우기가 시작되는 기간에 해당되기 때문에 선물에는 종종 새 우산이 포함된다.

🎧 **Solution**

1은 Knowledge and Skills Day로 지정된 새 학기 전통, 2는 특별한 점심 도시락을 가져오는 새 학기 전통, 3은 우산을 선물로 받는 새 학기 전통에 관해 말하고 있다.

B

Sample Answer   School kids in Germany carry a school bag called *schultuete* on the first day of school. But this is not a backpack! It is a paper or plastic package. It is filled with not only school supplies but also candy. They want to have a sweet school year!
독일의 아이들은 학년 첫날에 schultuete라고 부르는 책가방을 가지고 간다. 그러나 이것은 배낭은 아니다! 그것은 종이나 플라스틱으로 된 꾸러미이다. 그것은 학용품뿐만 아니라 사탕으로 가득 차 있다. 그들은 달콤한 학년이 되기를 원한다!

Words & Expressions

- **celebrate** [séləbrèit]   ⑧ 축하하다
- **knowledge** [nάlidʒ]   ⑲ 지식
- **contain** [kəntéin]   ⑧ 포함하다
- **admission day**   개학일
- **rainy season**   우기
- **include** [inclúːde]   ⑧ 포함하다
- **brand-new** [brǽndnjúː]   ⑲ 새로운, 신상품인

A TOPIC PREVIEW

Read and choose the title for the passage.

> Do you have difficulty finding someone to turn to for advice? Do you have personal concerns but don't want to discuss them with your parents, teachers, or friends? Why don't you check out a living book and talk one-on-one about your concerns and worries?

a. Check Out a Living Book
b. Turn to Parents for Advice
c. Teens Have Concerns

B EXPRESSIONS FOR READING

Complete the passage using the expressions in the box.

> **How can I do well in high school?**
>
> I need to ⁽¹⁾ _____ myself, and ⁽²⁾ _____ what I'm good at.
>
> I have to ⁽³⁾ _____ what I feel like doing most.
>
> I also need to accept myself, think of something positive, and try to ⁽⁴⁾ _____ my mistakes.
>
> • find out   • keep doing   • learn from   • reflect on

Question for You

What are your worries and resolutions for the new school year?

019

A TOPIC PREVIEW

읽고 글의 제목을 고르시오.
조언을 구하는 데 의지할 수 있는 사람을 찾는 데 어려움이 있나요? 개인적인 걱정거리가 있지만 부모님, 선생님, 또는 친구에게 그것을 의논하고 싶지는 않나요? 그렇다면 사람 책을 대출해서 일대일로 여러분의 고민과 걱정거리에 관해 말해 보는 것은 어떤가요?
a. 사람 책을 대출하라   b. 부모님께 조언을 구하라
c. 십 대들의 고민
(Answer) a

B EXPRESSIONS FOR READING

상자 안의 표현을 이용하여 글을 완성하시오.
어떻게 하면 고등학교에서 잘해 나갈 수 있을까?
나는 자신을 돌아보고 내가 잘하는 것을 찾을 필요가 있다. 나는 내가 가장 하고 싶은 것을 계속해 나가야 한다. 또한 자신을 받아들이고 긍정적인 것을 생각하며 실수로부터 배우도록 노력할 필요가 있다.
(Answer) (1) reflect on (2) find out (3) keep doing
　　　　　(4) learn from

Question for You

여러분의 새 학기 걱정과 결심은 무엇입니까?
(Sample Answer) I'm worried about my grades, and I'm planning to study harder. (나는 성적이 걱정스러워서 더 열심히 공부할 계획입니다.)

• I need to reflect on myself, and find out **what** I'm good at.
  what은 선행사를 포함한 관계대명사로 의미상 **I'm good at**(나는 ~을 잘한다)에서 전치사 at의 목적어이다.
• I have to keep doing **what** I feel like doing most.
  what은 선행사를 포함한 관계대명사로 의미상 I feel like doing(나는 ~을 하고 싶다)에서 doing의 목적어이다.

(Words & Expressions)
• **have difficulty -ing** ~하는 데 어려움을 겪다
• **turn to** ~을 의지하다
• **discuss** [diskʌ́s] 동 의논하다, 토론하다
• **check out** (책을) 대출하다
• **one-on-one** 형 일대일의
• **positive** [pázitiv] 형 긍정적인
• **mistake** [mistéik] 명 실수

A TOPIC PREVIEW

(Solution)
고민이 있을 때 어떤 조언 상대자를 원하는지를 묻는 글로, '사람 책'을 대출해 보는 게 어떠냐고 조언하고 있다.

B EXPRESSIONS FOR READING

(Solution)
제시된 네 개의 동사구의 의미와 빈칸 뒤에 이어지는 어구의 의미를 파악하여 가장 의미가 잘 통하는 어구를 고른다.

(Structures)
• Do you have difficulty finding *someone* **to turn to** for advice?
  to부정사구 to turn to는 앞에 온 someone을 수식하는 형용사적 용법이다. 이때 someone은 의미상 turn to(~을 의지하다)에서 전치사 to의 목적어이다.

Check It!

※ 다음 어구와 의미를 바르게 연결하시오.

1. find out   •   • a. to think deeply about someone or something
2. keep going   •   • b. to get some information about something
3. learn from   •   • c. to continue doing something
4. reflect on   •   • d. to gain knowledge or skill by studying, experiencing, or being taught

Answer 1b 2c 3d 4a

It Starts from Inside of Me

❶ Do you find it difficult to face the new school year? ❷ If so, you are not alone.
가목적어　　　　　　진목적어　　　　= If you find it difficult to face the new school year
❸ Why don't you listen to what these two students have to say about their new
~하지 그러니?　　　선행사를 포함한 관계대명사
school life and what four living books would like to tell them?
선행사를 포함한 관계대명사

Philip

❹ I want to do well as a high school student, and I'm more than determined to do so.
~로서(전치사)　ㄴ의문대명사(무엇을)　　　　　　　　　= do well as a high school student
❺ Yet I have little idea what I want to do in the future. ❻ To be honest, I am not sure I
간접의문문　　　　　　　　솔직히 말하자면
can do anything well. ❼ Where should I begin?
무엇이든

Culture Note

living book

토론토 공립 도서관 등의 Human Library에서는 각계의 전문가들을 개별적으로 또는 여럿이 함께 만나는 기회를 제공한다. 이 전문가들을 'human book' 또는 'living book' 이라고 하며, 이들은 다양한 전문 영역에서 쌓은 지식과 경험을 사람과 사람의 만남이라는 인간적 맥락에서 나누는 데 활동의 초점을 둔다.

Words & Expressions

• face [feis] 통 마주하다, 직면하다
• alone [əlóun] 형 홀로, 외로이
• would like to ~하고 싶어하다
• determined [ditə́ːrmind] 형 결심한
  ex. We are *determined* not to let it happen again.
• to be honest 솔직히 (말하자면)
  ex. *To be honest*, nobody would buy this old car.

+More Information **'결심'의 의미를 나타내는 어휘**

• decide [disáid] 통 결심하다, 결정하다
  decision [disíʒən] 명 결심, 결정
• determine [ditə́ːrmin] 통 결심하다
  determination [ditə̀ːrmənéiʃən] 명 결심, 결단력
• resolve [rizálv] 통 결심하다, 해결하다
  resolution [rèzəljúːʃən] 명 결심, 해결
• make up one's mind (to) (~하기로) 결심하다

First Reading

Read the writings of two students, and guess their feelings. (두 학생의 글을 읽고 그들의 심정을 추측하시오.)

Sample **Answer**

They both seem to be worried and concerned about their new high school life.
(두 사람 모두 새로운 고등학교 생활에 대해 걱정스러워하고 우려하고 있는 것처럼 보인다.)

Second Reading

Enjoy what each living book says, and try to discover his or her main points. (각 사람 책의 이야기를 읽고 요지를 찾아보시오.)

Sample **Answer**

① Director of Photography(영화 촬영 감독): Reflect on yourself and try to find what you really like. Try it at least for thirty days. (자신을 돌아보고 자신이 정말로 좋아하는 것을 찾아라. 그것을 최소한 30일 동안 시도해 보라.)
② Counseling Psychologist(상담 심리학자): Listen to your inner self and value who you are.
(자신의 내면의 소리를 듣고 있는 그대로의 자신을 가치 있게 여겨라.)
③ Poet(시인): Don't try to do cover up yourself. The real you is as pure as gold.
(자신을 덮으려 하지 마라. 진정한 자신은 황금만큼이나 순수하다.)
④ Pop Singer(팝 가수): Believe the power which is in you. (자신 안에 있는 힘을 믿어라.)

본문 해석   (변화는) 내 안에서 시작된다

❶ 새 학년을 마주하는 데 어려움을 느끼는가? ❷ 그렇다면, 여러분은 혼자가 아니다. ❸ 다음 두 명의 학생들이 자신의 새로운 학교생활에 대해서 말하는 것과 네 명의 사람 책이 그들에게 말하고 싶어하는 것을 들어 보는 건 어떨까?

Philip
❹ 저는 고등학생으로서 잘하고 싶고, 그렇게 하려고 굳게 결심도 했어요. ❺ 하지만 저는 자신이 미래에 무엇을 하기 원하는지 잘 모르겠어요. ❻ 솔직히 말해, 저는 그 무엇도 잘할 수 있을 것 같은 확신이 서지 않아요. ❼ 어디서부터 시작해야 할까요?

Structures

❶ Do you find **it** difficult **to face** the new school year?
it은 가목적어, to face 이하가 진주어이다. 가목적어를 쓰는 동사로는 find 외에 think, take, believe, make 등이 있다.
❷ **If so**, you are not alone.
If so는 '만약 그렇다면'이라는 뜻으로, 앞 문장의 내용을 가리켜 If you find it difficult to face the new school year를 뜻한다.
❸ Why don't you listen to **what** these two students have to say about their new school life and **what** four living books would like to tell them?
listen to 뒤에 오는 what과 and 뒤에 오는 what은 모두 선행사를 포함하는 관계대명사이다.
❹ I want to do well as a high school student, and I'm more than determined to **do so**.
do so는 '그렇게 하다'라는 뜻으로, 앞의 do well as a high school student를 뜻한다.
❺ Yet I have little idea **what** I want to do in the future.
what은 '무엇을'을 의미하는 의문대명사이다. what이 이끄는 절은 간접의문문으로 「의문사+주어+동사」의 어순으로 쓰였다.

Q1 Philip is not determined to do well as a high school student.
(Philip은 고등학생으로서 잘하려고 결심하지 않는다.)   T☐ F☑

Check It!

1. 본문의 내용상 Philip의 고민이 무엇인지 다음 빈칸에 알맞은 말을 쓰시오.
   Philip is concerned about _____ _____ _____ _____ _____ in the future.

2. 다음 빈칸에 공통으로 알맞은 말을 쓰시오.
   • _____ I want is to go back to my homeland.
   • That's not _____ I want to do.

3. 다음 의미를 지닌 단어로 알맞은 것을 고르시오.

   | having a strong feeling that you are going to do something |

   ① face   ② honest   ③ determined   ④ alone   ⑤ concerned

   Answer   1 what he wants to do   2 What(what)   3 ③

READ

↳ Director of Photography

❶ When I started high school, I wanted to do well but nothing went right. ❷ I had troubles with my friends and my grades suffered. ❸ I had no idea what I really wanted to do.

❹ I wanted to change, and started to reflect on myself. ❺ Realizing that I loved taking photos, I tried doing that for a month. ❻ I joined a photography club. ❼ I went from looking at pictures all day to actually taking them. ❽ Before long I found out what I liked and dreamed of becoming.

❾ Why don't you try to find something that you love to do, and then get started right away? ❿ First, keep an eye out for specific activities that you are really interested in. ⓫ Make sure you are ready to take advantage of any chances available to you: sign up for programs, talk with specialists, and keep getting involved. ⓬ Then stick your toe in the water and find out what your true passions are.

⓭ Some of you might find it hard to discover what you really like. ⓮ Then stick to your school work and pay close attention to school subjects you are better at. ⓯ Take your time, and keep doing what you feel like doing for the next thirty days. ⓰ My experience tells me that thirty days is just about the right amount of time to plant the seed of a new life passion. ⓱ So why not begin something you think you will like, and give it a shot for the next thirty days? ⓲ As the famous saying goes, "Shoot for the moon. Even if you miss, you'll land among the stars."

Culture Note

"Shoot for the moon. Even if you miss, you'll land among the stars."
"It's possible"이라는 표현으로도 널리 알려진 미국의 방송인 Les Brown(1945~)의 명언임.

021

Words & Expressions
- suffer [sʌ́fər] 동 고통 받다, 악화되다
  ex. He was working so hard that his health began to *suffer*.
- reflect on ~을 반성하다, ~을 되돌아보다
  ex. I've been *reflecting on* my experiences here.
- take advantage of ~을 이용하다, ~을 활용하다
  ex. *Take advantage of* every opportunity you have.
- available [əvéiləbl] 형 이용할 수 있는
  ex. Parking is *available* for people staying at the hotel.
- specialist [spéʃəlist] 명 전문가
  ex. He's a *specialist* in international law.
- involve [inválv] 동 관련시키다, 포함하다

ex. She remained *involved* with the organization for many years.
- stick one's toe in the water ~을 시험 삼아 해 보다, 잘하는지 알기 위해 ~을 시작하다
  ex. *Stick your toe in the water* and see what happens.
- passion [pǽʃən] 명 열정
  ex. Everyone could see the *passion* in his approach to the work.
- attention [əténʃən] 명 주의, 고려
  ex. We focused our *attention* on this particular poem.
- give ~ a shot ~을 시도해 보다(=give ~ a try)
  ex. I'm willing to *give* it *a shot*.

18   Lesson 1

본문 해석　영화 촬영 감독

❶ 고등학교를 시작했을 때, 나는 고등학교 생활을 잘해내고 싶었지만 제대로 되는 것이 아무것도 없었답니다. ❷ 친구들과 문제가 있었고 성적은 형편없었죠. ❸ 내가 진정으로 무엇을 하기 원하는지도 잘 몰랐어요.

❹ 나는 변하고 싶어서 자신을 되돌아보기 시작했습니다. ❺ 내가 사진 찍는 것을 좋아한다는 것을 깨닫고는 그것(사진 찍는 일)을 한 달 동안 해 봤죠. ❻ 나는 사진 동아리에 가입했어요. ❼ 하루 종일 사진을 쳐다보는 데서 실제로 찍는 데로 나아갔죠. ❽ 오래지 않아 나는 내가 좋아하는 것과 내가 되고 싶은 꿈을 발견하게 됐습니다.

❾ 자신이 좋아하는 것을 찾으려고 노력해 보고, 그것을 즉시 실천해 보는 것은 어떨까요? ❿ 우선, 자신이 정말로 흥미를 가지고 있는 구체적인 활동에 주의를 기울여 보세요. ⓫ 프로그램에 등록하고 전문가들과 이야기해 보고 지속적으로 (활동에) 참여하는 것처럼 자신에게 주어진 어떤 기회라도 이용할 준비를 갖추도록 하세요. ⓬ 그런 다음 자신의 발가락을 물에 담가 보고(직접 체험해 보고) 자신의 진정한 열정이 무엇인지 발견하도록 하세요.

⓭ 여러분 또래 몇몇은 자신이 진정으로 좋아하는 것을 발견하는 것이 어렵다고 느낄 수 있습니다. ⓮ 그렇다면 학업에 충실하고 자신이 더 잘하는 과목에 면밀한 주의를 기울여야 한답니다. ⓯ 시간을 충분히 가지고 자신이 하고 싶은 일을 30일 동안 꾸준히 해 보도록 하세요. ⓰ 내 경험상 30일은 새로운 삶의 열정의 씨앗을 심을 수 있는 적절한 시간입니다. ⓱ 따라서 자신이 좋아할 것으로 생각되는 무언가를 지금 시작해서 30일 동안 시도해 보는 것은 어떨까요? ⓲ "달을 향해 출발하라. 설령 실패한다 하더라도 많은 별들 중 하나에 도달하게 될 것이다."라는 유명한 말처럼 말이죠.

Structures

❶ When I started high school, I **wanted to do** well but nothing **went right**.
> want는 to부정사를 목적어로 취하는 동사이다. go는 '~하게 되다'라는 의미의 불완전자동사로 사용되어 보어로 형용사 right가 왔다.

❺ **Realizing that** I loved taking photos, I **tried doing** that for a month.
> Realizing은 분사구문으로 As(Since) I realized로 바꾸어 쓸 수 있다. Realizing 다음의 that은 접속사로 목적어 역할을 하는 명사절을 이끌고 있다. try -ing는 '~을 시도해 보다'라는 의미이다.

❽ Before long I found out **what** I liked and dreamed of becoming.
> what은 선행사를 포함하는 관계대명사이며, and 다음에는 what I가 생략되었다.

❾ Why don't you try to find *something* **that** you love to do, and then get started right away?
> that은 목적격 관계대명사로 -thing으로 끝나는 말이 선행사로 오면 관계대명사 that이 주로 사용된다.

⓫ Make sure you are ready to take advantage of any chances available to you: sign up for programs, talk with specialists, and **keep getting** involved.
> Make sure 다음에는 that절 또는 to부정사가 사용되는데, 여기서는 접속사 that이 생략되었다. available 앞에는 「관계대명사+be동사」인 that are가 생략되었다. keep -ing는 '계속 ~하다'라는 의미이다.

⓭ Some of you might find **it** hard **to discover what you really like**.
> it은 가목적어, to discover 이하가 진목적어이다. what은 선행사를 포함하는 관계대명사이다.

⓰ My experience tells me that thirty days is just about *the right amount of time* **to plant** the seed of a new life passion.
> My experience가 주어로 사용되었는데, 해석은 '나의 경험에 따르면' 또는 '나의 경험상'과 같이 부사구처럼 해석한다. to plant는 to부정사의 형용사적 용법으로 the right amount of time을 수식하고 있다.

⓱ So **why not** begin something you think you will like, and give it a shot for the next thirty days?
> why not은 '~하는 게 어때?'라는 의미이다. something 다음에 목적격 관계대명사 that이 생략되었고, give it a shot은 give it a try와 마찬가지로 '시도하다'라는 의미이다.

Q2 Reflecting on himself, what did the director realize? (자신을 되돌아보았을 때, 감독은 무엇을 깨달았는가?)

A2 He realized that he loved taking photos. (자신이 사진 찍는 것을 좋아한다는 걸 깨달았다.)

Check It!

1. What problems did the writer have at the beginning of high school? Fill in the blanks.
   He had troubles with his _____ and his _____ suffered.

2. 다음 두 문장이 같도록 빈칸에 알맞은 말을 쓰시오.
   I have a big wooden box used as a coffee table.
   = I have a big wooden box _____ _____ used as a coffee table.

3. 다음 빈칸에 알맞은 말을 각각 쓰시오.
   • Reflect _____ what you've done and see what you can do next time.
   • You can take advantage _____ your vacation to improve your English.

Answer 1 friends, grades　2 which(that) is　3 on, of

Jane

❶ I have a lot of questions about myself. ❷ "How good do I look to others?", "How
많은재귀대명사

many students in my class really like me?", and "How worthy am I?" ❸ These

questions come to me so often that I find it difficult to get along with friends and to
so ~ that ...: 매우 ~해서 (그 결과) …하다 가목적어   진목적어

concentrate on my school work.

↳ Counseling Psychologist

❹ Since you have just started high school, it may not be easy for you to fit in with
~ 때문에   현재완료(완료)   가주어   의미상의 주어

new people and keep your own self-identity in a whole new environment. ❺ But why
진주어

don't you just be yourself? ❻ No one is going to like you if you don't like yourself.

❼ The more you listen to your inner self, the real you, the more confident you will feel
the+비교급 ~, the+비교급 …: ~하면 할수록 더 …하다

about yourself.

❽ When you don't feel right about what you're wearing or how you look, just do the
└or로 연결된 병렬 구조┘

best you can and look at yourself in the inner mirror rather than the social mirror.
~ 대신, ~보다

❾ When you are not sure about trying something new and unfamiliar, focus on your
▲(that is) 생략

own feelings instead of worrying about what others may think of you.

❿ I hope you will give serious consideration to the following suggestions and try to
▲(that) 생략

act on them during the first semester.
= the following suggestions

---

1. ⓫ **Try to accept and value who you are:** Everyone is unique and special in their own way.

2. ⓬ **Talk to others:** Everyone gets a better perspective on life from communication.

3. ⓭ **Learn from your mistakes:** Nobody learns without making mistakes.

⓮ Sooner or later, you will find yourself feeling more self-confident and motivated
조만간   find+목적어+-ing: ~가 …하고 있다는 것을 발견하다(알게 되다)

than ever before—without worrying what others think of you.

Culture Note

사회적 거울(social mirror)은 자신에 대한 다른 사람의 판단을 의미하는데, 이에 대비되는 것이 내적 거울(inner mirror)임.

022

Words & Expressions

• get along with ~와 잘 지내다
  ex. Do you *get along with* your brother?
• concentrate on ~에 집중하다
  ex. I can't *concentrate on* my work.
• counsel [káunsəl] 동 조언하다, 상담하다
  ex. She *counseled* him not to accept the offer.
• psychologist [saikáləʤist] 명 심리학자

• self-identity [sèlfaidéntəti] 명 자기 정체성(=individuality)
• confident [kánfidənt] 형 확신하는, 자신 있는
  ex. I'm *confident* that I can pass the exam.
• semester [siméstər] 명 학기
• value [vǽljuː] 동 가치 있게 여기다
• unique [juːníːk] 형 유일한, 독특한
• perspective [pərspéktiv] 명 관점, 시각
  ex. Let's see these issues from a global *perspective*.

📖 **본문 해석**

Jane

❶ 나는 나 자신에 대해 많은 질문이 있어요. ❷ "내가 다른 사람들에게 얼마나 예쁘게 보일까?", "우리 반에서 나를 정말 좋아하는 학생들은 몇 명이나 될까?", "나는 얼마나 가치 있는 사람일까?" 같은 것이죠. ❸ 이런 질문들이 너무나 자주 떠올라서 친구들과 잘 지내기도 어렵고 학업에 집중하기도 어려워요.

상담 심리학자

❹ 이제 막 고등학교를 시작했으니 새로운 사람들과 잘 어울리고 완전히 새로운 환경에서 자신의 정체성을 유지하는 것이 쉽지는 않을 거예요. ❺ 하지만 그냥 자신의 평소 모습을 유지하지 그래요? ❻ 스스로를 좋아하지 않으면 아무도 당신을 좋아하지 않을 거예요. ❼ 자신의 내적 자아, 즉 진정한 자신의 목소리를 들으면 들을수록 자신에 대해서 자신감을 더 많이 느끼게 될 겁니다.

❽ 자신의 옷차림이나 외모에 대해서 뭔가 만족스럽지 않다고 느낄 때면 그저 자신이 할 수 있는 최선을 다하고 사회적 거울을 통해 자신을 바라보는 대신 내적 거울을 통해 자신을 바라보세요. ❾ 새롭고 익숙하지 않은 것을 시도해 보는 데 확신이 서지 않을 때도 다른 사람들이 자신에 대해 어떻게 생각할지 걱정하기보다는 자신의 감정에 초점을 맞추세요.

❿ 다음 제안들은 진지하게 고려해 보고 첫 학기 중에 그것들을 실천하도록 노력해 보기 바랍니다.

> 1. ⓫ 자신을 있는 그대로 받아들이고 가치 있게 여기세요: 모든 사람은 자신만의 방식으로 유일하고 특별합니다.
> 2. ⓬ 다른 사람에게 말하세요: 모든 사람은 다른 사람과의 소통을 통해서 삶에 대한 더 나은 관점을 얻습니다.
> 3. ⓭ 실수를 통해 배우세요: 실수하지 않고 배우는 사람은 없습니다.

⓮ 조만간 전보다 더 큰 자신감을 가지고 더 동기 부여가 되어 있는 자신을 발견하게 될 것입니다 — 다른 사람이 자신에 대해 어떻게 생각하는지 걱정하지 않고 말이죠.

🔎 **Structures**

❸ These questions come to me **so** often **that** I find **it** difficult **to get along with friends and to concentrate on my school work**.
「so+형용사(부사)+that」 구문으로 '매우 ~해서 (그 결과) …하다'라는 의미이다. it은 가목적어이고 to get 이하가 진목적어이다.

❹ **Since** you **have** just **started** high school, **it** may not be easy **for you to fit in with new people and keep your own self-identity in a whole new environment**.
Since는 접속사로 '~ 때문에'라는 의미이고, have started는 「have+과거분사」 형태의 현재완료이다. it은 가주어, for you는 to부정사의 의미상의 주어, to fit 이하가 진주어이다.

❼ **The more** you listen to your inner self, the real you, **the more confident** you will feel about yourself.
「the+비교급 ~, the+비교급 …」 구문이며, '~하면 할수록 더 …하다'라는 의미이다.

❽ When you don't feel right about what you're wearing or how you look, just do the best you can and look at yourself *in the inner mirror* **rather than** *the social mirror*.
rather than은 '~ 대신, ~보다'라는 의미로, rather than 앞뒤는 병렬 구조를 이룬다.

❾ When you are not sure about trying *something* **new and unfamiliar**, focus on your own feelings instead of worrying about what others may think of you.
형용사 new와 unfamiliar가 something 뒤에서 수식하고 있다. something과 같이 -thing으로 끝나는 단어를 수식하는 형용사는 뒤에 오는데, 형용사 앞에 「주격 관계대명사+be동사」인 that is가 생략된 것으로 볼 수 있다.

❿ I hope you will give serious consideration to the following suggestions and try to act on **them** during the first semester.
I hope 다음에 목적어(명사절)를 이끄는 접속사 that이 생략되어 있다. them은 앞에 있는 the following suggestions를 가리킨다.

⓮ Sooner or later, you will **find yourself feeling** more self-confident and motivated than ever before — without worrying what others think of you.
「find+목적어+-ing」는 '~가 …하고 있다는 것을 발견하다(알게 되다)'라는 의미이다.

Check It!

1. 본문에서 Counseling Psychologist가 한 제안의 내용을 바르게 연결하시오.
   (1) Try to accept and value who you are. •   • a. 다른 사람들과의 교류를 통해 시야가 넓어진다.
   (2) Talk to others. •   • b. 실수하지 않고는 배울 수 없다.
   (3) Learn from your mistakes. •   • c. 모든 사람은 유일하고 특별하다.

2. 다음 우리말과 일치하도록 빈칸에 알맞은 말을 쓰시오.
   그 책을 읽으면 읽을수록 나는 우주에 대한 관심이 더 많아졌다.
   = _____ _____ I read the book, _____ _____ interested in space I became.

Answer 1 (1) c (2) a (3) b 2 The more, the more

↳ Poet

❶ I hope you like this poem which I wrote when I started high school.
(that) 생략   목적격 관계대명사절

The Real Me

❷ *I used to keep my paint brush with me*
(과거에) ~하곤 했다
❸ *Wherever I needed to go,*
어디든지(= No matter where)
❹ *In case I needed to cover up myself*
~한 경우를 대비하여
❺ *So the real me didn't show.*

❻ *I'd like to remove all my paint coats*
~하고 싶다
❼ *To let the true me show*
사역동사+목적어+동사원형
❽ *To have the inner self out,*

❾ *I hope it won't be too slow.*

❿ *Now all my paint coats are coming off*
이제
⓫ *I feel bare and cold,*

⓬ *But I love all that I see*
목적격 관계대명사절
⓭ *The real me, pure as gold.*

↳ Pop Singer

⓮ Why don't you listen to my song? **⓯** Believe in your own strength, and stretch
~의 존재를 믿다

out your wings and fly.

Words & Expressions

- poet [póuit] 명 시인
ex. T.S. Eliot is my favorite *poet*.
- poem [póuəm] 명 시
ex. He wrote a *poem* about his parents.
- remove [rimúːv] 동 제거하다, 없애다
ex. He *removed* the notes.
- coat [kout] 명 표면을 덮은 것, (페인트의) 칠, 층
- come off 떨어지다, 벗겨지다
ex. That mark won't *come off*.

- bare [bɛər] 형 벌거벗은, 가리지 않은
ex. There was a rug in the front room of the house, but the other rooms were *bare*.
- pure [pjuər] 형 순수한
ex. It was as *pure* as the driven snow.
- strength [streŋkθ] 명 힘, 강인함
- stretch [stretʃ] 동 펼치다
ex. She woke up and *stretched* her arms above her head.
- wing [wiŋ] 명 날개
ex. Birds have *wings* to fly.

시인

① 당신이 내가 고등학교를 시작할 때 쓴 이 시를 좋아하기를 바랍니다.

진정한 나

② 나는 페인트 붓을 지니고 다녔지
③ 내가 어딘가 가야 할 때마다
④ 나 자신을 감춰야 할 경우를 대비해서
⑤ 나의 참모습이 드러나지 않도록

⑥ 겹겹이 칠한 나의 페인트를 없애고 싶네
⑦ 진정한 내가 드러나도록
⑧ 내적인 자아가 밖으로 보이도록
⑨ 그것이 너무 더디게 이루어지지 않기를 소망하며

⑩ 이제 나를 가렸던 겹겹의 페인트가 벗겨지고 있네
⑪ 왠지 벌거벗고 춥게 느껴지네
⑫ 하지만 내가 보는 모든 것을 사랑하네
⑬ 진정한 나의 모습, 황금처럼 순수한

팝 가수

⑭ 내 노래를 들어 보면 어떨까요? **⑮** 자신의 힘을 믿고 날개를 활짝 펴고 날아 보세요.

Structures

② I **used to** keep my paint brush with me
used to는 '~하곤 했다'라는 뜻으로 과거의 상태나 과거의 행동을 나타내며, '지금은 그렇지 않다'는 의미를 내포한다.

③ **Wherever** I needed to go,
Wherever는 복합관계부사로 '어디에나, 어디든지'라는 의미로, No matter where로 바꾸어 쓸 수 있다.

④ **In case** I needed to cover up myself
in case는 '~한 경우를 대비하여'라는 의미로 접속사 역할을 하므로, 뒤에 절(주어+동사)이 이어진다. in case 뒤에 that이 생략된 것으로 볼 수 있다.

⑤ So the real me didn't **show**.
show는 자동사로 '보이다, 나타나다'라는 의미의 자동사로 사용되었다.

⑦~⑧ **To let** the true me **show** / **To have** the inner self **out**,
To let과 to have 모두 to부정사의 부사적 용법으로 목적을 나타낸다. let과 have 모두 사역동사로 사용되어 목적어 다음에 동사원형이 왔다. out은 come out의 의미로 사용되었다.

⑪ I **feel bare** and **cold**,
feel은 불완전자동사로 뒤에 형용사 bare, cold가 주격 보어로 사용되었다.

⑫ But I love *all* **that** I see
that은 all을 선행사로 하는 목적격 관계대명사이다.

Q3 What should Jane do when she doesn't feel right about herself?
(자신이 옳게 느껴지지 않을 때 Jane은 무엇을 해야 하는가?)

A3 She should (do the best she can and) look at herself in the inner mirror rather than the social mirror.
(그녀는 (자신이 할 수 있는 최선을 다하고) 사회적 거울을 통해 자신을 바라보는 대신 내적 거울을 통해 자신을 바라봐야 한다.)

Check It!

1. 본문의 시 The Real Me에서 시인이 자신을 감추기 위해 지니고 다닌 것이 무엇인지 찾아 쓰시오.

2. 다음 우리말과 일치하도록 빈칸에 알맞은 말을 쓰시오.
   네가 나에게 연락할 필요가 있을 경우를 대비해서 너에게 내 전화번호를 주겠다.
   = I'll give you my phone number _____ _____ you need to contact me.

3. 다음 의미를 지닌 단어로 알맞은 것을 The Real Me에서 찾아 쓰시오.
   _____ : not mixed with anything else

Answer 1 paint brush 2 in case 3 pure

AFTER YOU READ

A KEY IDEAS

질문을 Philip과 Jane과 연결하고, 두 사람의 공통된 심정을 가장 잘 나타내는 단어를 고르시오.

a. 나는 무엇을 하기 원하지?
b. 나는 얼마나 가치 있는 사람일까?
c. 내가 어떤 것이든 잘할 수 있을까?
d. 내가 얼마나 멋있어 보일까?
e. 내 친구들이 나를 좋아하나?
f. 어디에서부터 시작해야 하지?

> Answer Jane: b, d, e
> Philip: a, c, f
> worried

B DETAILS

본문에 제시된 시의 주제를 가장 잘 나타내는 것을 고르시오.

1. 자신을 있는 그대로 받아들이고 가치 있게 여겨라: 모든 사람은 자신만의 방식으로 유일하고 특별하다.
2. 다른 사람에게 말하라: 모든 사람은 다른 사람과의 소통을 통해서 삶에 대한 더 나은 관점을 얻는다.
3. 실수를 통해 배워라: 실수하지 않고 배우는 사람은 없다.

> Answer 1

C YOUR RESPONSE

1. 어떤 사람 책이 여러분에게 가장 의미 있는 제안을 하는가?
2. 본문에서 가장 기억할 만한 문장은 무엇인가?

A KEY IDEAS

Match the questions with Philip and Jane, and find a word that best expresses the feeling they both have.

a. What do I want to do?
b. How valuable am I?
c. Can I do anything well?

Jane
Philip

d. How good do I look?
e. Do my friends like me?
f. Where should I begin?

· curious   · confident   · worried

B DETAILS

Check the one that best shows the main theme of the poem in the text.

1 | Try to accept and value who you are:
Everyone is unique and special in their own way.

2 | Talk to others:
Everyone gets a better perspective on life from communication.

3 | Learn from your mistakes:
Nobody learns without making mistakes.

C YOUR RESPONSE

1. Which living book gives you the most meaningful suggestion?

2. Which sentences in the main text are most worth remembering?

024

A KEY IDEAS

🔵 Solution

Philip은 자신이 미래에 무엇을 하고 싶은지, 그것을 잘할 수 있는지, 어디에서부터 시작해야 할지 묻고 있으며, Jane은 외모, 교우 관계, 자신이 가치 있는 사람인지에 관해 묻고 있는데, 이 모든 질문은 새 학년을 맞이하면서 느끼는 불안감(worried)과 가장 관계가 깊다.

B DETAILS

🔵 Solution

본문에 제시된 The Real Me라는 시는 젊었을 때는 페인트 붓으로 켜켜이 덧칠해서 자신을 감추었지만 이제는 그 덧칠을 벗겨 내어 진정한 자신을 찾겠다는 내용이므로, 자신을 있는 그대로 받아들이고 소중하게 여기라는 내용의 1번 충고가 시의 주제로 가장

알맞다.

C YOUR RESPONSE

Sample Answer

1. Director of photography gives me the most meaningful suggestion.
   영화 촬영 감독이 나에게 가장 의미 있는 제안을 한다.

2. The sentence "Shoot for the moon. Even if you miss, you'll land among the stars," is most worth remembering for me.
   "달을 향해 출발하라. 설령 실패한다 하더라도 많은 별들 중 하나에 도달하게 될 것이다."라는 문장이 나에게 가장 기억할 만한 문장이다.

More Questions

※ 다음 내용이 본문의 내용과 일치하면 T, 일치하지 않으면 F에 표시하시오.

1. According to the director of photography, three months is just about the right amount of time to plant the seed of a new life passion.　　　　　　　　T ☐ F ☐
2. The counseling psychologist advises Jane to do the best she can and look at herself in the inner mirror rather than the social mirror.　　　　　　　　T ☐ F ☐
3. The poet needed the paint brush because he(she) wanted to cover up himself(herself).　　　　　　　　T ☐ F ☐
4. The pop singer had a dream that he(she) could fly in the sky when he(she) was young.　　　　　　　　T ☐ F ☐

Answer 1 F 2 T 3 T 4 F

A

- I keep my paint brush with me **in case** I need to cover up myself.
- You'd better take an umbrella **in case** it rains.
- I'd like to say goodbye now **in case** I cannot see you after the meeting.

| Tip | '~일 경우에 (대비하여)'라는 뜻을 나타내는 방식을 익혀 봅시다.

cf. You'd better take an umbrella **in case** of rain.
I will wait another ten minutes just **in case**.

▪ Complete the dialog using the expressions in parentheses.

A: Are you going to stay home?
B: I'm not sure. You'd better take the key (am, I, in case, out).
A: All right, I will.
B: Why don't you call me (are, in case, late, you)?
A: OK.

B

- Take advantage of any chances **(that are)** available to you.
- The librarian found an old book **(that was)** written in the year 1000.
- Young people **(who were)** fascinated by their performance almost lost their minds.

| Tip | 생략될 수 있는 표현에 초점을 두어 살펴봅시다.

▪ Cross off the parts that can be left out.

Look for programs that are designed for young people, sign up for work experience opportunities that are available to you, and try to talk to professionals who are working in your chosen field.

Quote for You Choose the best word for the blank.

Aim _____ in case you fall short.
– *Suzanne Collins*

Suzanne Collins (1962–)
미국 코네티컷 출신 작가

| a. lower | b. higher | c. faster |

025

wer: b.

A

- 나 자신을 감춰야 할 경우를 대비해서 나는 페인트 붓을 지니고 다닌다.
- 비가 올 경우를 대비해서 우산을 가져가는 것이 좋겠다.
- 회의가 끝나고 당신을 보지 못할 경우를 대비해서 지금 작별 인사를 해 두고 싶습니다.

cf. 비가 올 경우에는 우산을 가져가는 것이 좋다.
만약의 경우를 대비해서 나는 10분을 더 기다리겠다.

Answer in case I am out / in case you are late

B

- 자신에게 주어진 어떤 기회라도 이용하도록 해라.
- 사서는 1000년도에 쓰인 옛 서적을 발견했다.
- 그들의 공연에 매료당한 젊은이들은 거의 열광적이었다.

Answer that are, that are, who are

Quote for You

미치지 못할 경우를 생각해서 목표를 더 높이 세워라.

Answer b

A

▪ **괄호 안의 표현을 이용하여 대화를 완성하시오.**

A 너는 집에 머물 예정이니?
B 잘 모르겠어. 내가 외출할 경우를 대비해서 네가 열쇠를 가져가는 게 좋겠어.
A 알았어, 그렇게 할게.
B 네가 늦을 경우에는 나에게 전화하는 게 어때?
A 알았어.

Solution

in case는 문장에서 접속사의 역할을 하므로, in case 뒤에 「주어+동사」의 순서로 연결해야 한다.

B

▪ **생략할 수 있는 부분에 줄을 그으시오.**

젊은이들을 위해 설계된 프로그램들을 찾아보고, 여러분에게 알맞은 직업 경험의 기회를 주는 것에 등록하고, 자신이 선택한 분야에서 활동하는 전문가들과 이야기를 나누어 보아라.

Solution

문장에서 「주격 관계대명사+be동사」는 생략할 수 있는데, 첫 번째 that are를 생략하면 과거분사 designed가 programs를 뒤에서 수식하는 형태가 된다. 두 번째 that are를 생략하면 형용사 available이 work experience opportunities를 뒤에서 수식하는 형태가 되고, 세 번째 who are를 생략하면 현재분사 working이 professionals를 뒤에서 수식하는 형태가 된다.

Quote for You

+More Quotes

- Aim high, and you won't shoot your foot off.
목표를 높이 잡으면 발을 쏘지는 못할 것이다.
— Phyllis Diller
- Aim for the stars. You will sooner reach the moon.
별을 향해 가라. 곧 달에 도착하게 될 것이다.
— Lailah Gifty Akita

+More Information

Suzanne Collins(1962 ~): 미국의 방송 작가이자 소설가이다. 〈헝거 게임(The Hunger Games)〉, 〈캐칭 파이어(Catching Fire)〉, 〈모킹제이(Mockingjay)〉로 구성된 '헝거 게임 3부작'과 '언더랜드 연대기'로 유명하다. 특히 '헝거 게임 3부작'은 영화로도 제작되었다.

Words & Expressions

- librarian [laibrɛ́(:)əriən] 명 사서, 문헌 관리 책임자
- fascinate [fǽsənèit] 동 매료하다, 사로잡다
- lose one's mind 열광하다, 정신이 나가다
- cross off 선을 그어 지우다
- leave out 빼다, 생략하다
- opportunity [àpərtjúːnəti] 명 기회
- aim [eim] 동 겨냥하다, 목표로 하다

GRAMMAR POINTS

in case

in case는 '~한 경우를 대비해서'라는 의미로 문장에서 접속사 역할을 하는데, in case 뒤에는 that이 생략된 것으로 볼 수 있다. in case를 사용할 때 다음과 같은 사항에 주의한다.

(1) in case 다음에는 절(주어+동사)이 온다.
　　ex. **In case** you are late, we will start without you. (네가 늦는 경우에 우리는 너 없이 출발할 것이다.)
　　　　　접속사　주어　동사
(2) in case 다음에는 일어날 가능성이 비교적 높은 내용이 뒤따른다.
　　ex. **In case** you need my help, don't hesitate to call me.
　　　　(내 도움이 필요한 경우라면 주저하지 말고 나에게 전화해 줘.)
(3) in case는 의미상 조건의 부사절을 이끌기 때문에 in case 다음에는 미래 시제를 쓰지 않는다.
　　ex. Make enough food **in case** Tom's friends **will come** along. (×)
　　　　Make enough food **in case** Tom's friends **come** along. (○)
　　　　(Tom의 친구들이 올 경우를 대비해서 음식을 충분히 마련해라.)

in case와 비슷하게 사용되는 것으로 '~이 발생할 때는'이라는 의미로 사용되는 in case of와 '만일의 경우를 대비해서'라는 의미로 사용되는 just in case가 있는데, 그 특징은 다음과 같다.

• in case of
(1) 주로 공식적으로 공지할 때 사용한다.
(2) in case of 다음에 명사(구)가 온다.
　　ex. **In case of** fire, ring the alarm bell. (화재 시에는 비상벨을 울리세요.)

• just in case
(1) 가능성이 약간 있으나 그리 크지 않은 경우에 사용한다.
(2) just in case 단독으로 쓰이기도 하고 뒤에 절이 오기도 한다.
　　ex. I'm sure John will remember, but why don't you give him a ring **just in case**?
　　　　(John이 기억할 거라고는 생각하지만, 만일의 경우를 대비해서 그에게 전화해 보지 그러니?)
　　　　You need to be careful **just in case** something bad happens.
　　　　(너는 무언가 좋지 않은 일이 벌어질 경우에 대비해서 주의해야 한다.)

「주격 관계대명사+be동사」의 생략

일반적으로 목적격 관계대명사는 생략할 수 있지만, 주격 관계대명사는 생략할 수 없다. 하지만 「주격 관계대명사+be동사」는 다음과 같은 경우에 함께 생략된다.

(1) 위치를 나타내는 부사구 앞에서 생략된다.
　　ex. I ate an apple (**which was**) on the table. (나는 탁자 위에 있는 사과를 먹었다.)
　　cf. 단, 주격 관계대명사 단독으로는 생략할 수 없다.
　　　　I ate an apple (**which**) was on the table. (×)
(2) 현재분사 앞에서 생략된다.
　　ex. I saw a man (**who was**) standing by the streetlamp. (나는 가로등 옆에 서 있는 남자를 보았다.)
(3) 과거분사 앞에서 생략된다.
　　ex. This is the book (**which was**) written by Andrew. (이것은 Andrew에 의해 쓰인 책이다.)
(4) 보어로 사용된 형용사 앞에서 생략된다.
　　ex. I want to write books (**which are**) useful both for teachers and students.
　　　　(나는 교사와 학생 모두에게 유익한 책을 쓰고 싶다.)

1. 다음 괄호 안에서 어법상 알맞은 것을 고르시오.

(1) Let me know (in case / in case of) you don't get a reply.

(2) Look at the girl (who / who's) wearing a red jacket.

(3) In case this plan (goes / will go) wrong, we should have another plan.

- reply 답장, 답변
- go wrong 잘못되다, 고장 나다

2. 다음 괄호 안의 말을 바르게 배열하여 문장을 다시 쓰시오.

(1) I will give you my number, (in, just, case).

　→ _____

(2) (case, floods, of, in), what do we have to do?

　→ _____

(3) Let's take swimming suits (at the hotel, there's, in case, a pool).

　→ _____

- flood 홍수
- swimming suit 수영복

3. 다음 괄호 안의 말을 알맞은 곳에 넣어 문장을 다시 쓰시오.

(1) We found a box covered with dirt. (which was)

　→ _____

(2) I know an actor popular in the Philippines. (who is)

　→ _____

(3) The baby sleeping on the bed is very cute. (that is)

　→ _____

- dirt 먼지, 흙
- popular 인기 있는

4. 다음 문장에서 어법상 틀린 부분을 찾아 바르게 고쳐 쓰시오.

(1) I have a friend who from Mexico.

_____ → _____

(2) In case of you don't find the information you want, contact us.

_____ → _____

(3) I bought a clock was made of wood.

_____ → _____

- contact 연락하다

5. 다음 빈칸에 공통으로 알맞은 말을 쓰시오.

- I took an interesting book in _____ I got bored on the flight.
- The game will be put off in _____ of rain.

- flight 비행(기)
- put off 미루다, 연기하다

LET'S WRITE

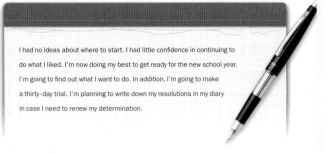

New School Year Resolutions

What worries and concerns do you have about the new school year? How are you going to overcome them? Let's write a passage about our new school year resolutions.

새 학년 결심

여러분은 새 학년에 대해 어떤 걱정과 근심을 가지고 있나요? 어떻게 극복하려고 하나요? 새 학년 결심에 대해 글을 써 봅시다.

A GET IDEAS

A GET IDEAS

Read and underline Philip's resolutions.

읽고 Philip의 결심에 밑줄을 그으시오.

나는 어디서부터 시작해야 할지 잘 몰랐다. 내가 좋아하던 것을 계속해 나갈 확신이 별로 없었다. 이제 새 학년을 맞이할 준비를 위해 최선을 다하고 있다. 내가 하고 싶은 것을 찾을 것이다. 또한 30일 동안 그것을 시도해 볼 것이다. 결심을 새롭게 할 필요가 있을 경우를 대비해서 나의 결심을 일기장에 적을 계획이다.

I had no ideas about where to start. I had little confidence in continuing to do what I liked. I'm now doing my best to get ready for the new school year. I'm going to find out what I want to do. In addition, I'm going to make a thirty-day trial. I'm planning to write down my resolutions in my diary in case I need to renew my determination.

Answer

I'm going to find out what I want to do.
I'm going to make a thirty-day trial.
I'm planning to write down my resolutions in my diary

B ORGANIZE IDEAS

B ORGANIZE IDEAS

Answer the questions about your concerns and resolutions for the new school year.

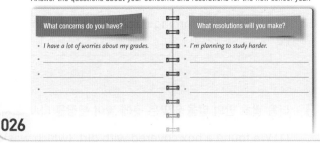

What concerns do you have?	What resolutions will you make?
• I have a lot of worries about my grades.	• I'm planning to study harder.

026

여러분의 새 학년을 맞는 걱정과 결심에 관한 질문에 답하시오.
여러분은 무슨 걱정이 있습니까?
• 나는 성적에 대해 걱정이 많이 된다.
여러분은 어떤 결심을 할 것입니까?
• 나는 공부를 더 열심히 할 것이다.

A GET IDEAS

Solution

Philip의 글은 고민(worries)과 결심(resolutions)으로 이루어져 있으므로, 이 둘을 잘 구분해서 보아야 한다. Philip의 고민은 I had no ideas about where to start. / I had little confidence in continuing to do what I liked.에 나타나 있다.

Structures

• I had no ideas about **where to start**.
「의문사 where+to부정사」는 '어디에서 ~해야 할지'라는 의미를 나타낸다. 이 문장에서는 where to start가 전치사 about의 목적어로 사용되었으며, where I should start로 바꾸어 쓸 수 있다.

• I had **little** confidence in continuing to do **what** I liked.
little은 '거의 ~하지 않는, 거의 ~ 없는'이라는 의미로, 셀 수 없는 명사 앞에 온다. to do 뒤에 오는 what은 선행사를 포함한 관계대명사로, to do의 목적어 역할을 한다.

• I'm now doing my best **to get** ready for the new school year.
to get은 to부정사의 부사적 용법으로 '목적'을 나타낸다. 따라서 '~하기 위하여'로 해석한다.

• I'm going to make a **thirty-day** trial.
「수사+명사」가 다른 명사를 수식할 경우, 「수사+-(하이픈)+단수 명사」의 형식이 된다.

B ORGANIZE IDEAS

Sample Answer

What concerns do you have?
• I have a lot of worries about my looks.
• I have little belief in myself.

What resolutions will you make?
• I'm going to accept myself.
• I'm going to think of something positive about myself.

여러분은 무슨 걱정이 있습니까?
• 나는 내 외모에 대해 걱정이 많다.
• 나는 자신에 대한 믿음이 거의 없다.

여러분은 어떤 결심을 할 것입니까?
• 나는 자신을 받아들일 것이다.
• 나는 자신에 대해 긍정적인 것을 생각할 것이다.

Words & Expressions

• overcome [òuvərkʌ́m] 동 극복하다, 이겨 내다
• confidence [kánfidəns] 명 자신감
• continue [kəntínju(:)] 동 계속하다
• do one's best 최선을 다하다
• in addition 게다가, 또한(= additionally)
• make a trial 시도하다
• renew [rinjúː] 동 새롭게 하다, 갱신하다
• determination [ditèːrmənéiʃən] 명 결심

C ON YOUR OWN

Complete the passage about your concerns and resolutions for the new school year.

I _____. I _____.
I'm doing my best to get ready for the new school year. I'm going
to _____. In addition, I'm going to
_____. I'm planning to write down my resolutions
in my diary _____.

+ Writing Tip

새 학년을 시작하면서 가지게 된 걱정과 새로운 학교생활에 대한 기대를 구체적인 표현으로 나타내 봅시다.
Listen & Speak 2에서 익힌 걱정을 나타내는 표현과 Listen & Speak 1에서 익힌 계획 표현하기와 관련된 표현도 활용해 봅시다.

Peer Review		My partner thinks ...	
Does the passage answer the questions about the concerns and resolutions?	☺	☺	☹
Are the concerns and resolutions serious and well thought out?	☺	☺	☹
Are the expressions in the passage natural and acceptable?	☺	☺	☹
partner's comments:			

D REVIEW & REVISE

Read the comments and revise your writing.

027

C ON YOUR OWN

새 학년을 맞는 걱정과 결심에 관한 글을 완성하시오.

동료 평가

• 글은 걱정과 결심에 대한 질문에 알맞게 답하고 있는가?
• 걱정과 결심은 진지하게 잘 생각된 것들인가?
• 글의 표현들은 자연스럽고 사용법이 적절한가?
• 짝의 의견

D REVIEW & REVISE

(짝의) 의견을 읽고 작문을 고쳐 쓰시오.

Writing Tip	Writing resolutions for a special occasion

특별한 계기를 맞이하여 결심하는 글쓰기

새 학년을 시작하면서 가지게 된 걱정이나 우려되는 점뿐 아니라 기대와 목표를 이루기 위한 결심을 구체적으로 표현한다. 결심과 목표는 구체적이어야 할 뿐 아니라 달성 가능하고, 언제까지 달성하겠다는 시간 계획을 포함하는 것이 좋다. 결심과 목표가 여러 개이고 순차적이라면 First ~, Second ~, Third ~와 같이 순서를 정해 구체적으로 진술해도 좋다.

C ON YOUR OWN

Solution

B ORGANIZE IDEAS에서 자신이 정리한 내용을 토대로 하여 글을 작성한다.

Sample Answer

I have a lot of worries about my looks. I have little belief in myself. I'm doing my best to get ready for the new school year. I'm going to accept myself. In addition, I'm going to think of something positive about myself. I'm planning to write down my resolutions in my diary in case I need to renew my determination.

나는 내 외모에 대해 걱정이 많다. 나는 스스로에 대한 믿음이 별로 없다. 나는 새 학년을 준비하기 위해 최선을 다하고 있다. 나는 자신을 받아들일 것이다. 또한 자신에 대해 긍정적인 것을 생각할 것이다. 나는 내 결심을 새롭게 할 필요가 있을 경우를 대비해서 내 결심을 일기장에 기록할 계획이다.

D REVIEW & REVISE

Solution

동료 평가의 내용을 바탕으로 하여 내용 오류부터 문법 오류, 구두점 오류까지 범위를 넓혀 가며 여러 번 수정을 거쳐 글을 작성하도록 한다.

Words & Expressions

• peer [piər] 명 동료, 또래
• think out 잘 생각하다, 곰곰이 생각하여 해결하다
• acceptable [əkséptəbl] 형 허용할 수 있는, 만족스러운
• comment [kάment] 명 평가, 논평
• review [rivjúː] 동 검토하다
• revise [riváiz] 형 수정하다, 고치다

십 대를 위한 버킷 리스트

젊음은 한때이고 젊은 시절에 해야 더 나은 일들이 있습니다.
십 대로서 여러분은 무엇을 하고 싶습니까?

STEP 1

십 대를 위한 버킷 리스트를 보고 질문에 답하시오.

☐ 외국 여행하기
☐ 별빛 아래 잠자기
☐ 부모님이 나를 자랑스러워하도록 만들기
☐ 내 방을 깔끔하게 정리하기
☐ 24시간 동안 스마트폰 없이 지내기
☐ 머리 염색하기
☐ 아침형 인간되기
☐ 내 스타일 바꾸기
☐ 떡볶이 판매대 운영하기

1. 위 활동 중 몇 가지를 해 본 적이 있는가?
2. 앞으로 몇 가지를 더 해 보고 싶은가?

Culture Note
버킷 리스트

죽기 전에 하고 싶은 일의 목록. kick the bucket(죽다)이라는 표현에서 유래한다.

STEP 2

네 명씩 모둠을 지어 스무 살이 되기 전에 하고 싶은 일에 대해 이야기해 보시오.

올해 무엇을 하기 원하는가?
고등학교를 졸업하기 전에 무엇을 하기 원하는가?
고등학교를 졸업한 후에 무엇을 하기 원하는가?

Bucket List for Teens

You're only young once and there are some things that are better to do while young. What do you want to do as a teen?

STEP 1 Take a look at the bucket list for teens and answer the questions.

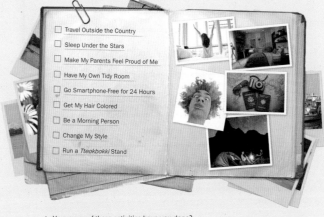

☐ Travel Outside the Country
☐ Sleep Under the Stars
☐ Make My Parents Feel Proud of Me
☐ Have My Own Tidy Room
☐ Go Smartphone-Free for 24 Hours
☐ Get My Hair Colored
☐ Be a Morning Person
☐ Change My Style
☐ Run a *Tteokbokki* Stand

1. How many of these activities have you done?
2. How many of them do you still need to cross off?

Culture Note	Bucket List
	A list of things to do before you die. It comes from the expression "kick the bucket."

STEP 2 Form groups of four, and talk about what you want to do before you turn 20.

What do you want to do this year?

What do you want to do sometime before graduating from high school?

What do you want to do after graduating from high school?

028

STEP 1

🔊 **Solution**

제시된 버킷 리스트의 항목 이외에 자신이 하고 싶은 일이 있다면 따로 작성해서 **STEP 2**에 활용할 수 있다.

STEP 2

🔊 **Sample Dialog 1**

A What do you want to do this year?
B I want to go smartphone-free for 24 hours.
A What do you want to do sometime before graduating from high school?
B I want to make my parents feel proud of me.
A What do you want to do after graduating from high school?
B I want to travel outside the country.
A 너는 올해 무엇을 하기 원하니?
B 나는 24시간 동안 스마트폰 없이 지내 보고 싶어.
A 너는 고등학교를 졸업하기 전에 무엇을 하기 원하니?
B 나는 부모님이 나를 자랑스러워하시도록 만들고 싶어.
A 너는 고등학교를 졸업한 후에 무엇을 하기 원하니?
B 나는 외국을 여행하고 싶어.

🔊 **Sample Dialog 2**

A What do you want to do this year?
B I want to be a morning person.
A What do you want to do sometime before graduating from high school?
B I want to sleep under the stars.
A What do you want to do after graduating from high school?
B I want to get my hair colored.
A 너는 올해 무엇을 하기 원하니?
B 나는 아침형 인간이 되고 싶어.
A 너는 고등학교를 졸업하기 전에 무엇을 하기 원하니?
B 나는 별빛 아래에서 자고 싶어.
A 너는 고등학교를 졸업한 후에 무엇을 하기 원하니?
B 나는 머리를 염색하고 싶어.

+More Information

Bucket List

bucket은 '양동이'를 뜻하는 단어인데, bucket list라고 하면 '죽기 전에 하고 싶은 일의 목록'을 뜻한다. 이 용어를 언제부터 사용하게 되었는지에 대해서는 의견이 분분하지만, '죽다'라는 의미를 나타내는 관용구인 kick the bucket에서 시작했다는 점만은 확실하다. 많은 사람들이 양동이 위에 올라가서 목을 맨 후 양동이를 발로 차서 죽음을 맞이하던 옛 시절의 풍속을 따서 이 관용구가 생겨났고, 이 관용구에서 bucket list라는 말이 생겨났다고 말한다. 특히 2007년에 제작된 〈Bucket List〉라는 영화 이후로 이 용어가 널리 쓰이게 되었다.

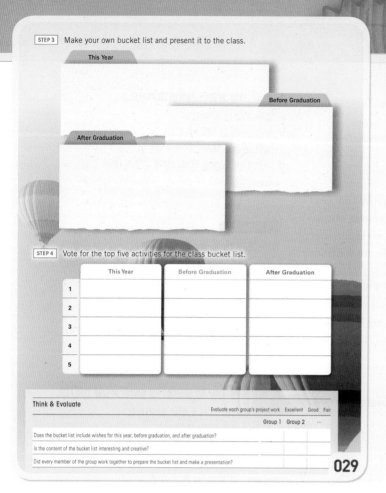

STEP 3 Make your own bucket list and present it to the class.

This Year

Before Graduation

After Graduation

STEP 4 Vote for the top five activities for the class bucket list.

	This Year	Before Graduation	After Graduation
1			
2			
3			
4			
5			

Think & Evaluate

	Evaluate each group's project work	Excellent	Good	Fair
		Group 1	Group 2	...
Does the bucket list include wishes for this year, before graduation, and after graduation?				
Is the content of the bucket list interesting and creative?				
Did every member of the group work together to prepare the bucket list and make a presentation?				

029

STEP 3

자신의 버킷 리스트를 작성하고 학급에 발표하시오.

STEP 4

가장 인기 있는 일 다섯 가지를 학급 버킷 리스트로 선정하시오.

평가표

• 버킷 리스트에 올해, 졸업 전, 졸업 후의 희망 사항이 포함되어 있는가?
• 버킷 리스트의 내용은 흥미롭고 창의적인가?
• 모둠원 모두가 버킷 리스트를 만들고 발표하는 데 협동하였는가?

STEP 3

Sample Answer

This Year
1. Redecorate my bedroom
2. Get to the top of Jirisan
3. Write a thank-you letter

Before Graduation
1. Write a letter to my role model
2. Plan a family outing
3. Make a podcast for teens

After Graduation
1. Get a driver's license
2. Travel to Europe
3. Learn to play the guitar

Words & Expressions

28쪽
• feel proud of ～을 자랑스럽게 여기다
• tidy [táidi] 형 깔끔한, 깨끗한
• stand [stænd] 명 가판대, 판매대
• graduate [grǽdʒouèit] 동 졸업하다

올해
1. 내 침실 새로 꾸미기
2. 지리산 등정하기
3. 감사 편지 쓰기

졸업 전
1. 나의 롤 모델에게 편지 쓰기
2. 가족 나들이 계획하기
3. 십 대를 위한 팟 캐스트 만들기

졸업 후
1. 운전면허 따기
2. 유럽 여행가기
3. 기타 배우기

Words & Expressions

29쪽
• graduation [grædʒəwéiʃən] 명 졸업
• evaluate [ivǽljuèit] 동 평가하다
• content [kántent] 명 내용
• creative [kriéitiv] 형 창의적인
• presentation [prìːzəntéiʃən] 명 발표

CHECK UP

1. Listen and choose the best title for the passage.

    a. What a Beginning!   **b.** We Were Making New Friends

    c. Let's Have a Good Start   **d.** Come and Join the Get Along Program

🎧 **Script**

W You are just starting a new school year. Some of you are excited about a fresh start, while others feel nervous about having a new beginning. If you have trouble making new friends, come and join the Get Along Program. We are waiting here to help you out.

여 여러분은 새 학년을 이제 막 시작하게 됩니다. 여러분 중 몇몇은 새 출발에 기대가 부풀어 있지만, 다른 사람들은 새로운 시작에 대해 긴장할 것입니다. 새로운 친구를 사귀는 데 어려움이 있다면 Get Along 프로그램에 가입해 보세요. 우리는 여러분을 돕기 위해 여기에서 기다리고 있습니다.

2. Listen and choose the statement that best answers the boy's last question.

    a. I was afraid of having a lot of trouble.

    b. I'm planning to read classic novels.

    c. I'm wondering what books I can send you.

    d. I thought of some books for the reading club.

🎧 **Script**

G Do you have any special plans for the new semester?

B Yes, I'm planning to join Swimmers.

G That sounds great. Do you have any special reason for that?

B I want to get healthier and I love swimming. What are your plans?

G I'm thinking of reading more books.

B What kind of books are you going to read?

G _____

여 새 학기를 위한 특별한 계획이 있니?

남 응, Swimmers에 가입할 계획이야.

여 좋은 생각인데. 특별한 이유가 있니?

남 더 건강해지고 싶고 또 수영을 좋아해서야. 너는 어떤 계획이 있니?

3. Choose the best place for the sentence in the box.

> Then stick your toe in the water and find out what your true passions are.

(**❶**) Why don't you try to find something that you love to do, and then get started right away? (**❷**) First, keep an eye out for specific activities that you are really interested in. (**❸**) Make sure you are ready to take advantage of any chances available to you: sign up for programs, talk with specialists, and keep getting involved. (**❹**)

---

1. 듣고 가장 알맞은 제목을 고르시오.

a. 얼마나 멋진 시작인가!

b. 우리는 새 친구를 사귀고 있었다

c. 멋진 출발을 하자

d. 와서 Get Along 프로그램에 가입하세요

Answer   d

👤 **Solution**

새 출발과 새 친구들에 관해 이야기하고 있지만, 마지막에서 Get Along 프로그램에 가입할 것을 권유하고 있다.

Words & Expressions

• **nervous about** ~에 대해 긴장하는(초조해하는)

• **help ~ out** ~을 도와주다, ~을 거들다

---

2. 듣고 소년의 마지막 질문에 가장 알맞은 응답을 고르시오.

a. 많은 문제를 가지게 될까 봐 걱정됐어.

b. 고전 소설을 읽을 계획이야.

c. 너에게 어떤 책을 보낼지 모르겠어.

d. 독서 동아리를 위한 책들에 대해 생각했어.

Answer   b

여 나는 책을 좀 더 많이 읽으려고 해.

남 어떤 종류의 책을 읽으려고 하는데?

여 _____

👤 **Solution**

소년의 마지막 질문이 What kind of books ~?로 책의 종류를 묻고 있으므로, 고전 소설을 읽겠다는 b가 응답으로 알맞다.

Words & Expressions

• **statement** [stéitmənt] 명 진술, 문장

• **classic** [klǽsik] 형 고전의, 전형적인

• **novel** [návəl] 명 (장편) 소설

---

3. 읽고 상자 안의 문장이 들어갈 가장 알맞은 곳을 고르시오.

자신이 좋아하는 것을 찾으려 노력해 보고, 그것을 즉시 시작하는 것은 어때? 우선, 자신이 정말로 흥미를 가지고 있는 구체적인 활동에 주의를 기울여 봐. 프로그램에 등록하고 전문가들과 이야기해 보고 지속적으로 (활동에) 참여하는 것처럼 자신에게 주어진 어떤 기회라도 이용할 준비를 갖추도록 해. 그런 다음 자신의 발가락을 물에 담가 보고 자신의 진정한 열정이 무엇인지 발견하도록 하려무나.

Answer   ④

---

4. Read and choose the one that best shows the intention of the writer.

> You need to reflect on yourself, and find out what you're good at. You have to keep doing what you feel most like doing. You also need to accept yourself, think of something positive, and try to learn from your mistakes.

   a. Listen to yourself.   **b.** Behave yourself.

   c. Forget yourself.   **d.** Don't blame yourself.

4. 읽고 글쓴이의 의도를 가장 잘 나타난 것을 고르시오.

자신을 돌아보고 자신이 잘하는 것을 찾을 필요가 있다. 자신이 가장 하고 싶은 것을 계속해 나가야 한다. 또한 자신을 받아들이고 긍정적인 것을 생각하며 실수로부터 배우도록 노력할 필요가 있다.

a. 자신의 (내적) 목소리를 들어라.
b. 바르게 행동하라.
c. 자기 자신을 잊어라.
d. 자신을 비난하지 말아라.

Answer a

Solution

자신을 돌아보고 자신이 하고 싶은 것을 계속하고 자신을 받아들이라는 것은 진정한 자신을 찾으라는 말이므로, a가 글쓴이의 의도로 가장 알맞다.

Words & Expressions

• intention [inténʃən]   명 의도, 의향
• behave oneself   바르게 행동하다, 예의 바르게 행동하다
• blame [bleim]   동 비난하다, 탓하다

5. Complete the dialog using the words in parentheses.

> A: The gentleman always carries an umbrella, doesn't he?
> B: Yes, he does. He doesn't like to get wet in the rain. He carries an umbrella (case, in, it, rains).

5. 괄호 안의 말을 이용하여 대화를 완성하시오.

A 그 신사 분은 항상 우산을 가지고 다녀, 그렇지 않아?
B 맞아. 그는 비에 젖는 것을 좋아하지 않아. 비가 올 경우를 대비해서 그는 우산을 가지고 다녀.

Answer in case it rains

Solution

'비가 올 경우를 대비해서'라는 의미가 되도록 「in case+주어+동사」의 순서로 단어를 배열한다.

Words & Expressions

• gentleman [dʒéntlmən]   명 신사
• get wet   젖다

6. Read and cross off the parts that can be left out.

> On the first day of school, school kids in Germany carry a school bag which is called *schultuete*. But this is not a backpack! It is a paper or plastic package which is filled with not only school supplies but also candy. They want to have a sweet school year!

6. 읽고 생략할 수 있는 부분에 줄을 그으시오.

독일의 학생들은 학년 첫날에 schultuete라고 부르는 책가방을 가지고 간다. 그러나 이것은 배낭은 아니다! 그것은 종이나 플라스틱으로 된 꾸러미로 학용품뿐 아니라 사탕으로 가득 차 있다. 그들은 달콤한 학년이 되기를 원한다!

Answer which is, which is

Solution

문장에서 「주격 관계대명사+be동사」는 생략할 수 있는데, 첫 번째 which is를 생략하면 과거분사 called가 a school bag을 뒤에서 수식하는 형태가 된다. 두 번째 which is를 생략하면 과거분사 filled가 a paper or plastic package를 뒤에서 수식하는 형태가 된다.

Words & Expressions

• backpack [bǽkpæk]   명 배낭
• package [pǽkidʒ]   명 꾸러미, 소포
• be filled with   ~로 가득 차 있다
• school supply   학용품

LESSON 2

현명해지고 건강해져라

Be Smart, Be Healthy

의사소통 기능

• 열거하기

First, I walk to school. **Then**, I walk up the stairs energetically. **Then**, I also play basketball at the school gym after school.

먼저, 나는 학교에 걸어 다녀. 그런 다음, 나는 씩씩하게 계단을 오르지. 그리고 또한 방과 후에는 학교 체육관에서 농구를 하기도 해.

• 강조하기

It's important to go to sleep at a fixed time every night.

매일 밤 정해진 시간에 자는 게 중요해.

OVERVIEW

Topics

LISTEN & SPEAK	ACROSS CULTURES	READ
• Exercise and Food • Sound Sleep	Fun Exercises Around the World	Be Smart, Be Healthy

FUNCTIONS

- First ..., then ..., then ... .
- It's important to go to sleep at a fixed time every night.

《 단원 미리 보기 》

	LISTEN & SPEAK	ACROSS CULTURES	READ	WRITE	ACROSS SUBJECTS
주제 →	• 운동 습관과 식습관에 대해 듣고 말하기 • 건강한 수면 습관에 대해 듣고 말하기	다른 나라의 재미있는 운동법을 알아보고 몸으로 나타내 보기	Susan이 제안하는 운동법 / Edward가 제안하는 건강한 생활 습관 / Peter가 제한하는 수면 습관에 대해 읽고 이해하기	스트레스의 원인에 대해 글쓰기	친구들의 건강한 생활 습관에 대해 조사하여 발표하기

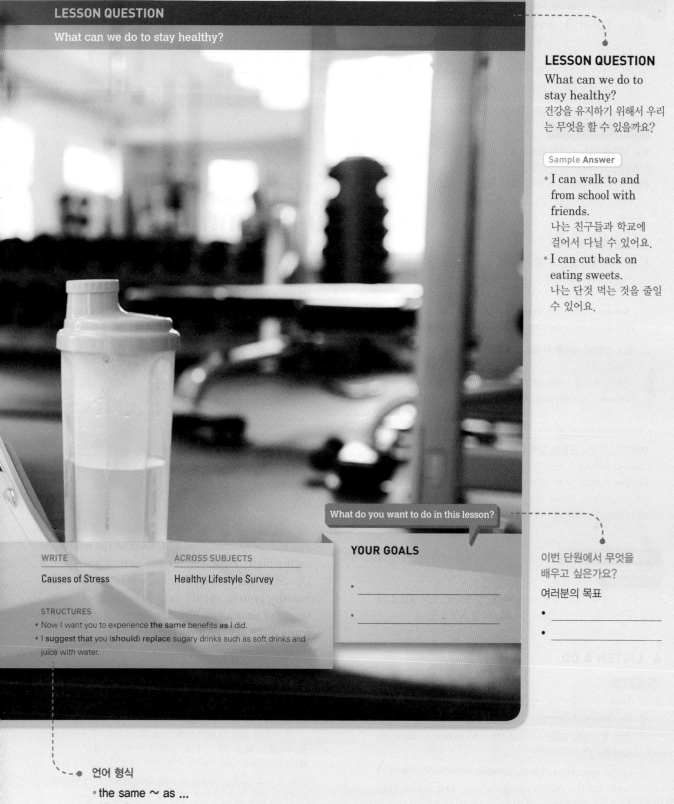

LESSON QUESTION

What can we do to stay healthy?

건강을 유지하기 위해서 우리는 무엇을 할 수 있을까요?

Sample **Answer**

- I can walk to and from school with friends.
  나는 친구들과 학교에 걸어서 다닐 수 있어요.
- I can cut back on eating sweets.
  나는 단것 먹는 것을 줄일 수 있어요.

What do you want to do in this lesson?

WRITE

Causes of Stress

ACROSS SUBJECTS

Healthy Lifestyle Survey

YOUR GOALS

- _____
- _____

이번 단원에서 무엇을 배우고 싶은가요?

여러분의 목표

- _____
- _____

STRUCTURES

- Now I want you to experience **the same** benefits **as** I did.
- I **suggest that** you **(should) replace** sugary drinks such as soft drinks and juice with water.

언어 형식

- the same ~ as ...
  Now I want you to experience **the same** benefits **as** I did.
  이제 저는 여러분도 제가 경험했던 것과 같은 혜택들을 경험해 보시기를 원합니다.

- 주장·명령·제안·요구·권고를 나타내는 동사+that+주어(+should)+동사원형
  I **suggest that** you **(should) replace** sugary drinks such as soft drinks and juice with water.
  저는 여러분이 청량음료나 주스 같은 설탕이 들어간 음료를 물로 대체할 것을 제안합니다.

LISTEN & SPEAK 1

TOPIC 1 Exercise and Food
운동과 음식

열거하기
First ..., then ..., then ....

보고 체크하시오. 소년은 뭐라고 말하겠는가?
소녀 건강을 유지하려면 무엇을 해야 할까?
소년 우선, 규칙적으로 운동해. 그런 다음, 균형 잡힌 식사를 하고 물도 충분히 마셔.

Answer First of all

A LISTEN & DO

1. 듣고 Jack이 하는 세 가지 운동에 표시하시오.
   - ☑ 학교에 걸어가기   ☑ 씩씩하게 계단 오르기
   - ☐ 자전거 타기   ☑ 학교 체육관에서 농구하기

   Answer walk to school, walk up the stairs energetically, play basketball at the school gym

2. 듣고 건강한 식판을 완성하시오.
   건강한 식판
   - 채소 / 통곡물 / 과일 / 건강한 단백질 / 물 / 건강한 기름

   Answer (1) vegetables (2) protein (3) water

Question for You

여러분의 식사는 균형이 잡혀 있습니까?
Sample Answer Yes, it is. / I don't think so. It's because sugary snacks take up too much space on my eating plate. I think I need to have more vegetables and fruits than now.

 Solution

열거하는 내용을 처음 말할 때는 '우선, 먼저'라는 뜻의 First of all을 사용하고, 뒤이어 Next, Lastly 등의 표현을 쓴다.

A LISTEN & DO

Script

1. **G** Jack, you are so energetic. What is your secret?
   B You know, I exercise a lot, Sujin.
   G But it's not easy to find time to exercise. How do you do it?
   B Good question. First, I walk to school. Then, I walk up the stairs energetically, and I also play basketball at the school gym after school.
   G Those things don't sound too difficult. From now on, I'll try to do them, too.
   여 Jack, 너는 참 활기가 넘치는구나. 비결이 뭐니?
   남 수진아, 너도 알다시피, 나는 운동을 많이 해.
   여 하지만 운동할 시간을 내기가 쉽지 않아. 너는 어떻게 하니?
   남 좋은 질문이야. 먼저, 나는 학교에 걸어 다녀. 그런 다음,

Look and check. What would the boy say?

What do I need to do to stay healthy?

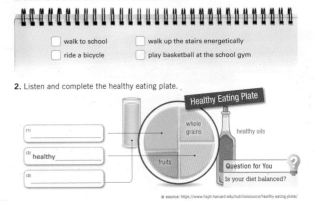

, exercise regularly. Then, eat a balanced diet, and drink enough water as well.

○ Next   ● First of all

■ Now listen and check the answer with your partner.

A LISTEN & DO

1. Listen and check three exercises that Jack does.

   ☐ walk to school   ☐ walk up the stairs energetically
   ☐ ride a bicycle   ☐ play basketball at the school gym

2. Listen and complete the healthy eating plate.

   Healthy Eating Plate

   (1) _____
   (2) healthy _____
   (3) _____

   whole grains
   healthy oils
   fruits

   Question for You
   Is your diet balanced?

   ※ source: https://www.hsph.harvard.edu/nutritionsource/healthy-eating-plate/

034 Lesson 2

나는 씩씩하게 계단을 오르지. 그리고 또 방과 후에는 학교 체육관에서 농구를 하기도 해.
여 별로 어렵게 들리지 않는걸. 지금부터 나도 그것들을 하도록 노력할 거야.

2. **W** Hello, I'm Sally, and I'm a nutritionist. Let me tell you how to balance your diet. Look at the healthy eating plate. First, the largest part of your diet should be vegetables. Second, whole grains and healthy protein should each take up about one fourth of your plate. Third, you should eat some fruits every day. Last but not least, drink enough water and use healthy oils. These tips will help you have a balanced diet.
   여 안녕하세요, 저는 Sally이고 영양사예요. 여러분의 식단을 어떻게 균형 맞출지를 말해 줄게요. 건강한 식판을 보세요. 먼저, 식단의 가장 큰 부분은 채소가 되어야 해요. 두 번째로, 통곡물과 건강한 단백질이 각각 네 접시의 약 4분의 1을 차지해야 해요. 세 번째로, 날마다 약간의 과일을 먹어야 해요. 마지막에 말하기는 하지만 아주 중요한 것은 충분한 물을 마시고 건강한 기름들을 사용해야 해요. 이 조언들은 여러분이 균형 잡힌 식사를 하는 데 도움이 될 수 있어요.

Solution

1. Jack은 학교에 걸어 다니기, 계단 오르기, 방과 후에 학교 체육관에서 농구하기를 통해 운동을 한다고 했다.
2. 영양사인 Sally는 균형 잡힌 식사를 하기 위해 채소와 통곡물, 건강한 단백질, 과일과 물을 충분히 섭취하고, 건강한 기름을 사용해야 한다고 했다.

B SPEAK OUT

1. Match each unhealthy habit with what to do to be healthier.

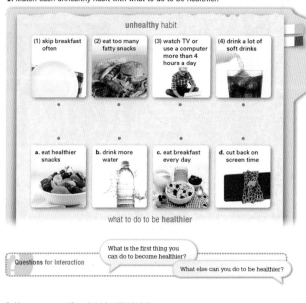

unhealthy habit

| (1) skip breakfast often | (2) eat too many fatty snacks | (3) watch TV or use a computer more than 4 hours a day | (4) drink a lot of soft drinks |

| a. eat healthier snacks | b. drink more water | c. eat breakfast every day | d. cut back on screen time |

what to do to be healthier

Questions for Interaction

What is the first thing you can do to become healthier?

What else can you do to be healthier?

2. Have a conversation about healthy habits.

Interaction

A: What are you doing?
B: Well, I'm writing about what I'm going to do to be healthier.
A: Really? What will you do?
B: First, I will drink more water, then eat healthier snacks, and finally, cut back on screen time.
A: Those sound like good ideas.

Expression +

열거하기
• First .... Second .... Third ....
• First of all .... Next .... Lastly ....

035

B SPEAK OUT

1. 건강에 안 좋은 각각의 습관과 더 건강해지기 위해 해야 할 일을 연결하시오.
   (1) 아침 식사 자주 거르기
   (2) 기름진 간식 너무 많이 먹기
   (3) 하루에 네 시간 이상 TV를 보거나 컴퓨터 사용하기
   (4) 청량음료 많이 마시기
   a. 건강에 더 좋은 간식 먹기 b. 물 더 많이 마시기
   c. 아침 식사 매일 하기   d. 화면 보는 시간 줄이기
   Answer (1) c (2) a (3) d (4) b

Questions for Interaction
더 건강해지기 위해 여러분이 해야 할 첫 번째 일은 무엇인가요?
더 건강해지기 위해 여러분은 그밖에 어떤 일을 할 수 있나요?

2. 건강에 좋은 습관에 관해 대화하시오.

Interaction

A 뭘 하고 있니?
B 음, 더 건강해지기 위해 뭘 할지에 대해 쓰고 있어.
A 정말? 뭘 할 건데?
B 먼저, 나는 물을 더 많이 마실 거야. 그리고 건강에 더 좋은 간식들을 먹고, 마지막으로 (TV나 휴대 전화 같은) 화면 보는 시간을 줄이려고 해.
A 좋은 생각인 것 같은데.

열거하기   First ..., then ..., then ....

First ~, then ~, then ~.은 '우선 ~, 다음으로 ~, 그 다음으로 ~.'라는 뜻으로 여러 가지 사항을 열거해서 말할 때 쓰는 표현이다. 비슷한 의미의 표현으로는 First ~. Second ~. Third ~. / First of all ~. Next ~. Lastly(Finally, Last) ~. / Firstly ~, secondly ~, thirdly ~. 등이 있다. 그 밖에 대체 가능한 표현으로는 열거의 시작이나 처음에는 to begin with(우선)를, 끝이나 마무리에는 last but not least(마지막으로, 하지만 마찬가지로 중요한)를 쓸 수 있다.

ex. A Can you tell me how to use a microwave? (전자레인지를 사용하는 방법을 나에게 말해 줄래?)
    B **First**, put the food in the microwave, **then** set the timer, and **then** push the start button.
    (우선, 전자레인지에 음식을 넣어, 그리고 타이머를 맞추고, 그 다음으로 시작 버튼을 눌러.)

Expression +

• **First of all**(First, Firstly), clean the blood from the cut. **Next**(Second, Secondly, Then) disinfect it. **Lastly**(Finally, Last) put an ointment on the wound and a bandage on it.
(우선(먼저), 베인 곳의 피를 닦아라. 다음으로(두 번째로), 그것을 소독해라. 마지막으로, 상처에 연고를 바르고 반창고를 붙여라.)

B SPEAK OUT

Solution

건강에 좋지 않은 각각의 습관에 대한 개선 방법을 찾아 연결한다.

Interaction

Sample Dialog

A What are you doing?
B Well, I'm writing about what I'm going to do to be healthier.
A Really? What will you do?
B First, I will get up earlier than now, then eat breakfast every day, and finally, work out regularly.

A Those sound like good ideas.
A 뭘 하고 있니?
B 음, 더 건강해지기 위해 뭘 할지에 대해 쓰고 있어.
A 정말? 뭘 할 건데?
B 먼저, 나는 지금보다 더 일찍 일어날 거야. 그리고 아침 식사를 매일 하고, 마지막으로 규칙적으로 운동을 할 거야.
A 좋은 생각인 것 같은데.

Words & Expressions
• skip [skip]   동 (식사 등을) 거르다, (수업 등을) 빼먹다
• fatty [fǽti]   형 기름진, 지방이 많은
• snack [snæk]   명 간식
• cut back on   ~을 줄이다

Be Smart, Be Healthy   37

LISTEN & SPEAK 2

TOPIC 2 Sound Sleep
숙면

강조하기
It's important to go to sleep at a fixed time every night.

FUNCTIONS IN USE

보고 체크하시오. 소년은 뭐라고 말하겠는가?
소녀 나는 어젯밤에 영화를 보느라 늦게까지 잠을 안 잤어.
소년 너도 알다시피, 규칙적인 시간에 잠자리에 드는 <u>것이 중요해.</u>

Answer it's important to

A LISTEN & DO

1. 듣고 민호의 일기를 완성하시오.
나는 온종일 피곤했다. 어젯밤에 늦게 잠자리에 들었다. 나는 밤늦게까지 영화를 보고 친구들과 온라인으로 수다를 떨었다. 잠을 충분히 자는 것이 중요하다는 것을 나도 안다. 오늘 밤에는 일찍 잠자리에 들 것이다.

Answer (1) watched movies
(2) online   (3) get enough sleep

2. 듣고 잘못된 정보에 표시하시오.
우리는 얼마나 많은 잠이 필요할까요?
- 학령기(취학 연령의) 아이들(6~13세): ☐ 9~11시간
- 10대(14~17세): ✔ 7.5~9.5시간
- 젊은 성인들(18~25세): ☐ 7~9시간

Question for You 💡

여러분은 잠을 충분히 자나요?

Sample Answer No, I don't get enough sleep. / I think so. I try to go to bed before 11 and get up at 7 in the morning.

FUNCTIONS IN USE

🔵 Solution

It's important to ~는 '~을 하는 것은 중요하다'라는 뜻으로 어떤 사실의 중요성을 강조할 때 쓰는 표현이다. 반면, It's likely to ~는 '~할 것 같다'라는 뜻으로 가능성이나 추측을 나타낸다.

A LISTEN & DO

🔵 Script

1. **G** Minho, you look tired.
   B I went to bed very late last night and didn't sleep well.
   G Why? Was there any particular reason?
   B Well, not really. I watched movies and then chatted with my friends online.
   G You know it's important to get enough sleep. Otherwise, your health will suffer.
   B I know, but it's not easy. However, I will try to go to bed earlier from now on.

FUNCTIONS IN USE

Look and check. What would the boy say?

> I stayed up late last night watching movies.

> You know, go to bed at a regular time.

○ it's important to   ○ it's likely to

■ Now listen and check the answer with your partner.

A LISTEN & DO

1. Listen and complete Minho's diary.

April 13	I was tired all day. I went to bed late last night.
	I (1) _____ until late at night
	and I chatted with friends (2) _____.
	I know it's important to (3) _____ _____ _____
	I will go to bed early tonight.

2. Listen and check the wrong information.

Question for You 💡
Do you get enough sleep?

How Much Sleep Do We Need?
- School age children (6~13 years): ☐ 9 to 11 hours
- Teenagers (14~17 years): ☐ 7.5 to 9.5 hours
- Young adults (18~25 years): ☐ 7 to 9 hours

■ source: https://sleepfoundation.org/how-sleep-works/how-much-sleep-do-we-really-need/page/0/2

여 민호야, 피곤해 보이는구나.
남 어젯밤에 매우 늦게 잠자리에 들어 잠을 잘 못 잤어.
여 왜? 어떤 특별한 이유라도 있니?
남 음, 꼭 그렇지는 않아. 영화를 보고 나서 친구랑 온라인으로 수다를 좀 떨었지.
여 너도 알다시피, 잠을 충분히 자는 건 중요해. 그렇지 않으면, 너의 건강이 더 다 나빠질 거야.
남 알아, 그런데 쉽지가 않아. 하지만, 지금부터는 좀 더 일찍 잠자리에 들려고 노력할 거야.

2. **M** It's important to get enough sleep for both our physical and mental health. How much sleep do we need? School age children are said to need 9 to 11 hours. If you are a teen, you need 8 to 10 hours of sleep. Young adults need to sleep for 7 to 9 hours. Do you get enough sleep at night?

남 충분한 잠을 자는 것은 우리의 신체적, 정신적 건강 둘 다에 중요합니다. 우리는 얼마나 많은 잠이 필요할까요? 학령기 아이들은 9시간에서 11시간의 잠이 필요하다고 합니다. 여러분이 십 대라면, 8시간에서 10시간의 잠이 필요합니다. 젊은 성인들은 7시간에서 9시간의 잠을 잘 필요가 있습니다. 여러분은 밤에 충분히 잠을 자고 있습니까?

🔵 Solution

1. 민호는 충분한 수면의 중요성을 인식하고 지금부터는 일찍 잠자리에 들 거라고 다짐하고 있다.
2. 남자는 십 대에게는 8시간에서 10시간의 수면이 필요하다고 주장하고 있다.

B SPEAK OUT

1. Listen and check one benefit of good sleep and one sleeping tip the instructor mentions in the speech.

2. Have a conversation about the importance of sleep.

Interaction

A: I heard that if you sleep well, it can improve your creativity and memory.
B: That's true. Sound sleep is very important.
A: Yeah, but how can I sleep better?
B: It's important to go to sleep at a fixed time every night.
A: Thanks for the tip. I'll try that.

Expression⁺

강조하기
- It's important that ....
- I want to stress that ....

037

B SPEAK OUT

1. 듣고 연사가 담화에서 언급한 충분한 수면의 이점 한 가지와 수면에 대한 조언 한 가지에 체크하시오.

잘 잤나요?
충분한 수면의 장점들
☐ 아플 가능성이 더 적다.
☐ 창의성과 기억력이 향상된다.
☑ 스트레스를 퇴치하는 데 도움이 되고 기분을 좋게 한다.
숙면을 위한 조언들
☐ 매일 몇 분이라도 운동을 해야 한다.
☑ 여러분의 방을 정돈되고 편안하도록 만들어야 한다.
☐ 매일 밤 정해진 시간에 자야 한다.

Questions for Interaction
숙면의 이점은 무엇인가요?
잠을 더 잘 자기 위해서 우리는 무엇을 할 수 있나요?

2. 잠의 중요성에 관해 대화하시오.

Interaction

A 내가 듣기로, 잠을 잘 자면 창의력과 기억력이 향상될 수 있다고 해.
B 그건 맞아. 숙면은 매우 중요해.
A 그래, 하지만 어떻게 해야 더 잘 잘 수 있을까?
B 매일 밤 정해진 시간에 잠자리에 드는 게 중요해.
A 충고해 줘서 고마워. 한번 해 볼게.

| 강조하기 | **It's important to go to sleep at a fixed time every night.** |

It's important to ~는 '~을 하는 것은 중요하다'라는 의미로, 어떤 사실의 중요성을 강조하고자 할 때 사용하는 표현이다. 여기서 It 은 가주어이고, to부정사 이하가 진주어이다. 또한 이 표현은 It's important(significant) that ~, I want to stress that ~, It's critical(significant) to ~, I can't emphasize enough ~, I should emphasize ~ 등과 바꿔 쓸 수 있다.

ex. A How can I lose weight? (어떻게 해야 살을 뺄 수 있을까요?)
　　 B **It's important to** cut back on sugar. (설탕을 줄이는 것이 중요해.)

Expression⁺

- **It's important that** you know the danger of global warming. (여러분이 지구 온난화의 위험을 아는 것은 중요하다.)
- **I want to stress that** parents should listen to their children. (나는 부모가 자녀의 말에 귀 기울여야 한다고 강조하고 싶다.)

B SPEAK OUT

🎧 **Script**

W Hello, everyone. Did you sleep well last night? If you sleep well, it helps fight stress and it can even improve your mood. So how can you sleep better? As you may already know, it's important to make sure that your room is a tidy and comfortable place. Then you can relax and sleep more easily. If you want more information, contact me at kate@sleepwell.org.

여 안녕하세요, 여러분. 여러분은 어젯밤 잘 잤나요? 잘 잤다면 그것은 스트레스를 퇴치하는 데 도움이 되고 여러분의 기분까지 좋아지게 할 수 있습니다. 그러면 어떻게 하면 더 잘 잘 수 있을까요? 이미 알고 있다시피, 반드시 여러분의 방이 잘 정돈되어 있고 편안한 장소가 되어야 한다는 게 중요합니다. 그러면 긴장을 풀고 더 쉽게 잘 수 있습니다. 더 많은 정보를 원하시면 kate@sleepwell.org로 저에게 연락 주세요.

Interaction

🎧 **Sample Dialog 1**

A I heard that if you sleep well, you are less likely to get ill.
B That's true. Sound sleep is very important.
A Yeah, but how can I sleep better?
B It's important to exercise even just a few minutes every day.
A Thanks for the tip. I'll try that.
B 내가 듣기로, 잠을 잘 자면 병이 날 가능성이 더 낮아진다고 해.
A 그건 맞아. 숙면은 매우 중요해.
B 그래, 하지만 어떻게 해야 더 잘 잘 수 있을까?
A 매일 단지 몇 분이라도 운동을 하는 게 중요해.
B 충고해 줘서 고마워. 한번 해 볼게.

CONVERSATION IN ACTION

여러분은 어떤 운동을 하나요? 어떤 종류의 운동을 해 보고 싶습니까?

A GET SET

듣고 남자가 소녀에게 가르쳐 주는 자세를 고르시오.

Answer C

B ACT OUT

1. 상자에 있는 표현을 이용하여 대화를 완성하시오.

A 안녕, Jeff. 오늘은 우리 뭘 할 거죠?

B 오늘은 플랭크 자세를 어떻게 바르게 할지를 가르쳐 줄게요.

A 오, 그 자세가 중심 근육을 키워 주는 데 도움이 된다고 들었어요.

B 맞아요. 먼저, (엎드려) 팔 굽혀 펴기 자세를 취하세요. 그런 다음, 팔꿈치를 구부려서 팔 앞부분으로 몸무게를 지탱하세요.

A 이렇게요? 그렇게 어렵지는 않네요. 이제 뭘 해야 하죠?

B 자, 이제 그 자세를 할 수 있는 한 오래 유지하세요.

A 와, 근육들이 운동을 하는 것처럼 느껴지기 시작했어요.

B 좋아요. 몸을 일직선으로 만드는 것이 중요해요.

A 이건 정말 어렵네요. 제가 제대로 하고 있나요?

B 네, 좋아요! 마치고 나면, 스트레칭을 좀 하세요.

Answer (1) get into a push-up position
(2) hold that position   (3) make a straight line

2. 다시 듣고, 짝과 역할극을 해 보시오.

A GET SET

Listen and choose the posture that the man teaches the girl.

B ACT OUT

1. Complete the dialog using the expressions in the box.

A: Hello, Jeff. What are we doing today?
B: Today, I'm going to teach you how to do a plank properly.
A: Oh, I've heard that it helps build core muscles.
B: That's right. First, (1) _____
Then bend your elbows and rest your weight on your forearms.
A: Like this? This isn't too hard. What do I need to do now?
B: Now (2) _____ as long as you can.
A: Whoa. I'm starting to feel my muscles working.
B: Good. It's important to (3) _____ with your body.
A: This is really hard. Am I doing it right?
B: Yeah, looks great! When you finish, do some stretching.

• make a straight line   • hold that position   • get into a push-up position

2. Listen again, and act out the dialog with your partner.

Sounds in Use

First, / get into a push-up position. Then / bend your elbows ...
It's important to make a straight line with your body.

038 Lesson 2

Sounds in Use

• First, / get into a push-up position. Then / bend your elbows ...
먼저, 팔 굽혀 펴기 자세를 하세요. 그런 다음, 팔꿈치를 구부려 ….
순서를 나타내는 말인 First와 Then 사이에 잠깐 간격을 두고 멈추어 쉰 다음에 문장의 나머지 부분을 이어 발음한다.
• It's important to make a straight line with your body. 몸을 일직선으로 만드는 것이 중요해요.
끝소리가 /t/인 단어와 첫소리가 /t/인 단어를 연이어 발음할 때는 앞 단어의 끝소리를 생략할 수 있다. 앞 단어가 자음으로 끝나는 데 뒤의 단어가 모음 발음으로 시작될 때 발음이 연음된다. 이것을 연음 현상이라고 하며, 여기서는 /meik/와 /ə/가 연음되어 /meikə/로 소리 난다. 또한, 끝소리가 /ð/인 단어와 첫소리가 /j/인 단어가 연이어 오면 두 음이 연음되어 /dʒ/로 소리 난다.

A GET SET

Script

G Hello, Jeff. What are we doing today?

M Today, I'm going to teach you how to do a plank properly.

G Oh, I've heard that it helps build core muscles.

M That's right. First, get into a push-up position. Then bend your elbows and rest your weight on your forearms.

G Like this? This isn't too hard. What do I need to do now?

M Now hold that position as long as you can.

G Whoa. I'm starting to feel my muscles working.

M Good. It's important to make a straight line with

your body.

G This is really hard. Am I doing it right?

M Yeah, looks great! When you finish, do some stretching.

Solution

엎드려 팔 굽혀 펴기 자세에서 팔꿈치를 구부려 팔 앞부분에 체중을 실어 몸을 일직선으로 만든 자세를 고른다.

B ACT OUT

 Solution

남자가 플랭크 자세를 취하는 방법을 순서대로 설명한 부분과 그 자세를 취할 때 유의할 점에 관해 말한 부분에 주목한다.

A LISTENING FOR REAL

Listen to the interview and complete the summary.

How to Improve Your Mood *by Dr. Dawn*

It is important ...
- not to hide your feelings.
- (1) _____ others.
- (2) _____ to get rid of stress.

B SPEAKING FOR REAL

1. Choose the things you do to manage stress.

When you are stressed, what do you do?
Here are some effective ways to relieve stress.

- [ ] Get some sleep
- [ ] Engage in physical activity
- [ ] Find hobbies or activities that bring you joy
- [ ] Talk to someone
- [ ] Your Own: _____

STRESS

2. Talk with your partner about your stress and how to manage it.

(What causes you stress?) (I usually get stressed because of school work.)

▶ Go to p.194 for a sample dialog.

+ Speaking Tip

first, then, finally 등을 사용하여 말하고자 하는 핵심 내용을 열거해 봅시다.

Stop & Reflect	I think ...	My partner thinks ...
I can understand the interview about how to improve my mood and complete the summary.	☺ ☺ ☺ ☺ ☺ ☺	
I can talk about different ways to relieve stress.	☺ ☺ ☺ ☺ ☺ ☺	
I can discuss ways to relieve stress with my partner.	☺ ☺ ☺ ☺ ☺ ☺	

039

A LISTENING FOR REAL

인터뷰를 듣고 요약문을 완성하시오.

기분을 나아지게 하는 방법　　　　　　　　　Dawn 박사

감정을 숨기지 않는 것 / 다른 사람들을 돕는 것 / 스트레스를 없애기 위해 운동을 하는 것이 중요하다.

Answer (1) to help　(2) to exercise

B SPEAKING FOR REAL

1. 스트레스 관리를 위해 여러분이 하는 일들을 고르시오.
   스트레스를 받을 때 여러분은 무엇을 하나요?
   여기 스트레스를 해소하는 몇 가지 효과적인 방법들이 있다.
   - [ ] 잠자기
   - [ ] 신체 활동에 참여하기
   - [ ] 즐거움을 가져다 줄 취미나 활동 찾아보기
   - [ ] 누군가와 말하기
   - [ ] 여러분: _____

2. 여러분의 짝과 스트레스와 그것을 관리하는 방법에 관해 이야기해 보시오.
   너는 무엇 때문에 스트레스를 받니?
   나는 대개 학교 공부 때문에 스트레스를 받아.

Stop & Reflect

나는 기분을 나아지게 하는 방법에 관한 인터뷰를 이해하고 요약문을 완성할 수 있다. / 나는 스트레스를 해소하는 여러 가지 방법들에 관해 말할 수 있다. / 나는 스트레스를 해소하는 방법들에 관해 짝과 토론할 수 있다.

Speaking Tip　　Talking about how to manage stress

스트레스를 관리하는 방법에 관해 말하기

교과서에 제시된 예시 대화를 참고하여 자신만의 스트레스 관리법에 관해 말한다. 일의 순서나 사실, 의견 등을 열거할 때 사용하는 표현인 First ~, then ~, finally ~. / First ~, second ~, third ~. / First of all ~, next ~, lastly ~. 등을 이용하여 말할 수 있다.

A LISTENING FOR REAL

🎧 Script

W Dr. Dawn, thank you for agreeing to do this interview. You are an expert on happiness. Can you give us some quick tips for getting in a better mood?

M Sure. First, don't hide your feelings. If you feel sad or hopeless most of the time, talk to other people and ask for help.

W You mean, to parents or a counselor?

M That's right. Another effective way to improve your mood is by helping others.

W Great! So by helping others, I can help myself!

M Exactly. Finally, it's important to exercise in order to get rid of stress.

W These are great tips, Dr. Dawn. Thank you very much.

여 Dawn 박사님, 이 인터뷰를 하는 것에 동의해 주셔서 감사합니다. 선생님은 행복에 관한 전문가이시죠. 더 나은 기분 상태가 되기 위한 즉석 조언 좀 몇 가지 해 주실 수 있을까요?

남 물론이죠. 먼저, 여러분의 감정을 숨기지 마세요. 대부분의 시간 동안 슬프고 절망적이라고 느낀다면 다른 사람들에게 말하고 도움을 요청하세요.

여 부모님이나 상담 선생님을 말씀하시는 건가요?

남 맞아요. 기분을 나아지게 하는 또 다른 효과적인 방법은 다른 사람들을 돕는 거예요.

여 멋지네요! 그러니까 다른 사람을 도와서 내가 나 자신을 도울 수 있다는 거군요!

남 정확해요. 마지막으로, 스트레스를 없애기 위해 운동을 하는 것도 중요해요.

여 훌륭한 조언이네요. Dawn 박사님. 정말 감사합니다.

B SPEAKING FOR REAL

🎧 Sample Dialog

A What causes you stress?

B I usually get stressed because of school work.

A What do you do to relieve your stress, then?

B First, I go jogging, and then I listen to music. That usually helps.

A 너는 무엇 때문에 스트레스를 받니?

B 나는 대개 학교 공부 때문에 스트레스를 받아.

A 그럼 스트레스를 풀기 위해서 무엇을 하니?

B 우선, 조깅을 해. 그러고 나서 음악을 들어. 그것이 대개 도움이 돼.

전 세계의 재미있는 운동들
여러 방식의 운동들이 있습니다. 어떤 운동들은 여러분이 창의성을 표현하는 데 도움을 주고, 반면에 다른 운동들은 여러분에게 새로운 방식으로 움직이는 것의 즐거움을 선사해 줍니다. 재미있거나 흥미로운 운동을 아는 것이 있습니까?

A 읽고 이 운동들 중 어느 것을 해 보고 싶은지 생각해 보시오.

B 네 명으로 모둠을 이루어 여러분의 모둠이 가장 좋아하는 운동을 골라 표를 완성하시오.

C 각 모둠이 가장 좋아하는 운동을 몸짓으로 나타내면, 학급이 그 운동이 무엇인지를 추측해 보시오. 마임을 가장 잘한 모둠에 투표하시오.

인터넷에서 더 많은 것을 배워 보세요.
검색어: 전 세계의 재미있는 운동들 / 근력 키우기 운동들 / 스트레칭 운동들

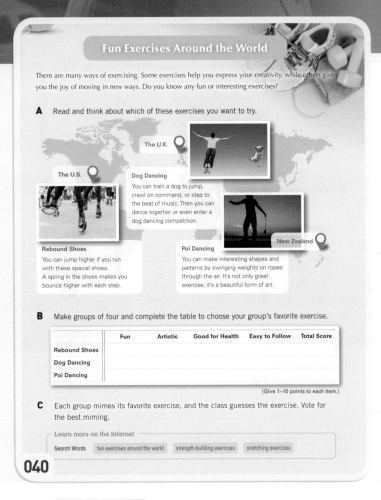

Fun Exercises Around the World

There are many ways of exercising. Some exercises help you express your creativity, while others give you the joy of moving in new ways. Do you know any fun or interesting exercises?

A Read and think about which of these exercises you want to try.

The U.K.
The U.S.

Dog Dancing
You can train a dog to jump, crawl on command, or step to the beat of music. Then you can dance together or even enter a dog dancing competition.

Rebound Shoes
You can jump higher if you run with these special shoes. A spring in the shoes makes you bounce higher with each step.

Poi Dancing
You can make interesting shapes and patterns by swinging weights on ropes through the air. It's not only great exercise; it's a beautiful form of art.

New Zealand

B Make groups of four and complete the table to choose your group's favorite exercise.

	Fun	Artistic	Good for Health	Easy to Follow	Total Score
Rebound Shoes					
Dog Dancing					
Poi Dancing					

(Give 1~10 points to each item.)

C Each group mimes its favorite exercise, and the class guesses the exercise. Vote for the best miming.

Learn more on the Internet
Search Words | fun exercises around the world | strength-building exercises | stretching exercises

040

A

영국: Dog Dancing
여러분은 강아지를 뛰게 하거나 명령에 따라 바닥을 기게 하거나 또는 음악의 박자에 맞춰 발을 구르도록 훈련할 수 있다. 그런 다음, 함께 춤을 추거나 심지어 강아지 댄스 대회에도 참가할 수 있다.

미국: Rebound Shoes
이 특별한 신발을 신고 뛴다면 여러분은 더 높이 뛸 수 있다. 신발에 있는 용수철이 여러분이 걸음을 옮길 때마다 더 높이 뛰어오르도록 해 준다.

뉴질랜드: Poi Dancing
여러분은 무거운 물건들을 줄에 매달아 허공에서 흔들어서 재미있는 모양을 만들거나 패턴을 만들 수 있다. 이것은 대단한 운동일 뿐 아니라, 아름다운 예술의 형태이기도 하다.

B

Solution
각 모둠은 A에서 소개된 세 가지 운동 중에 가장 좋아하는 운동을 골라서 재미, 예술성, 건강에 좋은지와 따라 하기 쉬운지 여부에 따라 각 항목당 1~10점 사이의 점수를 주고 총점을 매겨 본다.

Structures
• A spring in the shoes **makes you bounce higher** with each step.
「make+목적어(you)+동사원형(bounce)」의 5형식 문장으로 '~가 …하게 하다'를 의미한다. higher는 high의 비교급으로 '더 높이'를 의미한다.

+More Information

각 운동의 인터넷 동영상
• Dog Dancing
https://www.youtube.com/watch?v=dv_gOBi8Wpk
• Rebound Shoes
https://www.youtube.com/watch?v=jjxFkid260Q
• Poi Dancing
https://www.youtube.com/watch?v=7GXAapbacBc

Words & Expressions
• spring [spriŋ] 몡 용수철, 스프링
• bounce [bauns] 통 (사람이) 뛰어오르다, (공 등이) 튀다
• train [trein] 통 훈련시키다
• crawl [krɔːl] 통 (엎드려) 기다, 기어가다, 포복하다
• on command 명령을 받고, 명령에 따라
• step [step] 통 가락에 맞추어 걷다 몡 걸음
• beat [biːt] 몡 (음악의) 박자, 장단
• competition [kàmpitíʃən] 몡 (경연) 대회, 시합, 경쟁
• shape [ʃeip] 몡 모양, 형태
• swing [swiŋ] 통 (전후·좌우로) 흔들다
• weight [weit] 몡 무거운 것, 무게, 체중
• artistic [ɑːrtístik] 몡 예술적인
• score [skɔːr] 몡 점수, 득점

A TOPIC PREVIEW

Look at the pictures and talk about the possible health problem each person could have.

use a cell phone in a fixed position

drink too many soft drinks

sleep on your stomach with a thick pillow

B EXPRESSIONS FOR READING

Read the passage and fill in the blanks with words in the box.

The Benefits of a Healthy Lifestyle

Having a healthy lifestyle is important. It can help you (1) _____ your energy, control your weight, (2) _____ disease and enjoy a long life. For example, exercising can enable you to enjoy the outdoors and feel happier. Eating a diet rich in vegetables and fruits can (3) _____ your risk of heart disease. It may also help you (4) _____ your mood and lower your risk of mental health problems.

Question for You

Do you have any health concerns?

• improve • boost • reduce • prevent

041

A TOPIC PREVIEW

그림을 보고 각 사람에게 있을(생길) 수 있는 건강 문제에 관해 이야기해 보시오.
• 고정된 자세로 휴대 전화를 사용하는 것
• 청량음료를 너무 많이 마시는 것
• 두툼한 베개를 베고 엎드려 자는 것

B EXPRESSIONS FOR READING

글을 읽고 상자 안의 단어를 이용하여 빈칸을 채우시오.
건강한 생활방식의 이점들
건강한 생활방식을 갖는 것은 중요하다. 그것은 당신의 에너지를 북돋우며 체중을 조절하고 질병을 예방하여 장수를 즐기도록 도울 수 있다. 예를 들어, 운동은 야외 활동을 즐기고 더 행복하게 느낄 수 있도록 해 준다. 채소와 과일이 풍부한 식단으로 먹는 것은 심장병의 위험을 감소시킨다. 그것은 또한 당신의 기분을 나아지게 하며, 정신 건강 문제의 위험을 낮추는 데 도움이 된다.

Answer (1) boost (2) prevent (3) reduce (4) improve

Question for You

여러분은 건강에 대한 걱정을 하나요?

Sample Answer Yes. I often feel a pain in my neck. (네. 저는 목에 자주 통증을 느껴요.)

A TOPIC PREVIEW

Sample Answer
• 거북목이나 등의 통증 같은 것을 유발할 수 있다.
• 충치나 당뇨병 등의 각종 성인병에 걸릴 가능성이 있다.
• 목 디스크나 혈액 순환 장애를 일으킬 수 있다.

B EXPRESSIONS FOR READING

Solution
건강한 생활 방식의 이점들에 관해 설명한 글이라는 점에 유의하며, 빈칸 뒤에 이어지는 어구들과 문맥상 의미가 가장 잘 어울리는 동사를 찾는다.

Structures
• Having a healthy lifestyle **is** important.
동명사구(Having a healthy lifestyle) 주어는 단수 취급하므로 단수 동사 is를 썼다.

• It can **help** you **boost** your energy, **control** your weight, **prevent** disease and **enjoy** a long life.
「help+목적어+동사원형」 형태의 5형식 문장으로, help의 목적격 보어로 boost ~, control ~, prevent ~, enjoy ~가 등위접속사 and에 의해 병렬 구조로 연결되어 있다.

• Eating a diet **rich in vegetables and fruits** can reduce your risk of heart disease.
rich in vegetables and fruits가 앞의 명사 a diet를 뒤에서 수식해 주고 있는 구조로, rich 앞에 「관계대명사+be동사」 형태인 which(that) is가 생략되어 있다고 볼 수 있다.

Words & Expressions
• sleep on one's stomach 엎드려서 자다
• enable [inéibl] 동 ~을 할 수 있게(가능하게) 하다
• risk [risk] 명 위험(성)
• lower [lóuər] 동 ~을 낮추다(내리다)
• boost [buːst] 동 신장하다, 북돋다
• reduce [ridʒúːs] 동 줄이다, 낮추다

Check It!

※ 다음 단어의 의미를 바르게 연결하시오.

1. risk • • a. to improve or increase something
2. enable • • b. a feeling of worry about something important
3. boost • • c. the possibility that something bad or dangerous may happen
4. concern • • d. to make it possible for someone to do something or for something to happen

Answer 1c 2d 3a 4b

READ

Be Smart, Be Healthy

❶ Hello, everyone. ❷ Welcome to the TV show, *Healthy Life*. ❸ I'm your host,
Jenny. ❹ Today, we will hear from three experts who will tell us about the
importance of exercise, drinking water and sleep. ❺ You can interact with the
experts in real time by typing your opinion on our webpage. ❻ At the end of the
program, please vote for the most helpful and interesting speaker. ❼ Now, here
they are!

One Exercise Well
Susan

❽ Hello, I'm Susan. ❾ I'm a professional personal trainer. ❿ When I started
exercising, I found that it boosted my energy, reduced stress, and helped me feel
good. ⓫ Now I want you to experience the same benefits as I did.
⓬ You want to stay in shape, don't you? ⓭ Then exercise. ⓮ Physical activities
such as running and aerobics help improve blood circulation and strengthen
your muscles. ⓯ This will give you more energy and even boost your brain power.

⓰ When I study long hours, my neck becomes stiff and I sometimes feel
pain in my neck. ⓱ What can I do?

– wannahealthybody

042

Words & Expressions
- welcome [wélkəm] 통 환영하다, 기꺼이 맞이하다
- host [houst] 명 (TV 쇼 등의) 사회자
- expert [ékspəːrt] 명 전문가
- interact with ~와 상호 작용하다
- in real time 실시간으로
- opinion [əpínjən] 명 의견
- vote for ~에게 투표하다
- helpful [hélpfəl] 형 도움이 되는, 유용한
- professional [prəféʃənəl] 형 전문의, 직업적인, 프로의
- personal [pərsənəl] 형 개인의(개인적인), 사적인,
- boost [buːst] 통 신장하다, 북돋다
  ex. They worked hard to *boost* the economy.

- benefit [bénəfit] 명 이익, 혜택
- stay in shape 건강을 유지하다
- physical [fízikəl] 형 육체의, 신체의(↔ mental)
- such as ~와 같은(=like)
- aerobics [ɛəróubiks] 명 에어로빅
  ex. I do *aerobics* twice a week.
- circulation [sèːrkjəléiʃən] 명 (혈액) 순환
  ex. Regular exercise will improve blood *circulation*.
- strengthen [stréŋkθən] 통 강화하다, 튼튼하게 하다
- muscle [mʌ́sl] 명 근육
- stiff [stif] 형 뻣뻣한
  ex. My arms are *stiff* from working all day long.

First Reading

Read through and write one sentence summarizing what each health expert emphasizes for better health.

> **Sample Answer** **Susan**: She advises doing some physical exercises and introduces one so called "McKenzie Exercises." / **Edward**: He suggests that we should drink more water replacing sugary drinks. / **Peter**: He lets us know the best and worst positions to have sound sleep.

Second Reading

Read more carefully and list at least two specific things that each health expert recommends.

> **Sample Answer** **Susan**: ① Do running or aerobics. ② Do McKenzie exercises. / **Edward**: ① Replace sugary drinks such as soft drinks and juice with water. ② Increase your water intake by eating more fruits and vegetables. / **Peter**: ① Try to sleep in the back position or the side position. ② Try to avoid the curled-up position or the stomach position.

본문 해석   현명해지고, 건강해져라

❶ 여러분 안녕하세요. ❷ TV 쇼 Healthy Life에 오신 것을 환영합니다. ❸ 저는 여러분의 사회자, Jenny입니다. ❹ 오늘, 우리는 세 분의 전문가로부터 운동, 수분 섭취, 그리고 잠의 중요성에 대해 들어볼 예정입니다. ❺ 여러분은 저희 홈페이지에 여러분의 의견을 입력하여 실시간으로 전문가들과 상호 작용하실 수 있습니다. ❻ 프로그램의 끝에, 가장 도움이 많이 되고 재미있는 강사에게 투표해 주십시오. ❼ 자, 여기 강사님들을 모십니다!

1. 운동을 잘하자 – Susan

❽ 안녕하세요, 저는 Susan입니다. ❾ 저는 전문 개인 트레이너입니다. ❿ 제가 운동을 시작했을 때, 저는 운동이 에너지를 북돋우고 스트레스를 줄여 주며 기분이 좋아지게 도와주는 것을 알게 되었습니다. ⓫ 이제, 저는 여러분도 제가 경험했던 것과 같은 혜택들을 경험하기를 원합니다. ⓬ 여러분은 건강을 유지하기를 원하시죠, 그렇지 않나요? ⓭ 그러면, 운동하세요. ⓮ 달리기와 에어로빅 같은 신체 활동들은 혈액 순환을 향상시키고 근육을 강화하는 데 도움이 됩니다. ⓯ 이것은 여러분에게 더 많은 에너지를 주고 두뇌의 힘을 북돋아 줄 것입니다.

⓰ 저는 오래 공부하면 목이 뻣뻣해지고 가끔 목에 통증을 느끼기도 해요. ⓱ 제가 어떻게 해야 할까요? – wannahealthybody

Structures

❹ Today, we will hear from three experts **who** will tell us about the importance **of exercise, drinking water and sleep**.
주격 관계대명사 who가 이끄는 절이 선행사 three experts를 뒤에서 수식해 주고 있다. exercise, drinking water, sleep은 모두 앞에 나온 어구 the importance of에 연결된 말로 등위접속사 and에 의해 병렬 구조를 이루고 있다.

❿ When I started exercising, I found **that** it **boosted** my energy, **reduced** stress, **and helped** me feel good.
that은 found의 목적어절을 이끄는 접속사로 생략이 가능하다. boosted, reduced, helped가 등위접속사 and에 의해 병렬 구조로 연결되어 있다.

⓫ Now I want you to experience **the same** benefits **as I did**.
the same ~ as …는 '…와 같은 (종류의) ~'라는 뜻으로, 여기서 as는 benefits를 선행사로 가지는 유사관계대명사로 쓰였다. did는 대동사로 앞에 나온 동사 experienced를 대신하고 있다.

⓬ You want to stay in shape, **don't you**?
don't you?는 문장의 끝에 붙어서 앞 문장의 내용을 상대방에게 다시 한 번 확인할 때 사용되는 부가의문문이다. 부가의문문은 「조동사+대명사 주어」의 형태로 쓰며, 앞 문장이 긍정문이면 부정문으로, 부정문이면 긍정문으로 쓴다.

Q1 What are the benefits of physical activities? (신체 활동들의 이점은 무엇인가?)

A1 They can help improve blood circulation and strengthen muscles.
(그것들은 혈액 순환을 향상시키고 근육을 강화하는 데 도움을 줄 수 있다.)

Check It!

1. 본문의 내용과 일치하도록 빈칸에 알맞은 말을 쓰시오.
   The TV show, *Healthy Life*, is dealing with the importance of _____, _____ _____ and _____ today.

2. 다음 문장에서 어법상 틀린 부분을 찾아 바르게 고쳐 쓰시오.
   There are good ways of teaching students healthy habits and help them stay in shape.

3. 다음 영어 설명에 해당하는 단어로 가장 적절한 것을 고르시오.

   > a person who is very skilled at doing something or who knows a lot about a particular subject

   ① poet   ② host   ③ expert   ④ merchant   ⑤ trainer

   Answer   1 exercise, drinking water, sleep   2 help → helping   3 ③

❶ Wait a minute. ❷ Someone with the ID *wannahealthybody* posted a question.
_{당신(여러분)도 알다시피}
❸ Let me just give an answer to that. ❹ As you know, many young people these
_{let(사역동사)+목적어+동사원형} _{접속사(～와 같이, ～ 대로)}
days suffer from neck pain. ❺ This is because they spend many hours per day
_{～로 고통 받다} _{이것은 ～이기 때문이다} _{spend+시간(+in)+-ing: ～하는 데 시간을 보내다}
leaning over a desk while studying or using smartphones in a fixed position.
_{(they are) 생략} _{(they are) 생략}
❻ This poor posture may cause their necks to bend forward and produce pain.
_{cause+목적어+to부정사: ～로 하여금 …하게 하다}
❼ But here's some good news. ❽ McKenzie exercises can help prevent and reduce
_{here is+단수 명사: 여기 ～이 있다}
neck pain. ❾ This is how you do them.
_{관계부사} _{= McKenzie exercises}

▌McKenzie Exercises ▌

1. Press-ups

❿ While lying on your stomach, place your hands under your shoulders and
_{(you are) 생략} _{명령문의 동사 1}
slowly straighten your elbows. ⓫ Keep the lower part of the body relaxed while
_{명령문의 동사 2}
raising your back upwards as far as possible. ⓬ Then relax and return to the
_{(you are) 생략} _{가능한 한 멀리(= as far as you can)}
starting position. ⓭ Only raise your back as far as the pain will allow. ⓮ Perform
_{～하는 한}
10 repetitions, 1−2 times per day.
_{하루에 1～2번(회)}

2. Back bending

⓯ While standing, place your hands on your lower back. ⓰ Slowly bend back-
_{(you are) 생략}
wards as far as possible. ⓱ Hold this position for 5 seconds and then relax and
_{유지하다} _{5초 동안}
return to the starting position. ⓲ Perform 10 repetitions, 1−2 times per day.

⓳ These exercises are simple but very effective. ⓴ If you do these exercises
_{등위접속사} _{조건을 나타내는 접속사(만일 ～한다면)}
regularly, you can prevent both back and neck pain.
_{both A and B: A와 B 둘 다}

Culture Note

Robin McKenzie (1931-2013): 그는 1931년에 뉴질랜드에서 태어났다. 그는 물리 치료사였다. 그는 척추 문제 치료에 특히 관심이 있었고, McKenzie 운동법을 개발했다.

043

Words & Expressions

- post [poust] 동 게시하다
- suffer from ～로 고통 받다
  ex. I *suffered from* a severe headache.
- spend [spend] 동 (시간을) 보내다, (돈을) 쓰다
- lean over ～ 너머로 몸을 기울이다
- fixed [fikst] 형 고정된
- posture [pάstʃər] 명 자세
- cause [kɔːz] 동 ～에게 …하게 하다, ～을 야기하다
- bend [bend] 동 구부리다
- forward [fɔ́ːrwərd] 부 앞으로
- produce [prədjúːs] 동 만들어 내다, 생산하다

- prevent [privént] 동 예방하다, 방지하다, 막다
- press-up [présʌ̀p] 명 (엎드려) 팔굽혀 펴기(=push-up)
- lie on one's stomach 엎드리다
- straighten [stréitən] 동 ～을 똑바르게(곧게)하다
- elbow [élbou] 명 팔꿈치
  ex. I hit my *elbow* against the window.
- relaxed [rilǽkst] 형 긴장을 푼, 편안한
- raise [reiz] 동 들어 올리다, 올리다
- allow [əláu] 동 허락하다, 허가하다
- perform [pərfɔ́ːrm] 동 실행하다, 수행하다
- repetition [rèpətíʃən] 명 반복
- backwards [bǽkwərdz] 부 뒤로, 뒤쪽으로

❶ 잠깐만 기다려 주세요. ❷ ID가 wannahealthybody인 어떤 분께서 질문을 올리셨네요. ❸ 제가 그것에 대한 대답을 지금 해 드리겠습니다. ❹ 여러분도 아시다시피, 요즘 많은 젊은이들이 목의 통증으로 고통 받고 있습니다. ❺ 이것은 하루에 많은 시간을 고정된 자세로 공부를 하거나 스마트폰을 사용하면서 책상 너머로 몸을 기울이고 있기 때문입니다. ❻ 이 나쁜 자세가 목을 앞으로 구부리게 하고 고통을 일으킵니다. ❼ 하지만, 여기 좋은 소식이 있습니다. ❽ McKenzie 운동이 목의 통증을 예방하고 줄이는 데 도움을 줄 수 있습니다. ❾ 이것이 그것을 하는 방법입니다.

McKenzie 운동

1. 상체 일으키기

❿ 엎드려서 손을 어깨 아래에 놓고 천천히 팔꿈치를 똑바르게 펴 줍니다. ⓫ 하체를 편안하게 유지하고 등을 할 수 있는 한 위로 들어 올립니다. ⓬ 그런 다음, 편안하게 몸을 풀고 처음 자세로 돌아옵니다. ⓭ 등은 통증이 허락하는 한까지만 들어 올립니다. ⓮ 10번씩 반복해서 하루에 1~2회 실행합니다.

2. 뒤로 구부리기

⓯ 선 채로 손을 등의 아래 부분에 놓습니다. ⓰ 천천히 할 수 있는 한 뒤로 구부립니다. ⓱ 이 자세를 5초 동안 유지한 다음, 몸을 편안하게 하며 처음 자세로 돌아옵니다. ⓲ 10번씩 반복해서 하루에 1~2회 실행합니다.

⓳ 이 운동들은 간단하지만 매우 효과가 있습니다. ⓴ 이 운동을 규칙적으로 한다면, 여러분은 등과 목의 통증을 예방할 수 있습니다.

Structures

❸ **Let me** just give an answer to **that**.
「let+목적어+동사원형」은 '~에게 …하게 하다, ~가 …하는 것을 허락하다'라는 뜻으로, 목적어와 목적격 보어의 관계가 능동인지 수동인지에 따라 let의 목적격 보어로 동사원형이나 과거분사를 쓸 수 있다. Let me로 시작하는 명령문은 제안의 뜻으로 '(제가) ~할게요'라고 해석한다. that은 앞에 나온 a question을 가리킨다.

❺ **This is because** they spend many hours per day leaning over a desk **while studying** or using smartphones in a fixed position.
This is because ~는 '이것은 ~이기 때문이다'라는 뜻으로, because 뒤에는 이유가 온다. This is why ~는 '이것이 ~한 이유이다, 그래서 ~하다'라는 뜻으로, why 뒤에는 결과가 온다. 시간의 접속사 while과 studying 사이에 「주어+be동사」 형태인 they are가 생략되어 있다고 볼 수 있다.

❻ This poor posture may **cause** their necks **to bend** forward and produce pain.
「cause+목적어+to부정사」는 '~가 …하게 하다'라는 뜻이다.

❾ This is **how** you do **them**.
how는 관계부사로 쓰였다. 관계부사 how는 the way나 that 또는 the way that과 바꿔 쓸 수 있는데, how와 the way는 함께 쓸 수 없고 둘 중 하나만 써야 한다. them은 앞 문장에 나온 McKenzie exercises를 가리킨다.

❿ **While lying** on your stomach, place your hands under your shoulders and slowly straighten your elbows.
lying 앞에 you are가 생략되어 있다. 시간의 부사절에서 종속절의 주어와 주절의 주어가 같을 경우 「주어+be동사」는 자주 생략된다.

⓴ If you do these exercises regularly, you can prevent **both** back **and** neck pain.
both A and B는 'A와 B 둘 다'라는 뜻의 상관접속사 구문으로, A와 B는 문법적으로 대등한 관계이어야 한다.

Q2 What do McKenzie exercises prevent and reduce? (McKenzie 운동은 무엇을 예방하고 줄여 주나?)

A2 McKenzie exercises help prevent and reduce neck and back pain.
(McKenzie 운동은 목과 등의 통증을 예방하고 줄이는 데 도움을 준다.)

Check It!

1. 본문의 내용에 맞게 빈칸에 알맞은 말을 넣어 질문에 답하시오.
   Q: How far do I have to raise my back when I do press-ups?
   A: You only have to raise your back ＿＿＿＿ ＿＿＿＿ ＿＿＿＿ the pain will ＿＿＿＿.

2. 다음 두 문장이 같은 의미가 되도록 빈칸에 알맞은 말을 쓰시오.
   We both used to work at the ABC Bank. That's the way we met.
   = We both used to work at the ABC Bank. That's ＿＿＿＿ we met.

3. 다음 빈칸에 알맞은 말을 각각 쓰시오.
   · She has been suffering ＿＿＿＿ cancer for two years.
   · The performance will be played in both Korean ＿＿＿＿ English.

Two Drink Well   Edward

❶ Hello, I'm Edward and I'm a nutritionist. ❷ Let me ask you a question.
let(사역동사)+목적어+동사원형
❸ This special drink will help you reduce stress, increase energy, and maintain
help+목적어+동사원형 1   동사원형 2   동사원형 3.
a healthy body weight. ❹ What drink am I talking about? ❺ In fact, this magical
what(의문형용사)+명사: 어떤 ~   사실은, 실은
drink is something that you all know. ❻ It's water! ❼ Do you also want to have
목적격 관계대명사(생략 가능함)   want+to부정사
nice skin? ❽ Drink water. ❾ Water is nature's own beauty cream. ❿ Drinking
water hydrates skin cells, giving your skin a healthy glow. ⓫ Likewise, water
동명사구 주어(단수 취급)   부대상황을 나타내는 분사구문   게다가, 그리고 또한
is very important for basic body functions because about 70% of our body is
약, 대략(= approximately)
water, and we need about 2 liters of water a day. ⓬ However, many of us don't
= per day   하지만, 그러나(역접)
get enough water and eventually experience dehydration. ⓭ For this reason we
have to drink plenty of water.
많은(= a great deal of, a lot of)
⓮ So how can we increase our water intake? ⓯ First of all, I suggest that
우선, 다른 무엇보다 먼저
you replace sugary drinks such as soft drinks and juice with water. ⓰ This will
replace ~ with ...: ~을 ...로 대체하다   ~와 같은(= like)
reduce your sugar intake and help you to feel full. ⓱ You can also increase
help+목적어+to부정사
your water intake by eating more fruits and vegetables. ⓲ Because these foods
by -ing: ~함으로써(수단)   = fruits and vegetables
contain a great deal of water, they can provide up to 20% of the water your body
많은, 다량의(= a lot of)   ~까지   (which(that)) 생략
needs each day. ⓳ In case you get thirsty between meals, you can carry a water
~한 경우를 대비해서   식사 시간 사이에
bottle with you. ⓴ You can also flavor your water with fruits or herbs to enjoy
부사적 용법(목적)
it more. ㉑ Remember, drinking lots of water will help you look and feel better.
동명사구 주어   help+목적어+동사원형 1   동사원형 2

㉒ HOW TO TAKE IN MORE WATER

㉓ DRINK WATER INSTEAD OF SOFT DRINKS! ㉔ ·SOFT DRINK FACTS· ㉕ 1 bottle of regular soft drink (600ml) = 1/3 cup of sugar ㉖ 1 can of soft drink a day ㉗ 6.5kg weight gain in one year	㉘ EAT YOUR WATER! ㉙ cucumbers 96% ㉚ strawberries 92% ㉛ oranges 87%
㉜ CARRY A REUSABLE WATER BOTTLE!	㉝ FLAVOR IT! ㉞ "Make it herbal" ㉟ Add herb leaves. ㊱ "Go fruity" ㊲ Add fresh fruits such as berries.

044~045

Words & Expressions

• nutritionist [njuːtríʃənist] 명 영양학자, 영양사
ex. My mother works as a *nutritionist* at the local college.
• hydrate [háidreit] 동 수분을 공급하다, 수화(水化)하다(↔ dehydrate)
ex. Make sure you *hydrate* before you exercise.
• dehydration [dìːhaidréiʃən] 명 탈수, 건조
ex. Drink plenty of water to avoid *dehydration*.

• sugary [ʃúgəri] 형 설탕이 든, 설탕 맛이 나는
ex. Try to avoid *sugary* snacks.
• a great deal of 많은, 다량의
ex. I spend *a great deal of* money on clothing.
• flavor [fléivər] 동 (~로) 풍미[향기]를 더하다, ~에 맛을 내다
ex. *Flavor* your favorite dishes with exotic herbs.
• herb [əːrb] 명 허브, 약초

본문 해석

2. 잘 마시자 - Edward

❶ 안녕하세요, 저는 Edward이고 영양학자입니다. ❷ 제가 여러분께 질문을 하나 드리죠. ❸ 이 특별한 음료는 여러분이 스트레스를 줄이고, 에너지를 증가시키며, 건강한 체중을 유지하도록 도와줍니다. ❹ 제가 어떤 음료에 대해 말하고 있는 걸까요? ❺ 사실, 이 마법의 음료는 여러분 모두가 알고 있는 것입니다. ❻ 그것은 물입니다! ❼ 여러분은 또한 좋은 피부를 가지고 싶으시죠? ❽ 물을 드세요. ❾ 물은 자연만의 미용 크림입니다. ❿ 물을 마시는 것은 피부 세포에 수분을 공급해 주어 여러분의 피부가 건강한 윤기를 띠게 합니다. ⓫ 게다가 물은 우리 몸의 기본적인 기능에 매우 중요합니다. 왜냐하면 우리 몸의 약 70퍼센트가 물이고, 우리는 하루에 약 2리터의 물이 필요하기 때문입니다. ⓬ 그런데 우리들 중 많은 사람들이 물을 충분히 섭취하지 않아서 결국에는 탈수를 경험하게 됩니다. ⓭ 이런 이유 때문에 우리는 물을 많이 마셔야 합니다. ⓮ 그렇다면 우리는 어떻게 수분 섭취를 늘릴 수 있을까요? ⓯ 우선, 저는 여러분이 청량음료나 주스 같은 설탕이 든 음료를 물로 대체할 것을 제안합니다. ⓰ 이것은 여러분의 설탕 섭취를 줄이고 여러분이 포만감을 느낄 수 있도록 도와줄 것입니다. ⓱ 여러분은 또한 과일과 채소를 더 많이 먹음으로써 수분 섭취를 늘릴 수 있습니다. ⓲ 왜냐하면 이 음식들은 많은 양의 수분을 포함하고 있어서 우리 몸에 매일 필요한 수분의 20%까지 제공할 수 있습니다. ⓳ 식사 사이에 목이 마르면, 여러분은 물병을 가지고 다닐 수 있습니다. ⓴ 여러분은 또한 물을 더 많이 즐기기 위해 과일이나 허브 같은 것들로 물에 풍미를 더할 수도 있습니다. ㉑ 기억하십시오. 물을 많이 마시는 것이 여러분을 더 나아 보이게 하고 더 기분 좋게 하는 데 도움이 될 것입니다.

㉒ 더 많은 물을 섭취하는 방법

㉓ 청량음료 대신 물을 드세요!
㉔ 청량음료에 관한 사실
㉕ 1병의 보통 청량음료 (600ml) = 1/3컵의 설탕
㉖ 하루 한 캔의 청량음료
㉗ 1년에 6.5kg의 체중 증가

㉜ 재사용이 가능한 물병을 가지고 다니세요!

㉘ 여러분의 물을 드세요!
㉙ 오이 96%
㉚ 딸기 92%
㉛ 오렌지 87%

㉝ 맛을 더하세요!
㉞ "허브 향이 나도록"
㉟ 허브 잎을 더해요.
㊱ "과일 맛이 나도록"
㊲ 딸기 같은 신선한 과일을 더해요.

Structures

❸ This special drink will **help** you **reduce** stress, **increase** energy, and **maintain** a healthy body weight.
「help+목적어+동사원형」 구문으로, 동사 help의 목적격 보어인 reduce, increase, maintain이 등위접속사 and에 의해 병렬 구조를 이루고 있다. help의 목적격 보어로는 동사원형이나 to부정사 둘 다 올 수 있다.

❿ **Drinking water** hydrates skin cells, **giving your skin a healthy glow**.
Drinking water는 동명사구 주어로 단수 취급하므로 뒤에 단수 동사 hydrates가 왔다. giving 이하는 부대상황을 나타내는 분사구문으로 완전한 절로 고치면 and it gives your skin a healthy glow가 된다.

⓫ Likewise, water is very important for basic body functions because about **70% of our body is** water, ~.
「all(most, half, the rest, 분수, ~ percent)+of+명사」에서는 of 뒤에 오는 명사의 수에 동사의 수를 일치시킨다. 따라서 여기서는 our body에 수를 일치시켜 단수 동사 is를 썼다.

⓯ First of all, I **suggest that** you **replace** sugary drinks such as soft drinks and juice with water.
주장, 명령, 제안, 요구, 권유 등을 나타내는 동사(insist, order, suggest, propose, demand, require, recommend)의 목적어로 that절이 올 수 있는데, 이때 that절의 동사는 「(should+)동사원형」의 형태로 쓴다.

⓲ Because these foods contain a great deal of water, they can provide up to 20% of *the water* **your body needs each day**.
your body needs each day가 선행사 the water를 뒤에서 수식하며, your body 앞에 목적격 관계대명사 which(that)가 생략되어 있다.

Q3 About how much water do we need daily? (우리는 매일 대략 얼마나 많은 양의 물이 필요한가?)

A3 We need about 2 liters of water a day. (우리는 하루에 약 2리터의 물이 필요하다.)

Check It!

1. **본문 두 번째 단락의 주제로 빈칸에 알맞은 말을 쓰시오.**
   ways to _____ your water intake

2. **다음 문장에서 어법상 틀린 부분을 찾아 바르게 고쳐 쓰시오.**
   Doctors strongly recommend that fathers are present at their baby's birth.

3. **다음 우리말과 일치하도록 빈칸에 알맞은 말을 쓰시오.**
   그것은 많은 시간과 노력이 든다. → It took a great _____ of time and effort.

Answer 1 increase 2 are → (should) be 3 deal

READ

Three Sleep Well   Peter

❶ Hello, I'm Peter, a sleep specialist. ❷ Your preferred sleeping pose can
influence the quality of your sleep. ❸ Discover the best positions for your body
and the ones you may want to avoid.

= positions ⌐(which(that)) 생략

The Best: Back Position

❹ For most people, the best position for sleeping is on your back. ❺ If you
조건을 나타내는 접속사(만약 ~이면)
sleep on your back, you will have less neck and back pain because your neck and
because+절: ~ 때문에
spine will be straight when you are sleeping. ❻ Sleeping on your back can also
시간의 접속사(~할 때)   동명사구 주어
prevent wrinkles because nothing is pushing against your face as you sleep. ❼ One
~ 할 때(= when)
disadvantage of this position is that some people snore more when they sleep on
주어   동사 보어절을 이끄는 접속사   시간의 접속사(~할 때)
their backs.

❽ ◆The perfect pillow: A soft one. The goal is to keep your head and neck supported
= pillow   keep+목적어+과거분사
without lifting your head up too much.
without -ing: ~하지 않고

Next Best: Side Position

❾ The second best position is sleeping on your side with your body straight.
동명사(보어 역할)   with+명사+형용사: ~가 …한 채로(부대상황)
❿ This can reduce snoring and it allows you to keep your spine relatively
allow+목적어+to부정사: ~가 …하게 하다
straight. ⓫ However, you may develop more wrinkles because of the pressure
because of+명사구: ~ 때문에
on your face.

⓬ ◆The perfect pillow: A thick one. You need to fill the space above your shoulder
= pillow
so your head and neck are supported in a neutral position.
~하도록(=so that)

046

Words & Expressions

- specialist [spéʃəlist] 몡 전문가(= expert), 전공자
- pose [pouz] 몡 자세, 포즈
- influence [ínfluəns] 통 영향을 미치다(주다)
- discover [diskʌ́vər] 통 발견하다, 찾다, 알아내다
- avoid [əvɔ́id] 통 피하다, 막다, 예방하다
- spine [spain] 몡 척추, 등뼈
  ex. He broke his *spine* and cannot move at all.
- wrinkle [ríŋkl] 몡 주름, 잔주름
  ex. Her face was a mass of *wrinkles*.
- disadvantage [dìsədvǽntidʒ] 몡 불리한 점, 불리한 처지(조건)
  ex. What do you think are the *disadvantages* of nuclear

energy?
- snore [snɔːr] 통 코를 골다
  ex. Does he always *snore* like that?
- perfect [pə́ːrfikt] 톙 완벽한, 완전한, 결점이 없는
- pillow [pílou] 몡 베개
  ex. This *pillow* stuffed with feathers.
- lift [lift] 통 들어 올리다, 올리다
- relatively [rélətivli] 뷔 비교적, 상대적으로
- pressure [préʃər] 몡 압력, 압박
- thick [θik] 톙 두꺼운, 두툼한
- neutral [njúːtrəl] 톙 중립적인, 중립(국)의
  ex. Why do you always try to be *neutral* in these matters?

3. 잘 자자 -Peter

❶ 안녕하세요, 저는 수면 전문가인 Peter입니다. ❷ 여러분이 선호하는 수면 자세가 여러분의 수면의 질에 영향을 줄 수 있습니다. ❸ 여러분의 몸에 가장 좋은 자세와 피하고 싶은 자세들을 찾아보세요.

가장 좋은 것: 등을 대고 누운 자세

❹ 대부분의 사람들에게 있어 최고의 수면 자세는 등을 대고 반듯이 누워 자는 것입니다. ❺ 등을 대고 반듯이 누워 자게 되면, 목과 척추가 잠을 자는 동안 똑바로 펴지기 때문에 여러분은 목과 등에 통증이 덜 할 것입니다. ❻ 등을 대고 반듯이 누워 자는 것은 또한 주름을 예방해 주는데, 왜냐하면 잠을 잘 때 여러분의 얼굴에 맞대고 누르는 것이 아무것도 없기 때문입니다. ❼ 이 자세의 한 가지 단점은 등을 대고 반듯이 누워 잘 때, 어떤 사람들은 코를 더 많이 곤다는 것입니다.

❽ ◆ 완벽한 베개: 부드러운 것. 머리를 지나치게 들어 올리지 않고 머리와 목을 받쳐 주기 위한 목적이다.

그 다음으로 좋은 것: 옆으로 누운 자세

❾ 두 번째로 좋은 자세는 몸을 똑바로 편 채로 옆으로 누워 자는 것입니다. ❿ 이것은 코고는 것을 줄여 주고 여러분이 척추를 비교적 똑바로 펴게 해 줍니다. ⓫ 하지만 얼굴에 가해지는 압력 때문에 주름이 더 많이 생기게 될 수 있습니다.

⓬ ◆ 완벽한 베개: 두툼한 것. 머리와 목이 중간 위치에서 받쳐지도록 하기 위해 어깨 위 공간을 채워야 한다.

Structures

❸ Discover the best positions for your body and *the ones* **you may want to avoid**.
you may want to avoid가 선행사 the ones를 뒤에서 수식해 주는 구조로, the ones와 you 사이에 목적격 관계대명사 which(that)가 생략되어 있다고 볼 수 있다. ones는 앞에 언급된 명사 positions를 대신하는 대명사이다.

❻ Sleeping on your back can also prevent wrinkles **because** nothing is pushing against your face as you sleep.
Sleeping on your back이 동명사구 주어, can prevent가 동사, wrinkles가 목적어인 3형식 문장이다. because가 이끄는 이유의 부사절을 살펴보면 nothing이 주어, is pushing이 동사이고, as는 '~할 때'라는 뜻의 접속사로 시간을 나타내는 부사절을 이끌고 있다.

❼ One disadvantage of this position is **that** some people snore more **when** they sleep on their backs.
One disadvantage of this position이 주어, is가 동사, 접속사 that이 이끄는 명사절이 보어 역할을 하는 2형식 문장이다. when은 '~할 때'라는 뜻의 시간을 나타내는 접속사로, as로 바꿔 쓸 수 있다.

❽ The perfect pillow: A soft **one**. The goal is **to keep your head and neck supported** without **lifting** your head up too much.
one은 앞에 나온 pillow를 대신하는 대명사이다. to keep 이하는 동사 is의 보어 역할을 하는 명사적 용법으로 쓰였다. your head and neck과 support가 수동의 관계이므로 과거분사 supported가 쓰여, 「keep+목적어+과거분사」의 형태로 쓰였다. lifting은 전치사 without의 목적어로 쓰인 동명사이다.

❾ The second best position is **sleeping on your side with your body straight**.
sleeping on your side는 is의 보어 역할을 한다. 「with+명사+형용사」는 '~가 …한 채로'라는 뜻으로 부대상황을 나타낸다.

❿ This can reduce snoring and it **allows you to keep** your spine **relatively** straight.
「allow+목적어+to부정사」는 '~로 하여금 …하게 하다, ~가 …하는 것을 허락하다'라는 뜻이다. relatively는 '비교적'이라는 뜻의 부사로, 뒤에 나오는 형용사 straight를 수식해 준다.

⓬ The perfect pillow: A thick **one**. You need to fill the space above your shoulder **so** your head and neck are supported in a neutral position.
one은 앞에 나온 pillow를 대신하는 대명사이다. so는 '~하기 위해, ~하도록'의 의미인 so that에서 접속사 that이 생략된 형태이다.

Q4 What is one disadvantage of sleeping on your back? (등을 대고 반듯이 누워 자는 것의 한 가지 단점은 무엇인가?)

A4 Some people snore more when they sleep on their backs. (어떤 사람들은 등을 대고 반듯이 누워 잘 때 코를 더 많이 곤다.)

Check It!

1. Why do you have less neck and back pain when you sleep on your back? Fill in the blanks.
   It's because your _____ and _____ will be _____ when you sleep on your back.

2. 다음 우리말과 일치하도록 빈칸에 알맞은 말을 쓰시오.
   서두를 필요가 없도록 일찍 출발하는 게 어때?
   → Why don't you start out early _____ _____ you don't have to hurry?

3. 다음 중 짝지어진 단어의 관계가 나머지 넷과 <u>다른</u> 것을 고르시오.
   ① goal — aim   ② thin — thick   ③ raise — lift up   ④ specialist — expert   ⑤ reduce — decrease

Answer   1 neck, spine, straight   2 so that   3 ②

Not Ideal: Curled-up Position

❶ A poor position for sleeping is on your side with your knees curled up to your

with+명사+분사: ~가 …한 채로(부대상황)

stomach. ❷ This position makes it difficult to breathe and can cause back and

make it (가목적어)+형용사+to부정사(진목적어)

neck pain. ❸ So just straighten out a bit and try not to curl up so much.

조금, 약간 　try not+to부정사: ~하지 않으려고 노력하다

❹ ◆ A helpful pillow: A thick one — the same as the side position, to give support

= pillow 　~와 같은 (종류의) 　형용사적 용법(A thick one을 수식)

to your head and neck.

The Worst: Stomach Position

❺ The worst position for sleeping is on your stomach because your spine is

in a curved position and your head is turned to the side all night. ❻ This can

수동태(be동사+과거분사) 　밤새도록

lead to back and neck pain during the day. ❼ If you sleep on your stomach, I

~을 초래하다, ~로 이어지다 　~ 동안(전치사) 　엎드려서 자다

suggest that you stretch in the morning. ❽ A few minutes of stretching will help

suggest(제안 동사)+that+주어(+should)+동사원형

straighten up your body.

help+동사원형(to부정사)

❾ ◆ A helpful pillow: Just a thin one or none at all.

= pillow

❿ Wow, I learned a lot today from these three health experts. ⓫ Which advice

Susan, Edward, Peter를 가리킴　which(의문형용사)+명사: 어느 ~

was most helpful for you? ⓬ Please vote for your favorite. ⓭ Thank you and see

~에 투표하다

you next week!

047

Words & Expressions

- ideal [aidí(:)əl] 형 이상적인, 더할 나위 없는
- curl [kəːrl] 동 둥글게 말아 올리다, (동그랗게) 감다
  ex. That plant *curls* around the tree branch.
- curl up (눕거나 앉아서) 몸을 웅크리다(동그랗게 말다)
- poor [puər] 형 좋지 못한, 나쁜, 가난한, 빈곤한
- knee [niː] 명 무릎
- stomach [stʌ́mək] 명 배, 복부, 위(장)
- breathe [briːð] 동 호흡하다, 숨을 쉬다
- straighten [stréitən] 동 똑바르게 하다, 곧게 하다
  ex. Why don't you take a break and *straighten* your back?

- straighten out ~을 (곧게) 펴다
- a bit 조금, 다소, 약간
- helpful [hélpfəl] 형 도움이 되는, 유익한
- give support to ~을 떠받치다, ~을 지지하다(후원하다)
- curved [kəːrvd] 형 구부러진, 약간 휜
- turn [təːrn] 동 (~ 쪽으로) 돌리다, 향하게 하다
- all night (long) 밤새도록, 하룻밤 내내
- lead to ~로 이어지다, ~을 초래하다
- stretch [stretʃ] 동 잡아 늘이다, (신체를) 쭉 펴다
- thin [θin] 형 얇은, 마른
- advice [ədváis] 명 조언, 충고

이상적이지 않은 것: 말아 올린 자세
❶ 수면에 안 좋은 자세는 무릎을 배까지 말아 올린 상태로 옆으로 눕는 것입니다. ❷ 이 자세는 숨 쉬는 것을 어렵게 만들고 등과 목의 통증을 야기할 수 있습니다. ❸ 그러니 그저 몸을 약간 쭉 펴고 너무 많이 말아 올리지 않도록 노력하세요.
❹ ◆ 도움이 되는 베개: 여러분의 머리와 목을 받쳐 줄 수 있는 측면 자세(옆으로 자는 것)와 같은 종류의 두툼한 것

가장 나쁜 것: 엎드린 자세
❺ 잠을 자는 데 가장 나쁜 자세는 배를 대고 엎드려 자는 것입니다. 왜냐하면 척추가 휘어지는 자세이고 머리가 밤새도록 옆으로 돌려져 있기 때문입니다. ❻ 이것은 낮 동안의 등과 목의 통증을 초래합니다. ❼ 여러분이 엎드려서 잔다면, 저는 여러분이 아침에 스트레칭을 할 것을 제안합니다. ❽ 스트레칭 몇 분이 여러분의 몸을 곧게 펴는 데 도움을 줄 것입니다.
❾ ◆ 도움이 되는 베개: 단지 얇은 것 또는 전혀 없음

❿ 와, 저는 오늘 이 세 분의 건강 전문가들로부터 많은 것을 배웠습니다. ⓫ 어떤 조언이 여러분에게 가장 도움이 되었나요? ⓬ 여러분의 마음에 든 것에 투표해 주세요. ⓭ 감사합니다. 다음 주에 또 만나요!

Structures

❶ A poor position for sleeping is on your side **with your knees curled up** to your stomach.
「with+명사+분사」는 '~가 …한 채로'라는 뜻으로 부대상황을 나타낸다. your knees와 curl up이 수동 관계이므로 과거분사 curled up이 사용되었다.
ex. Don't sit **with your legs crossed** for so long. (그렇게 오랫동안 다리를 꼬고 앉아 있지 마라.)

❷ This position **makes it difficult to breathe** and can cause back and neck pain.
「make it+형용사(목적격 보어)+to부정사」 구문이다. it은 가목적어이고 to breathe가 진목적어이다.
ex. I found it difficult to satisfy every student in my class.
(나는 우리 반에 있는 모든 학생들을 만족시키는 것은 어렵다는 것을 깨달았다.)

❺ The worst position for sleeping is on your stomach because your spine is in a curved position and **your head is turned to the side all night**.
your head is turned to the side all night는 「be동사+과거분사(p.p.)」 형태의 수동태 구문으로, 능동태로 고치면 it(= the position) turns your head to the side all night가 된다.

❻ **This** can **lead to** back and neck pain during the day.
This는 앞 문장에 나온 your spine is in a curved position and your head is turned to the side all night를 가리킨다. lead to는 '~로 이어지다, ~을 초래하다'라는 뜻으로, cause나 result in 등으로 바꿔 쓸 수 있다.

❼ If you sleep on your stomach, I **suggest that** you **stretch** in the morning.
if는 '만일 ~한다면'이라는 뜻으로 조건을 나타내는 접속사이다. 제안을 나타내는 동사 suggest의 목적어 역할을 하는 that절은 「that+주어(+should)+동사원형」의 형태로 쓴다. 여기서는 stretch 앞에 should가 생략되어 있다.
ex. Her mother **suggested that** she **should go** and see the doctor. (그녀의 엄마는 그녀에게 진찰을 받아 보라고 제안했다.)

❽ A few minutes of stretching will **help straighten up** your body.
help는 목적어로 동사원형이나 to부정사 둘 다를 취할 수 있다.

Q5 Why is the curled-up position not good for your health? (말아 올린 자세는 왜 여러분의 건강에 좋지 않나?)

A5 Because the curled-up position makes it difficult to breathe and can cause back and neck pain.
(왜냐하면 말아 올린 자세는 숨 쉬는 것을 어렵게 만들고 등과 목의 통증을 야기할 수 있기 때문이다.)

Check It!

1. 본문의 내용과 일치하면 T, 일치하지 않으면 F에 √표 하시오
   (1) Both the curled-up position and the stomach position can bring about back and neck pain. T ☐ F ☐
   (2) A thick pillow is helpful for those who sleep on their stomach. T ☐ F ☐

2. 다음 문장의 괄호 안의 동사를 알맞은 형태로 고쳐 쓰시오.
   She stood there with her eyes (close) and her hands in her pockets.

3. 다음 영어 설명에 해당하는 단어를 빈칸에 넣어 문장을 완성하시오.

to take air into your lungs and let it out again

   → The room was filled with smoke and it was becoming difficult to _____.

Answer 1 (1) T (2) F 2 closed 3 breathe

AFTER YOU READ

A SUMMARY MAP

건강에 좋은 습관들에 관한 요약문을 완성하시오.

건강에 좋은 습관들
- 규칙적으로 운동하라
  - 달리기나 에어로빅 하기
  - McKenzie 운동하기
- 자주 마셔라
  - 청량음료 대신에 물 마시기
  - 재사용이 가능한 물병 가지고 다니기
- 제대로 자라
  - 등을 대고 누운 자세나 옆으로 누운 자세로 자려고 노력하기
  - 말아 올린 자세나 엎드린 자세를 삼가려고 노력하기

Answer (1) running (2) water bottle
       (3) side   (4) stomach

B DETAILS

다음을 읽고 설명이 옳으면 T, 옳지 않으면 F를 쓰시오.

1. McKenzie 운동은 여러분의 중심 근육을 강화하는 데 도움을 줄 수 있다.
2. 과일과 채소는 여러분의 몸에 매일 필요한 물의 20%까지 제공할 수 있다.
3. 등을 대고 반듯이 누워 자는 것은 코고는 것을 줄여 주고 여러분이 척추를 비교적 곧게 펴도록 해 준다.

Answer 1. F 2. T 3. F

C YOUR RESPONSE

여러분이 어떤 건강 조언을 실천할지에 대해 짝과 이야기해 보시오.

예시 A: 어떤 건강 조언이 가장 도움이 되었니?
      B: 나는 McKenzie 운동에 대한 조언이 가장 유용했다고 생각해.
      A: 너는 그것을 어떻게 실행에 옮길 거니?
      B: 나는 휴식 시간에 뒤로 구부리기 운동을 할 거야.

A SUMMARY MAP

🧑 Solution

세 전문가가 건강에 좋은 습관으로 제시한 내용을 요약해 본다. Susan은 달리기와 에어로빅 같은 신체 활동과 McKenzie 운동을 추천하며 운동을 규칙적으로 하라고 강조하고 있다. Edward는 청량음료 대신에 물을 자주 마시고, 재사용이 가능한 물병을 가지고 다니라고 충고하고 있다. Peter는 수면의 중요성에 대해 말하며, 잠을 잘 때 후면 자세와 측면 자세로 자려고 노력하고 말아 올린 자세나 엎드린 자세는 피하도록 권하고 있다.

A SUMMARY MAP

Complete the summary about healthy habits.

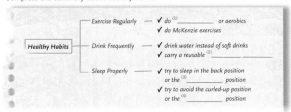

B DETAILS

Read the following and write T if the statement is true, and F if it is false.

1. McKenzie exercises can help strengthen your core muscles.
2. Fruits and vegetables can provide up to 20% of the water your body needs each day.
3. Sleeping on your back can reduce snoring and allows you to keep your spine relatively straight.

C YOUR RESPONSE

Talk with your partner about which health tip you are going to put into action.

Example A: Which health tip was most helpful?
         B: I think the tip about McKenzie exercises was most helpful.
         A: How are you going to put it into action?
         B: I'm going to do back-bending exercise during breaks.

048

B DETAILS

🧑 Solution

1. Susan은 McKenzie 운동이 목의 통증을 줄이는 데 도움이 된다고 했다.
3. Peter는 등을 대고 반듯이 누워 자면 목과 척추가 곧게 펴져서 목과 등의 통증은 줄어들지만 어떤 사람들은 이 자세로 잠을 잘 때 코를 더 많이 골게 되는 단점이 있다고 지적했다.

C YOUR RESPONSE

🧑 Sample Dialog

A Which health tip was most helpful?
B I think the tip about sleeping positions was most helpful.
A How are you going to put it into action?
B I'm going to sleep on my back every night.
A 어떤 건강 조언이 가장 도움이 되었니?
B 나는 수면 자세에 대한 조언이 가장 유용했다고 생각해.
A 너는 그것을 어떻게 실행에 옮길 거니?
B 나는 매일 밤 등을 대고 반듯이 누워 잘 거야.

More Questions

※ 다음 내용이 본문의 내용과 일치하면 T, 일치하지 않으면 F에 표시하시오.

1. It's Peter who emphasizes the importance of exercise.   T ☐ F ☐
2. Edward suggests that you should increase your water intake by substituting sugary drinks with water. T ☐ F ☐
3. One disadvantage of sleeping on your side is that you may have difficulty in breathing while sleeping. T ☐ F ☐

Answer 1 F 2 T 3 F

A

- Now I want you to experience **the same** benefits **as** I did.
- Jane is wearing **the same** style shoes **as** Sophia is.
- She does **the same** exercise **as** I do.

| Tip | '~과 같은 종류라는 뜻을 표현하는 데 사용되는 구문을 익혀 봅시다.

cf. This is **the same** laptop **that** I used yesterday.

■ Complete the dialog using the words in parentheses.

A: Clara, what position do you usually sleep in?
B: I usually sleep on my side. What about you, Kate?
A: I sleep in (you, same, do, as, position, the).

B

- I **suggest that** you (**should**) **replace** sugary drinks such as soft drinks and juice with water.
- John **recommended that** the work (**should**) **be** done at once.
- Clara **proposed that** John (**should**) **start** early.

| Tip | '~에게 …을 제안하다[권하다]'라는 뜻을 나타내는 구문을 살펴봅시다.

■ Choose the correct word in parentheses.

Jack suffered from neck pain, and wanted to improve his posture. Sujin suggested that he do exercise every day and (strengthen / strengthens) his core muscles. He did his best to do as he was told, and became healthier and healthier.

Quote for You — Choose the best word for the blank.

I **recommend that** people **try** new stuff or **take new** fitness classes all the time. It's important to mix up your _____ not only for your body, but also for your mental state.

— *Alison Sweeney*

a. exercise   b. routine   c. promise

Alison Sweeney (1976 ~)
미국 태생으로 드라마 연기, 리얼리티쇼 진행, 감독, 저술 등 다방면에서 활동하고 있다.

Answer: b.

049

A

- 이제 저는 여러분이 제가 경험했던 것과 같은 혜택들을 경험해 보시기를 원합니다.
- Jane은 Sophia가 신고 있는 것과 같은 스타일의 신발을 신고 있다.
- 그녀는 내가 하고 있는 것과 같은 (종류의) 운동을 한다.

cf. 이것은 어제 내가 사용한 것과 같은 휴대용 컴퓨터이다.
(= 이것은 어제 내가 사용한 바로 그 휴대용 컴퓨터이다.)

Answer the same position as you do

B

- 저는 여러분이 청량음료나 주스 같은 설탕이 든 음료를 물로 대체할 것을 제안합니다.
- John은 그 일을 즉시 하도록 권했다.
- Clara는 John에게 일찍 출발할 것을 제안했다.

Answer strengthen

Quote for You

빈칸에 가장 적절한 단어를 고르시오.

나는 사람들에게 항상 새로운 것을 시도하고 새로운 운동 수업을 들으라고 권한다. 당신의 일상을 다양하게 하는 것은 당신의 몸을 위해서뿐만 아니라 당신의 심리적인 상태를 위해서도 중요하다.

Answer b

A

■ **괄호 안의 표현을 이용하여 대화를 완성하시오.**

A Clara, 너는 보통 어떤 자세로 잠을 자니?
B 나는 대개 옆으로 누워서 자. 너는 어때, Kate?
A 나도 네가 자는 것과 같은 자세로 잠을 자.

Solution

'…와 같은 (종류의) ~'라는 뜻의 「the same+명사+as …」 구문을 사용한다. 여기서 as는 position을 선행사로 가지는 유사관계대명사로 쓰였다.

B

■ **괄호 안에서 알맞은 단어를 고르시오.**

Jack은 목의 통증으로 고생하다가 그의 자세를 개선하기를 원했다. 수진이는 그에게 매일 운동을 해서 중심 근육을 강화하라고 제안했다. 그는 들은 대로 하기 위해 최선을 다했고 점점 더 건강해졌다.

Solution

주장, 명령, 제안, 요구, 권유 등을 나타내는 동사 뒤의 that절에서는 「should+동사원형」을 쓴다. 단, 이때 should는 생략하고, 주어 다음에 동사원형만을 쓰기도 한다.

Quote for You

+More Quotes

- I believe that the greatest gift you can give your family and the world is a healthy you.

여러분이 여러분의 가족과 세상에게 줄 수 있는 가장 큰 선물은 건강한 여러분이라고 나는 생각한다.
— Joyce Meyer

- Early to bed and early to rise makes a man healthy, wealthy and wise.

일찍 잠자리에 들고 일찍 일어나는 것이 인간을 건강하고, 부유하고 그리고 현명하게 만들어 준다.
— Benjamin Franklin

+More Information

Alison Sweeney(1976 ~): 미국 태생의 배우로 리얼리티 쇼 진행자, 영화감독, 작가 등 다방면에서 활발히 활동하고 있다. 대표작으로 〈Days of Our Lives〉가 있고, 그 밖에 〈Family Man〉, 〈Friends〉, 〈American Dreams〉 등에 출연했고, 2007년에서 2015년까지 리얼리티 쇼 〈The Biggest Loser〉의 진행자로도 활동했다.

Words & Expressions

- laptop [læptàp] 명 휴대용(노트북) 컴퓨터
- recommend [rèkəménd] 동 권하다, 권장하다, 추천하다
- propose [prəpóuz] 동 제안(제의)하다
- take a class 수강하다
- fitness [fítnis] 명 운동, 몸매 가꾸기
- mix up 잘 섞다, 뒤섞다
- mental [méntəl] 형 정신의, 마음의, 심적인
- state [steit] 명 상태, 국가, 나라, 주(州)
- routine [ru:tí:n] 명 (판에 박힌) 일상, 일과

GRAMMAR POINTS

the same ~ as ...

the same ~ as ...는 '…와 같은 (종류의) ~'라는 뜻으로, as는 원래 접속사인데 선행사가 the same의 수식을 받는 경우 관계대명사로 쓸 수 있으며, 이때의 as를 유사관계대명사라고 부른다.

I have **the same** problem **as** you have. (나는 네가 가진 것과 같은 문제를 가지고 있다.)
Cut my hair in **the same** style **as** it is, please. (제 머리를 현재와 같은 스타일로 깎아 주세요.)
The boy speaks **the same** way **as** his father does. (그 소년은 그의 아버지가 말하는 것과 같은 방식으로 말한다.)
• 그 밖에 유사관계대명사 as를 쓰는 경우는 다음과 같다.
(1) 선행사가 such, as 등의 수식을 받는 경우
   ex. Avoid *such* men **as** will do you harm. (너에게 해를 끼칠 그러한 사람들을 피해라.)
      Do not trust *such* men **as** praise you to your face. (당신의 면전에서 당신을 칭찬하는 그러한 사람들을 믿지 마라.)
      She has as *much* money **as** is needed. (그녀는 필요한 만큼의 돈을 가지고 있다.)
      As many students **as** attended the meeting were given presents.
      (그 모임에 참석한 학생들은 모두 선물을 받았다.)
(2) 주절의 일부나 전체가 선행사와 같은 경우
   ex. *The train was late*, **as** is often the case. (그 기차는 늦었는데, 그런 일은 흔하다.)
      He was a foreigner, **as** I know from his accent. (그는 외국인이었는데, 나는 그것을 그의 말투에서 알았다.)

the same ~ that ...은 같은 종류가 아닌 '…와 동일한 바로 그 ~'라는 의미이며, 여기서 that은 관계대명사로 쓰였다.

This is **the same** digital camera **as** I lost yesterday. (같은 종류의 디지털 카메라를 의미함)
(이것은 내가 어제 잃어버린 것과 같은 종류의 디지털 카메라이다.)
This is **the same** digital camera **that** I lost yesterday. (동일한 디지털 카메라를 의미함)
(이것은 내가 어제 잃어버린 바로 그 디지털 카메라이다.)

주장·명령·제안·요구·권고를 나타내는 동사 + that + 주어(+ should) + 동사원형

주장, 명령, 제안, 요구, 권고를 나타내는 동사(insist, order, suggest, propose, demand, require, recommend 등)가 이끄는 that절에서는 「should+동사원형」을 쓰는데, 이때 should를 생략하고 동사원형만 쓰기도 한다.

The doctor **insisted that** she **(should) eat** more regularly.
(그 의사는 그녀에게 더 규칙적으로 먹어야 한다고 주장했다.)
The court **ordered** that illegal copies of the movie **(should) be** destroyed.
(법원은 그 영화의 불법 복제본을 폐기할 것을 명령했다.)
She **suggested that** the meeting **(should) be** put off. (그녀는 회의가 연기되어야 한다고 제안했다.)
I **demanded that** he **(should) leave** at once. (나는 그에게 즉시 떠날 것을 요구했다.)
I **recommend that** you (should) **get** some professional advice. (저는 당신이 전문적인 조언을 받을 것을 권합니다.)

단, suggest가 '제안하다'의 의미가 아닌 다른 의미로 쓰일 때나 이러한 동사들 다음에 오는 that절의 내용이 이미 벌어진 일에 대한 주장일 때는 that절에 should를 쓰지 않고 동사를 인칭과 시제에 맞춰 써야 한다.

All the evidence **suggests that** she **stole** the money. (모든 증거가 그녀가 돈을 훔쳤음을 시사한다.)
He **insisted that** the fire **had started** in the warehouse. (그는 화재가 창고에서 시작되었다고 주장했다.)
Jane **insisted that** she **had seen** an alien last night. (Jane은 그녀가 어젯밤에 외계인을 봤다고 주장했다.)

1. 다음 괄호 안에서 어법상 알맞은 것을 고르시오.

   (1) The landlord insisted that we (may / should) pay the rent by Monday.

   (2) The teacher demands that no one (uses / use) a cell phone in class.

   (3) Recent studies suggest that single fathers (be / are) more likely to work than single mothers.

2. 다음 괄호 안의 말을 바르게 배열하여 문장을 다시 쓰시오.

   (1) She was wearing (I, same, was, dress, as, the).

   → _____

   (2) He gets (pay, the, as, boss, same, does, the)

   → _____

   (3) My twin sister (the, do, as, nose, I, same, has)

   → _____

3. 다음 괄호 안의 말을 알맞은 형태로 고쳐 문장을 다시 쓰시오.

   (1) Tom suggested that I (look) for another job.

   → _____

   (2) He recommends that this wine (consume) within six months.

   → _____

   (3) The murder suspect insisted that he (treat) harshly during the police investigation.

   → _____

4. 다음 문장에서 어법상 틀린 부분을 찾아 바르게 고쳐 쓰시오.

   (1) He bought the same drone as I was.

   _____ → _____

   (2) You must choose such friends what will benefit you.

   _____ → _____

   (3) They couldn't prepare as many seats which were needed.

   _____ → _____

5. 다음 두 문장의 빈칸에 공통으로 알맞은 말을 쓰시오.

   - That is the same dog _____ attacked me.
   - _____ I explained on the phone, your request will be considered at the next meeting.

- landlord 집주인, 건물 소유주
- rent 집세, 방세, 임차료
- single father(mother) 편부(편모)

- pay 급료, 봉급, 임금
- twin 쌍둥이의

- look for ~을 찾다
- consume 소비하다, 먹다, 마시다
- murder suspect 살인 용의자
- harshly 가혹하게, 거칠게
- investigation 조사

- drone (지상에서 조정하는) 무인 항공기
- benefit 유익하다, 유용하다
- prepare 준비하다, 마련하다

- attack 공격하다
- request 부탁, 요구

LET'S WRITE

스트레스의 원인

스트레스를 느끼고 있나요? 그렇다면 여러분은 혼자가 아닙니다. 스트레스는 십 대들 사이에서 매우 일반적입니다. 여러분은 십 대들이 받는 스트레스의 주요 원인이 무엇이라고 생각하나요?

A GET IDEAS

그래프를 보고 질문에 대해 짝과 이야기해 보시오.
질문 1: 그래프는 무엇에 관한 것인가?
질문 2: 학생들이 가지고 있는 스트레스의 주요 원인은 무엇인가?

> **Answer**
>
> 1. It's about the causes of stress for middle and high school students.
> 2. It's the burden of school grades and career goals.

B ORGANIZE IDEAS

질문에 답하여 표를 완성하시오.
1. 이 그래프는 무엇을 나타내는가?
2. 스트레스의 주요 원인은 무엇인가?
3. 두 번째로 흔한 스트레스의 원인은 무엇인가?
4. 세 번째로 흔한 스트레스의 원인은 무엇인가?
5. 스트레스의 다른 원인들은 무엇인가?

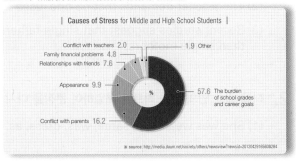

Causes of Stress

Are you feeling stressed? Then you're not alone. Stress is very common among teenagers. What do you think the main causes of stress among teens are?

A GET IDEAS

Look at the graph and talk about the questions with your partner.

Question 1 | What is the graph about?

Question 2 | What are the main causes of stress for students?

Causes of Stress for Middle and High School Students
Conflict with teachers 2.0
Family financial problems 4.8
Relationships with friends 7.6
Appearance 9.9
Conflict with parents 16.2
1.9 Other
57.6 The burden of school grades and career goals

※ source: http://media.daum.net/society/others/newsview?newsid=20120429165608284

B ORGANIZE IDEAS

Complete the table by answering the questions.

1. What does the graph show?	The graph shows
2. What is the leading cause of stress?	The leading cause of stress is
3. What is the second most common cause of stress?	
4. What is the third most common cause of stress?	
5. What are the other causes of stress?	The other causes of stress are

050

A GET IDEAS

중고등학생들의 스트레스 원인들
학교 성적과 진로 목표에 대한 부담감: 57.6%
부모님과의 갈등: 16.2%
외모: 9.9%
친구들과의 관계: 7.6%
가정의 경제 문제: 4.8%
선생님들과의 갈등: 2.0%
기타: 1.9%

> **Solution**
>
> 1. 그래프가 무엇에 관한 것인지는 그래프의 제목을 보면 알 수 있다.
> 2. 그래프에서 가장 높은 비율을 차지하고 있는 항목이 학생들이 받는 스트레스의 주요 원인에 해당한다.

B ORGANIZE IDEAS

> **Sample Answer**

1. The graph shows <u>the causes of stress for middle and high school students</u>.
2. The leading cause of stress is <u>the burden of school grades and career goals</u>.
3. <u>The second most common cause of stress is conflict with parents</u>.
4. <u>The third most common cause of stress is appearance</u>.
5. The other causes of stress are <u>relationships with friends, family financial problems, and conflict with teachers</u>.

---

1. 이 그래프는 중고등학생들의 스트레스 원인을 나타낸다.
2. 스트레스의 주요 원인은 학교 성적과 진로 목표에 대한 부담감이다.
3. 두 번째로 흔한 스트레스의 원인은 부모님과의 갈등이다.
4. 세 번째로 흔한 스트레스의 원인은 외모이다.
5. 스트레스의 다른 원인들에는 친구들과의 관계, 가정의 경제 문제, 그리고 선생님들과의 갈등이 있다.

> **Words & Expressions** 도표에 자주 쓰이는 어휘들
>
> • figure 수치, 도표
> • proportion 비율
> • increase 증가(하다)
> • decrease 감소(하다)
> • reduce 감소하다
> • decline 감소; 감소하다
> • remain 여전히 ~이다
> • match ~에 필적하다(대등하다)
> • drop 떨어지다
> • rise 증가; 증가하다, 오르다
> • equal (수·양·가치 등이) 같다, 필적하다
> • average 평균(의)
> • gradually 점차로
> • steadily 꾸준히
> • steep 가파른
> • sharply 급격하게
> • slightly 약간
> • reach the peak 정점에 다다르다
> • go beyond ~을 초과하다
> • account for (부분·비율을) 차지하다

C ON YOUR OWN

Complete the description of the graph.

The graph shows ______________________.

The leading cause of stress is ______________________

____

____

The other causes of stress are ______________________.

All of these things cause students to experience stress.

Writing Tip

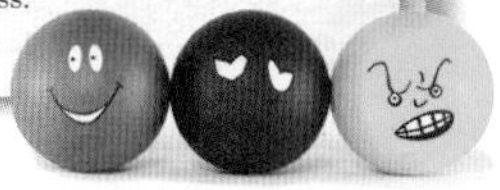

도표를 설명할 때는 무엇에 관한 표인지 처음에 설명한 뒤, 중요한 항목 위주로 설명합니다.

Peer Review	My partner thinks ...		
Does the description of the graph contain the main causes of stress?	☺	😐	☹
Are the key points of the graph presented effectively?	☺	😐	☹
Are the expressions in the description of the graph natural?	☺	😐	☹

partner's comments:

D REVIEW & REVISE

Read the comments and revise your writing.

051

C ON YOUR OWN

그래프에 대한 설명을 완성하시오.

동료 평가

- 그래프에 대한 설명이 스트레스의 주요 원인을 포함하고 있는가?
- 그래프의 핵심 포인트가 효과적으로 제시되어 있는가?
- 그래프를 설명한 표현들은 자연스러운가?
- 짝의 의견

D REVIEW & REVISE

(짝의) 의견을 읽고 작문을 고쳐 쓰시오.

Writing Tip Describing a graph

도표(그래프) 설명하기

도표(그래프)를 설명할 때는 무엇에 관한 도표(그래프)인지 먼저 설명한 뒤, 중요한 항목 위주로 설명한다. 도표(그래프)에 나타난 수치들을 비교하면서 주요 정보들을 강조한다. 특히, 도표(그래프) 설명에 자주 사용되는 비교, 증감 등을 나타내는 표현 및 어구들을 숙지하여 영작에 활용한다.

C ON YOUR OWN

Solution

B ORGANIZE IDEAS에서 완성한 표의 내용을 토대로 하여 글을 작성한다.

Sample Answer The graph shows the causes of stress for middle and high school students. The leading cause of stress is the burden of school grades and career goals. The second most common cause of stress is conflict with parents. The third most common cause of stress is appearance. The other causes of stress are relationships with friends, family financial problems, and conflict with teachers. All of these things cause students to experience stress.

이 그래프는 중고등 학생들이 받는 스트레스의 원인을 보여 준다. 스트레스의 주요 원인은 학교 성적과 진로 목표에 대한 부담감이다. 두 번째로 흔한 스트레스의 원인은 부모님과의 갈등이다. 세 번째로 흔한 스트레스의 원인은 외모이다. 스트레스의 다른 원인들에는 친구들과의 관계, 가정의 경제 문제, 그리고 선생님들과의 갈등이 있다. 이 모든 것들이 학생들로 하여금 스트레스를 경험하도록 야기한다.

+More Information

Writing about Graph (그래프에 관해 쓰기)

1. 제목, 그래프의 가로축과 세로축의 단위, 각 범주의 숫자를 검토해서 그래프나 도표가 무엇을 나타내고 있는지를 설명한다.
2. 전달하고자 하는 주요 포인트를 나타내는 정보를 찾는다.
3. 수치 변화를 파악한다.
4. 수치를 비교해서 나타낸다.

D REVIEW & REVISE

Solution

동료 평가의 내용을 바탕으로 하여 내용 오류부터 문법 오류, 구두점 오류까지 범위를 넓혀 가며 여러 번 수정을 거쳐 글을 작성하도록 한다.

Words & Expressions

- description [diskrípʃən] ⓜ 설명, 묘사
- contain [kəntéin] ⓢ 포함하다
- effectively [iféktivli] ⓑ 효과적으로, 유효하게
- natural [nǽtʃərəl] ⓗ 자연스러운
- comment [kɑ́ment] ⓜ 평가, 비평, 주석

건강한 생활 습관에 관한 설문 조사

여러분과 여러분의 친구들은 건강한 생활 습관을 가지고 있나요? 친구들과 이 설문 조사를 실시하고 여러분이 어떻게 여러분의 생활 습관을 개선할 수 있을지 생각해 보세요.

STEP 1

네 명으로 모둠을 만들어 설문을 완성하시오.

1. 하루에 적어도 60분은 가벼운 운동을 한다.
2. 스트레칭과 근력 운동을 한다.
3. 신선한 채소와 과일을 다양하게 먹는다.
4. 짜고 기름지거나 설탕이 든 음식과 음료를 삼간다.
5. 스스로 식사를 준비하거나 외식을 할 때, 가장 건강에 좋은 선택을 한다.
6. 하루에 적어도 8시간을 잔다.
7. (TV나 컴퓨터, 휴대폰 등의) 화면을 보는 시간을 하루에 2시간 이하로 가진다.

STEP 2

각 항목에 대한 여러분 모둠의 평균 점수를 내어 그 결과를 보여 주는 그래프를 작성하시오.

Healthy Lifestyle Survey

Do you and your friends have healthy lifestyles? Take this survey with friends and think about how you can improve your lifestyles.

STEP 1 Make groups of four and complete the survey.

A: always B: often C: sometimes D: hardly E: never

Item	Content	A	B	C	D	E
1	I do at least 60 minutes of light exercise a day.					
2	I do some kind of stretching and strength activities.					
3	I eat a variety of fresh vegetables and fruits.					
4	I avoid foods and drinks that are salty, fatty, or sugary.					
5	When I prepare my own meals or eat out, I go for the healthiest choices.					
6	I sleep for at least 8 hours a day.					
7	I spend less than 2 hours a day on screen time.					

STEP 2 Get your group's average score for each item and make a graph that shows the results.

Healthy Lifestyle Survey Results   A: 5 / B: 4 / C: 3 / D: 2 / E: 1

052

STEP 1

Solution

건강한 생활 습관에 관한 각 항목의 내용을 읽고 빈도를 나타내는 A(항상), B(자주), C(가끔), D(거의 안 함), E(전혀 안 함)에 자신의 경우에 맞게 체크한다.

STEP 2

Solution

각자 실시한 설문 조사를 바탕으로 각 질문에 대한 모둠원들의 평균 점수(각 항목의 총점÷4)를 내본 다음, 결과를 그래프에 표시해 본다.

Sample Answer

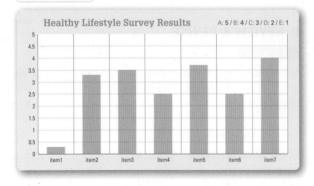

Healthy Lifestyle Survey Results   A: 5 / B: 4 / C: 3 / D: 2 / E: 1

Words & Expressions

- **lifestyle** [láifstàil] 명 생활 양식, 생활 방식
- **survey** [sə́ːrvei] 명 (설문) 조사
- **improve** [imprúːv] 동 개선하다, 향상시키다
- **item** [áitem] 명 항목, 사항, 품목
- **content** [kántent] 명 (서적·문서 등의) 내용, 목차
- **at least** 적어도, 최소한(↔ at most)
- **light** [lait] 형 (일·운동이) 가벼운, 쉬운
- **strength** [streŋkθ] 명 힘, 기운, 체력
- **a variety of** 여러 가지의, 다양한
- **salty** [sɔ́ːlti] 형 짠, 소금기 있는
- **fatty** [fǽti] 형 지방이 많은, 기름진
- **prepare** [pripέər] 동 준비하다, 마련하다
- **meal** [miːl] 명 식사 (시간), 끼니
- **eat out** 외식하다
- **go for** ~을 택하다
- **result** [rizʌ́lt] 명 결과, 성과, 성적

	Item	Reason
Highest		
Lowest		

STEP 4 Present your group's results and discuss ways to improve your lifestyles for the better.

Example | Hello, everyone. Let us tell you about our group's survey results. Our group scored highest on item number one, 'doing at least 60 minutes of light exercise a day.' On the other hand, we scored lowest on item number six, 'sleeping for at least 8 hours a day.' This is because we have such busy schedules. For the next 30 days, we will try to sleep more, eat a healthier diet, and spend less time watching TV and playing computer games ....

Think & Evaluate

Evaluate each group's project work   Excellent   Good   Fair

	Group 1	Group 2	...
Does the graph include the results of all the survey items?			
Are the reasons for the survey results presented effectively?			
Did every member of the group work together to make the graph and present the results?			

053

STEP 3

가장 높은 점수와 가장 낮은 점수를 기록한 항목을 찾으시오.
그 이유에 대해 이야기해 보시오.

STEP 4

여러분 모둠의 결과를 발표한 다음, 여러분의 생활방식을 보다
나은 쪽으로 개선시킬 수 있는 방법에 대해 토론해 보시오.

예시 안녕하세요, 여러분. 저희 모둠의 설문 조사 결과를
말씀해 드리겠습니다. 저희 모둠은 1번 항목 '하루에 적어도
60분의 가벼운 운동하기'가 가장 높은 점수를 기록했습니다.
반면에, 6번 항목인 '하루에 적어도 8시간 자기'는 가장 낮은
점수를 받았습니다. 이것은 우리가 매우 바쁜 일과를 보내고
있기 때문입니다. 앞으로 30일 동안, 우리는 더 많이 자고, 더
건강한 식단으로 먹고, TV를 보거나 컴퓨터 게임을 하는 시
간을 덜 가지려고 노력할 것입니다. …

평가표

• 그래프가 모든 설문 조사 항목의 결과를 포함하고 있는가?
• 설문 조사 결과에 대한 이유가 효과적으로 발표되었는가?
• 모둠의 모든 구성원들이 그래프를 작성하고 결과를 발표하
는 데 함께 참여하였는가?

STEP 3

Sample Answer

	Item	Reason
Highest	Item 7	Our friends try to cut back on their screen time because we learned about the effect of the screen time through the video clip last week.
Lowest	Item 1	60 minutes' exercise is almost impossible in our busy daily schedule.

Sample Dialog

A The item which got the lowest score was about our exercise habit. Why is that?

B I think it's because we don't squeeze the time for exercise into our busy schedule.

A You're right. 60 minutes' exercise is almost impossible.

B Which item got the highest one?

A The item about screen time.

B I see. We watched a video clip about the effect of screen time last week. I think since then, my friends have been trying to cut back on their screen time.

A I agree with you.

A 가장 낮은 점수를 받은 것은 우리의 운동 습관에 관한 항목이
야. 왜 그렇지?

B 그것은 우리가 바쁜 일정 속에서 운동을 하기 위해 시간을
내지 못하기 때문인 것 같아.

A 네 말이 맞아. 60분 운동은 거의 불가능해.

B 어떤 항목이 가장 높은 점수를 받았니?

A 스크린 타임(TV나 컴퓨터, 휴대 전화 등의 화면을 보는 시간)
에 관한 항목이야.

B 그렇구나. 우리는 지난주에 스크린 타임이 미치는 영향에 관한
동영상을 봤어. 그 때 이후로 내 친구들은 스크린 타임을 줄이
려고 노력하고 있어.

A 네 말에 동의해.

Words & Expressions

• score [skɔːr] ⑧ (골·득점 등을) 하다[기록하다]
• reason [ríːzən] ⑲ 이유, 동기
• present [prizént] ⑧ (구두로) 진술하다, 표현하다
• on the other hand 다른 한편으로는, 반면에
• This is because ~. 이것은 ~이기 때문이다.
• schedule [skédʒuːl] ⑲ 일정, 스케줄
• fair [fɛər] ⑲ 그저 그런, 괜찮은

CHECK UP

1. Listen and choose what the woman does to stay healthy.

a.    b.   c.

🎧 **Script**

B Suji and I are going to a movie. Would you like to come along?
G Sorry. I'm going to go on a bike ride with Susan.
B Do you ride your bike often?
G Yes. As you know, it's important to exercise regularly. Riding a bicycle is really good exercise and it's fun.
B Oh, so that's how you stay healthy.
G Exactly.

남 수지와 나는 영화 보러 갈 건데. 같이 갈래?
여 미안해. 나는 Susan과 함께 자전거를 타러 갈 거야.
남 너는 자전거를 자주 타니?
여 응. 너도 알다시피, 규칙적으로 운동하는 게 중요하잖아. 자전거 타는 것은 정말 좋은 운동이고 재미있어.
남 오, 그게 네가 건강을 유지하는 방법이구나.
여 맞아.

1. 듣고 여자가 건강을 유지하기 위해 하는 것을 고르시오.

Answer c

👤 **Solution**

여자는 규칙적인 운동의 일환으로 자전거를 자주 탄다고 했다. 남자의 마지막 말이 문제 해결의 힌트이다.

Words & Expressions

• go to a movie 영화 보러 가다
• come along 함께 가다
• go on a bike ride with ~와 자전거를 타러 가다
• stay healthy 건강을 유지하다

---

2. Listen and choose the thing that the speaker did not mention.

a. making her room tidy
b. exercising every day
c. going to bed at a fixed time
d. changing her sleeping position

2. 듣고 화자가 언급하지 않은 것을 고르시오.

a. 그녀의 방을 깔끔하게 치우기
b. 매일 운동하기
c. 정해진 시간에 잠자리에 들기
d. 수면 자세 바꾸기

Answer c

🎧 **Script**

W I wanted to sleep better, so I did several things. First, I cleaned my room and made it tidy. Then, I started exercising for at least 10 minutes every day. Then, I also tried to change my sleeping position from the stomach position to the back position. Now I sleep better, and I feel more energetic during the day.

여 나는 더 잘 자고 싶어서 몇 가지 일들을 했다. 먼저, 나는 내 방을 청소해서 깔끔하게 만들었다. 그런 다음, 날마다 적어도 10분씩 운동을 시작했다. 그리고 또한 내 수면 자세를 엎드려 자는 자세에서 등을 대고 반듯이 누워 자는 자세로 바꾸도록 노력했다. 지금 나는 더 잘 자고 낮 동안 더 활기가 넘침을 느낀다.

👤 **Solution**

First ~, Then ~, Then ~ 이후에 여자가 더 잘 자기 위해 한 일들이 제시되어 있다.

Words & Expressions

• several [sévərəl] ⓗ 몇몇의, 몇 개의
• tidy [táidi] ⓗ 깔끔한, 잘 정돈된
• energetic [ènərdʒétik] ⓗ 활기에 찬, 활동적인
• during the day 낮 동안

3. Read and choose the word that best fits in the blank.

> Do you also want to have nice skin? Drink water. Water is nature's own beauty cream. Drinking water hydrates skin cells, giving your skin a healthy glow. _____, water is very important for basic body functions because about 70% of our body is water, and we need about 2 liters of water a day.

  a. Likewise   **b.** Instead

  c. However   **d.** Eventually

3. 읽고 빈칸에 가장 적절한 단어를 고르시오.

여러분은 또한 좋은 피부를 가지고 싶으시죠? 물을 드세요. 물은 자연만의 미용 크림입니다. 물을 마시는 것은 여러분의 피부 세포에 수분을 공급해 여러분의 피부가 건강한 윤기를 띠게 합니다. 게다가 물은 우리 몸의 기본적인 기능에 매우 중요합니다. 왜냐하면 우리 몸의 약 70%가 물이고, 우리는 하루에 약 2리터의 물이 필요하기 때문입니다.

Answer a

Solution

물 마시는 것의 이점에 대해 설명하다가 우리 몸에서의 물의 필요성에 대해 부연 설명하고 있으므로 빈칸에는 첨가를 나타내는 연결어 Likewise(게다가)가 가장 적절하다.

Words & Expressions
- **instead** [instéd] 🟤 그 대신에
- **however** [hauévər] 🟤 하지만, 그러나
- **eventually** [ivéntʃuəli] 🟤 결국, 드디어, 마침내

---

4. Read and choose the correct word in parentheses.

> A: My brother suffers from back and neck pain.
> B: Does he sleep on his stomach?
> A: Yes, he does.
> B: Well, I suggest that he sleep on his back and (use / uses) a soft pillow.

4. 읽고 괄호 안에서 알맞은 단어를 고르시오.

A 우리 오빠는 등과 목의 통증으로 고통 받고 있어.
B 그는 엎드려서 잠을 자니?
A 응, 그래.
B 음, 나는 그에게 등을 대고 반듯이 누워 자고 부드러운 베개를 사용할 것을 제안해.

Answer use

Solution

제안을 나타내는 동사 suggest의 목적어 역할을 하는 that절에서는 「(should+)동사원형」의 형태를 쓰므로 동사원형 use가 와야 알맞다.

Words & Expressions
- **suffer from** ~로 고통 받다
- **suggest** [səgdʒést] 🟤 제안하다

---

5. Read and choose the best title for the passage.

> People on the island of Symi, Greece, are known for their long life. A habitual birthday greeting is "May you live to be 100 and more!" What is their secret? First of all, they eat lots of fresh fruits and vegetables, and they have olive oil with everything. They also keep busy even in old age by gardening and cooking. They keep fit by walking up and down the hills and fishing. In addition, they enjoy a sense of community, eating and socializing with friends and family on a daily basis.

  a. The Best Place to Travel in Greece

  b. The Benefits of Eating a Balanced Diet

  c. The Importance of Forming a Community

  d. The Healthy Lifestyle of the People on Symi

5. 읽고 글의 제목으로 가장 알맞은 것을 고르시오.

그리스의 Symi 섬에 사는 사람들은 오래 사는 것으로 알려져 있다. 습관적인 생일 인사가 "100살보다 더 오래 사세요!"이다. 그들의 비결은 무엇인가? 먼저, 그들은 신선한 과일과 채소를 많이 먹고 모든 음식에 올리브 오일을 넣고 먹는다. 그들은 또한 심지어 노년에도 정원 일을 하고 요리를 하는 등 계속 바쁘게 지낸다. 그들은 언덕을 오르내리고 낚시를 하면서 건강을 유지한다. 게다가, 그들은 날마다 친구들이나 가족들과 함께 먹고 어울리며 공동체 의식을 즐긴다.

a. 그리스의 최고 여행지
b. 균형 잡힌 식사를 하는 것의 혜택
c. 공동체 구성의 중요성
d. Symi 섬 사람들의 건강한 생활 방식

Answer d

Solution

사람들이 장수하는 것으로 유명한 섬인 Symi 섬 사람들의 건강한 생활 방식에 대해 설명하고 있는 글이다.

Words & Expressions
- **be known for** ~로 유명하다
- **habitual** [həbítʃuəl] 🟢 습관적인, 평소의

LESSON3

행동으로 옮겨
변화를 만들어라

Take Action, Make a Difference

의사소통 기능

- 유감이나 동정 표현하기
I'm sorry to hear that.
그 말을 듣게 되어 유감이구나.

- 도움 제안하기
Can I be of any help with that?
내가 거기에 어떤 도움이 될 수 있을까?

OVERVIEW

Topics

LISTEN & SPEAK	ACROSS CULTURES	READ
• Caring Heart • Helping Hands	Helping Hands Crossing Borders	From You to Others

FUNCTIONS
- I'm sorry to hear that.
- Can I be of any help with that?

《 단원 미리 보기 》

	LISTEN & SPEAK	ACROSS CULTURES	READ	WRITE	ACROSS SUBJECTS
주제 →	• 안타까운 상황에 유감이나 동정을 표현하는 대화를 듣고 말하기 • 도움을 제안하는 대화를 듣고 말하기	국경을 넘어 도움의 손길을 주는 국제 자원봉사 기관에 관해 알아보기	더 살기 좋은 세상을 만들기 위해 작은 행동을 실천한 두 명의 십 대들에 대한 이야기를 읽고 이해하기	자원봉사 활동을 했던 경험에 관한 짧은 에세이 쓰기	힘들어하는 사람들에게 용기를 줄 수 있는 긍정적인 메시지 작성하기

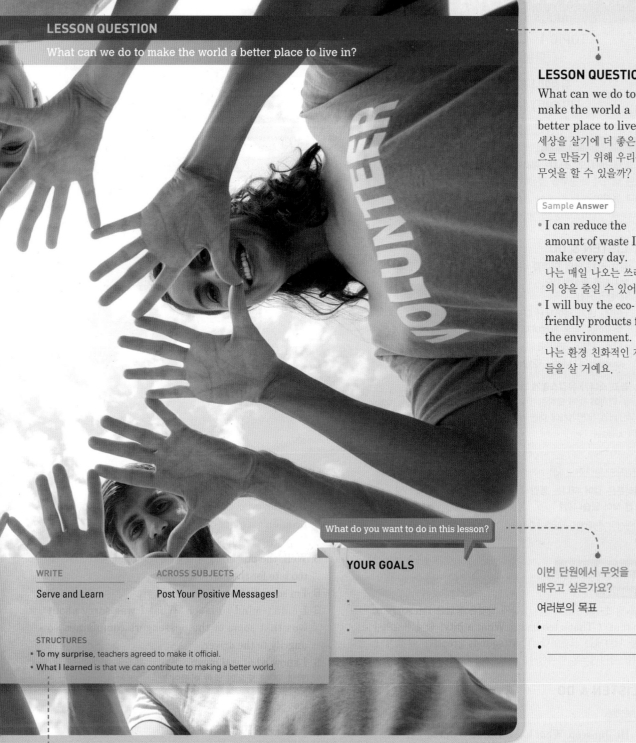

LESSON QUESTION

What can we do to make the world a better place to live in?
세상을 살기에 더 좋은 곳 으로 만들기 위해 우리는 무엇을 할 수 있을까?

Sample Answer

- I can reduce the amount of waste I make every day.
  나는 매일 나오는 쓰레기 의 양을 줄일 수 있어요.
- I will buy the eco-friendly products for the environment.
  나는 환경 친화적인 제품 들을 살 거예요.

What do you want to do in this lesson?

WRITE

Serve and Learn

ACROSS SUBJECTS

Post Your Positive Messages!

STRUCTURES

- **To my surprise**, teachers agreed to make it official.
- **What I learned** is that we can contribute to making a better world.

YOUR GOALS

- _____
- _____

이번 단원에서 무엇을 배우고 싶은가요?
여러분의 목표

- _____
- _____

언어 형식

- 감정을 나타내는 to one's surprise(disappointment, delight, ...)
  To my surprise, teachers agreed to make it official. 놀랍게도, 선생님들께서는 그것을 공식화하는 데 동의하셨다.

- 문장의 주어로 쓰이는 선행사를 포함한 관계대명사 what
  What I learned is that we can contribute to making a better world.
  내가 배웠던 것은 우리가 더 나은 세상을 만드는 데 기여할 수 있다는 것이다.

LISTEN & SPEAK 1

TOPIC 1 Caring Heart
마음 달래기

유감이나 동정 표현하기
I'm sorry to hear that.

FUNCTIONS IN USE

보고 체크하시오. 소녀는 뭐라고 말하겠는가?
소년 내가 수학 공부를 열심히 했는데, 기말시험을 망쳤어.
소녀 유감이구나.
(Answer) I'm sorry to hear that.

A LISTEN & DO

1. 듣고 상자 안의 단어를 이용하여 준섭에게 보내는 문자
메시지를 완성하시오.
새 학기 계획
· 안녕, 네가 넘어져서 다리가 부러졌다고 들었어. 정말
유감이야. 얼른 괜찮아지기를 바란다!
· 나는 괜찮아. 고마워!
(Answer) (1) fell (2) broke (3) sorry

2. 듣고 소녀가 유감스럽게 느낀 것을 고르시오.
a. 영화에 늦게 도착한 것   b. 버스가 고장 난 것
c. 버스 운전기사에 대한 사람들의 불평
(Answer) c

(Question for You ?)

여러분은 걸어 다니는 동안 스마트폰을 사용해서 문제를 일
으킨 적이 있습니까?
(Sample Answer) Yes, I have. I bumped into people.

FUNCTIONS IN USE

(Solution)

시험을 망쳤다고 우울해하는 상황에 알맞은 응답은 I'm sorry to
hear that. / That's too bad. / What a pity! 등의 유감이나
동정을 나타내는 표현이다. That sounds great!는 '그거 좋구
나!'라는 의미이므로 어색하다.

A LISTEN & DO

(Script)

1. G Hi, Junseop. What happened to your leg?
  B Hi, Minji. I fell on the stairs and broke it.
  G I'm sorry to hear that. It must have hurt a lot.
  B It really did! But it feels okay now.
  G Why did you fall down? Were the stairs slippery?
  B Not really. I tripped over my own foot while I was
    texting.
  여 안녕, 준섭아. 네 다리에 무슨 일 있었니?
  남 안녕, 민지야. 계단에서 넘어져서 다리가 부러졌어.
  여 그 말을 들으니 유감이구나. 많이 다쳤겠구나.
  남 정말 그랬어! 하지만 지금은 괜찮아.
  여 왜 넘어졌니? 계단이 미끄러웠니?

66   Lesson 3

FUNCTIONS IN USE

Look and check. What would the girl say?

> I worked hard at math, but
> I failed the final exam.

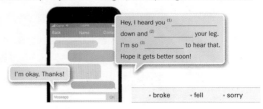

○ I'm sorry to hear that.   ○ That sounds great!

■ Now listen and check the answer with your partner.

A LISTEN & DO

1. Listen and complete your text message to Junseop using the words in the box.

> Hey, I heard you (1) _____
> down and (2) _____ your leg.
> I'm so (3) _____ to hear that.
> Hope it gets better soon!

> I'm okay. Thanks!

· broke   · fell   · sorry

2. Listen and choose what the girl felt sorry about.

a. arriving late for the movie
b. the broken down bus
c. people's complaints to the bus driver

(Question for You ?)

Have you ever had any
trouble because you were
using your smartphone
while walking?

058   Lesson 3

  남 그렇지는 않았어. 문자를 보내는 동안 내 발에 걸려서 넘어
    졌어.
2. B Hey, how was the movie last Saturday?
  G I couldn't see it.
  B Why? What happened?
  G Well, the bus broke down on the road, so I arrived
    too late for the movie.
  B I'm sorry to hear that.
  G I didn't mind so much. What I was sorry about
    was that some of the passengers complained so
    angrily to the driver.
  B I know what you mean.
  남 안녕, 지난 토요일 영화 어땠어?
  여 못 봤어.
  남 왜? 무슨 일 있었니?
  여 버스가 길에서 고장이 나서 영화에 너무 늦게 도착했어.
  남 유감이구나.
  여 그렇게 언짢지는 않았어. 내가 유감스러웠던 건 승객들 중
    몇몇이 운전기사에게 화를 너무 내면서 불평을 했다는 거야.
  남 네가 무슨 말을 하는지 알겠어.

(Solution)

1. 미나는 준섭이 넘어져서 다리가 부러진 일에 관해 듣고 유감을
  표시하고 있다.
2. some of the passengers complained so angrily to the
  driver에서 여자가 유감을 느낀 것이 무엇인지 알 수 있다.

B SPEAK OUT

1. Listen and complete the newspaper articles using the words in the box.

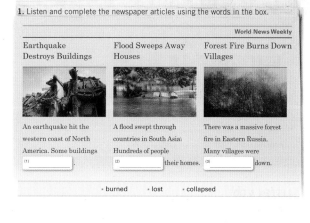

World News Weekly

| Earthquake Destroys Buildings | Flood Sweeps Away Houses | Forest Fire Burns Down Villages |

An earthquake hit the western coast of North America. Some buildings (1) _____ .

A flood swept through countries in South Asia. Hundreds of people (2) _____ their homes.

There was a massive forest fire in Eastern Russia. Many villages were (3) _____ down.

· burned · lost · collapsed

Questions for Interaction

What natural disaster have you recently heard about?

What happened as a result of the disaster?

2. Have a conversation about recent natural disasters.

Interaction

A: Did you know that an earthquake hit the western coast of North America?
B: Yes, I read about it in the newspaper. How scary!
A: Right. I think so, too. Some buildings collapsed.
B: I'm sorry to hear that.

Expression +

유감이나 동정 표현하기
· I'm sorry about that.
· That's a pity.
· That's too bad.

059

B SPEAK OUT

1. 듣고 상자 안의 단어를 이용하여 신문 기사를 완성하시오.

〈지진이 건물들을 파괴시키다〉
지진이 북미 서쪽 해안을 강타했다. 건물 몇 채가 <u>무너</u>졌다.

〈홍수가 가옥들을 휩쓸다〉
홍수가 남아시아 국가들을 휩쓸었다. 수백 명의 사람들이 그들의 집을 잃었다.

〈산불이 마을을 불태우다〉
러시아 동쪽에 거대한 산불이 일어났다. 많은 마을들이 <u>불탔다</u>.

Answer (1) collapsed (2) lost (3) burned

Questions for Interaction

여러분은 최근에 어떤 자연 재해에 대해 들어본 적이 있나요? 그 재해의 결과 어떤 일이 일어났나요?

2. 최근 자연 재해에 관해 대화하시오.

Interaction

A 너 지진이 북미 서부 해안을 강타했다는 걸 알고 있었니?
B 응, 신문에서 그것에 대해 읽었어. 얼마나 무서운지!
A 맞아. 나도 역시 그렇게 생각해. 건물 몇 채가 무너졌대.
B 유감스럽게 생각해.

유감이나 동정 표현하기   **I'm sorry to hear that.**

I'm sorry to hear that.은 '(그것을 듣게 되어) 유감이다.'라는 의미로, 상대방에게 유감이나 동정을 표시할 때 쓰는 표현이다.
ex. A I heard that he failed to pass the test. (나는 그가 시험 통과에 실패했다고 들었어.)
　　B **I'm sorry to hear that.** (유감이구나.)

Expression +
· **I'm sorry about that.** (그것에 대해 유감으로 생각한다.)
· **That's a pity.** (그거 안됐다.)
· **That's too bad.** (참, 안됐다.)

B SPEAK OUT

Solution

(1) 지진으로 건물들이 무너졌다는 기사이므로 collapsed가 적절하다. (2) 홍수가 나서 집을 잃었다는 기사이므로 lost가 적절하다. (3) 거대한 산불이 많은 마을을 불태웠다는 기사이므로 burned가 적절하다.

Interaction

Sample Dialog 1

A Did you know that a flood swept through countries in South Asia?
B Yes, I read about it in the newspaper. How scary!
A Right. I think so, too. Hundreds of people lost their homes.
B I'm sorry to hear that.
A 너 홍수가 남아시아 나라들을 휩쓸었다는 것을 알았니?

B 응, 신문에서 그것에 대해 읽었어. 얼마나 무서운지!
A 맞아. 나도 역시 그렇게 생각해. 수백 명의 사람들이 그들의 집을 잃었어.
B 유감스럽게 생각해.

Sample Dialog 2

A Did you know that a massive forest fire occurred in Eastern Russia?
B Yes, I read about it in the newspaper. How scary!
A Right. I think so, too. Many villages were burned down.
B I'm sorry to hear that.
A 너 거대한 산불이 러시아 동쪽에 일어난 것을 알았니?
B 응, 신문에서 그것에 대해 읽었어. 얼마나 무서운지!
A 맞아. 나도 역시 그렇게 생각해. 많은 마을이 불타 버렸어.
B 유감스럽게 생각해.

LISTEN & SPEAK 2

TOPIC 2 Helping Hands
도움의 손길

도움 제안하기
Can I be of any help with that?

FUNCTIONS IN USE

보고 체크하시오. 소년은 뭐라고 말하겠는가?

소년 내가 어떤 도움이 될 수 있을까?
소녀 고마워! 내 가방을 들어주면 정말 좋겠어.
Answer Can I be of any help?

A LISTEN & DO

1. 듣고 화자들이 사용하려고 하는 포스터를 고르시오.
   Answer a

2. 듣고 맞는 문장을 고르시오.
   Answer b

Question for You

여러분은 전에 기부를 한 적이 있나요? 그리고 그것을 누구에게 기부했나요?
Sample Answer I've donated my old clothes to charity.

FUNCTIONS IN USE

Look and check. What would the boy say?

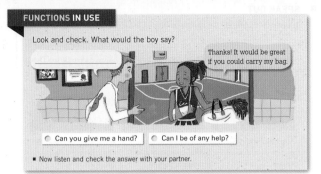

Thanks! It would be great if you could carry my bag.

○ Can you give me a hand?   ○ Can I be of any help?

■ Now listen and check the answer with your partner.

A LISTEN & DO

1. Listen and choose the poster that the speakers are going to use.

a. Look out for pedestrians

b. Remember to look twice before you cross the street!

c. Safety gear saves your life

2. Listen and choose the one that is true.
   a. Suyeon will sell the donated school supplies.
   b. Suyeon has to leave in 30 minutes.
   c. Minsu offered to give Suyeon his wrapping paper.

Question for You

What have you donated before and to whom did you donate it?

FUNCTIONS IN USE

Solution

Can I be of any help?는 '내가 어떤 도움이 될 수 있을까?'라는 의미로, 도움을 제안할 때 쓰는 표현이다. 반면, Can you give me a hand?는 '저를 도와줄 수 있나요?'라는 의미이다.

A LISTEN & DO

Script

1. G Did you know that there was a car accident near here yesterday?
   B Yes, I did. In fact, there was another accident in the same spot last year.
   G That's scary. I hope there are no more accidents there.
   B Me, too. Can we be of any help with that?
   G Maybe we can. How about doing a campaign for safe driving?
   B That's a good idea. Let's do it.

   여 어제 여기 근처에서 자동차 사고가 있었던 거 알고 있었니?
   남 응. 사실, 작년에 같은 지점에서 다른 사고도 있었어.
   여 무서워. 그곳에서 더 이상 사고가 없었으면 좋겠어.
   남 나도 그래. 우리가 거기에 어떤 도움이 될 수 있을까?
   여 아마 할 수 있을 거야. 안전한 운전 캠페인을 하는 건 어때?
   남 좋은 생각이야. 그렇게 해 보자.

2. B Hi, Suyeon. What are all these school items for?
   G Hi, Minsu. You know I'm tutoring children at the community center. I'm going to donate this stuff to them.
   B Then why are you gift-wrapping them? You can just take the things to the center.
   G I'd like these to be special gifts for the children.
   B How nice of you! But it looks like too much work for you alone.
   G I'm doing okay, but I should hurry because I have to leave for the community center in 30 minutes.
   B Can I be of any help with them? Believe it or not, I'm pretty good at gift-wrapping.

   남 안녕, 수연아. 이 학용품들을 뭐에 쓸 거니?
   여 안녕, 민수야. 너도 알다시피 내가 주민 센터에서 아이들을 가르치잖아. 나는 이 물건들을 그들에게 기부하려고 해.
   남 그렇다면 그것들을 왜 선물 포장하고 있니? 그냥 센터에 가지고 갈 수 있잖아.
   여 나는 이것들이 아이들에게 특별한 선물이 되었으면 좋겠어.
   남 참 착하구나! 하지만 너 혼자 하기에 일이 너무 많은 것 같아.
   여 괜찮아, 하지만 30분 후에 주민 센터로 출발해야 하니까 서둘러야 해.
   남 내가 도울 수 있을까? 믿거나 말거나 나는 선물 포장을 아주 잘하거든.

Solution

1. 두 사람은 자동차 사고가 자주 일어나는 지점에 대해 얘기하면서 안전 운전을 위한 캠페인을 하자는 제안을 하고 있다.
2. a. 수연은 주민 센터에서 가르치는 아이들에게 학용품을 기부하려고 하고 있다. c. 민수는 수연에게 선물 포장을 도와주겠다고 제안하고 있다.

B SPEAK OUT

1. Match each person's problem with the correct response.

(1) My glasses are broken, and I can't read the writing on the board.

(2) I have a sore foot and it's difficult to walk.

(3) I have to take all these books to the library.

a. I can carry some of them.

b. I can help you get home.

c. I can show you my notes.

Questions for Interaction

In what situations would someone need help from others?

What can you do to help people in those situations?

2. Have a conversation to offer help.

Interaction

A: What's the problem?
B: My glasses are broken, and I can't read the writing on the board.
A: Can I be of any help with that? I can show you my notes.
B: That'd be great. Thanks.

Expression⁺

도움 제안하기
• Can I help you with that?
• Can I give you a hand with that?
• Let me help you with that.

061

B SPEAK OUT

1. 각자의 고민에 대한 알맞은 응답을 연결하시오.

(1) 내 안경이 깨져서 칠판에 쓴 것을 읽을 수가 없어.

(2) 나는 발이 아파서 걷는 게 힘들어.

(3) 나는 이 모든 책들을 도서관으로 가지고 가야 해.

a. 내가 그것들 중 일부를 가지고 갈 수 있어.

b. 네가 집에 가는 것을 내가 도울 수 있어.

c. 내 노트를 너에게 보여 줄 수 있어.

Answer (1) – c
(2) – b
(3) – a

Questions for Interaction

어떤 상황에서 다른 사람의 도움이 필요하게 될까요?
여러분은 그런 상황에서 사람들을 도와주기 위해 무엇을 할 수 있을까요?

2. 도움을 제안하는 대화를 하시오.

Interaction

A 무슨 문제 있니?
B 안경이 깨져서 칠판의 글씨를 읽을 수 없어.
A 내가 도와줄까? 내 공책을 보여 줄 수 있어.
B 그러면 좋겠어. 고마워.

도움 제안하기   **Can I be of any help with that?**

Can I be of any help with that?은 '내가 어떤 도움이 될 수 있을까?'라는 의미로, 상대방에게 도움을 제안할 때 쓰는 표현이다.

ex. **A** My bike is broken, so I have to walk to go there. (내 자전거가 고장 나서 거기까지 걸어가야 해.)

    B Can I be of any help with that? I can lend you my bike. (내가 그것을 도와줄까? 내 자전거를 빌려줄 수 있어.)

Expression⁺

• **Can I help you with that?** (내가 그것을 도와줄까?)
• **Can I give you a hand with that?** (내가 그것에 대해 너에게 도움을 줄 수 있을까?)
• **Let me help you with that.** (내가 그것을 도와줄게.)

B SPEAK OUT

Solution

(1) 안경이 깨져서 칠판 글씨를 볼 수 없는 상황이므로 공책을 보여 주는 도움(c)을 줄 수 있다. (2) 발이 아파서 걷는 게 힘든 상황이므로 집까지 가는 데 도움(b)을 줄 수 있다. (3) 모든 책들을 도서관으로 가져가야 하는 상황이므로 일부를 옮겨 주는 도움(a)을 줄 수 있다.

Interaction

Sample Dialog 1

A What's the problem?
B I have a sore foot and it's difficult to walk.
A Can I be of any help with that? I can help you home.
B That'd be great. Thanks.
A 무슨 문제 있니?
B 발이 아파서 걷는 게 힘들어.
A 내가 도와줄까? 네가 집에 가는 것을 도와줄 수 있어.
B 그러면 좋겠어. 고마워.

Sample Dialog 2

A What's the problem?
B I have to take all these books to the library.
A Can I be of any help with that? I can carry some of them.
B That'd be great. Thanks.
A 무슨 문제 있니?
B 이 모든 책들을 도서관으로 가져가야 해.
A 내가 도와줄까? 내가 그것들 중 일부를 가져다줄 수 있어.
B 그러면 좋겠어. 고마워.

CONVERSATION IN ACTION

친한 친구에게 문제가 생겼다면 여러분은 어떻게 하겠습니까? 여러분은 도움을 제안할 준비가 되어 있나요?

A GET SET

듣고 소녀가 하려고 하는 것을 고르시오.

Answer C

B ACT OUT

1. 보고 그림을 순서에 맞게 배열하시오.

> A 여 대민아, 안녕. 발에 무슨 일 있니?
> 남 안녕, 수연아. 어제 축구하다가 오른쪽 엄지발가락이 부러졌어.
> D 여 아, 많이 아팠겠구나.
> 남 응. 정말 아팠어. 그리고 여전히 걷기 힘들어.
> C 여 안됐구나. 내가 도움이 될 수 있을까?
> 남 글쎄, 방과 후에 집에 가는 걸 도와줄 수 있을까?
> B 여 물론이지. 내가 너의 가방을 들어줄게.
> 남 정말 고마워. 집에 가는 내내 가방을 들고 가야 한다는 게 걱정이었거든.

Answer A – D – C – B

2. 다시 듣고, 짝과 역할극을 해 보시오.

A GET SET

Listen and choose what the girl is going to do.

a.  b.   c.

B ACT OUT

1. Look and put the pictures in order.

2. Listen again, and act out the dialog with your partner.

Sounds in Use
I'm sorry to hear that.
Can I be of any help?

Sounds in Use

- I'm sorry **to** hear that. 그것을 듣게 되어 유감이다.
  [tə]
  /t/ 소리는 모음과 모음 사이에서 /d/로 발음할 수 있다.
- Can I be **of** any help? 내가 어떤 도움이 될 수 있을까?
  [əv]
  of의 첫 모음 o는 형식어로서 강세를 받지 않기 때문에 /ə/처럼 약하게 발음한다.

A GET SET

Script

G Hi, Daemin. What's wrong with your foot?

B Hi, Suyeon. I broke my right big toe playing football yesterday.

G Oh, it must have hurt a lot.

B Yeah. It really hurt and it's still difficult to walk.

G I'm sorry to hear that. Can I be of any help?

B Well, can you help me home after school?

G Of course. Let me help you with your bag.

B Thanks so much. I was afraid I'd have to carry my bag all the way home.

Solution

대화의 마지막 부분을 보면, 남자가 집에 가는 것을 도와줄 수 있는지 묻는 말에 여자가 흔쾌히 승낙하면서 가방 드는 것을 도와주겠다고 말하고 있으므로, 가장 관련 있는 그림은 c이다.

B ACT OUT

Solution

A에서 남자의 다친 다리에 대해 듣고, 여자가 D와 같이 반응한 후, 여자가 남자에게 도움을 제안하는 C가 이어진다. 여자의 도움 제안에 남자가 방과 후에 집까지 가는 데 도와줄 수 있는지 묻고 있으므로 여자가 승낙하면서 가방 드는 것을 도와주겠다고 말하는 B가 이어진다. 따라서 대화의 순서로는 A – D – C – B가 알맞다.

Words & Expressions

- big toe 엄지발가락
- hurt [həːrt] 동 다치게 하다
- after school 방과 후에
- I'm afraid (달갑지 않은 일에) ~라니 걱정이다
- all the way home 집으로 가는 내내

A LISTENING FOR REAL

1. Read the notices and guess the appropriate words for the blanks.

Help Wanted
For Flood Clean-up
Following last week's Crystal River flood, volunteers are asked to (1) _____ the affected area.
☎ 05-555-5555.

Attention,
Animal Lovers!
Many animals are abandoned every day! Volunteer to help them at our (2) _____
🌐 www.saveanimals.org.

Food Delivery
Volunteers Wanted
Many senior citizens live alone in our neighborhood. Volunteers are wanted to (3) _____ to the elderly.
✉ delivery@volunteer.or.kr.

2. Listen to the notices and check your answers.

B SPEAKING FOR REAL

Complete the example and your own answers to the given questions. Then have a conversation with your partner about volunteering.

Questions	Example	Your Answer
Why are volunteers wanted?	(1)There was _____ near Crystal River.	(1)
What will volunteers do?	(2)Volunteers will clean up the _____.	(2)

I'm sorry to hear that.

I just heard that there was a flood near Crystal River.

Why don't we volunteer to ...?

▶ Go to p.196 for a sample dialog.

➕ **Speaking Tip**
도움이 필요한 상황을 구체적으로 표현하여 자원봉사 활동 참여를 권유해 봅시다. Listen & Speak 1의 유감 표현하기 활동과 Listen & Speak 2의 도움 제안하기 활동에서 사용한 표현들을 활용합시다.

Stop & Reflect		I think ...			My partner thinks ...	
I can understand what help is needed after listening to advertisements for volunteer work.	☺ ☺ ☺	☺ ☺ ☺
I can express my sympathy toward the people in trouble.	☺ ☺ ☺	☺ ☺ ☺
I can ask my friends to do volunteer work with me.	☺ ☺ ☺	☺ ☺ ☺

063

A LISTENING FOR REAL

1. 안내문을 읽고 빈칸에 들어갈 알맞은 표현을 추측하시오.
홍수 청소 작업에 도움을 구함
지난주 Crystal 강 홍수 이후로 피해 지역을 청소할 자원봉사자들이 필요합니다. 전화 02-555-5555.
주목, 동물 애호가들!
많은 동물들이 매일 버려지고 있습니다! 그 동물들을 돕기 위해 우리 동물 보호소에서 자원 봉사해 주십시오. www.saveanimals.org.를 방문하세요.
음식 배달 자원봉사자 구함
많은 노인 시민들이 우리 이웃에 홀로 살고 계십니다. 노인들에게 음식을 배달할 자원봉사자들을 구합니다.
이메일 delivery@volunteer.or.kr.

2. 안내문을 듣고 위의 정답을 확인하시오.
Answer (1) clean up (2) animal shelter
        (3) deliver meals

B SPEAKING FOR REAL

주어진 질문에 대한 예시와 자신의 대답을 완성하시오. 그 다음에 짝과 함께 자원봉사에 대해 대화하시오.
질문 왜 자원봉사자들을 구하고 있는가?
      자원봉사자들은 무엇을 하게 되는가?
예시 (1) 크리스털 강 근처에 홍수가 발생했다.
      (2) 자원봉사자들은 피해 지역을 청소하게 될 것이다.
Answer (1) a flood (2) affected area

Speaking Tip Expressing the situations that need help and talking about volunteering

도움이 필요한 상황을 표현하고 자원봉사 활동 권유하기

도움이 필요한 상황을 말할 때는 I just hear that ~.을 활용하여 말하고, 그에 대한 응답으로는 I'm sorry to hear that. / That's too bad. 등의 표현을 이용하여 말한다. 짝에게 자원봉사 참여를 권유할 때는 Why don't we volunteer to ~?를 활용하여 말한다.

A LISTENING FOR REAL

🎧 Script

(1) Heavy rain last week caused a flood near Crystal River. Houses were damaged and streets are still dirty. Volunteers are asked to clean up the affected area. Please call us at 02-555-5555.
지난주 폭우가 Crystal 강 근처에서 홍수를 일으켰습니다. 가옥들이 손상을 입었고 거리들은 여전히 더럽습니다. 자원봉사자들에게 피해 지역을 청소하도록 요청하고 있습니다. 우리에게 02-555-5555로 전화해 주십시오.

(2) Do you love animals? Do you know that many animals are abandoned each and every day? Volunteers with a caring heart are wanted to work at our animal shelter. Please visit our website at www.saveanimals.org for more information.
동물을 사랑하십니까? 많은 동물들이 날마다 버려지는 것을 알고 있습니까? 우리 동물 보호소는 친절한 자원봉사자들을 찾습니다. 더 많은 정보를 원하신다면 우리 홈페이지 www.saveanimals.org를 방문하십시오.

(3) Do you know that lots of senior citizens live alone these days? We are looking for helping hands to deliver meals to the elderly in our neighborhood. Would you like to help? Please email us at delivery@volunteer.or.kr.
요즘 혼자 사시는 어르신들이 많다는 걸 알고 있습니까? 우리는 이웃의 노인들에게 식사를 배달해 주는 도움의 손길을 찾고 있습니다. 도와주시겠습니까? 우리에게 delivery@volunteer.or.kr로 이메일 보내 주세요.

B SPEAKING FOR REAL

🎧 Sample Dialog

A I just heard that there was a flood near Crystal River.
B That's too bad. I'm sorry to hear that.
A Why don't we volunteer to help clean up the affected area?
B Well, let me think about it.
A Come on! It will be rewarding.
A Crystal 강 근처에 홍수가 났다고 들었어.
B 정말 안됐다. 그걸 들어서 유감이야.
A 피해 지역 치우는 것을 돕기 위해 자원봉사를 하는 게 어때?
B 음, 그것에 대해 생각 좀 해 볼게.
A 이봐! 보람 있을 거야.

국경을 넘어서는 도움의 손길

오늘날의 세계화된 세상에서는 여러분의 도움을 단지 자신의 가족, 친구들 그리고 지역 사회로만 제한할 필요는 없습니다. 국제 자원봉사 기관들은 여러분의 도움을 세계로 뻗게 하는 좋은 방법입니다.

A 보고 각 기관이 주로 무엇을 하는지 추측하시오. 그 다음, 듣고 자신이 추측한 것을 확인하시오.

> Answer 1. Unicef: 전 세계 아동의 구호와 복지 향상을 위해 설치된 국제 연합 특별 기구
> 2. Habitat for Humanity: 저소득층의 무주택 서민들을 위해 집을 지어 주는 세계 공동체 운동
> 3. Youth for Technology Foundation: 개발 도상국의 젊은이들에게 기술을 가르쳐 고용 기회를 창출하는 단체

B 네 명씩 모둠을 만들어라. 가장 재미있는 기관을 선택하여 그 질문에 답하시오.

여러분이 가장 흥미를 갖는 기관은 어느 것인가요?

해비타트(인류를 위한 보금자리)

만약 여러분이 그 기관에서 자원봉사를 하게 된다면 무슨 일을 하고 싶은가요?

- 우리는 저소득 사람들을 위한 집을 짓는 것을 돕고 싶습니다.
- 우리는 깨끗하고 저렴한 양로원과 보육원을 짓고 싶습니다.
- 우리는 가난한 국가들의 주거 환경을 개선하는 데 도움이 되는 기금을 모금하고 싶습니다.

C 여러분이 선택한 기관에 대한 슬로건을 한 문장으로 만들어라. 그것을 학급에 발표하고 가장 잘한 것에 투표하시오.

해비타트(인류를 위한 보금자리)

어디서나 사람들을 위한 행복을 지어라.

인터넷으로 국제 자원봉사 기구에 대해 더 많은 것을 배워 보세요.

검색어: 자원봉사 기구 / 해외 자원봉사 / 국제 자원봉사 프로그램

Helping Hands Crossing Borders

In today's globalized world, you don't have to limit your help to only your own family, friends and communities. International volunteer organizations are a good way to reach out your hands to the world.

A Look and guess what each organization mainly does. Then listen and check your guesses.

 http://www.unicef.org
 http://www.habitat.org
 http://www.youthfortechnology.org

B Make groups of four. Choose the most interesting organization and answer the questions.

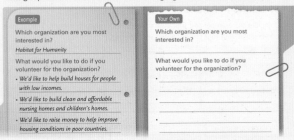

Example

Which organization are you most interested in?
Habitat for Humanity

What would you like to do if you volunteer for the organization?
- *We'd like to help build houses for people with low incomes.*
- *We'd like to build clean and affordable nursing homes and children's homes.*
- *We'd like to raise money to help improve housing conditions in poor countries.*

Your Own

Which organization are you most interested in?

What would you like to do if you volunteer for the organization?
-
-
-

C Make a one-sentence slogan for the organization of your choice. Present it to the class and vote for the best one.

Example **Habitat for Humanity** *Build happiness for people everywhere.*

Learn more about international volunteer organizations on the Internet

Search Words | volunteer organizations | volunteer abroad | international volunteer programs

064

니다. 많은 학생들이 저에게 국제 자원봉사 단체에 대해 물어봅니다. 그래서 저는 몇 가지 가장 잘 알려진 것들에 대해 말씀드리려 합니다. 먼저, UNICEF는 세계 안전한 집, 신선한 음식, 그리고 재난과 갈등으로부터의 보호를 세계의 모든 아이들에게 제공하면서 그들의 권리를 위해 일합니다. 다음 단체는 Habitat for Humanity입니다. 이 단체는 안전하고 깨끗하며 저렴한 집들을 지어 줌으로써 세계 전역의 사람들의 삶을 개선하려 노력합니다. 마지막으로, Youth for Technology Foundation은 새로운 배움과 고용 기회를 창출하기 위해 기술을 사용하면서 개발 도상국의 젊은이들과 여성들을 돕는 데 목적을 둡니다.

> Solution
> (1) 의료 혜택이 부족한 개발 도상국의 아이들을 진료하는 사진으로, 세계의 모든 빈민 아이들을 위해 자원봉사하는 UNICEF이다.
> (2) 살 곳이 없는 빈민층을 위해 집을 지어 주는 사진으로, Habitat for Humanity가 그런 일을 한다.
> (3) 생계가 어려워 교육 받지 못하는 청년들을 위해 기술 교육을 제공하는 사진으로, Youth for Technology Foundation가 그런 일을 한다.

B

> Solution

Example을 먼저 읽고, Habitat for Humanity나 Youth for Technology Foundation 둘 중 하나를 선택하여, Example과 같은 방식으로 답한다.

A

> 🎧 Script

W Hello, everyone. I'm Judy from the community volunteer center. Many students ask me about international volunteer organizations, so I will tell you about a few of the best-known ones. First, UNICEF works for the rights of every child in the world by providing safe homes, fresh food, and protection from disaster and conflict. The next organization is Habitat for Humanity. It tries to improve the lives of people across the world by building safe, clean and affordable houses. Finally, the Youth for Technology Foundation aims to help young people and women in developing countries by using technology to create new learning and employment opportunities.

여 안녕하세요, 여러분. 저는 지역 자원봉사 센터에서 온 Judy입

A TOPIC PREVIEW

Listen to the three speeches and number the pictures.

B EXPRESSIONS FOR READING

Complete the passage using the words in the box.

Teenagers today have to ⁽¹⁾ _____ with different kinds of social pressure. Struggling to fit in and make friends can lead them to suffer from feelings of loneliness. In such cases, it may help for them to ⁽²⁾ _____ their feelings with a parent, teacher or counselor. It is also important for them to ⁽³⁾ _____ positive actions to ⁽⁴⁾ _____ their negative feelings.

Question for You
What can we do to prevent school violence?

• deal   • overcome   • share   • take

065

A TOPIC PREVIEW

세 개의 연설을 듣고 사진에 번호를 쓰시오.

Answer (2) — (1) — (3)

B EXPRESSIONS FOR READING

상자 안의 표현을 이용하여 글을 완성하시오.

오늘날 십대들은 여러 종류의 사회적 압력을 다루어야 한다. 어울려서 친구를 만들기 위해 노력하는 것은 그들에게 외로움으로부터 고통 받는 결과로 이끌 수 있다. 그러한 경우, 그들의 감정을 부모님, 선생님 또는 상담 선생님과 나누는 것이 도움이 될 수 있다. 또한 그들이 부정적인 감정을 극복하기 위해 긍정적인 행동을 취하는 것이 중요하다.

Answer (1) deal   (2) share   (3) take   (4) overcome

Question for You

학교 폭력을 막기 위해 우리는 무엇을 할 수 있을까요?

Sample Answer We can pay more attention to how our friends are doing at school. (우리는 친구들이 학교에서 어떻게 지내는 지 관심을 더 기울여야 합니다.)

A TOPIC PREVIEW

Script

1. **G** Hello, guys. Schools should be places where young people can learn and have fun. For that to happen, schools have to be safe. Unfortunately, however, school violence is a growing problem. It's time to take action to prevent it.

   여 여러분, 안녕하세요. 학교는 젊은이들이 배우고 재미있게 지낼 수 있는 곳이어야 합니다. 그러기 위해 학교는 안전해야 합니다. 하지만 불행히도 학교 폭력 문제가 점점 커지고 있습니다. 이 일을 예방하기 위해 조치를 취해야 할 때입니다.

2. **B** Hi, everyone. I'm here to ask you to join us in helping senior citizens in our community. Sadly, many of today's elderly people struggle with poor health, poverty and loneliness. Reaching out your hands to them will make our community a better place to live in.

   남 안녕하세요, 여러분. 저는 여기 우리 마을의 어르신들을 돕는 데 여러분이 함께 하시기를 요청하려고 나왔습니다. 슬프게도, 오늘날 많은 어르신들이 형편없는 건강과 가난, 외로움과 고군분투하고 계십니다. 여러분의 손을 그들에게 뻗어주는 것은 우리 마을을 더 살기 좋은 곳으로 만들 것입니다.

3. **G** Good afternoon, fellow students. Today I'd like to talk about talent donation. You don't have to be a celebrity to donate your talent. If you simply love doing something, you can help someone else to do it, too. Do you like English? Then you can teach English to children at the community center.

   여 안녕하세요, 내 친구 학생 여러분. 오늘 저는 재능 기부에 대해서 말하려고 합니다. 재능을 기부하기 위해 여러분은 유명인일 필요는 없습니다. 단지 무언가를 하는 것을 좋아한다면 다른 누군가가 그것을 하는 것을 도울 수 있습니다. 영어를 좋아하십니까? 그러면 여러분은 주민 센터에서 아이들에게 영어를 가르칠 수 있습니다.

B EXPRESSIONS FOR READING

Solution

(1) deal with: ~을 다루다, ~을 취급하다
(2) share A with B: A를 B와 공유하다
(3) take action: 행동을 취하다
(4) overcome: 극복하다

Check It!

※ 의미가 통하도록 다음 두 부분을 바르게 연결하여 문장을 완성하시오.

1. Students need to learn how to deal   •   • a. with his wife.
2. He wanted to share all his experiences •   • b. with school violence.
3. We should take action   •   • c. to protect our community as soon as possible.

Answer 1 b 2 a 3 c

From You to Others

❶ You probably know of great souls who sacrificed 관계대명사 who(주격) themselves to help others and make the world a better place 부사적 용법의 to부정사(~하기 위해) to 생략 to live in. ❷ It may seem difficult or practically impossible ~로 보일 수 있을 것 같다 for ordinary people to live up to what Dr. Schweitzer did.

❸ But small actions that we take for our family and friends in 주어 관계대명사 that(목적격) our everyday lives can make a difference toward creating a 동사 better world. ❹ Today we are going to listen to the stories of two teenagers who have taken such actions. 관계대명사 who(주격)

Spreading Kindness with Positive Messages

Annie from Ottawa

❺ Hi, everyone. Nice to meet you all here today. ❻ I'm Annie from Ottawa. ❼ You know what these yellow sticky notes are for and probably 간접의문문: 의문사+주어+동사 use them for many purposes. ❽ I am here to tell you how I use them. ❾ It's to encourage people, give them strength, and help them feel happy. help+목적어+동사원형: 목적어가 ~하게 돕다 ❿ When I was in middle school, someone broke into my locker and used 선행사를 포함한 관계대명사 my smartphone to post hateful things on my SNS page. ⓫ It was so hurtful 부사적 용법의 to부정사 and difficult to overcome. ⓬ But after a lot of thinking and talking with my …하기에 너무 ~한 parents and closest friends, I concluded that although bullies use words to 접속사(~임에도 불구하고) hurt people, I should use them to encourage others. 부사적 용법의 to부정사(목적)

Words & Expressions

- sacrifice [sǽkrəfàis] 통 희생하다, 희생시키다
- ordinary [ɔ́ːrdənèri] 형 보통의, 일상적인
- live up to ~에 따라 행동하다, 실행하다
- take action 행동을 취하다
- spread [spred] 통 퍼뜨리다, 확산시키다
- kindness [káindnis] 명 친절, 다정함
- sticky [stíki] 형 붙일 수 있는, 끈적끈적한
  ex. Put the sticky side of the tape on the cloth.
- purpose [pə́ːrpəs] 명 목적, 목표

- encourage [inkə́ːridʒ] 통 격려하다, 용기를 북돋우다
  ex. She encourages me to do my best for my dream.
- strength [streŋkθ] 명 힘, 기운
- post [poust] 통 게시하다
- overcome [òuvərkʌ́m] 통 극복하다
  ex. He overcame his disadvantages and won the medal.
- conclude [kənklúːd] 통 결론을 내리다
  ex. We conclude that they need more training for that.
- bully [búli] 명 남을 괴롭히는 사람
  ex. The bully told him to pay him $10 a week.

- ## First Reading

Read the introduction and the two subtitles, and guess what each speech will be about.

| Sample Answer | The first speech is about a teenager girl's experience that she spread kindness with positive messages and the second speech is about a boy's story that to help his grandfather, he did something with using his computer skills.

- ## Second Reading

Read carefully to compare the points that the two speakers want to make in their speeches.

| Sample Answer | **Annie**: Even ordinary teenagers can do something to make a better world.
Greg: Our knowledge and skills, whatever they are, can be used to help others.

🔵 **본문 해석**   당신으로부터 다른 이들에게

❶ 당신은 아마도 다른 이들을 돕고 세상을 보다 더 살기 좋은 곳으로 만들기 위해 자신을 희생한 위대한 사람들에 대해서 알고 있을 것입니다. ❷ 슈바이처 박사가 하셨던 것에 맞추어 사는 것은 보통 사람들에게는 어렵거나 실제적으로 불가능한 것처럼 보일 수 있습니다. ❸ 하지만 우리가 일상생활에서 가족과 친구들을 위해 취하는 작은 행동이 더 나은 세상을 만드는 데 변화를 만들어 낼 수 있습니다. ❹ 오늘 우리는 그러한 행동을 취했던 두 십 대들의 이야기를 들을 것입니다.

긍정적인 메시지와 함께 친절을 퍼뜨리기   Annie from Ottawa

❺ 안녕하세요, 여러분. 오늘 여기서 만나게 돼서 반갑습니다. ❻ 저는 오타와에서 온 Annie라고 합니다. ❼ 여러분은 이 노란색 끈끈한 종이가 무엇에 쓰이는지 알고 계실 것이며 아마 많은 목적으로 그것들을 사용하실 것입니다. ❽ 저는 여기에 제가 이것들을 어떻게 사용했는지 여러분께 말씀드리려 왔습니다. ❾ 그것은 사람들을 격려하고 그들에게 힘을 주며 그들이 행복을 느끼도록 돕는 것입니다. ❿ 제가 중학생이었을 때, 누군가 제 사물함을 부수고 들어와 제 휴대 전화를 사용해서 제 SNS 페이지에 혐오스러운 것들을 올렸습니다. ⓫ 그 일은 제 마음을 너무 상하게 해서 극복하기 힘들었습니다. ⓬ 하지만 많은 생각을 하고 부모님과 가장 가까운 친구들과 얘기를 나눈 다음, 저는 남을 괴롭히는 아이들이 사람들을 상처 주기 위해서 말을 사용하지만, 저는 다른 사람들을 격려하기 위해서 말을 사용해야 한다고 결론을 내렸습니다.

🔍 **Structures**

❶ You probably know of great souls **who** sacrificed themselves **to help** others and **make** the world a better place **to live in**.
who는 주격 관계대명사로 great souls(위대한 사람들)가 선행사이다. to help ~ and (to) make는 '~하기 위해'의 목적의 의미를 나타내는 부사적 용법의 to부정사이다. 한편 to live in은 a better place를 수식하는 형용사적 용법의 to부정사이다.

❷ It may **seem** difficult or practically impossible **for** ordinary people **to live up to** what Dr. Schweitzer did.
It may seem은 '~처럼 보일 수도 있다'라는 의미이다. It은 가주어이고 for ordinary people은 의미상의 주어, to live up 이하가 진주어이다. what은 관계대명사로 what Dr. Schweitzer did는 전치사 to의 목적어에 해당된다.

❼ You know **what** these yellow sticky notes are for and probably use them for many purposes.
what은 '무엇'의 의문사로 동사 know의 목적어로 간접의문문이 쓰였다.

❾ It's **to encourage** people, **give** them strength, and **help** them feel happy.
It's to 다음에 encourage, give, help가 같은 형태로 병렬 구조로 연결되어 있다. help them feel happy는 「help+목적어+(to)+동사원형」 형태로 '그들이 행복하게 느끼도록 돕는다'라는 의미이다.

⓫ It was **so hurtful** and **difficult to overcome**.
「so+형용사+to부정사」는 '…하기에 너무 ~하다'는 의미이다. It은 바로 앞 문장의 내용을 가리킨다.

Q1 What will the speeches be about? (그 글들은 무엇에 관한 것이 될 것인가?)

A1 They will be about the actions taken by two teenagers to make a difference in the world.
(그 글들은 두 명의 십 대가 세상을 바꾸기 위해 취하는 행동들에 대한 것이 될 것이다.)

Check It!

1. 도입부에 나타난 글쓴이의 요지를 한 문장으로 완성하시오.
Take even _____ _____, and you can make _____ _____ in the world.

2. 다음 빈칸에 공통으로 알맞은 말을 쓰시오.
   - Could you tell me _____ is your teacher?
   - He was the ordinary student _____ was in high school.

3. 우리말과 같은 뜻이 되도록 빈칸에 알맞은 말을 쓰시오.
Her story was _____ _____ _____ _____ to the end. (그녀의 이야기는 끝까지 듣기에 너무 지루했다.)

Answer   1 small actions, a difference   2 who   3 so boring to hear

❶ Once I started high school, I took action. ❷ The idea was to spread kindness
by posting notes with positive messages all over the school. ❸ I spent an entire
weekend making positive notes, such as "You're amazing!" and "You are worth
more than you think!" ❹ The following Monday I put them up around the school,
and named my campaign "Positive Post-It Day."

❺ Guess what happened next. ❻ I was scolded for making a mess! ❼ But don't
be disappointed yet. ❽ It didn't take long before the campaign gained attention
and support. ❾ To my surprise, teachers also agreed to make it official, and
friends joined me to create an SNS page for the campaign. ❿ We are now getting
support from people all over the world. ⓫ Positive and powerful words are taking
the place of negative and hateful ones in our school, in our community, and in
the world.

⓬ What I learned from this experience is that there is something we ordinary
teenagers can do to contribute to making a better world. ⓭ No matter how simple
it is, it can bring a change to our family, school, and community. ⓮ My friends
and I are looking forward to spreading our positive sticky note messages over
the entire world next year. ⓯ Why don't you join us?

067

Words & Expressions

- entire [intáiər] 형 전체의
- worth [wəːrθ] 형 가치 있는, 보람 있는
- following [fálouiŋ] 형 그 다음의
- put up 게시하다
- name A B A를 B라고 이름 짓다
- scold [skould] 동 꾸짖다
  ex. If you *scold* your child too much, he will lose confidence.
- make a mess 어질러 놓다, 엉망으로 만들다
- gain [gein] 동 얻다
- attention [əténʃən] 명 관심, 주목

- support [səpɔ́ːrt] 명 지원, 지지
- to one's surprise 놀랍게도
- official [əfíʃəl] 형 공식적인, 공인된
- join [dʒɔin] 동 합류하다, 참여하다
- take the place of ~을 대신하다
  ex. No one could *take the place of* my mother.
- negative [négətiv] 형 부정적인
- hateful [héitfəl] 형 혐오스러운
- ordinary [ɔ́ːrdənèri] 형 보통의, 일상적인
- contribute to ~에 기여하다
  ex. Anyone can *contribute to* his campaign.
- look forward to ~을 고대하다

❶ 고등학교 생활을 시작하자마자, 저는 행동을 취했습니다. ❷ 제 아이디어는 긍정적인 메시지를 담은 쪽지를 학교 여기저기에 붙여서 친절을 퍼뜨리는 것이었습니다. ❸ 저는 온 주말을 "너는 멋있어!" 그리고 "너는 네가 생각하는 것보다 더 가치 있는 사람이야!"라는 것과 같은 긍정적인 메시지들을 만드는 데 보냈습니다. ❹ 그 다음 월요일에 저는 학교 주위에 그것들을 붙였고, 제 캠페인을 '긍정적인 포스트잇 데이'라고 이름 붙였습니다.

❺ 다음에 무슨 일이 일어났을지 추측해 보십시오. ❻ 저는 어질러 놓았다고 꾸지람을 들었습니다! ❼ 하지만 아직 실망하기는 이릅니다. ❽ 제 캠페인이 관심과 지지를 얻는 데는 오래 걸리지 않았습니다. ❾ 놀랍게도, 선생님들 또한 캠페인을 공식화시키는 데 동의하셨고 친구들도 제가 캠페인을 위한 SNS 페이지를 만드는 데 동참했습니다. ❿ 우리는 지금 전 세계 사람들로부터 지지를 받고 있습니다. ⓫ 긍정적이고 강력한 말들은 저희 학교와 저희 공동체, 세계에서 부정적이고 혐오스러운 말들의 자리를 대신하고 있습니다.

⓬ 제가 이 경험으로부터 배운 것은 우리 보통 십 대들이 더 나은 세상을 만드는 데 기여할 수 있는 무언가가 있다는 것입니다. ⓭ 그것이 아무리 간단하더라도 그것은 우리 가족과 학교, 공동체에 변화를 가져올 수 있습니다. ⓮ 제 친구들과 저는 우리의 긍정적인 쪽지 메시지들을 내년에 전 세계에 퍼뜨릴 것을 기대하고 있습니다. ⓯ 저희와 함께하시는 게 어떨까요?

Structures

❷ The idea was **to spread** kindness by posting notes with positive messages all over the school.
to spread는 주격보어로 쓰인 to부정사로 주어 The idea에 대해 설명하고 있다.

❸ I **spent** an entire weekend **making** positive notes, *such as* "You're amazing!" and "You are worth more than you think!"
「spend+시간+동명사」 구문으로 '~하는 데 (시간을) 소비하다'는 의미이다. such as는 '~와 같이'의 의미로 구체적인 예를 들 때 쓰인다.

❻ I **was scolded for** making a mess!
「be scolded for+명사(동명사)」 형태의 수동태 구문으로 '~하는 데 비난을 받다'는 의미를 나타낸다.

❽ It didn't **take** long *before* the campaign gained attention and support.
「It takes+시간」은 '(시간이) 걸리다'는 의미이다. before 다음에 절이 오는 것으로 보아 before가 접속사(~하기까지)로 쓰였다는 것을 알 수 있다.

❾ To my surprise, teachers also agreed to **make it official**, and friends joined me **to create** an SNS page for the campaign.
「make+목적어+목적격보어(형용사)」는 '그것을 공식적으로 만들다'는 의미의 5형식 구문이다. 목적어 it은 앞에서 언급된 the campaign을 가리킨다. to create는 '만들기 위해'의 목적의 의미를 나타내는 부사적 용법의 to부정사이다.

⓬ **What** I learned from this experience is **that** there is something we ordinary teenagers can do to **contribute** to making a better world.
주어가 관계대명사절 What I ~ experience이고, 동사가 is, that 이하가 주격 보어인 문장이다. that 절 안에 we ordinary teenagers 이하는 앞의 something을 수식하는 목적격 관계대명사절이고, to contribute는 '~하기 위해'의 목적의 의미를 나타내는 부사적 용법의 to부정사이다.

⓭ **No matter how** simple it is, it can bring a change to our family, school, and community.
no matter how ~는 '얼마나 ~할지라도, 어떻든 간에'의 의미를 나타내는 복합 관계사절이다.

Q2 What did Annie do to encourage people?
(Annie는 사람들에게 용기를 주기 위해 무엇을 했는가?)

A2 She posted positive messages all over the school.
(그녀는 긍정적인 메시지를 학교 전체에 게시했다.)

Check It!

1. Read the question and complete the answer.
   Q: What are some examples of the positive messages that Annie made?
   A: They were like "_____!" and "_____!"

2. 우리말과 의미가 같도록 빈칸에 알맞은 말을 쓰시오.
   더 놀라운 것은 그가 수영하는 것을 전혀 배운 적이 없다는 것이다.
   → _____ is more surprising is _____ he has never learned swimming.

3. 다음 괄호 안의 단어를 알맞은 형태로 쓰시오.
   · I spend too much time _____ smartphone games. (play)
   · We're looking forward to _____ her in her next show. (see)

Answer 1 You're amazing, You are worth more than you think. 2 What, that 3 playing, seeing

Using My Computer Skills
to Help My Grandfather

Greg from New York City

❶ Hi, I'm Greg. ❷ I live in New York City. ❸ I love playing computer games. ❹ Who doesn't at my age? ❺ I even learned computer programming because I
누가 ~하지 않겠는가?(강조)   because+절: ~때문에
wanted to make a computer game of my own! ❻ But recently I found another

way to use my skills, and I'm excited to share it with you today.
형용사적 용법의 to부정사(another way 수식)

❼ My grandfather is dealing with Alzheimer's
~을 다루다
disease. ❽ As some of you might know, Alzheimer's
~듯이, ~다시피
patients often suffer from wandering. ❾ Well, my
~로 괴로워하다
grandfather sometimes wanders without knowing

where he is going. ❿ Wandering around at night
간접의문문: 의문사+주어+동사   주어(동명사 형태)
is especially dangerous. ⓫ In fact, my grandfather
동사
had several accidents because his caregiver failed

to wake up when he started wandering in the middle
~할 때   한밤중에
of the night.

⓬ I really wanted to help my grandfather. ⓭ So I set

out to design a wireless system that triggers an alert
착수하다   주격 관계대명사(a wireless system 수식)
on a caregiver's smartphone when a patient steps out
~할 때
of bed.

Words & Expressions

- recently [rí:səntli]   (부) 최근에
- share A with B   A를 B와 나누다, 공유하다
- deal with   ~을 다루다, ~을 앓고 있다
  ex. He struggled to *deal with* his emotions when his dog died.
- disease [dizí:z]   (명) 병, 질병
- patient [péiʃənt]   (명) 환자
- suffer from   ~로부터 고통 받다
  ex. I *suffer from* an ache in my left ear.

- wander [wándər]   (동) 돌아다니다, 헤매다
- caregiver [kέərgivər]   (명) 간병인
  ex. I am interested in being a *caregiver* to those who are sick.
- fail to   ~하는 데 실패하다
- wake up   깨어나다
- set out   (일·과제 등에) 착수하다, 나서다
- wireless [wáiərlis]   (형) 무선의
- trigger [trígər]   (동) (장치를) 작동시키다
- alert [əlɔ́:rt]   (명) 경계경보
  ex. Display the time the *alert* occurred.

할아버지를 돕기 위해 나의 컴퓨터 기술 이용하기   Greg from New York City

❶ 안녕, 저는 Greg라고 해요. ❷ 저는 뉴욕 시에 살고 있어요. ❸ 저는 컴퓨터 게임을 하는 것을 좋아해요. ❹ 제 나이에 누가 그렇지 않겠어요? ❺ 저는 저만의 컴퓨터 게임을 만들고 싶었기 때문에 컴퓨터 프로그래밍을 배우기도 했어요. ❻ 하지만 최근에 저는 제 기술을 사용할 수 있는 또 다른 방법을 알게 되었고, 그것을 오늘 여러분과 함께 나눌 수 있어 신이 나요!

❼ 제 할아버지는 알츠하이머병을 앓고 계셔요. ❽ 여러분들 중 몇 분은 아실지도 모르지만, 알츠하이머 환자들은 자주 여기저기를 헤매고 다니는 일로 고통을 받아요. ❾ 음, 제 할아버지께서도 때때로 어디에 가는지도 모르고 헤매기도 하셔요. ❿ 밤에 헤매고 다니는 것은 특히 위험해요. ⓫ 사실, 할아버지께서는 간병인이 한밤중에 할아버지가 헤매기 시작할 때 잠에서 깨지 못해서 몇 건의 사고를 겪기도 하셨어요. ⓬ 저는 정말 할아버지를 돕고 싶었어요. ⓭ 그래서 환자가 침대 밖으로 발을 내딛을 때 간병인의 스마트폰에 경보를 작동시키는 무선 시스템을 고안하는 일에 착수하게 되었어요.

❹ Who **doesn't** at my age?
doesn't 다음에 앞 문장의 동사 love가 생략되어 있으며, 의문문 형태로 부정의 의미를 강조하고 있다. '내 나이 때의 누가 좋아하지 않겠는가?'와 같이 해석된다.

❻ But recently I found another way **to use** my skills, and I'm excited **to share** it with you today.
to use는 앞의 another way를 수식하는 형용사적 용법의 to부정사이고, to share는 감정의 원인을 나타내는 부사적 용법의 to부정사로 '~하게 되어'의 의미를 나타낸다.

❽ **As** some of you might know, Alzheimer's patients often **suffer from wandering**.
as는 접속사로 여기에서는 '~다시피, ~듯이'라는 의미로 쓰였다. suffer from은 '~로 고생하다'라는 의미로 from이 전치사이므로 동명사 wandering이 왔다.

❾ Well, my grandfather sometimes wanders without **knowing** *where he is going*.
knowing은 전치사 without의 목적어로 쓰인 동명사이고, 동사 know의 목적어로 간접의문문 where he is going이 쓰였다.

❿ **Wandering** around at night **is** especially dangerous.
동명사구 Wandering around at night가 주어로 쓰인 문장으로 is가 동사이다.

⓫ In fact, my grandfather had several accidents because his caregiver **failed to** wake up *when* he started wandering in the middle of the night.
fail to ~는 '~하는 데 실패하다'는 의미로 to 다음에는 동사원형이 온다. When은 시간을 나타내는 접속사로 '~할 때'의 의미로 해석된다.

⓭ So I set out to design a wireless system **that** triggers an alert on a caregiver's smartphone when a patient steps out of bed.
that은 주격 관계대명사로 선행사 a wireless system을 수식하는 관계대명사절을 이끈다. set out to ~는 '~하는 것을 착수하다, 시작하다'는 의미이다.

Q3 Why did Greg learn computer programming?
(Greg는 왜 컴퓨터 프로그래밍을 배웠는가?)

A3 Because he wanted to make a computer game of his own.
(그는 자신만의 컴퓨터 게임을 만들고 싶었기 때문이다.)

Check It!

1. **Greg에 대한 글의 내용과 일치하지 않는 것을 고르시오.**
   ① 뉴욕에 살고 있다.   ② 컴퓨터 게임하는 것을 좋아한다.
   ③ 그의 할아버지가 알츠하이머병을 앓고 계시다.   ④ 할아버지를 위해 간병인을 구해 드렸다.
   ⑤ 환자들을 위한 무선 경보 시스템 개발을 착수했다.

2. **다음 괄호 안의 동사를 알맞은 형태로 쓰시오.**
   (1) It's difficult to go through a day without _____ SNS. (use)
   (2) They set out _____ new cosmetics that control aging. (make)

3. **빈칸에 공통으로 들어갈 전치사를 쓰시오.**
   • This site gives you tips to deal _____ your skin troubles.
   • Don't share this information _____ other people.

Alzheimer's

Alzheimer's disease
a type of dementia that causes
problems with memory, thinki
progressive, degenerative bra
risk factor is increasing age,

❶ To make this system work, I made a small wireless circuit with a thin film
<u>부사적 용법의 to부정사(~하기 위해)</u>
sensor <u>attached to it</u>. ❷ This circuit <u>is planted in</u> a sock or a shoe. ❸ When the
　　　<u>과거분사구</u>　　　　　　　　　　　<u>~에 심어지다(수동태)</u>
patient steps out of bed, the pressure <u>causes the system to send</u> an alert to a
　　　　　　　　　　　　　　　　　　<u>cause+목적어+to부정사: ~을 …하게 초래하다</u>
smartphone application that I also programmed.
　　　　　<u>목적격 관계대명사</u>

❹ <u>To my delight</u>, it worked! ❺ I will never forget <u>how deeply moved and excited</u>
　　<u>기쁘게도</u>　　　　　　　　　　　　　　　　<u>간접의문문: forget의 목적어</u>
<u>my family and I were</u> when we first saw my device <u>detecting</u> my grandfather's
　　　　　　　　　　　　　　　　　　　<u>지각동사+목적어+현재분사(동사원형)</u>
wandering. ❻ At that moment, I was struck by <u>what</u> I could do for people, using
　　　　　　　　　　　　　　　　　　　<u>관계대명사 what</u>
my knowledge and skills. ❼ Now I am making more sensors <u>to donate</u> to nursing
　　　　　　　　　　　　　　　　　　　　　<u>부사적 용법의 to부정사(~하기 위해)</u>
homes for Alzheimer's patients.

❽ <u>What I really wanted to tell you today</u> is <u>that</u> your knowledge and skills,
　　<u>주어(관계대명사 what절)</u>　　　　　　　<u>동사 접속사 that</u>
whatever they are, can be used to help others. ❾ It's exciting <u>to imagine</u> what
<u>복합관계사절: 그것들이 무엇이든지</u>　　　　　　　　　　<u>가주어</u>　　　<u>진주어</u>
would happen if all of us were to join in to help others <u>with what we can and</u>
　　　　　　　　　　　　　　　　　　　　　　　　<u>전치사+명사절</u>
<u>like to do best</u>. ❿ I don't know exactly what such a world would look like, but I'm
certain it would be <u>a much better world</u>. ⓫ Thank you so much for your time!
　　　　　　　　　　<u>훨씬 더 좋은(much가 better를 강조)</u>

Words & Expressions

- circuit [sə́ːrkit]　명 전기 회로
  ex. The lights were not working because of a short *circuit*.
- thin [θin]　형 얇은
- sensor [sénsər]　명 센서, 감지기
  ex. The latest vacuum cleaners contain *sensors* that detect
  the amount of dust.
- attach [ətǽtʃ]　동 붙이다, 첨부하다
  ex. He learned how to *attach* a cart to a horse.
- plant [plænt]　동 설치하다, 넣어 두다
- pressure [préʃər]　명 압력, 압박
- cause A to B　A를 B하게 초래하다

- application [æ̀pləkéiʃən]　명 (스마트폰의) 어플리케이션, 어플
- to one's delight　기쁘게도
- deeply [díːpli]　부 깊게
- device [diváis]　명 장치
- detect [ditékt]　동 감지하다, 알아내다
  ex. He *detected* a fault in the system.
- be struck by　~에 감동받다
- knowledge [nálidʒ]　명 지식, 지능
- donate [dóuneit]　동 기부하다
- nursing home　양로원
- exactly [igzǽktli]　부 정확하게

80　Lesson 3

❶ 이 시스템이 작동하게 하기 위해 저는 얇은 필름 센서가 부착된 작은 무선 회로를 만들었어요. ❷ 이 회로는 양말 또는 신발에 심어지게 돼요. ❸ 환자가 침대 밖으로 발을 내딛을 때 그 압력이 이 시스템을 제가 또한 프로그래밍한 스마트폰 어플리케이션으로 경보음을 보내게 만들어요. ❹ 기쁘게도, 그것이 작동했어요! ❺ 제 장치가 할아버지께서 헤매고 다니시는 것을 감지하는 것을 우리가 처음 보았던 그때, 저와 제 가족이 얼마나 깊게 감동 받았고 신이 났었는지를 저는 잊을 수 없을 거예요. ❻ 그 순간, 저는 제 지식과 기술을 이용해서 사람들을 위해 제가 할 수 있는 일에 감명을 받았어요. ❼ 지금 저는 알츠하이머 환자들을 위한 양로원에 기부하기 위해서 더 많은 센서를 만들고 있는 중이에요.

❽ 제가 오늘 정말 여러분께 말씀드리고 싶은 것은, 그것들이 무엇이던지 간에, 여러분의 지식과 기술들이 다른 사람들을 돕기 위해 사용될 수 있다는 사실이에요. ❾ 우리 모두가 할 수 있고 최선을 다하고 싶은 일로 다른 사람들을 돕는 일에 참여한다면 어떤 일이 벌어질지 상상하는 것은 신이 나는 일이에요. ❿ 그런 세상이 어떤 모습과 같을지 정확히 알지는 못하지만, 저는 그것이 훨씬 더 나은 세상이 될 것이라는 것을 확신해요. ⓫ 시간을 내주셔서 정말 감사합니다!

🔵 Structures

❶ To **make** this system **work**, I made a small wireless circuit with a thin film sensor *attached* to it.
「make+목적어+동사원형」 구문으로 make는 사역동사이다. attached to it은 앞의 a thin film sensor를 수식하는 과거분사구이다.

❸ When the patient steps out of bed, the pressure **causes** the system **to send** an alert to a smartphone application *that* I also programmed.
cause는 목적격 보어로 to부정사를 취하는 동사로, 「cause+목적어+to부정사」 형태로 쓰인다. 한편, that은 a smartphone application을 선행사로 하는 목적격 관계대명사이다.

❺ I will never forget how deeply moved and excited my family and I were **when** we first **saw** my device **detecting** my grandfather's wandering.
how deeply ~ my family and I were는 동사 forget의 목적어로 쓰인 간접의문문이다. when절에는 「see+목적어+현재분사」 구문이 쓰였는데 see, watch, hear 등의 지각동사의 목적격 보어 자리에는 동사원형뿐만 아니라 현재분사와 과거분사가 올 수 있다.

❻ At that moment, I *was struck by* **what I could do for people, using** my knowledge and skills.
what은 관계대명사로 what I could do for people은 전치사 by의 목적어에 해당되며, be struck by는 '~에 의해 감명 받다'는 의미이다. using 이하는 분사구문으로 '나의 지식과 기술을 활용하여'의 의미를 나타낸다.

❽ **What I really wanted to tell you today** is **that** your knowledge and skills, *whatever they are*, can be used to help others.
What I ~ today는 관계대명사절 형태의 주어이고, is가 동사, that 이하가 주격 보어인 문장이다. that 절 안에는 복합관계사절 whatever they are가 삽입되어 있다.

❾ It's exciting **to imagine** what would happen *if all of us were to join in to help others with what we can and like to do best*.
It이 가주어, to imagine ~ 이하가 진주어인 문장이다. to부정사구 안에는 미래에 일어날 일을 가정하는 가정법 미래 구문 「if+주어+were to+동사원형, 주어+would+동사원형」이 쓰였다.

Q4 What does Greg want to tell us?
(Greg는 우리에게 무엇을 말하고 싶어 하는가?)

A4 He wants to tell us that our knowledge and skills can be used to help others.
(그는 우리의 지식과 기술들을 다른 사람들을 돕는 데 이용할 수 있다고 말하고 싶어 한다.)

Check It!

1. Greg가 만든 시스템의 작동 순서를 바르게 배열하시오.
a. The system sends an alert to a smartphone application.
b. Greg plants the small circuit he made in a sock or a shoe.
c. It detects the pressure when the patient steps out of bed.

2. 다음 괄호 안에서 알맞은 것을 고르시오.
(1) James made his children (play / to play) outside.
(2) The accident caused me (be / to be) late for my school.

3. 빈칸에 공통으로 들어갈 알맞은 단어를 쓰시오.
· Could you tell me _____ he looks like?
· I think it's true _____ he said to us.

AFTER YOU READ

A MAPPING IDEAS

아래의 요약 지도에서 **틀린** 하나를 고르시오.

	Annie	Greg
문제	a.누군가 내 사물함을 부수고 내 SNS 페이지에 혐오스러운 말들을 올렸다.	b. 할아버지께서 밤에 헤매고 다니시다 몇 건의 사고를 겪었다.
행동	c. 나는 긍정적인 메시지들을 포스트잇에 적어 사람들을 격려하기 위해 학교 주위에 그것들을 붙였다.	d. 나는 할아버지를 기쁘게 해 드리려고 내 프로그래밍 기술을 이용해서 나만의 컴퓨터 게임을 만들었다.

Answer d

B INFERENCES

말하는 사람들의 감정을 묘사하기 위해 상자 안의 어휘들을 이용하여 빈칸을 채우시오.
(1) 내가 처음 학교 여기저기에 격려의 말들을 붙였을 때 나는 어질러 놓았다고 꾸지람을 들었어.
(2) 내 장치가 할아버지가 헤매고 다니시는 것을 감지하는 것을 보았을 때, 나는 내가 사람들을 위해 할 수 있었던 일에 감명을 받았어.

Answer (1) discouraged (2) moved

C YOUR RESPONSE

짝과 함께 마을의 어르신들을 돕기 위해 무엇을 할 수 있는지 얘기해 보시오.
A 힘들어하는 마을 어르신들을 위해 우리가 할 수 있는 일이 무엇이라고 생각하니?
B 음, 우리는 그분들에게 음식들 가져다드리는 자원봉사를 할 수 있어.
A 그거 좋은 생각이야!

A MAPPING IDEAS

🎙 Solution

밤에 혼자 돌아다니시는 할아버지가 걱정이 되어 Greg가 개발한 것은 할아버지가 나가실 때 스마트폰에 경보가 울리게 하는 무선 시스템이다.

B INFERENCES

🎙 Solution

A MAPPING IDEAS

Choose the one that is not true in the summary map below.

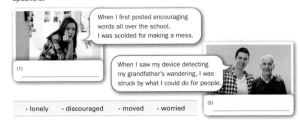

	Annie	Greg
Problem	**a.** Someone broke into my locker and posted hateful words on my SNS page.	**b.** My grandfather had several accidents while wandering around at night.
Action	**c.** I wrote positive messages on sticky notes and put them up around the school to encourage people.	**d.** I made a computer game of my own using my programming skills to please my grandfather.

B INFERENCES

Fill in the blanks using the words in the box to describe the feelings of the speakers.

When I first posted encouraging words all over the school, I was scolded for making a mess.

(1)

When I saw my device detecting my grandfather's wandering, I was struck by what I could do for people.

(2)

• lonely   • discouraged   • moved   • worried

C YOUR RESPONSE

Talk with your partner about what you can do to help senior citizens in your community.

Example
A: What do you think we can do for struggling senior citizens?
B: Well, we can volunteer to deliver meals to them.
A: That's a great idea!

---

(1) Annie가 처음에 학교 곳곳에 용기를 주는 말을 게시해서 어질러 놓았다고 꾸지람을 받았을 때는 '낙담(discouraged)했을' 것이다.
(2) Greg가 자신이 개발한 장치가 작동되는 것을 보고 '감동 받았을(moved)' 것이다.

C YOUR RESPONSE

Sample Answer

A What do you think we can for senior citizens in need?
B I think we can collect things and throw a bazaar to raise money to help them.
A How nice of you!
A 도움이 필요한 어르신들을 위해 우리는 할 수 있는 일이 무엇이라고 생각하니?
B 그 분들을 도울 수 있는 돈을 모금하기 위해 물건들을 모아서 바자회를 열 수 있을 것 같아.
A 너 진짜 멋지다!

More Questions

1. **본문의 내용을 참고하여 질문에 알맞은 답을 쓰시오.**
   (1) What is the name of Annie's campaign to encourage others?
   (2) Where is the wireless circuit who Greg made planted?

2. **다음 내용이 본문의 내용과 일치하면 T, 일치하지 않으면 F에 표시하시오.**
   (1) Annie used yellow sticky notes to give people strength.   T ☐ F ☐
   (2) Greg is making more sensors for Alzheimer's patients in hospitals.   T ☐ F ☐

Answer 1 (1) Positive Post-It Day. (2) In a sock or a shoe. 2 (1) T (2) F

A

> - **To my surprise**, teachers agreed to make it official.
> - **To his disappointment**, John could not win the final match.
> - She retired from singing, **much to the regret of her fans**.

| Tip | 진술된 내용에 대한 감정을 표현하는 형식을 익혀 봅시다.

cf. **Surprisingly**, nobody cared about how I looked.

■ Complete the passage using the expressions in the box.

> John gathered up his courage to ask Kate to marry him a few days ago.
> (1) _____, she readily accepted his proposal. We didn't expect her to marry him, but (2) _____, she looks happier than he does these days.

> • to his delight   • to our surprise   • to their disappointment

B

> - **What I learned** is that we can contribute to making a better world.
> - **What he meant** is that we can use our skills to help others.
> - **What surprised me** was that he won first prize.

| Tip | 'What ~' 구문의 역할과 의미에 유의하여 살펴봅시다.

cf. **It is sensitivity to the needs of other people that** most matters for counselors.

■ Complete the dialog using the words in parentheses.

> Doctor: Why don't you work out?
> Patient: I go biking to the nearby parks about once a month when I have time.
> Doctor: That's good. But (emphasize, I, like, to, what, would) is that regular exercise works best.

"**What is important in life** is _____,
and not the result of life."

– *Johann Wolfgang von Goethe*

Johann Wolfgang von Goethe
(1749~1832)
독일의 작가로
「젊은 베르테르의 슬픔」
「파우스트」 등의 작품으로
유명하다.

a. peace   b. outcome   c. life

071

A

- (내가) 놀랍게도, 선생님들께서는 그것을 공식화 하는 데 동의하셨다.
- (그가) 실망스럽게도, John은 결승 경기에서 이길 수 없었다.
- (그녀의) 팬들이 무척 유감스럽게도, 그녀는 노래하는 일에서 은퇴하였다.

cf. 놀랍게도, 아무도 내가 어떻게 보이는지에 대해 신경 쓰지 않았다.

[Answer] (1) To his delight   (2) to our surprise

B

- 내가 배운 것은 우리가 더 나은 세상을 만드는 데 기여할 수 있다는 것이다.
- 그가 의미했던 것은 우리가 다른 이들을 돕기 위해 우리 기술을 이용할 수 있다는 것이다.
- 나를 놀라게 했던 것은 그가 일등상을 받았다는 것이었다.

ex. 상담가들에게 가장 중요한 것은 바로 다른 사람들의 필요에 대한 민감함이다.

[Answer] what I would like to emphasize

알맞은 단어로 빈칸을 채우시오.
인생에 중요한 것은 인생이지 인생의 결과가 아니다.

[Answer] c

A

■ **상자 안의 표현을 이용하여 문단을 완성하시오.**
John은 그의 용기를 모아 Kate에게 그와 결혼해 달라고 며칠 전에 청했다. 기쁘게도, 그녀는 선뜻 그의 청혼을 받아들였다. 우리는 그녀가 그와 결혼할 것을 기대하지 않았지만, 놀랍게도, 그녀는 요즘 그보다 더 행복해 보인다.

Solution

(1) 그의 청혼을 그녀가 받아들였다는 내용이 이어지므로 '그가 기쁘게도(to his delight)'가 들어가야 한다.
(2) 우리가 기대한 것과 달리 그녀가 그보다 더 행복해 보인다는 내용이 이어지므로 '우리가 놀랍게도(to our surprise)'가 들어가야 한다.

B

■ **괄호 안의 표현을 이용하여 대화를 완성하시오.**
의사 운동을 좀 하지 그러세요?
환자 제가 시간이 있을 때는 한 달에 한 번 정도 가까운 공원에 자전거를 타러 갑니다.
의사 좋아요. 하지만 제가 강조하고 싶은 것은 규칙적인 운동이 가장 효과가 좋다는 것입니다.

Solution

동사 is 앞에 문장의 주어가 필요하다. 괄호 안의 관계대명사 what을 이용하여 '~한 것은 …이다'는 의미의 문장이 되도록 나열해 본다. 관계대명사 what 다음에는 절이 와서 「what+주어+(조동사)+동사 ~」 형태로 쓰이므로, what I would like to emphasize로 써야 알맞다.

+More Quotes

• Be thankful for what you have; you'll end up having more. If you concentrated on what you don't have, you will never, ever have enough.
여러분이 갖고 있는 것에 감사해라, 그러면 더 갖게 될 것입니다. 여러분이 갖고 있지 않은 것에 집착한다면 여러분은 결코 절대 충분히 갖지 못할 것이다.
— 오프라 윈프리

+More Information

Johann Wolfgang von Goethe(1749~1832): 독일 출신의 세계적인 문학가로, 〈젊은 베르테르의 슬픔〉 같은 베스트셀러에서 〈파우스트〉 같은 대작에 이르기까지 다양하고 폭넓은 작품을 썼다.

Words & Expressions

- **official** [əfíʃəl] ⑧ 공식적인
- **retire** [ritáiər] ⑧ 은퇴하다
- **readily** [rédəli] ⑨ 선뜻, 기꺼이
- **sensitivity** [sènsətívəti] ⑨ 민감함
- **matter** [mǽtər] ⑨ 일, 사안
- **counselor** [káunsələr] ⑨ 상담가, 카운슬러
- **emphasize** [émfəsàiz] ⑧ 강조하다
- **outcome** [áutkʌm] ⑨ 결과

GRAMMAR POINTS

감정을 나타내는 to one's surprise(disappointment, delight, ...)

어떤 일의 결과로 인해 생긴 감정을 강조하는 부사구로, 「to one's+감정을 나타내는 명사」의 형태로 쓰인다. 이때 감정을 나타내는 명사 앞의 소유격은 감정을 느끼는 주체를 의미하며, '～가 …하게도'와 같이 해석한다.
to one's surprise (～가 놀랍게도)
to one's delight (～가 기쁘게도)
to one's disappointment (～가 실망스럽게도)

(1) 감정 명사의 의미상의 주어는 대명사의 소유격뿐만 아니라 명사의 소유격 형태도 올 수 있다.
ex. **To their horror**, a big dog approached the child.
(그들이 무섭게도, 큰 개가 아이에게 접근했다.)
To the doctors' amazement, he survived.
(의사들이 놀랍게도, 그는 살았다.)
(2) 감정의 주체를 나타낼 필요가 없는 경우에는 감정의 의미를 가진 부사를 단독으로 쓸 수 있다.
ex. **Surprisingly**, he jumped that gate.
(놀랍게도, 그는 저 문을 뛰어넘었다.)
(3) 감정의 원인을 강조할 때에는 부사적 용법의 to부정사를 쓸 수 있다.
ex. I was **surprised to find** the book in the library.
(나는 도서관에서 그 책을 찾게 되어 놀랐다.)

문장의 주어로 쓰이는 선행사를 포함한 관계대명사 what

선행사를 포함하여 '～하는 것'으로 해석되는 관계대명사 what은 문장 안에서 주어, 목적어, 보어 역할을 할 수 있다. 관계대명사 what절이 주어로 쓰일 때는 「What ~ is(was) that ...」 형태가 되며, that은 명사절을 이끄는 접속사이다. 이때 that절을 강조하여 '～하는 것은 (바로) …이다'와 같이 해석한다.

(1) 「What ~ is(was) that ...」은 「주어(관계대명사절)+be동사+주격 보어(that절)」인 2형식 문장이다.
ex. <u>What I want to say</u> is that everything is possible here.
　　　주어　　　동사　　　　주격 보어
(내가 말하고 싶은 것은 모든 것이 여기에서는 바로 가능하다는 것이다.)
cf. 명사구를 강조하는 다른 방법으로는 「It is(was) ~ that …」 강조 구문이 있다.
ex. It was <u>the technology</u> **that** made it possible.
　　　　　강조 어구
(그것을 가능하게 만든 것은 바로 기술이었다.)
(2) 관계대명사 what이 이끄는 절은 문장에서 명사절의 성격을 띤다.
ex. **What he wore to the Halloween party** attracted a lot of attention. 〈주어〉
(핼러윈 파티에서 그가 입고 간 것은 많은 주의를 끌었다.)
That painting is **what I saw in his room**. 〈보어〉
(저 그림은 내가 그의 방에서 본 것이다.)
I can't believe **what she said**. 〈동사의 목적어〉
(나는 그녀가 말한 것을 믿지 못하겠다.)
He's good at making up a story from **what he experienced**. 〈전치사의 목적어〉
(그는 그가 경험한 것으로부터 이야기를 지어 내는 것을 잘한다.)

1. 다음 괄호 안에서 어법상 알맞은 것을 고르시오.

(1) To his (surprise / surprisingly), he heard that she was still alive.

(2) (That / What) I really mean is that it is not that easy.

2. 다음을 〈보기〉와 같이 문장을 바꿔 쓰시오.

> 〈보기〉 He was embarrassed to make a mistake in the important meeting.
> = <u>To his embarrassment</u>, he made a mistake in the important meeting.

(1) I was delighted to find my lost puppy.

= _____. I found my lost puppy.

(2) We were excited to see him win the game.

= _____. he won the game.

(3) My sister was disappointed because the tickets to the movie were sold out.

= _____. the tickets to the movie were sold out.

3. 다음 괄호 안의 단어들을 바르게 배열하여 문장을 다시 쓰시오.

(1) (I, what, meant) was that it doesn't suit you.

→ _____

(2) (me, excites, what, most) is that we already have the technology.

→ _____

4. 다음 문장에서 어법상 틀린 부분을 찾아 바르게 고쳐 쓰시오.

(1) To Ben disappointment, I made his cooking worse.

_____ → _____

(2) What she says to her friends are that there is something special about that place.

_____ → _____

5. 다음 명언을 What I want to emphasize로 시작하는 문장으로 바꿔 쓰시오.

> "Yesterday is history and tomorrow is mystery."

→ _____

LET'S WRITE

When we help others, we help ourselves as well. Think how you felt and what you learned from your volunteer experience and write a short essay about it.

봉사하고 배우기

우리가 다른 사람들을 돕게 될 때 우리는 또한 스스로를 돕게 됩니다. 여러분의 자원봉사 경험을 통해 기분이 어땠는지 그리고 무엇을 배웠는지 생각해 보고, 그것에 대한 짧은 에세이를 써 보세요.

A GET IDEAS

Kathy의 에세이를 읽고 그녀가 동물 보호소에서 무엇을 했는지 그 경험에 대해 기분이 어땠는지 밑줄을 치시오.

저는 작년 여름에 동물 보호소에서 자원봉사 활동을 했습니다. 저는 동물들과 함께 놀고 그들의 우리를 청소했습니다. 때때로 저는 열심히 일하고 난 다음 피곤함을 느꼈습니다. 하지만, 여름 끝 무렵에, 저는 제가 동물들에게 도움이 되었다는 사실이 자랑스러웠습니다. 그 경험에서 배웠던 것은 사랑을 주는 것이 받는 것보다 더 나은 기분을 느끼게 해 준다는 것입니다.

Answer

I played with the animals and cleaned their cages.
I felt proud that I could be of help to the animals.

B ORGANIZE IDEAS

Kathy의 자원봉사 경험에 대한 보고서를 읽고 난 후, 자신의 경험을 쓰시오.

Kathy의 보고서

장소	동물 보호소
시기	작년 여름
활동	• 동물들과 놀아 주기 • 동물 우리 청소하기
느낀 점	내가 동물들을 도울 수 있었다는 게 자랑스러웠다.
교훈	사랑을 주는 것이 사랑 받는 것보다 더 기분 좋은 일이다.

A GET IDEAS

🔊 **Solution**

Cathy가 동물보호소에서 자원봉사를 하면서 한 일은 두 번째 문장에 잘 나타나 있다. 동물들과 놀아주고, 동물 우리를 청소한 후 느낀 점은 I felt proud 이후를 보면 자신이 도움이 된 사실에 자랑스러워한다는 것을 알 수 있다.

B ORGANIZE IDEAS

Sample Answer

My Report

Where	a nursing home
When	last semester
Activities	• served meals • spent time with the senior citizens
Feeling	I felt proud that I could be of help to the senior citizens.
Lesson	Small actions can make people happier.

A GET IDEAS

Read Kathy's essay and underline what she did at the animal shelter and how she felt about the experience.

I did volunteer work at an animal shelter last summer. I played with the animals and cleaned their cages. Sometimes I was very tired after working hard. At the end of the summer, however, I felt proud that I could be of help to the animals. What I learned from the experience is that giving love feels better than receiving it.

B ORGANIZE IDEAS

Read Kathy's report of her volunteer experience and then write your own.

	Kathy's Report	My Report
Where	an animal shelter	
When	last summer	
Activities	• played with the animals • cleaned their cages	•
Feeling	I felt proud that I could be of help to the animals.	
Lesson	Giving love feels better than receiving it.	

072

나의 보고서

장소	양로원
시기	지난 학기
활동	• 음식 제공하기 • 나이든 어르신들과 같이 시간 보내기
느낀 점	내가 나이든 어르신들에게 도움이 될 수 있어서 자랑스러웠다.
교훈	작은 행동이라도 사람들을 더 행복하게 만들 수 있다.

Words & Expressions

• serve [səːrv] 동 봉사하다
  ex. I wanted to *serve* the community.
• experience [ikspí(:)əriəns] 명 경험
• underline [ʎndərlàin] 동 밑줄을 긋다
  ex. *Underline* the important sentences.
• shelter [ʃéltər] 명 보호소, 피신처
  ex. That was an old war *shelter*.
• cage [keidʒ] 명 (동물의) 우리
• sometimes [sʎmtàimz] 부 때때로
  ex. They *sometimes* visit me.
• feel proud 자랑스러워하다
  ex. I *feel* very *proud* of my son.
• receive [risíːv] 동 ~을 받다
  ex. Bring this ad and *receive* a 10% discount!

Complete an essay on your volunteer experience.

I volunteered at _____.
                              (where and when)
I _____.
                              (activities)
Sometimes I was very tired after working hard. At the end, however, I felt
_____. What I learned from the
                     (feeling)
experience is that _____
                                          (lesson)

+ Writing Tip

경험에 대한 글을 쓸 때는 경험한 사실과 그것으로부터 배운 점이나 느낀 점을 구별하여 써 봅시다.

Peer Review	My partner thinks ...
Does the essay include the experience, feeling, and lesson learned?	😊 😐 😞
Are the experience, feeling, and lesson learned expressed clearly?	😊 😐 😞
Are the expressions in the essay natural and acceptable?	😊 😐 😞
partner's comments:	

D REVIEW & REVISE

Read the comments and revise your writing.

C ON YOUR OWN

여러분의 자원봉사 활동 경험에 대한 에세이를 완성하시오.

동료 평가

• 에세이는 경험, 느낀 점, 교훈을 포함하고 있는가?
• 경험, 느낀 점, 배운 교훈들을 분명하게 표현했는가?
• 에세이의 경험들은 자연스럽고 적절한가?
• 짝의 의견

D REVIEW & REVISE

평가를 읽고 여러분이 쓴 것을 고치시오.

Writing Tip   **Writing an essay on your own experiences**

자신의 경험에 대해 에세이 쓰기

자신의 경험을 떠올리면서 관련된 어휘 및 표현들을 생각한다. 경험에 대한 장소, 시기, 활동 등을 구체적으로 표현하고, 마지막에는 느낀 점과 그 경험을 통해 배운 점을 포함해서 쓰는 것이 좋다.

C ON YOUR OWN

Solution

B ORGANIZE IDEAS에서 자신이 정리한 내용을 토대로 하여 자원봉사 경험에 대한 장소, 시기, 활동, 느낌 점, 교훈을 중심으로 에세이를 작성한다.

Sample Answer

I volunteered at a nursing home last semester. I served meals and spent time with the senior citizens. Sometimes I was very tired after working hard. At the end, however, I felt proud that I could be of help to the senior citizens. What I learned from the experience is that small actions can make people happier.

저는 지난 학기에 양로원에서 자원봉사를 했습니다. 저는 식사를 대접했고 어르신들과 시간을 함께 보냈습니다. 때때로 저는 열심히 일한 다음에 피곤하기도 했습니다. 하지만, 마지막에 저는 제가 어르신들께 도움이 될 수 있었다는 사실이 자랑스러웠습니다. 제가 경험을 통해 배운 것은 작은 행동이 사람들을 행복하게 만들 수 있다는 것입니다.

+More Activities

Describe a Picture (사진 묘사하기)

경험과 관련된 사진을 묘사하면서 자신의 경험을 자연스럽게 표현하는 쓰기 전략이다.

• 자신의 경험에 관한 사진을 준비하게 한다.
• 사진에 보이는 단어 및 표현들을 스마트폰을 이용해서 찾아보도록 한다.
• 단어 및 표현들을 문장으로 작성해 보도록 한다.
• 찾은 표현들을 바탕으로 아웃라인을 만든다.
• 마지막에 감정과 배운 점들을 추가하여 글을 완성하게 한다.

D REVIEW & REVISE

Solution

동료 평가의 내용을 바탕으로 하여 내용 오류부터 문법 오류, 구두점 오류까지 범위를 넓혀 가며 여러 번 수정을 거쳐 글을 작성하도록 한다.

ACROSS SUBJECTS

여러분의 긍정적인 메시지를 게시하라!

삶은 때때로 모든 사람들에게 힘듭니다. 짧은 메시지는 낙담하고 있는 사람들에게 희망과 편안함을 줄 수 있습니다. 여러분의 친구들과 자신에게 용기를 주기 위해 자신만의 메시지를 만들어 보는 게 어떨까요?

STEP 1

4명씩 그룹을 만들어 각 메시지들이 전달하고자 하는 것에 대해 토론하시오.

너는 강해. 너는 아름다워. 너는 훌륭해.
- 너는 너 그대로 모습으로도 놀라워.
- 너는 네가 생각하는 것보다 더 나은 사람이야.
- 너는 가능성들로 가득 차 있어.
- 네가 아닌 모습 때문에 자신을 미워하는 것을 멈춰. 너의 모습으로 자신을 사랑하는 것을 시작해.
- 삶이 쉽게 가지 않더라도 너는 확실히 강해지고 있어.
- 모든 사람은 재능을 가지고 있고 너도 그래.
- 문제는 디딤돌일 뿐이야.

STEP 2

아래의 각 학생들에게 최고의 도움이 되는 메시지를 써 보시오.

David 나는 내가 매력적이라고 생각하지 않아. 나는 내가 더 멋있어 보였으면 좋겠어.
네가 그렇지 않은 걸로 너를 미워하는 걸 멈춰. 네 모습으로 자신을 사랑하는 것을 시작해 봐.

Kathy 아무도 나를 좋아하는 것 같지 않아. 나도 내 자신이 싫어.

Jason 나는 내가 어떤 것도 잘하지 못하는 거 같아 걱정이야. 내가 어떤 가치가 있을까?

Sandy 나는 내가 운이 없는 사람이라고 생각해. 나는 집과 학교에 몇 가지 문제를 가지고 있어.

STEP 1

Solution

사람들에게 용기를 주기 위해 어떤 말로 표현할 수 있는지 그 의미를 파악하여 STEP 2에 활용할 수 있다.

STEP 2

Sample **Answer**

- **To Kathy** You have such a beautiful smile that makes others happy.
  Kathy에게 너는 다른 사람들을 행복하게 해주는 아름다운 미소를 가졌어.
- **To Jason** Everyone has a talent and so do you. However, unless you try anything, you cannot find what you are good at. Why don't you try it first?
  Jason에게 모든 사람들은 재능이 있고 너도 그래. 그러나 무엇이든지 노력하지 않는다면 네가 잘하는 것을 찾지 못할 거야. 먼저 그것을 시도하는 게 어때?

Post Your Positive Messages!

Life is hard for everyone from time to time. A short message can give hope and comfort to those who are feeling down. Why don't you make your own messages to encourage your friends and yourself?

STEP 1   Make groups of four and discuss what each message intends to say.

STEP 2   Write down the messages that would be of the best help to each student below.

074

- **To Sandy** Even if life doesn't get easier, you do get stronger.
  Sandy에게 삶이 쉽게 가지 않을 지라도, 너는 확실히 강해지고 있어.

Solution

- **Kathy에게**
  모든 사람들이 자신을 좋아하지 않는 것 같고, 자기 자신이 싫다고 말하고 있으므로, 다른 사람들이 좋아하는 장점이 있음을 부각하여 용기를 주는 내용의 메시지를 적는 게 좋다.
- **Jason에게**
  어떤 것도 잘하지 못해서 걱정하고 있으므로, 모두에게 재능이 있고 단지 그것을 잘할 수 있도록 노력해야 한다는 내용의 메시지를 작성할 수 있다.
- **Sandy에게**
  자신이 운이 없어서 학교에서나 집에서나 문제가 있다고 말하고 있으므로, 삶이 쉽지는 않지만 강해지고 있다고 용기를 주는 메시지를 적을 수 있다.

Words & Expressions

- **from time to time**   때때로, 가끔
- **comfort** [kʌ́mfərt]   명 편안함, 안락
- **the way you are**   너의 모습 그대로
- **stepping stone**   디딤돌
- **talent** [tǽlənt]   명 재능, 재주
- **what you are**   당신이 어떤 사람인지(인격, 됨됨이를 가리킴)
- **be good at**   ~을 잘하다
- **worth** [wəːrθ]   형 ~의 가치가 있는

STEP 3 Share your problem with friends.

1. Each student writes down his or her problem on a small piece of paper and folds it up.
2. Collect all the students' notes in a box.
3. Each student picks one of them at random.

STEP 4 Make your own positive messages and vote for the best ones.

1. Collect the notes that your group members picked.
2. Make one or two positive messages for each of the notes.

Problems	Your Positive Messages
·	·
·	·

3. Make a message board with the problems and your group's positive messages.
4. Display the message board in the classroom.
5. Vote for the best message board.

Think & Evaluate

	Evaluate each group's project work	Excellent	Good	Fair
		Group 1	Group 2	...
Did the group make messages for all the notes they picked?				
Are the messages clear and encouraging?				
Did all the group members cooperate to make the messages and the message board?				

075

STEP 3

친구들과 서로의 문제를 공유하시오.

1. 각 학생은 쪽지에 각자의 문제를 적은 다음 그것을 접는다.
2. 모든 학생들의 쪽지들을 상자에 모은다.
3. 각 학생들이 무작위로 쪽지들 중 하나를 뽑는다.

STEP 4

자신만의 긍정적인 메시지를 만들어 가장 좋은 메시지에 투표하시오.

1. 모둠원들이 뽑은 쪽지들을 모은다.
2. 각 쪽지에 1-2개의 긍정적 메시지를 만든다.
3. 문제들과 모둠의 긍정적 메시지를 담은 게시판을 만든다.
4. 학급에 그 게시판을 전시한다.
5. 가장 잘한 게시판에 투표한다.

평가표

• 모둠원들이 선택한 모든 쪽지에 메시지들을 작성하였는가?
• 그 메시지들은 명확하고 격려하는 내용을 담고 있는가?
• 모든 모둠원들이 협동하여 메시지를 작성하고 게시판을 완성하였는가?

STEP 3

Sample Answer

1. I don't think my friends like me. I don't have as many 'likes' on my SNS page as they do.
   내 친구들이 나를 좋아하지 않는 것 같다. 나의 SNS에는 내 친구들만큼 '좋아요'가 많지 않다.

2. Is there anything that I'm good at? I've failed in everything I've tried.
   내가 잘하는 게 있을까? 나는 시도하는 모든 것에서 실패했다.

3. My parents don't respect my opinion. Am I that childish?
   내 부모님들은 내 의견을 존중하지 않으신다. 내가 그렇게 어린애 같은가?

STEP 4

Sample Answer

1. Someone thinks you are awesome. The number of 'likes' doesn't mean the number of friends you have.
   누군가는 네가 멋지다고 생각한다. '좋아요'의 숫자가 네 친구들의 숫자를 의미하지는 않는다.

2. The experiences you learned from your failures have made you strong. Life is all about evolution.
   너의 실패에서 배운 경험은 너를 강하게 만들었다. 삶은 진전의 모든 것이다.

3. I think your ideas and opinions are always creative. Even some great opinions must have been rejected at first. Don't worry. I believe you can surprise the world someday!
   나는 너의 생각과 의견이 항상 창의적이라고 생각해. 심지어 어떤 대단한 의견들은 처음에는 틀림없이 거절당할 거야. 걱정하지 마. 나는 네가 언젠가 세계를 놀라게 할 수 있다고 믿어!

Words & Expressions

• fold up　～을 접다
  ex. He is *folding up* the ladder.
• at random　무작위로
• encouraging [inkə́:ridʒiŋ]　⑱ 격려의, 장려의
• display [displéi]　⑧ 전시하다
  ex. They have an opportunity to *display* their work.
• message board　게시판
  ex. The *message board* is only accessible to students at the university.
• cooperate [kouápərèit]　⑧ 협력하다

1. Listen and choose what the girl is going to do.

    a. clean the children's rooms

    b. play soccer with the children

    c. cook snacks for the children

    d. help the children with their homework

1. 듣고 소녀가 하려고 하는 것을 고르시오.

a. 아이들의 방 청소하기

b. 아이들과 함께 축구하기

c. 아이들을 위해 간식 요리하기

d. 아이들이 숙제하는 것 돕기

Answer b

Script

G Hi, Daeho. Are you ready to start out for the children's home?

B Yes, Sumin. But I'm a little nervous because it's my first time volunteering there.

G You'll do fine. And you'll come to love the children in no time.

B What are we supposed to do there?

G We can do a lot of things, like helping them with their homework and cooking snacks for them.

B Then I'd like to help them with their homework. What about you? Are you going to cook for them?

G Well, let me think. I'd like to play outside with them today.

B How about playing soccer then?

G That sounds like a good idea.

여 대호야, 안녕. 보육원으로 출발할 준비가 됐니?

남 그래, 수민아. 하지만 거기에서 자원봉사하는 게 처음이라 약간 긴장돼.

여 너는 잘할 거야. 그리고 곧 아이들을 사랑하게 될 거야.

남 우리가 거기에서 뭘 해야 하지?

여 우리는 아이들 숙제를 도와주거나 간식을 만들어 주는 것과 같은 많은 일

을 할 수 있어.

남 그러면, 나는 아이들 숙제를 도와주고 싶어. 너는 어때? 너는 그들을 위해 요리를 할 거니?

여 글쎄, 생각 좀 해보고. 나는 아이들과 오늘 밖에서 놀고 싶어.

남 그러면 축구를 하는 게 어때?

여 그거 좋은 생각이다.

Solution

마지막 부분에서 아이들과 밖에서 놀고 싶다는 여자의 말에 남자가 축구하는 것을 제안했고, 이에 여자가 That sounds like a good idea.라고 답하고 있으므로, 여자는 아이들과 함께 축구를 할 거라는 것을 알 수 있다.

Words & Expressions

• children's home   보육원

• in no time   곧

• be supposed to   ~하기로 되어 있다

2. Listen and choose the best response to the girl's last words.

    a. I hope we also have some rain today.

    b. I'm sorry to hear that. Can we be of any help?

    c. I hope none of the people's houses were damaged.

    d. I'm excited to hear that. There must be something we can do.

2. 듣고 소녀의 마지막 질문에 알맞은 응답을 고르시오.

a. 나는 오늘 우리도 비가 좀 내렸으면 좋겠어.

b. 그 말을 듣게 되어 유감이다. 우리가 도움이 될 수 있을까?

c. 그 누구의 집도 손상되지 않았으면 좋겠다.

d. 그 말을 들으니 신이 나. 뭔가 우리가 할 수 있는 일이 있을 거라 확신해.

Answer b

Script

G Charlie, did you hear about the flooding in the south? They had really heavy rain for three days in a row.

B Did they? We haven't had a drop of rain in weeks. We're having some strange weather these days.

G Yes, we are. You know, a lot of people lost their homes there because of the flooding.

B _____

여 Charlie, 남부지방의 홍수 얘기 들었니? 3일 연속 정말 많은 비가 왔었대.

남 그랬대? 몇 주 동안 우리는 비가 한 방울도 안 오는데. 요즘 우리 날씨는 약간 이상한 것 같아.

여 맞아. 너도 알다시피, 홍수 때문에 그곳의 많은 사람들이 집을 잃고 말았대.

남 _____

Solution

홍수로 인해 많은 사람들이 집을 잃었다는 남자의 말에 대한 소년의 응답으로는 유감이나 동정을 나타내는 b가 가장 적절하다.

Words & Expressions

• damaged [dǽmidʒd]   ⑱ 피해를 입은, 손상된

• in a row   잇달아, 연이어

3. Read and choose the statement that is <u>not</u> true.

> I really wanted to help my grandfather. So I set out to design a wireless system that triggers an alert on a caregiver's smartphone when a patient steps out of bed. To make this system work, I made a small wireless circuit with a thin film sensor attached to it. This circuit is planted in a sock or a shoe. When the patient steps out of bed, the pressure causes the system to send an alert to a smartphone application that I also programmed.

a. The wireless system alerts a patient when he or she gets out of bed.

b. A thin film sensor is attached to the wireless circuit.

c. The wireless circuit is placed in a sock or a shoe.

d. The author made a smartphone application that receives the alert.

🎙 **Solution**

무선 시스템은 환자가 침대 밖에서 나오면 간병인의 스마트폰 어플리케이션에

3. 읽고 일치하지 않는 것을 고르시오.

저는 정말 할아버지를 돕고 싶었어요. 그래서 환자가 침대 밖으로 발을 내딛을 때 간병인의 스마트폰에 경보를 작동시키는 무선 시스템을 고안하는 일에 착수하게 되었어요. 이 시스템을 작동시키기 위해서, 저는 얇은 필름 센서가 부착된 작은 무선 회로를 만들었어요. 이 회로는 양말 또는 신발에 부착할 수 있어요. 환자가 침대 밖으로 발을 내딛을 때 그 압력은 그 시스템으로 하여금 제가 또한 프로그래밍한 스마트폰 어플리케이션으로 경보음을 보내게 만들어요.

Answer a

경보음을 보내게 된다. 따라서 a는 내용과 일치하지 않는다.

---

4. Read and put the words in parentheses (A) and (B) in order.

> When I first volunteered to teach dancing to the children at a children's home, I was so worried about whether I would get along well with them. (A) (my, surprise, to), however, the children helped me a lot to fit in and do what I was supposed to do. (B) (I, learned, what) from that experience is that giving help does not always happen in one direction only.

🎙 **Solution**

(A) '놀랍게도'의 의미가 되도록 「to one's+감정 명사」의 순서대로 나열한다.

4. 읽고 괄호 (A)와 (B)에 있는 단어들을 순서대로 배열하시오.

내가 처음으로 보육원에서 아이들에게 춤을 가르치는 자원봉사를 했을 때, 나는 내가 그 아이들과 잘 지낼지 너무 걱정이 되었다. 하지만 놀랍게도, 아이들은 내가 적응하고 내가 할 일을 하도록 도와주었다. 그 경험으로부터 내가 배운 것은 도움을 주는 것은 항상 한 방향으로만 일어나는 것이 아니라는 것이다.

Answer (A) To my surprise (B) What I learned

(B) 관계대명사 what을 포함한 주어 부분이므로 「what+주어+동사」의 순서로 나열한다.

---

5. Read and choose the main idea of the passage.

> Volunteering can be very rewarding, no matter where you do it: your own neighborhood, other communities, or even foreign countries. Volunteering abroad, however, can offer you a unique experience. You will be able to learn new ideas about life and different ways of living from people who think and behave differently. This cultural diversity can give you a new perspective on yourself and the world.

a. The most rewarding type of volunteering is to volunteer abroad.

b. How rewarding a volunteer activity is depends on where you do it.

c. Volunteering abroad offers you the chance to learn about new cultures.

d. Cultural diversity consists of different ideas about life and new ways of living.

🎙 **Solution**

자원봉사는 어느 곳에서 하든지 보람 있는 일이지만 특히 해외 봉사 활동을 할 경우 다른 삶의 방식을 경험할 수 있어 문화적 다양성을 배울 수 있다는 내용

5. 읽고 글의 요지를 고르시오.

자원봉사는 여러분이 어디서 하든 보람 있는 일이 될 수 있다. 여러분의 이웃이나 다른 동네, 심지어 다른 나라들. 하지만 해외로 나가 봉사 활동하는 것은 당신에게 독특한 경험을 줄 수 있다. 여러분은 삶에 대한 새로운 아이디어와 다르게 생각하고 행동하는 사람들로부터 삶의 다른 방식들을 배울 수 있다. 이러한 문화적 다양성은 여러분에게 자신과 세상에 대한 새로운 시각을 줄 수 있다.

Answer c

의 글이므로 c가 글의 요지로 가장 적절하다.

LESSON 4

어떤 사람은 찬 것을 좋아하고, 어떤 사람은 뜨거운 것을 좋아한다

Some Like It Cold, Some Like It Hot

의사소통 기능

- **음식 권하기**
  Would you like something to eat?
  뭘 좀 드시겠어요?

- **알고 있는지 묻기**
  Have you heard about *Naju gomtang*?
  '나주 곰탕'에 관해, 들어 본 적 있습니까?

OVERVIEW

Topics

LISTEN & SPEAK

- Foods You Like
- Famous Local Foods in Korea

ACROSS CULTURES

Foods Around the World

READ

Some Like It Cold, Some Like It Hot

FUNCTIONS

- Would you like something to eat?
- Have you heard about *Naju gomtang*?

《 단원 미리 보기 》

	LISTEN & SPEAK	ACROSS CULTURES	READ	WRITE	ACROSS SUBJECTS
주제 →	• 학습 목표 및 계획 세우기 • 음식을 권하는 대화 듣고 말하기	다른 나라 전통 음식의 특징과 문화적 배경 알아보기	한국의 여름 음식인 냉면과 삼계탕에 대한 내용 읽고 이해하기	식당에 대한 평을 쓰고 함께 평가하기	서양 음식과 한국 전통 음식의 퓨전 요리 만들어 보기

LESSON QUESTION

What's special about Korean food?

LESSON QUESTION

What's special about Korean food?
한식에 대해 특별한 점은 무엇인가요?

Sample Answer

- It's made with healthy ingredients.
한식은 건강한 재료로 만들어져요.
- It can be called "slow food," which needs much time and effort before it is served.
한식은 '느린 음식'이라고 불리는데, 그것은 대접하기 전까지 많은 시간과 노력이 필요해요.

What do you want to do in this lesson

YOUR GOALS

이번 단원에서 무엇을 배우고 싶은가요?
여러분의 목표

- _____
- _____

WRITE	ACROSS SUBJECTS
Restaurant Review	Make Your Own Globalized Korean Dish

STRUCTURES

- With the summer progressing, the weather kept getting hotter.
- The idea of eating *samgyetang* sounded good.

언어 형식

- with+명사+분사
  With the summer progressing, the weather kept getting hotter. 여름이 진행되면서 날씨가 점점 더워지고 있었다.

- 동격의 of
  The idea of eating *samgyetang* sounded good. 삼계탕을 먹는다는 아이디어는 좋았다.

LISTEN & SPEAK 1

TOPIC 1 Foods You Like
여러분이 좋아하는 음식들

음식 권하기
Would you like something to eat?

FUNCTIONS IN USE

보고 체크하시오. 소녀는 뭐라고 말하겠는가?

소녀 피자 좀 먹겠니?

소년 응, 그렇게.

Answer Would you like

A LISTEN & DO

1. 듣고 말하는 이들이 먹을 요리에 번호를 쓰시오.

Answer (2), (3), (1)

2. 듣고 음식 주문서의 맞지 않는 부분에 동그라미 하시오.

Answer with extra oil

Question for You ?

여러분은 프라이드치킨을 먹을 때 무엇을 마시고 싶습니까?

Sample Answer I like to drink iced tea with it.

FUNCTIONS IN USE

Look and check. What would the girl say?

... some pizza?

Yes, please.

○ Would you like   ○ Did you enjoy

■ Now listen and check the answer with your partner.

A LISTEN & DO

1. Listen and number the dishes that the speakers are going to have.

grilled barbecue [ ]   *salad* [ ]   *fried chicken* [ ]

2. Listen and circle the incorrect part on the food order sheet.

ORDER SHEET

DISH / DRINK	HOW TO COOK / SERVE
fried fish	with extra oil
baked potato	not salty
iced tea	with lots of ice

Restaurant

Question for You ?

What do you like to drink when you eat fried chicken?

FUNCTIONS IN USE

Solution

Would you like ~?는 '~을 좀 드시겠어요?'라는 의미로, 음식을 권하는 표현이다. Did you enjoy ~?는 '~을 즐겼니?'라는 의미이므로 어울리지 않는다.

A LISTEN & DO

Script

1. (1) B Mom, I'm hungry. Do we have anything to eat?

   W We have fried chicken. Would you like some?

   B Yes, please.

   남 엄마, 배고파요. 먹을 것이 좀 있나요?

   여 프라이드치킨이 있어. 좀 먹을래?

   남 네, 그럴게요.

   (2) W There are so many people in this restaurant!

   M Right. It is well known for its grilled barbecue. Would you like to try some?

   W Sure. I like barbecue very much.

   여 이 식당에 사람들이 정말 많네!

   남 맞아. 이곳은 바비큐 구이로 유명해. 좀 먹어 볼래?

   여 물론이지. 나는 바비큐를 정말 좋아해.

   (3) W All the food looks delicious.

   M Thanks. Would you like to try some beef or fish?

   W Thank you, but I'm a little full right now. Can I start with a salad?

   M Sure. Go ahead.

여 모든 음식이 맛있어 보여요.

남 감사합니다. 쇠고기나 생선 좀 드셔 보실래요?

여 고맙지만 지금은 배가 불러요. 샐러드로 시작해도 될까요?

남 물론이죠. 그렇게 하세요.

2. M Are you ready to order?

   W Yes, I would like to have the fried fish. Not oily, please.

   M All right. And would you like rice or potatoes?

   W A baked potato, not salty, please.

   M Certainly. Would you like something to drink?

   W Yes, please. I'd like iced tea with lots of ice.

   M OK. Would you like anything else?

   W No, that will be all for now, thanks.

   남 주문하시겠습니까?

   여 네, 저는 튀긴 생선이 먹고 싶어요. 기름기 없게 부탁해요.

   남 좋습니다. 밥을 원하시나요, 아니면 감자를 원하시나요?

   여 구운 감자요, 짜지 않게 부탁해요.

   남 물론이죠. 마실 것도 드릴까요?

   여 네, 주세요. 얼음 많이 넣은 아이스티를 원해요.

   남 좋습니다. 또 다른 뭔가 원하시는 게 있나요?

   여 아니요. 지금은 그게 다예요. 감사합니다.

Solution

1. (1)에서는 엄마가 배고픈 아들에게 프라이드치킨을 권하고 있고, (2)에서는 바비큐 구이로 유명한 식당에서 남자가 여자에게 바비큐를 권하고 있다. (3)에서는 남자가 쇠고기와 생선을 권하는데 여자가 샐러드를 먼저 먹겠다고 말하고 있다.

2. 여자가 주문한 음식 중 기름기 없는(not oily) 튀긴 생선(fried fish)이 있으므로 주문서에서 with extra oil이 잘못되었다.

B SPEAK OUT

1. Match each person to the menu items that he or she wants.

(1) Can I have some less oily food and a low-calorie drink?

(2) I would like some spicy food. I also feel like having a hot drink.

(3) I want some hot food with a cold drink.

a. chicken soup
   soft drink with ice

b. vegetable salad
   black coffee without sugar

c. beef curry with peppers
   hot green tea

Questions for Interaction

What would you like to eat and drink?

2. Have a conversation about the food and drink you would like.

Interaction

A: Would you like something to eat and drink?
B: Yes. I'd like some less oily food and a low-calorie drink.
A: I see. Then what food and drink would you like to have?
B: I'd like a vegetable salad and black coffee without sugar.

Expression+

음식 권하기
• Do you want ...?
• Help yourself to ....

081

B SPEAK OUT

1. 각 사람이 원하는 메뉴와 연결하시오.

   (1) 덜 기름진 음식과 저칼로리 음료를 먹을 수 있을까요?
   (2) 나는 매운 음식을 원해요. 그리고 뜨거운 음료를 마시고 싶어요.
   (3) 나는 차가운 음료와 함께 뜨거운 음식을 원해요.
   a. 닭고기 수프, 얼음이 들어간 청량음료
   b. 채소 샐러드, 설탕을 넣지 않은 블랙커피
   c. 고추가 들어간 쇠고기 카레, 뜨거운 녹차
   [Answer] (1) b (2) c (3) a

Questions for Interaction
여러분은 무엇을 먹고 마시고 싶은가요?

2. 먹고 싶은 음식과 음료에 대해 대화하시오.

Interaction

A 먹을 거나 마실 거를 원하세요?
B 네. 저는 덜 기름진 음식과 저칼로리 음료를 원해요.
A 알겠습니다. 그렇다면 어떤 음식과 음료를 드시겠습니까?
B 저는 채소 샐러드와 설탕이 없는 블랙커피를 원해요.

음식 권하기   **Would you like something to eat?**

Would you like ~?는 '~을 드시겠어요?'라는 뜻으로, 음식을 권하는 표현이다. like 뒤에는 권하고 싶은 음식을 나타내는 표현이 이어진다. 비슷한 표현으로는 Do you want ~?(~을 원하십니까?), Why don't you have ~?(~을 드시지 그래요?), Help yourself to ~.(~을 마음껏 드세요) 등이 있다.

ex. A **Would you like** some spicy food? (매운 음식을 드시겠어요?)
    B Sure, I want to try it. (물론이죠, 먹어 보고 싶네요.)

Expression+

• **Do you want** some fried chicken? (프라이드치킨을 원하십니까?)
• **Why don't you have** more soup? (수프 좀 더 먹지 그래요?)
• **Help yourself to** the salad. (샐러드를 마음껏 드세요.)

B SPEAK OUT

Solution

(1) 남자는 덜 기름지고 저칼로리 음료를 먹고 원하므로, b(채소 샐러드와 설탕이 없는 블랙커피)가 알맞다.
(2) 여자는 매운 음식과 뜨거운 음료를 원하므로, c(고추가 들어간 쇠고기 카레와 뜨거운 녹차)가 알맞다.
(3) 남자는 뜨거운 음식과 차가운 음료를 원하므로, a(닭고기 수프와 얼음이 든 청량음료)가 알맞다.

Interaction

Sample Dialog 1

A Would you like something to eat and drink?
B Yes. I'd like some spicy food and a hot drink.
A I see. Then what food and drink would you like to have?
B I'd like beef curry with peppers and hot green tea.
A 먹을 거나 마실 거를 원하세요?
B 네. 저는 매운 음식과 뜨거운 음료를 원해요.
A 알겠습니다. 그렇다면 어떤 음식과 음료를 드시겠습니까?
B 저는 고추가 들어간 쇠고기 카레와 뜨거운 녹차를 원해요.

Sample Dialog 2

A Would you like something to eat and drink?
B Yes. I'd like some hot food with a cold drink.
A I see. Then what food and drink would you like to have?
B I'd like chicken soup and a soft drink with ice.
A 먹을 거나 마실 거를 원하세요?
B 네. 저는 뜨거운 음식과 차가운 음료를 원해요.
A 알겠습니다. 그렇다면 어떤 음식과 음료를 드시겠습니까?
B 저는 뜨거운 닭고기 수프와 얼음이 들어간 청량음료를 원해요.

LISTEN & SPEAK 2

TOPIC 2 Famous Local Foods in Korea
한국의 유명한 지역 음식들

알고 있는지 묻기
Have you heard about *Naju gomtang*?

FUNCTIONS **IN USE**

보고 체크하시오. 소녀는 뭐라고 말하겠는가?

소녀 나주 곰탕에 대해 들어 본 적 있니?

소년 아니, 없어. 그게 뭐야?

Answer Have you heard about

A **LISTEN & DO**

1. 듣고 설문지에서 틀린 부분에 동그라미 하시오.

Answer A little → A lot, Naejangsan → Seoraksan
pajeon → *galbi*

2. 듣고 뉴스에 가장 적합한 제목을 고르시오.
   a. 김치와 비빔밥이 모든 한국 음식을 대표한다.
   b. 한국 음식이 세계에서 점점 더 인기를 얻고 있다
   c. 점점 더 적은 사람이 한국 음식을 즐기는 이유

   Answer b

Question for You

외국인들에게 떡국과 곰탕 중 어느 것이 더 인기 있을까요?

Sample Answer *Tteokguk* would be more popular.

FUNCTIONS **IN USE**

🔊 **Solution**

Have you heard about ~?은 '~에 대해 들어 본 적 있니?'라는
의미로, 무엇에 대해 알고 있는지 물을 때 쓰는 표현이다. Will
you have *Naju gomtang*?은 '나주 곰탕을 먹을 거니?'라는 의
미이므로 어울리지 않는다.

A **LISTEN & DO**

🔊 **Script**

1. **G** Hi, Steve! Have you heard much about Korea?
   B Yes, a lot. My friends have told me a lot about
   famous places in Korea.
   G Great! And where have you been in Korea?
   B I've been to Gyeongju, Seoraksan, and Jejudo.
   They were all wonderful.
   G Korea also has lots of delicious food. Which Korean
   dishes have you tried so far?
   B So far, I have had *bulgogi*, *bibimbap*, and *galbi*.
   G Great! There are many other special places and
   types of food in Korea. Let's check them out
   together soon.
   여 안녕, Steve! 한국에 대해서 많이 들어 봤니?
   남 응, 많이. 내 친구들이 한국의 유명한 장소들에 대해 많이
   얘기해 줬어.

FUNCTIONS **IN USE**

Look and check. What would the girl say?

Naju gomtang?

No, I haven't.
What's that?

○ Have you heard about   ○ Will you have

■ Now listen and check the answer with your partner.

A LISTEN & DO

1. Listen and circle the incorrect parts on the questionnaire.

Name *Steve*			
How much have you heard about Korea?	☐ A lot	☑ A little	☐ Nothing
Have you been to any well-known places in Korea?	☑ Yes	☐ No	
If yes, please list where you have visited.	*Gyeongju, Naejangsan, Jejudo*		
Have you tried any Korean foods?	☑ Yes	☐ No	
If yes, please list what you have eaten.	*bulgogi, bibimbap, pajeon*		

2. Listen and choose the best title for the news.
   a. *Kimchi* and *Bibimbap* Represent All Korean Foods
   b. Korean Food Is Getting More Popular Around the World
   c. Why Fewer and Fewer People Are Enjoying Korean Food

Question for You

Which would be more
popular with foreigners,
tteokguk or *gomtang*?

082   Lesson 4

여 좋아! 그리고 한국에서 어디에 가 봤니?

남 경주와 설악산, 제주도에 가 봤어. 모두 멋있었어.

여 한국에는 맛있는 음식들도 많이 있어. 지금까지 어떤 한국
음식들을 먹어 봤니?

남 지금까지, 나는 불고기와 비빔밥, 갈비를 먹어 봤어.

여 좋아! 한국에는 다른 특별한 장소와 음식 종류가 많아. 곧
같이 그것들을 확인해 보자.

2. **W** Good morning. This is Sandy Lee at Global Issues.
   Have you heard about *tteokguk*? How about
   gomtang? *Kimchi* and *bibimbap* may be all that
   the world knows about Korean food. But more and
   more Korean restaurants are opening up outside
   Korea, and more foreigners are visiting Korea
   every day. Nowadays, Korean food is spreading to
   all corners of the world.

   여 안녕하세요. '지구촌 이슈'의 Sandy Lee입니다. 떡국에
   대해서 들어 보셨나요? 곰탕은요? 김치와 비빔밥은 세계가
   한국 음식에 대해 알고 있는 전부일 것 같습니다. 하지만
   점점 더 많은 한국 식당이 한국 밖에서 개업을 하고 있고,
   더 많은 외국인들이 날마다 한국을 방문하고 있습니다.
   요즘 한국 음식은 세계 곳곳으로 퍼지고 있습니다.

🔊 **Solution**

한국 음식으로 김치와 비빔밥이 세계적으로 알려져 있었지만 많
은 한국 식당이 외국에서 개업을 하고 있고 많은 외국인들이 한국
을 방문하고 있기에 한국 음식이 점점 더 인기가 높아지고 있다는
내용의 뉴스이므로, 제목으로는 b가 가장 알맞다.

B SPEAK OUT

1. Complete the following brochure using the expressions in the box.

Discover and Enjoy Local Foods in Korea

Naju **Gomtang**
(1)

Gangneung **Chodang Tofu**
(2)

Yeongdeok **Daege**
(3)

Bongpyeong **Memil Guksu**
(4)

- hot soup with beef slices
- steamed long-legged crab
- noodles in cold soup
- tofu made with sea water

Questions for Interaction

Do you know any popular local food in Korea? What place is famous for the food?

Can you describe the food?

2. Have a conversation about a famous local food in Korea.

Interaction

A: Have you heard about *Naju gomtang*?
B: *Naju gomtang*? What's that?
A: It's hot soup with beef slices. Naju is famous for it.
B: I see. I hope to go there and enjoy it one day!

Expression +

알고 있는지 묻기
- Do you know about ...?
- Have you been told anything about ...?

083

B SPEAK OUT

1. 상자 안의 표현을 사용하여 다음 소책자를 완성하시오.

발견하고 즐겨라 / 한국의 지역 음식들
나주 곰탕 (1) 얇게 썬 쇠고기가 들어간 뜨거운 수프
강릉 초당 두부 (2) 바닷물로 만든 두부
영덕 대게 (3) 찐 긴 다리 게
봉평 메밀국수 (4) 차가운 국물 면 요리

Answer
(1) hot soup with beef slices
(2) tofu made with sea water
(3) steamed long-legged crab
(4) noodles in cold soup

Questions for Interaction

한국에서 인기 있는 지역 음식을 아니? 어느 곳이 그 음식으로 유명하니? / 그 음식을 설명할 수 있니?

2. 한국에서 유명한 지역 음식에 대해 대화하시오.

Interaction

A 나주 곰탕에 대해 들어 본 적 있니?
B 나주 곰탕? 그게 뭔데?
A 얇게 썬 쇠고기가 들어간 뜨거운 수프야. 나주가 그걸로 유명해.
B 그렇구나. 언젠가 가서 먹어 보고 싶어!

알고 있는지 묻기   **Have you heard about *Naju gomtang*?**

Have you heard about ~?은 '~에 대해 들어 본 적 있니?'라는 뜻으로, 상대에게 무언가 알고 있는지를 묻는 표현이다.
ex. A **Have you heard about** *Jeonju Bibimbap*? (전주비빔밥에 대해 들어 본 적 있니?)
　　B Of course, I have. It's very famous. (물론이지. 그건 아주 유명하잖아.)

Expression +
- **Do you know about** *Kimchi Jjigae*? (너는 김치찌개에 대해 아니?)
- **Have you been told anything about** *Chuncheon Dakgalbi*? (너는 춘천 닭갈비에 대해 들은 것이 있니?)

B SPEAK OUT

Interaction

Sample Dialog 1

A Have you heard about *Gangneung Chodang Tofu*?
B *Gangneung Chodang Tofu*? What's that?
A It's tofu made with sea water. Gangneung is famous for it.
B I see. I hope to go there and enjoy it one day!
A 강릉 초당 두부에 대해 들어 본 적 있니?
B 강릉 초당 두부? 그게 뭔데?
A 바닷물로 만든 두부야. 강릉이 그걸로 유명해.
B 그렇구나. 언젠가 가서 먹어 보고 싶어!

Sample Dialog 2

A Have you heard about *Yeongdeok Daege*?
B *Yeongdeok Daege*? What's that?

A It's steamed long-legged crab. *Yeongdeok* is famous for it.
B I see. I hope to go there and enjoy it one day!
A 영덕 대게에 대해 들어 본 적 있니?
B 영덕 대게? 그게 뭔데?
A 찐 긴 다리 게야. 영덕이 그걸로 유명해.
B 그렇구나. 언젠가 가서 먹어 보고 싶어!

Sample Dialog 3

A Have you heard about *Bongpyeong Memil Guksu*?
B *Bongpyeong Memil Guksu*? What's that?
A It's noodles in cold soup. *Bongpyeong* is famous for it.
B I see. I hope to go there and enjoy it one day!
A 봉평 메밀국수에 대해 들어 본 적 있니?
B 봉평 메밀국수? 그게 뭔데?
A 차가운 수프 면 요리야. 봉평이 그걸로 유명해.
B 그렇구나. 언젠가 가서 먹어 보고 싶어!

CONVERSATION IN ACTION

한국 음식이 전 세계에서 더 많은 인기를 얻고 있습니다. 어떻게 하면 더 많은 사람들로부터 사랑을 받을 수 있을까요?

A GET SET

듣고 식당에 관해 바르게 말한 사람을 고르시오.

지윤: 외국인들은 한국인만큼 그 식당을 좋아할 거야.
Zack: 많은 한국인들이 그 식당을 좋아하지 않을 거야.
Rosy: 그 식당은 세계화된 한식을 요리하는 법을 알고 있어.
송현: 네가 그 식당에서 찾을 수 있는 모든 것이 국제적인 음식이야.

Answer Jiyun, Rosy

B ACT OUT

1. 상자 안의 표현을 이용하여 대화를 완성하시오.

여 한국 음식을 원하니?
남 물론이지. 먹어 보고 싶어.
여 근처에 새로 연 멋진 한국 식당에 대해 들어 봤니? 지난달에 막 개업을 했어.
남 아니, 못 들어 봤어. 뭐가 그렇게 특별한데?
여 그 식당은 매우 '세계적'이라고들 하던데.
남 세계적이라고? 왜 그렇지?
여 글쎄, 전 세계에서 온 사람들의 입맛에 맞게 디자인된 맛있는 한국 음식들을 제공한대.
남 와! 한국인뿐만 아니라 외국인도 그곳에서 식사를 즐길 수 있을 것 같아.
여 맞아. 분명히 그곳에 멋진 메뉴가 있을 거야.
남 좋아. 지금 거기로 가자!

Answer (1) Have you heard about (2) What's so special (3) What makes it so? (4) foreigners as well as Koreans (5) wonderful menu

2. 다시 듣고, 짝과 역할극을 해 보시오.

A GET SET

Script

G Would you like some Korean food?
B Sure. I'd love some.
G Have you heard about the wonderful new Korean restaurant near here? It just opened last month.
B No, I haven't. What's so special about it?
G The restaurant is said to be very 'global.'
B Global? What makes it so?
G Well, it offers delicious Korean dishes that are designed to suit the tastes of people from around the world.
B Wow! I think foreigners as well as Koreans can enjoy eating there.
G Right. I'm sure it has a wonderful menu.
B Great. Let's go there now!

A GET SET

Listen and choose the people who speak correctly about the restaurant.

Jiyun: Foreigners will like the restaurant as much as Koreans.
Zack: Many Koreans will not like the restaurant.
Rosy: The restaurant knows how to cook globalized Korean food.
Songhyeon: All you can find in the restaurant is international food.

B ACT OUT

1. Complete the dialog using the expressions in the box.

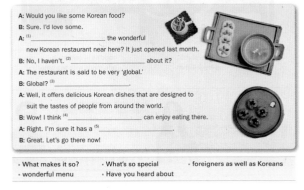

A: Would you like some Korean food?
B: Sure. I'd love some.
A: (1) _____ the wonderful new Korean restaurant near here? It just opened last month.
B: No, I haven't. (2) _____ about it?
A: The restaurant is said to be very 'global.'
B: Global? (3) _____
A: Well, it offers delicious Korean dishes that are designed to suit the tastes of people from around the world.
B: Wow! I think (4) _____ can enjoy eating there.
A: Right. I'm sure it has a (5) _____.
B: Great. Let's go there now!

| • What makes it so? | • What's so special | • foreigners as well as Koreans |
| • wonderful menu | • Have you heard about | |

2. Listen again, and act out the dialog with your partner.

Sounds in Use

Would you like some Korean food? ♩
[쥬]
Have you heard about the wonderful new Korean restaurant near here? ♩

Sounds in Use

• Would you like some Korean food? ♩ 한국 음식을 좀 원하니?
[쥬]
끝소리 d가 설측음 y와 연음되어 구개음화된다.
• Have you heard about the wonderful new Korean restaurant near here? ♩ 근처에 새로 연 멋진 한국 식당에 대해서 들어 봤니? 끝소리 d와 다음 단어의 첫 모음 a가 연음되어 한 단어처럼 들릴 수 있으니 주의한다.

Solution

두 사람의 대화는 근처에 새로 연 한국 식당이 전 세계 사람들의 입맛에 맞는 한국 음식들을 제공하고 있어서 국제적이라고 했고 한국인뿐만 아니라 외국인도 그곳에서 식사를 즐길 수 있을 것 같다고 했다. 그러므로 외국인들은 한국인만큼 그 식당을 좋아할 거라고 말한 Jiyun과 그 식당은 세계화된 한식을 요리하는 법을 알고 있다고 말한 Rosy가 식당에 대해 바르게 말했다.

B ACT OUT

Solution

대화는 근처에 새로 연 한국 음식점에 대해 두 사람이 서로 들어 본 적이 있는지를 묻고 답하며, 그 음식점이 왜 국제적인지에 대해서 설명하고 있다.

Words & Expressions

• global [glóubəl] 형 세계적인, 국제적인
• suit [sjuːt] 동 맞다, 적합하다, 어울리다
• as well as ~뿐만 아니라

A LISTENING FOR REAL

Listen to the advertisement and complete the note.

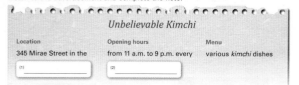

Unbelievable Kimchi

Location	Opening hours	Menu
345 Mirae Street in the	from 11 a.m. to 9 p.m. every	various *kimchi* dishes
(1)_____	(2)_____	

B SPEAKING FOR REAL

1. Fill in the blanks using the expressions in the box.

The Easy Way to Cook *Kimchijeon*

(1)_____ (2)_____ in the heated pan. (3)_____ in the pan. (4)_____ and crispy.

- Thinly spread the *kimchijeon* batter
- Put some vegetable oil
- Make your *kimchijeon* batter
- Keep cooking until the bottom gets golden brown

2. Tell your partner how to cook *kimchijeon*.

First, ... | Next, ... | Then, ... | Lastly, ...

▶ Go to p.197 for a sample answer.

+ Speaking Tip
음식 요리법을 말할 때는 명령문 형식을 이용해 요리 순서에 맞추어 세부 정보를 간결하게 제시해 줍니다.

Stop & Reflect	I think …	My partner thinks …
I can listen to and understand the restaurant advertisement.	☺ ☺ ☹	☺ ☺ ☹
I can explain how to cook *kimchi* based on a recipe.	☺ ☺ ☹	☺ ☺ ☹
I can work together with my partner in sharing a food recipe.	☺ ☺ ☹	☺ ☺ ☹

085

A LISTENING FOR REAL
광고를 듣고 노트를 완성하시오.

놀라운 김치

지역	개업 시간	메뉴
시내 역사 지구	월요일부터 토요일	다양한 김치
미래길 345	오전 11시부터 오후	요리
	9시까지	

Answer (1) historic downtown area
(2) Monday to Saturday

B SPEAKING FOR REAL
1. 상자 안의 표현을 이용하여 빈칸을 채우시오.
김치전을 요리하기 위한 쉬운 방법
- 김치전 반죽을 얇게 펴라.
- 김치전 반죽을 만들어라.
- 식물성 기름을 약간 넣어라.
- 바닥이 황금 갈색이 될 때까지 조리해라.

Answer (1) Make your *kimchijeon* batter.
(2) Put some vegetable oil
(3) Thinly spread the *kimchijeon* batter
(4) Keep cooking until the bottom gets golden brown

2. 김치전을 만드는 방법을 짝에게 말하시오.

Speaking Tip Talking about the recipe for something

음식 요리법에 관해 말하기

어떤 음식을 요리하는 방법을 말할 때는 명령문 형식을 이용해서 세부 정보를 간결하게 말한다. 요리하는 방법에 관해 말할 때는 순서와 절차가 매우 중요하므로, 교과서에 제시된 연결어(First, ~. Next, ~. Then, ~. Lastly, ~.)를 활용하여 요리의 순서와 방법을 설명한다. 또한 Lesson 2에서 배운 '열거하기'를 이용하여, First, ~. Second, ~. Third, ~. 또는 First of all, ~. Next, ~. Lastly, ~. 등으로 말할 수 있다.

A LISTENING FOR REAL

🎧 Script

M Have you heard about the new Korean restaurant, *Unbelievable Kimchi*? Come to 345 Mirae Street in the historic downtown area to enjoy a truly Korean food experience. You can discover all kinds of fantastic *kimchi* dishes including *jjigae*, *jjim*, *bokkeumbap*, *guksu*, and *pajeon*. We welcome you anytime from 11 a.m. to 9 p.m. every Monday to Saturday.

남 새로운 한국 식당인, Unbelievable Kimchi에 대해서 들어 보셨나요? 진정한 한국 음식에 대한 경험을 즐기기 위해 시내 역사 구역 미래길 345로 오십시오. 여러분은 찌개와 찜, 볶음밥, 국수, 파전을 포함한 모든 환상적인 김치 요리를 발견할 수 있습니다. 우리는 월요일부터 토요일까지 오전 11시에서 오후 9시까지 언제든지 여러분을 환영합니다.

🎧 Solution

한국 음식점의 이름을 소개하며 위치가 어디인지를 자세히 설명

하고 있다. 마지막에는 영업시간과 영업일에 대해 언급했다.

B SPEAKING FOR REAL

Sample Answer First, make your *kimchijeon* batter. Next, put some vegetable oil in the heated pan. Then, thinly spread the *kimchijeon* batter in the pan. Lastly, keep cooking until the bottom gets golden brown and crispy. Now would you like to enjoy your *kimchijeon*?

첫째, 김치전 반죽을 만드세요. 다음으로, 가열된 팬에 약간의 식물성 기름을 부으세요. 그리고 나서, 김치전 반죽을 가볍게 펴세요. 마지막으로, 바닥이 황금 갈색이 될 때까지 요리를 계속하세요. 이제 여러분의 김치전을 즐기시겠어요?

Words & Expressions
- historic [histɔ́(:)rik] 형 역사적인
- downtown [dàuntáun] 형 시내의
- discover [diskʌ́vər] 동 발견하다
- dish [diʃ] 명 요리
- keep -ing 계속해서 ~하다
- batter [bǽtər] 명 반죽

ACROSS CULTURES

전 세계의 음식들

세계의 서로 다른 사람들은 서로 다른 음식을 먹습니다. 다른 음식을 먹으면 다양한 문화를 즐길 수 있습니다. 흥미로운 문화적 배경을 가진 음식을 살펴봅시다.

A 음식 사진을 세계 지도의 알맞은 장소와 연결하시오.

> **Answer** Shish Kebab — Middle East
> Margherita Pizza — Italy

B 듣고 빈칸을 채우시오.

음식	특징	문화적 배경
시시 케밥	막대 위에 얹은 구운 고기나 해산물로, 대개 채소와 함께 제공됨	중동 지역 사람들이 곳곳으로 여행할 때 – 즐겼다.
마가리타 피자	붉은색 토마토, 초록색 바질과 흰색 모차렐라 치즈로 덮여 있음	이탈리아 국기의 세 가지 색이 들어 있어서 Margherita 여왕이 좋아했다.

> **Answer** (1) seafood (2) vegetables
> (3) traveled (4) tomato
> (5) white (6) flag

C 네 명이 모둠을 만들어 흥미로운 문화적 배경이 있는 다른 음식을 조사해 보시오. 결과를 쓰고 학급에 발표하시오.
인터넷에서 더 많은 것을 배워 보세요.
검색어: 세계의 전통 음식 / 음식 문화 / 문화적 배경

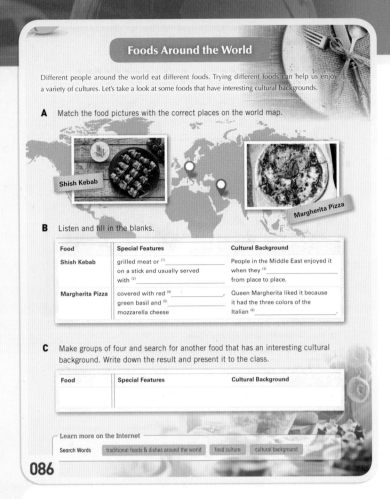

Foods Around the World

Different people around the world eat different foods. Trying different foods can help us enjoy a variety of cultures. Let's take a look at some foods that have interesting cultural backgrounds.

A Match the food pictures with the correct places on the world map.

Shish Kebab

Margherita Pizza

B Listen and fill in the blanks.

Food	Special Features	Cultural Background
Shish Kebab	grilled meat or (1) _____ on a stick and usually served with (2) _____	People in the Middle East enjoyed it when they (3) _____ from place to place.
Margherita Pizza	covered with red (4) _____ green basil and (5) _____ mozzarella cheese	Queen Margherita liked it because it had the three colors of the Italian (6) _____.

C Make groups of four and search for another food that has an interesting cultural background. Write down the result and present it to the class.

Food	Special Features	Cultural Background

Learn more on the Internet

| Search Words | traditional foods & dishes around the world | food culture | cultural background |

086

A

Solution

왼쪽의 시시 케밥은 터키의 유명한 음식이고, 오른쪽의 마가리타 피자는 이탈리아에서 유명하다. 지도에서 터키와 이탈리아의 위치를 찾아본다.

B

Script

1. M As grilled meat or seafood, shish kebab is cooked and served on a thin stick. Some vegetables are also usually served on the stick. People in the Middle East have enjoyed this food since they traveled from place to place long time ago. Cooking and serving food this way was convenient at that time. Isn't it fun to imagine how they cooked and ate shish kebab in the desert?

남 시시 케밥은 구운 고기나 해산물로 요리되어 얇은 막대 위에 놓여 제공된다. 약간의 채소도 막대 위에 놓여 제공된다. 중동 지역의 사람들은 오래 전 한 장소에서 다른 장소로 이동했을 때부터 지금까지 이 음식을 즐기고 있다. 이런 방식으로 요리하고 제공되는 것은 그 당시에 편리했다. 그들이 사막에서 시시 케밥을 어떻게 요리하고 먹는지 상상하는 것은 재미있지 않은가?

2. W According to legend, Margherita pizza was created in honor of Queen Margherita. It has three differently colored toppings: red tomato, green basil and white mozzarella cheese. Did you know that those three colors are the colors of the Italian flag? That is why Queen Margherita liked the pizza so much.

여 전설에 따르면, 마가리타 피자는 Margherita 여왕에게 경의를 표하는 의미로 만들어졌다. 그것은 세 가지 다른 색의 토핑으로 되어 있는데, 빨간색 토마토와 초록색 바질, 흰색의 모차렐라 치즈이다. 그 세 가지 색이 이탈리아의 국기의 색이라는 것을 알고 있는가? 그것이 Margherita 여왕이 그 피자를 정말 좋아했던 이유이다.

C

Words & Expressions

- **the Middle East** 중동
- **since** [sins] 젭 ~ 이후로, ~부터
- **from place to place** 이곳저곳, 여기저기
- **convenient** [kənvíːnjənt] 혱 편리한
- **desert** [dézərt] 뎽 사막
- **according to** ~에 따르면, ~에 의하면
- **legend** [lédʒənd] 뎽 전설
- **honor** [ánər] 뎽 명예, 경의
- **topping** [tápiŋ] 뎽 토핑, 고명

A EXPRESSIONS FOR READING

Complete the following using the words in the box.

My Favorite Korean Food

I have been here in Korea for more than five years. My favorite Korean food is *sundubu jjigae*. It is a kind of soft tofu (1) _____. The most common version has seafood in it, but you can also find other versions containing beef, pork, or mushrooms. Any version is usually (2) _____ because it is made with red (3) _____ sauce. And in most cases it is (4) _____ with an egg. I really love its flavor, and I am sure you will, too.

- spicy - topped - soup - pepper

B TOPIC PREVIEW

Listen and link the blanks in the graph to the correct Korean food.

◆ Foreigner's Favorite Korean Foods ◆

- *samgyeopsal*
- *kimchi*
- *tteokbokki*
- *bibimbap*
- (1)
- *sogalbi*
- (2)
- *others*

samgyetang

naengmyeon

Question for You
What Korean food would foreigners like best?

※ source: http://www.seoul.go.kr (2011. 10. 15)

087

A EXPRESSIONS FOR READING

Solution

보기로 제시된 네 개의 그림과 단어의 의미를 이해하고, 빈칸 앞 뒤에 이어지는 어구의 의미를 파악하여 가장 의미가 잘 통하는 어구를 고른다.

B TOPIC PREVIEW

Script

W According to a survey, *samgyeopsal* turned out to be the favorite Korean food among foreigners with 28% of foreigners naming it as their number one choice. Seventeen percent of them liked *kimchi* best, and 16% liked *tteokbokki*. Next were *bibimbap* with 12%, *samgyetang* with 9%, *sogalbi* with 4%, and *naengmyeon* with 2%.

A EXPRESSIONS FOR READING

상자 안의 단어를 이용하여 다음을 완성하시오.

내가 가장 좋아하는 한국 음식

나는 여기 한국에 5년 이상 살고 있다. 내가 가장 좋아하는 한국 음식은 순두부 찌개이다. 그것은 일종의 부드러운 두부 국물 요리이다. 가장 흔한 형태는 그 안에 해산물이 들어 있는 것이지만, 쇠고기나 돼지고기, 버섯이 들어 있는 다른 형태도 찾을 수 있다. 어떤 형태든지 보통은 매운데, 그것이 매운 고추장으로 만들어지기 때문이다. 그리고 대부분의 경우, 그것은 계란이 고명으로 올라간다. 나는 정말 그 맛을 사랑하고, 여러분도 분명히 그럴 것이라 확신한다.

Answer (1) soup (2) spicy (3) pepper (4) topped

B TOPIC PREVIEW

듣고 도표의 빈칸과 알맞은 한국 음식을 연결하시오.

외국인이 가장 좋아하는 한국 음식들
삼겹살
김치
떡볶이
비빔밥
삼계탕
소갈비
냉면
기타

Answer (1) *samgyetang* (2) *naengmyeon*

Question for You

외국인들이 어떤 한국 음식을 좋아할까요?

Sample Answer I think they would like *bulgogi* best. (나는 그들이 불고기를 가장 좋아할 거라고 생각한다.)

여 설문 조사에 따르면, 삼겹살은 28퍼센트의 외국인이 1위 선택으로 이름을 붙인 외국인들 사이에서 가장 좋아하는 한식으로 밝혀졌다. 그들 중 17퍼센트는 김치를 가장 좋아했고, 16퍼센트는 떡볶이를 좋아했다. 다음은 비빔밥이 12퍼센트, 삼계탕이 9퍼센트, 소갈비가 4퍼센트, 냉면이 2퍼센트였다.

Words & Expressions
- **common** [kámən] 형 흔한, 공통적인
- **seafood** [síːfùːd] 명 해산물
- **contain** [kəntéin] 동 포함하다, 함유하다
- **mushroom** [mʌ́ʃru(ː)m] 명 버섯
- **version** [vɔ́ːrʒən] 명 형태
- **turn out** ~임이 드러나다, ~임이 판명되다

Check It!

※ 다음 어구와 의미를 바르게 연결하시오.

1. top •
2. spicy •
3. ingredient •
4. noodle •

• a. a thing that is used to make something
• b. to put something on top
• c. long, thin, curly strips of pasta
• d. being strongly flavored with spices

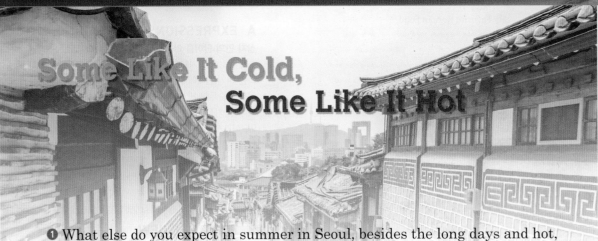

READ

Some Like It Cold, Some Like It Hot

❶ What else do you expect in summer in Seoul, besides the long days and hot,
그 밖에, 이외에
sleepless nights? ❷ It was summer again in Korea, and I was melting like an ice
잠 못 이루는, 불면의   과거진행형   ~처럼
cream in a child's hand on Seoul's hot summer streets. ❸ Luckily, in the middle
                                                              운 좋게도   ~의 한가운데에
of the city, I found the perfect thing to freshen me up and met the perfect person
                                              to부정사의 형용사적 용법
to help me out. ❹ After taking a relaxing walk along the back streets of Jongno,
동사+대명사+부사   ~한 후에   현재분사
I happened to drop into a noodle shop, enjoyed their cold noodles, and met a kind
우연히 ~하다   ~에 들르다
old man.

❺ "We enjoy cold noodles when the summer heat arrives," Mr. Kim said. ❻ He

also told me that we are healthy only when the degree of coldness and hotness
접속사 that
of our body is balanced. ❼ This is exactly what I read about in a book on Korean
앞 문장의 we ~ balanced   선행사를 포함한 관계대명사(the thing which)
culture and philosophy: ❽ When our yin and yang are out of balance, our body
                                                              균형이 맞지 않은

is in need of a good tune up. ❾ "Of course, during summer in
~을 필요로 하는   조정, 조율
Korea, that is often easier said than done, and that's why we
❽번 문장   말이 쉽지
have cold noodles in summer," he added.

Culture Note

balance of yin and yang

우주의 운행처럼 인체에서도 음양의 균형이 중요하다는 음양 조화의 원리가 오랫동안 동양의학의 근간을 이루어왔다.

088

Words & Expressions

- melt [melt] ⑧ 녹다
- freshen [fréʃən] ⑧ 신선하게 하다
- relaxing [riléksiŋ] ⑱ 느긋하게 하는, 편한
  ex. I had a *relaxing* long vacation in the island.
- noodle [núːdl] ⑲ 면, 국수
  ex. Do you like spicy *noodle* soup?
- philosophy [filásəfi] ⑲ 철학
  ex. I'm majoring in Western *philosophy* in college.
- that's why 그것이 바로 ~한 이유이다

+More Information

접미사 -less

접미사 -less는 '~이 없는'이라는 의미로, 명사 뒤에 붙어 형용사를 만든다.

sleep	– sleepless	hope	– hopeless
use	– useless	home	– homeless
care	– careless	end	– endless
count	– countless	price	– priceless
sleeve	– sleeveless	speech	– speechless
wire	– wireless	worth	– worthless

- **First Reading**

  Read through to find out how the writer had a cool summer, focusing on what 'balance of yin and yang' and 'fight fire with fire' mean. (작가가 시원한 여름을 보냈던 방법을 알아보기 위해 '음과 양의 균형'과 '이열치열'이 무엇을 의미하는지에 집중하며 읽어 보시오.)

- **Second Reading**

  Read carefully to compare the details of the two main foods the writer enjoyed.
  (작가가 즐겼던 두 가지 주요 음식의 세부 사항을 비교하기 위해 주의 깊게 읽어 보시오.)

본문 해석 **어떤 사람은 차가운 것을 좋아하고 어떤 사람은 뜨거운 것을 좋아한다**

❶ 긴 낮 시간과 덥고 잠 못 이루는 밤 이외에 서울에서 여름에 또 무엇을 기대하십니까? ❷ 한국에서의 또다시 여름이었고, 나는 서울의 뜨거운 여름 거리에서 아이의 손에 든 아이스크림처럼 녹아 가고 있었습니다. ❸ 다행히도, 도시 한가운데서 나는 나를 신선하게 해 줄 완벽한 것을 발견했고, 나를 도와줄 완벽한 사람을 만났습니다. ❹ 종로 뒷골목을 따라 편안한 산책을 한 후, 우연히 국수 가게에 들러서 차가운 국수를 즐겼으며, 친절한 한 어르신을 만났습니다.

❺ "여름철 무더위가 올 때 우리는 냉면을 즐기지요."라고 김 씨가 말씀하셨습니다. ❻ 그는 또한 우리 몸의 냉기와 온기의 정도가 균형을 이룰 때만 건강하다고 말씀하셨습니다. ❼ 이것이 바로 한국 문화와 철학에 대한 책에서 내가 읽은 것입니다. ❽ 우리의 음과 양이 균형을 이루지 못할 때, 우리 몸은 조율을 할 필요가 있습니다. ❾ "물론, 한국의 여름철에는 그것이 종종 행하기 쉽지 않아서, 여름에 우리에게 냉면이 있는 이유입니다."라고 그가 덧붙여 말했습니다.

Structures

❸ Luckily, in the middle of the city, I found the perfect thing **to freshen me up** and met the perfect person **to help me out**.
to freshen은 앞에 있는 명사 thing을, to help는 앞에 있는 명사 person을 수식하는 to부정사의 형용사적 용법이다. 또한 freshen up과 help out은 「동사+부사」로 구성되어 한 의미를 이루는 동사구이며, 이러한 동사구가 대명사를 목적어로 취하는 경우 대명사는 동사와 부사의 사이에 와서 「동사+대명사+부사」의 순서가 된다.

❹ After taking a **relaxing** walk along the back streets of Jongno, I happened to drop into a noodle shop, enjoyed their cold noodles, and met a kind old man.
relaxing '편안하게 해 주는'이라는 의미의 현재분사로, 동사 relax에 -ing가 붙어서 명사 walk를 수식하며 형용사처럼 쓰인다.

❼ **This is exactly what** I read about in a book on Korean culture and philosophy:
「This is what+주어+동사」는 '이것이 ~가 …하는 것이다'라는 의미이며, what은 선행사를 포함하는 관계대명사로 the thing which (that)로 바꿔 쓸 수 있다

❾ "Of course, during summer in Korea, that is often **easier said than done**, and **that's why** we have cold noodles in summer," he added.
easier said than done은 '말이 쉽지'라는 의미이다. 「That's why+주어+동사」는 '그것이 바로 ~한 이유이다' 또는 '그래서 ~가 …하다'로 해석하며, why 뒤에는 결과가 온다.

Q1 Where did the writer meet Mr. Kim? (필자는 어디에서 김 씨를 만났나?)

A1 The writer met him at a noodle shop along the back streets of Jongno.
(필자는 종로의 뒷골목에 있는 국수 가게에서 그를 만났다.)

Check It!

1. 밑줄 친 부분의 쓰임이 나머지와 <u>다른</u> 것을 고르시오.
   ① This is a perfect chance to learn English.   ② I had a great opportunity to meet the actor in person.
   ③ He got up early to play badminton in the morning.   ④ I have some close friends to meet on weekends.
   ⑤ He is looking for a book to read at the library.

2. 다음 빈칸에 공통으로 알맞은 말을 쓰시오.
   • _____ my mother does for my sister is reading books in bed.
   • I can't understand _____ you're talking about.

3. 빈칸에 알맞은 말을 넣어 문장을 완성하시오.
   (1) I've decided to learn yoga and I hope it will _____ _____ _____.
      (나는 요가를 배우기로 결심했는데, 그것이 나를 상쾌하게 해 주면 좋겠다.)
   (2) When the degree of coldness and hotness of our body is out of balance, our body needs a(n) _____ _____.
      (우리 몸의 음과 양의 정도가 균형이 맞지 않을 때, 우리 몸은 조율이 필요하다.)

Answer 1. ③ 2. What(what) 3. (1) freshen me up (2) tune up

READ

❶ From this old man, I learned that *naengmyeon* is wonderfully diverse, but
that the two main versions are *mulnaengmyeon*–water chilled noodles, and
bibimnaengmyeon–mixed chilled noodles. ❷ When you want something cool
and refreshing, go for *mulnaengmyeon*. ❸ When you want something a little
drier and spicier, try *bibimnaengmyeon*.

❹ *Naengmyeon*, however, is not complete without its cold noodles being topped
with hot spices. ❺ The real taste of *mulnaengmyeon* comes out when the noodles
are topped with mustard sauce, and that of *bibimnaengmyeon* when the noodles
are served with a red pepper sauce. ❻ Thus, it's not just the coldness of the
noodles, but the heat from peppers that Koreans have used for centuries to beat
the summer heat. ❼ As the old saying 'fight fire with fire' goes, enjoying hot
spices in the summer helps people stay cool, and this, interestingly, is supported
by modern findings in herbal medicine: certain herbs and spices cause sweating,
which naturally cools the body.

❽ When we parted, the wise old man told me that a real 'fight
fire with fire' experience comes with *samgyetang* in the very
middle of summer. ❾ Later, with the summer progressing, the
weather kept getting hotter. ❿ So I decided to try out my newly
attained cultural wisdom, and walked outside along the hot
street to find Mr. Kim's cure all, *samgyetang*.

Culture Note

fight fire with fire

이열치열(以熱治熱)은 열
은 열로써 다스린다는 것
을 의미하는 한자성어로,
어떠한 작용에 대하여 그
것과 같은 수단으로 대응
한다는 것을 비유한 말이
다. 더운 날씨에 뜨거운 음
식으로 더위를 이길 수 있
다는 전통적인 건강 원리
를 가리키는 말로도 사용
되어 왔다.

089

Words & Expressions

- diverse [divə́ːrs] 형 다양한
- chill [tʃil] 동 차게 식히다, 춥게 만들다
  ex. Let the watermelon *chill* for a few minutes in the
  refrigerator.
- refreshing [rifréʃiŋ] 형 신선한, 상쾌하게 하는
  ex. I'd like to drink a glass of *refreshing* juice.
- spice [spais] 명 양념, 향신료
  ex. The cook put in various *spices* to make the food.
- mustard [mʌ́stərd] 명 겨자
  ex. Please, pass me the *mustard* sauce.
- pepper [pépər] 명 후추, 고추
  ex. You can add garlic and *pepper*, if you want.
- herbal [hə́ːrbəl] 형 허브의, 약초의
  ex. *Herbal* tea helps relieve tiredness.
- sweat [swet] 동 땀을 흘리다
- progress [prágres] 동 진행하다, (시간이) 지나다
  ex. The project *progressed* slowly and carefully.
- attain [ətéin] 동 이루다, 획득하다
  ex. If you want to *attain* something, you have to try hard.
- cure [kjuər] 명 치료법, 치료제
  ex. They searched for a new *cure* for cancer.

❶ 이 어르신으로부터 나는 냉면이 매우 다양하지만, 두 가지 주된 형태는 물냉면—물이 있는 차가운 면과 비빔냉면—혼합된 차가운 면이 있다는 것을 알게 되었습니다. ❷ 시원하고 상쾌한 것을 원할 때는 물냉면을 선택하세요. ❸ 조금 더 마르고 매콤한 것을 원하면 비빔냉면을 한번 먹어 보세요.

❹ 하지만 냉면은 차가운 면에 매운 양념이 얹어지지 않으면 완전하지 않습니다. ❺ 물냉면의 진정한 맛은 면에 겨자 소스가 얹어질 때이고, 비빔냉면은 면에 고추장 소스가 곁들여질 때입니다. ❻ 따라서, 여름 무더위를 이기는 것은 면의 차가움뿐만 아니라 한국인들이 수세기 동안 사용한 고추의 열입니다. ❼ '이열치열'이라는 옛 속담처럼 여름에 매운 양념을 즐기는 것은 사람들이 시원하게 지낼 수 있도록 도와주는데, 흥미롭게도 한약재의 현대적 발견이 이것을 뒷받침해 주는데, 특정 약초와 양념이 땀을 흘리게 하며, 자연스럽게 몸을 식혀 줍니다.

❽ 우리가 헤어질 때 그 현명하신 어르신께서는 진짜 "이열치열" 경험은 한 여름에 삼계탕과 함께 온다고 말씀하셨습니다. ❾ 그 후, 여름이 깊어지면서 날씨는 점점 더 뜨거워졌습니다. ❿ 그래서 나는 새로 얻은 문화적 지혜를 한번 시험해 보기로 결심하고, 김 씨의 만병통치약인 삼계탕을 찾기 위해 무더운 거리를 따라 밖으로 걸어 나갔습니다.

🔍 **Structures**

❷ When you want **something cool and refreshing**, go for *mulnaengmyeon*.
something, anything과 같이 -thing으로 끝나는 단어를 수식하는 형용사는 뒤에 오는데, 형용사 앞에 「주격 관계대명사+be동사」인 that is가 생략된 것으로 볼 수 있다.

❹ *Naengmyeon*, however, is not complete **without its cold noodles being topped with hot spices**.
without은 전치사로 명사 또는 동명사를 목적어로 취한다. without its cold noodles being topped with hot spices는 if its cold noodles are not topped with hot spices를 의미한다.

❺ The real taste of *mulnaengmyeon* comes out when the noodles are topped with mustard sauce, and **that of** *bibimnaengmyeon* when the noodles are served with a red pepper sauce.
that of에서 that은 지시대명사로 문장 앞에 있는 명사구 the real taste를 가리키며, that of bibimnaengmyeon 다음에는 동사구 comes out이 반복되어 생략되었다.

❻ Thus, it's not just the coldness of the noodles, **but** the heat from peppers **that** Koreans **have used for centuries to beat the summer heat**.
not only(just) A but (also) B는 'A뿐만 아니라 B도'라는 의미인데, only 대신에 just가 쓰일 수도 있고 but also에서 also가 생략되어 쓰이는 경우도 많다. 또한 have used는 기간을 나타내는 for centuries와 함께 쓰여 현재완료의 계속적 용법으로 쓰였다. to beat the summer heat는 to부정사의 목적을 나타내는 부사 역할로 쓰여 '여름 무더위를 이기기 위해'로 해석된다.

❼ As the old saying 'fight fire with fire' goes, **enjoying** hot spices in the summer **helps** people stay cool, and this, interestingly, is supported by modern findings in herbal medicine: certain herbs and spices cause sweating, **which** naturally cools the body.
enjoying은 동명사로 주어로 쓰였으며, 동명사 주어는 단수 취급하므로 단수 동사 helps가 쓰였다. 콤마(,) 다음에 쓰인 which는 계속적 용법의 관계대명사로 선행사에 대한 추가적인 정보를 나타내며 이때 쓰인 관계대명사는 생략할 수 없다. 「접속사+대명사」의 의미로 and it (= sweating)으로 바꿔 쓸 수 있다.

Q2 According to Mr. Kim, what foods can be examples of "fight fire with fire"?
(김 씨에 따르면, 어떤 음식이 '이열치열'의 예가 될 수 있나?)

A2 They are *bibimnaengmyeon* and *samgyetang*. (비빔냉면과 삼계탕이다.)

Check It!

1. 밑줄 친 부분의 쓰임이 나머지와 <u>다른</u> 것을 고르시오.
   ① The train had just left when I got to the subway station.   ② I have been here in Busan since I moved.
   ③ He has got a lot of stress over the last two weeks.   ④ We haven't had any complaints so far.
   ⑤ They have worked at the same company for many years.

2. 다음 두 문장이 같도록 빈칸에 알맞은 말을 쓰시오.
   • The climate of this area is similar to _____ of tropical regions.
   • It's the only book _____ I've ever read this year.

3. 다음을 비유적으로 표현하는 말을 본문에서 찾아 쓰시오.
   enjoying hot spices in the summer eating *naengmyeon or samgyetang*

❶ The idea of eating *samgyetang* sounded good, but I didn't want to try it
동격의 of   sound+형용사: ~하게 들리다   시도하다, 먹어 보다
all alone. ❷ So I asked my friend Damil to join me, and then I committed to the
ask+목적어+to부정사: 목적어에게 ~하도록 요청하다
experience. ❸ After researching nearby restaurants, I decided on one specializing
~로 결정하다
in this soup. ❹ When we arrived, the owner of the restaurant gave us a broad,
curious smile, and showed us to a table covered with *kimchi*, hot green peppers,
which(that) was 생략
and red pepper sauce. ❺ Within minutes, two boiling bowls were placed on our
table. ❻ With a delight only matched by children on Christmas morning, I blew
(that is) 생략
on the soup to part the steam and catch my first glance of this tasty treat: a
~하기 위해 (부사적 용법–목적)
whole young chicken stuffed with ginseng, garlic, and rice, served in a clear
(which was) 생략
broth. ❼ It all made sense now. ❽ I finally understood the old man's wisdom. ❾
make sense 말이 되다
The ingredients used in *samgyetang* would take my summer blues away.
(which were) 생략

❿ I turned the chicken around and investigated it, looking for the most logical
분사구문(동시동작)
place to begin. ⓫ Still not knowing, I alternated between tender chicken, rice,
형용사적 용법(명사 수식)   분사구문(부정)
and broth. ⓬ I ate every drop. ⓭ Damil wasn't far behind me, and between the
two of us, we ate the entire dish of *kimchi*, two peppers each and a whole lot of
each: 단수 취급
cucumbers. ⓮ Needless to say, we filled the bone bucket with the empty chicken
말할 필요도 없이(독립부정사)
bones.

⓯ We cleaned each dish on the table and stared at each other in amazement. ⓰
There we were, sweating, full and happy. ⓱ Then we looked around. ⓲ We were
분사구문
not alone. ⓳ The whole restaurant was filled with people, eating and sweating,
분사구문(동시동작)
sweating and eating. ⓴ There wasn't an unhappy face to be seen.
수동형 부정사

090

Words & Expressions

- commit [kəmít] 동 하다, 실행하다
- specialize [spéʃəlàiz] 동 전문으로 하다
- steam [stiːm] 명 증기, 수증기
  ex. *Steam* rose from the electric rice cooker.
- stuff [stʌf] 동 채우다
  ex. The fridge is *stuffed* with lots of vegetables.
- ginseng [dʒínseŋ] 명 인삼
  ex. People get many health benefits from *ginseng*.
- garlic [gáːrlik] 명 마늘
  ex. I added some more *garlic* making the food.
- broth [brɔ(ː)θ] 명 수프, 죽

ex. Add chicken *broth*, green beans and soy sauce.
- investigate [invéstəgèit] 동 조사하다
  ex. The police *investigated* the crime closely.
- logical [ládʒikəl] 형 논리적인, 타당한
- alternate [ɔ́ːltərnit] 동 번갈아 오가다
  ex. Teachers have to *alternate* kindness with strictness.
- tender [téndər] 형 부드러운, (음식이) 연한, 다정한
  ex. I'd like to have something *tender* and sweet.
- cucumber [kjúːkʌmbər] 명 오이
  ex. Put some sliced *cucumber*, carrots, and ham in the pot.
- needless to say 말할 필요도 없이

❶ 삼계탕을 먹는다는 생각은 좋은 것 같았지만, 나는 그것을 온전히 혼자 시도하고 싶지는 않았다. ❷ 그래서 나는 내 친구인 Damil에게 함께 하자고 부탁을 하고서는 그 경험을 시도했다. ❸ 가까운 식당에 대해서 조사를 한 다음, 나는 이 국물 요리를 전문으로 하는 한 곳을 결정했다. ❹ 우리가 도착했을 때, 그 식당의 주인은 우리를 향해 호기심 가득한 미소를 활짝 지어 보였고, 우리에게 김치와 매운 푸른색 고추, 고추장이 깔린 식탁으로 안내했다. ❺ 몇 분 만에 두 개의 펄펄 끓는 국그릇이 우리 테이블 위에 놓였다. ❻ 크리스마스 아침의 아이처럼 기뻐서 나는 국물에서 수증기를 떨어뜨려 이 맛있는 것을 먼저 흘깃 보기 위해 입으로 바람을 불었다: 인삼과 마늘, 쌀로 채워져 깨끗한 국물에 통째로 제공되는 어린 닭 한 마리. ❼ 그것은 이제 모두 이해되었다. ❽ 나는 마침내 그 어르신의 지혜를 이해했다. ❾ 삼계탕에 쓰이는 재료는 여름철 내 우울한 기분을 날려 버릴 것이다.

❿ 나는 닭을 돌려 (먹기) 시작할 가장 타당한 곳을 찾으며 그것을 조사했다. ⓫ 여전히 알지 못한 채, 나는 부드러운 닭과 밥, 국물을 번갈아 먹었다. ⓬ 나는 모든 국물 방울을 먹었다. ⓭ Damil은 내게 많이 뒤처지지는 않았고, 우리끼리 얘기인데, 우리는 김치 한 접시, 푸른색 고추를 각각 두 개씩, 그리고 오이를 통째로 정말 많이 먹었다. ⓮ 말할 필요도 없이, 우리는 뼈 넣는 통을 빈 닭 뼈들로 채웠다.

⓯ 우리는 탁자 위의 각 접시를 깨끗이 비웠고 놀라움에 서로를 바라보았다. ⓰ 우리는 땀을 흘리며, 배부르고 행복한 채로 있었다. ⓱ 그러고 나서 우리는 주변을 둘러보았다. ⓲ 우리만이 아니었다. ⓳ 식당 전체는 먹고 땀 흘리고, 땀 흘리고 먹고 있는 사람들로 가득 차 있었다. ⓴ 어떤 불행한 얼굴도 보이지 않았다.

⚙️ **Structures**

❺ Within minutes, two boiling bowls **were placed** on our table.
타동사 place가 「be동사+과거분사」의 수동태로 쓰여 were placed는 '놓여지다'로 해석된다.

❻ **With a delight only matched by children on Christmas morning**, I blew on the soup to part the steam and catch my first glance of this tasty treat: a whole young chicken stuffed with ginseng, garlic, and rice, served in a clear broth.
주절의 동작에 동반되는 상태 또는 동작을 설명하는 「with+명사+분사」는 '~가 …한 채로'라는 의미이다. 이때 with 뒤의 명사와 분사의 관계가 능동이나 진행이면 현재분사를 쓰고, 수동이나 완료이면 과거분사를 쓴다. 이 문장에서 a delight와 match가 수동 관계이므로 과거분사를 썼다.

❿ I turned the chicken around and investigated it, **looking for the most logical place to begin**.
분사구문은 「접속사+주어+동사」로 이루어진 부사절을 분사를 이용하여 간결하게 구로 나타낸 것이다. looking for ~는 동시동작을 나타내는 분사구문으로, '~을 찾으면서'라는 의미이다.

⓫ Still **not knowing**, I alternated between tender chicken, rice and broth.
분사구문의 부정은 분사 앞에 부정어 not을 붙인다. Still not knowing은 주절의 동작에 부가적인 의미를 더해 주어 '여전히 알지 못한 채로'라는 의미이며, 부사절 As I still did not know로 바꿔 쓸 수 있다.

⓮ **Needless to say**, we **filled** the bone bucket **with** the empty chicken bones.
문장에 삽입구처럼 들어가서 문장 전체를 수식하는 부정사를 독립부정사라고 한다. 독립부정사에는 to begin with(우선), to make matters worse(설상가상으로), to tell the truth(진실을 말하자면), to put it in another way(바꿔 말하자면), to say nothing of(~은 말할 것도 없이), so to speak(말하자면) 등이 있다. fill A with B는 'A를 B로 가득 채우다'라는 의미이다.

⓴ There wasn't an unhappy face **to be seen**.
to부정사의 수동은 「to be+과거분사」로 나타낸다.

Q3 How did the people in the restaurant look? (식당에 있는 사람들은 어떻게 보였나?)
A3 They looked happy. (그들은 행복해 보였다.)

Check It!

1. **다음 우리말과 일치하도록 빈칸에 알맞은 말을 쓰시오.**
   (1) I went to school with the air conditioner _____ _____. (나는 에어컨을 켜 놓은 채로 학교에 갔다.)
   (2) He played the piano wonderfully _____ his eyes _____. (그는 눈을 감은 채로 피아노를 멋지게 연주했다.)

2. **위 글을 읽고 빈칸에 알맞은 말을 쓰시오.**
   When the writer and Damil finished the food, they felt full and _____.

3. **다음 중 어법상 틀린 문장을 고르시오.**
   ① Needless to say, she is the best player.
   ② To begin with, I have to finish cleaning up the mess.
   ③ To tell the truth, she is the one who likes you.
   ④ Strangely to say, I enjoy extreme sports.
   ⑤ To make matters worse, my phone was broken.

❶ As we left the restaurant, I felt a breath of fresh air. ❷ Whether the wind
　　　～할 때　　　　　　　　　　　　　　　　　　　　　　　　　　　　　　　　　　　～이든지 …이든지
was real or imagined, and whether the benefit of the soup was real or imagined,

I felt truly refreshed. ❸ With that feeling came a sudden understanding of the
　　　feel+형용사: ～하게 느끼다　　　　　　　= refreshing feeling
'fight fire with fire' wisdom: enjoy something really hot, let the body breathe out,
　　　　　　　　　　　　　　　　　　　　　형용사 hot이 뒤에서 수식　　　　　let+목적어+동사원형
and find yourself refreshed in a breeze. ❹ Finally, Seoul's summer heat felt as
　　　　find+목적어+분사
cool and fresh as the late fall in Los Angeles. ❺ Damil and I didn't go home right
　　　as+형용사+as
away. ❻ We stayed around to enjoy the summer evening, laughing and talking
　　　　　　　　to부정사의 부사적 용법(목적)
about another 'fight fire with fire' experience — ❼ the chance of enjoying spicy
　　　　　　　　이열치열　　　　　　　　　　　　　　　　　　　　　　　of+동명사(목적어)
ramyeon after taking a boiling bath at a hot spring.
　　　　　　　　　　　　　　　　　　　온천

091

Words & Expressions

• breath [breθ]　명 숨결, 호흡
• benefit [bénəfit]　명 혜택, 이득, 효능
  ex. I absolutely believe the *benefits* of music therapy.
• breeze [briːz]　명 산들바람, 미풍
  ex. The fallen leaves rustle in the *breeze*.
• boil [bɔil]　동 끓이다
  ex. The water is beginning to *boil*.
• spicy [spáisi]　형 매운
• bath [bæθ]　명 목욕
• hot spring　온천

+More Information

Fight fire with fire의 어원
When we "fight fire with fire," we are likely to employ more
extreme methods than we would normally use. That was
what Shakespeare was referring to in *King John*, 1595:

> Be stirring as the time; be fire with fire;
> Threaten the threatener and outface the brow
> Of bragging horror

❶ 우리가 그 식당을 떠날 때 나는 신선한 공기의 숨결을 느꼈다. ❷ 바람이 진짜인지 상상이었는지, 수프의 효능이 진짜인지 상상이었는지와는 상관없이 나는 진정으로 상쾌함을 느꼈다. ❸ 그 느낌과 함께 나는 갑자기 '이열치열'의 지혜에 대해 이해하게 되었다: 정말로 뜨거운 무언가를 즐기고, 몸이 숨을 내쉬게 하고, 산들바람에 몸이 상쾌해지는 것을 발견해라. ❹ 결국, 서울의 여름 무더위는 로스앤젤레스의 늦가을처럼 시원하고 상쾌하게 느껴졌다. ❺ Damil과 나는 바로 집에 가지 않았다. ❻ 우리는 또 다른 '이열치열'의 경험에 대해서 웃고 얘기하면서, 여름밤을 즐기기 위해 주변에 머물렀다. ❼ 그것은 온천에서 뜨거운 물에 목욕을 한 후 매운 라면을 즐길 기회였다.

Structures

❶ **As** we left the restaurant, I felt a breath of fresh air.

As는 '~할 때'의 의미로 쓰인 접속사이다.

❷ **Whether** *the wind was real* **or** *imagined*, and **whether** *the benefit of the soup was real* **or** *imagined*, I felt truly **refreshed**.

whether A or B는 'A이든지 B이든지'라는 의미이다. 또한 감정을 나타내는 동사에 -ing나 -ed를 붙여 현재분사나 과거분사를 만들 수 있는데, 함께 쓴 명사가 감정을 느끼게 하는 원인이 되면 현재분사를 쓰고, 감정을 느끼는 주체이면 과거분사를 쓴다.

ex. The students felt **bored** and fell asleep during the lecture. (학생들이 강의 동안 지루해서 잠이 들게 되었다.)

❸ **With that feeling** came a sudden understanding of the 'fight fire with fire' wisdom: enjoy something really hot, let the body breathe out, and find yourself refreshed in a breeze.

부사구 With that feeling이 강조되어 문장 앞으로 나와 주어와 동사가 도치된 문장이다. 이 문장의 주어는 a sudden understanding of the 'fight fire with fire' wisdom이며, 동사는 came으로, 원래 문장은 A sudden understanding of the 'fight fire with fire' wisdom came with that feeling.이다.

❹ Finally, Seoul's summer heat felt **as** cool and fresh **as** the late fall in Los Angeles.

「A as+형용사+as B」는 'A는 B만큼 ~하다'라는 의미의 동등 비교구문이다.

ex. It smells **as sweet as** lilies in a vase. (그것은 꽃병의 백합만큼 달콤한 향이 난다.)

❻ We stayed around **to enjoy** the summer evening, laughing and talking about another 'fight fire with fire' experience

to enjoy는 '즐기기 위하여'라는 의미로 쓰인 to부정사의 부사적 용법(목적)이다. laughing and talking ~은 분사구문으로 '~에 대해 웃고 얘기하면서'로 해석한다.

❼ **the chance of enjoying** spicy *ramyeon* after taking a boiling bath at a hot spring

the chance of는 '~라는 기회'라는 의미이며, 이때 of 이하는 chance와 동격으로 쓰여 그 의미를 풀어 설명한다. 전치사 of 뒤에 동명사 enjoying이 오고 spicy *ramyeon*은 동명사 enjoying의 목적어가 된다.

Q4 What did the writer and Damil talk about after they left the restaurant?
(필자와 Damil은 식당을 떠난 후 무엇에 관해 이야기했는가?)

A4 They talked about the chance of enjoying spicy *ramyeon* after taking a boiling bath at a hot spring.
(그들은 온천에서 뜨거운 물에 목욕을 한 후 뜨거운 라면을 즐길 기회에 관해 이야기했다.)

Check It!

1. 위 글에서 말한 'fight fire with fire'은 무엇을 의미하는지 빈칸을 완성하시오.
   Enjoy something really hot, let the body _____ _____, and find yourself _____ in a breeze.

2. 다음 빈칸에 공통으로 알맞은 말을 쓰시오.
   • _____ it is real or fake, I really want to have it.
   • I still don't understand _____ the answer is yes or no.

3. 다음 설명이 의미하는 단어를 고르시오.

an advantage that you get from a situation

   ① benefit ② difficulty ③ complaint ④ disappointment ⑤ disadvantage

AFTER YOU READ

A MAPPING IDEAS

상자 안의 표현을 이용하여 본문의 기본 구조를 완성하시오.

Answer (1) fight fire with fire
(2) cold noodles in *naengmyeon*
(3) hot *samgyetang* soup

B DETAILS

각 일기에서 본문의 사실과 맞지 않는 것을 고르시오.

김 선생님의 일기

종로의 국수 가게에서 나는 냉면에 관심이 있는 누군가를 만났다. 나는 물냉면과 비빔냉면 두 가지 형태를 설명해 주었다. 추운 날씨에 우리를 따뜻하게 해 주는 또 하나의 멋진 겨울 음식으로 삼계탕을 소개했다.

Damil의 일기

나는 외국 친구로부터 전화를 받고 우리는 삼계탕 전문 식당에 갔다. 우리는 정말 그 음식을 즐겼다. 식당의 모든 사람들이 그 음식에 행복해 하는 것 같았다. 우리가 식당에서 나올 때 우리는 기분이 정말 좋았고 진정으로 상쾌했다. 그런 다음 우리는 곧장 서둘러 집으로 왔다.

Answer (C), (F)

C YOUR RESPONSE

짝과 여름 음식인 냉면과 삼계탕에 대해 이야기해 보시오.

A 냉면과 삼계탕 중 여름 음식으로 어느 것을 더 좋아하니?
B 나는 냉면이 더 좋아.
A 어떤 이유로?
B 차가운 국물이 여름 무더위를 없애 주거든. 그리고 또한 겨자 소스가 무더위를 이기게 해 줘.

A MAPPING IDEAS

Complete the basic structure of the main text using the expressions in the box.

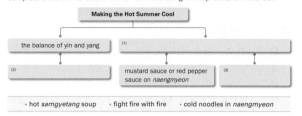

· hot *samgyetang* soup   · fight fire with fire   · cold noodles in *naengmyeon*

B DETAILS

Choose the point in each diary that is <u>not</u> true to the main text.

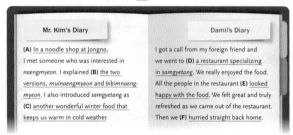

Mr. Kim's Diary

(A) In a noodle shop at Jongno, I met someone who was interested in *naengmyeon*. I explained (B) the two versions, *mulnaengmyeon* and *bibimnaengmyeon*. I also introduced *samgyetang* as (C) another wonderful winter food that keeps us warm in cold weather.

Damil's Diary

I got a call from my foreign friend and we went to (D) a restaurant specializing in *samgyetang*. We really enjoyed the food. All the people in the restaurant (E) looked happy with the food. We felt great and truly refreshed as we came out of the restaurant. Then we (F) hurried straight back home.

C YOUR RESPONSE

Talk about *naengmyeon* or *samgyetang* as a summer food with your partner.

Example

A: Which do you like better as a summer food, *naengmyeon* or *samgyetang*?
B: I like *naengmyeon* better.
A: Any reasons for that?
B: The iced broth takes away the hot summer heat. And the mustard sauce also helps me beat the heat.

A MAPPING IDEAS

Solution

우리 몸이 균형이 맞지 많을 때, 즉 음과 양이 조화롭지 못할 때 우리 몸은 조정을 할 필요를 느낀다고 했고 그 한 가지 방법으로 여름 대표적인 음식인 냉면과 삼계탕을 언급했다. 뜨거운 여름에 매운 겨자 소스나 고추장 소스를 곁들여서 먹는 차가운 냉면과 뜨거운 삼계탕을 먹는다는 것이 이상할지 모르나 이것이 우리가 무더운 여름을 이기는 '이열치열'의 방법이라고 소개했다.

B DETAILS

Solution

(C) 본문에서 삼계탕은 여름 무더위를 이기게 해 주는 '이열치열' 음식이라고 했다. (F) 본문에서 삼계탕을 먹은 후 글쓴이는 친구와 바로 집에 가지 않고 또 다른 '이열치열'의 경험에 대해서 웃고 얘기하면서 여름밤을 즐기기 위해 주변에 머물렀다고 했다.

C YOUR RESPONSE

Sample Answer

A Which do you like better *naengmyeon* or *samgyetang*?
B I like *samgyetang* better.
A Why is that?
B First, chicken is my favorite, and I also love all the stuffing like rice, ginseng, and garlic in the hot broth.
A 냉면과 삼계탕 중 여름 음식으로 어느 것을 더 좋아하니?
B 나는 삼계탕이 더 좋아.
A 어떤 이유로?
B 우선, 닭고기는 내가 제일 좋아하는 것이고, 나는 뜨거운 국물 안에 든 밥, 인삼, 마늘을 좋아해.

More Questions

※ 본문의 내용에 맞도록 빈칸에 알맞은 말을 쓰시오.

Summer in Korea is really hot and people enjoy cold noodles when the summer heat arrives. Thus, our body is in need of a good (1) _____ _____, when the degree of coldness and hotness is (2) _____ _____ _____. They have a certain food that helps beat the summer heat. The representative dish are *naengmyeon* and *samgyetang*. They feel (3) _____ after eating the spicy or hot dish. It may be strange to eat cold noodles and hot *samgyetang* with (4) _____ sauces or (5) _____ soup in summer. But this is how they beat the summer heat. It's called (6) '_____ _____ _____ _____.'

Answer (1) tune up (2) out of balance (3) refreshed (4) spicy (5) hot (6) fight fire with fire

A

- With **the summer progressing**, the weather kept getting hotter.
- With **the event approaching**, the organizing committee is busy preparing for the occasion.
- He sat silently, **with his dog sleeping** at his feet.

| Tip | 부가적으로 함께 일어나는 일을 나타내는 구문을 익혀 봅시다.

- Complete the dialog using the words in parentheses.

A: How was the party last night? I bet you had a great time there.
B: Yeah, it was really great. But time flies so fast. (coming, night, on, with), I went home and got some sleep.

B

- **The idea of eating** *samgyetang* sounded good.
- I am sorry that they have **no chance of winning the award**.
- Finally, she achieved **her dream of becoming an astronaut**.

| Tip | 굵은 글씨 부분에서 앞뒤 어구가 어떠한 관계를 맺는지 살펴봅시다.

- Complete the passage using the expressions in parentheses.

She ended up spending too much time and energy in finding a new job. She should have been careful when she thought of (changing jobs, of, the possibility).

Quote for You   Choose the best word for the blank.

"What do you fear?" the king asked.
"A _____," the lady said. "To stay behind bars, until use and old age accept them, and **all chance of doing great things** is gone beyond recall."

– *J. R. R. Tolkien, The Return of the King*

a. war   b. ghost   c. cage

J. R. R. Tolkien (1892-1972)
영국의 영어학자이자 작가.
대표작으로는
「반지의 제왕」이 있다.

093

wer: c.

A

- 여름이 깊어지면서 날씨는 계속 더 더워진다.
- 행사가 다가오면서 조직 위원회는 그 행사를 준비하느라 바쁘다.
- 발 밑에서 그의 개가 자고 있어서 그는 조용히 앉아 있었다.

Answer   With night coming on

B

- 삼계탕을 먹는다는 생각은 정말 좋았다.
- 그들이 상을 탈 기회가 없다는 게 유감이야.
- 결국, 그녀는 우주 비행사가 되려는 꿈을 성취했어.

Answer   the possibility of changing jobs

Quote for You

빈칸에 가장 알맞은 낱말을 고르시오.
"무엇이 두려운가?" 왕이 물었다.
"철창이지요."라고 숙녀는 말했다. "창살 뒤에 있다 보면 늙고 나이를 먹어서 그것들을 받아들일 때까지 훌륭한 일을 할 수 있는 모든 기회들은 지나가 버리지요.

Answer   c

A

■ 괄호 안의 단어를 이용하여 대화를 완성하시오.

A 어젯밤 파티 어땠어? 분명히 좋은 시간을 보냈을 거야.
B 응, 정말 좋았어. 하지만 시간이 정말 빨리 지나가. 밤이 다가오자 집에 가서 잠을 좀 잤어.

Solution

부가적으로 함께 일어나는 일을 나타내는 구문을 분사구문이라고 한다. 「with+명사+분사」의 형태로 나타내며, 명사와 분사와의 관계가 '주어—능동 술어'의 관계일 때 분사는 -ing 형태로 쓴다.

B

■ 괄호 안의 표현을 이용하여 문단을 완성하시오.

그녀는 결국 새 직업을 찾느라 너무 많은 시간과 에너지를 쓰게 되었다. 그녀는 직업을 바꾸는 것의 가능성에 대해서 생각했을 때 신중했어야 했다.

Solution

추상적인 개념을 말하는 명사인 chance, dream, idea, thought, hope, possibility, responsibility 다음에 이를 풀어 설명하는 of 이하는 추상명사와 동격 관계를 나타낸다. '~인 가능성' 등으로 해석할 수 있다.

Quote for You

+ More Quotes

- Never lose a chance of saying a kind word.
  친절한 말을 할 기회를 결코 놓치지 마라.
  — William Thackeray

Words & Expressions

- approach [əpróutʃ] 동 다가오다, 접근하다
  ex. It's important to *approach* volunteering with the right attitude.
- committee [kəmíti] 명 위원회
  ex. She became the first woman to head the *committee*.
- occasion [əkéiʒən] 명 행사, 경우, 때, 사건
  ex. I wore a white formal dress for the *occasion*.
- fear [fiər] 동 두려워하다
- beyond recall 취소할 수 없는
- go beyond recall 가버려서 다시 돌아오지 않는다
- astronaut [ǽstrənɔ̀ːt] 명 우주 비행사
  ex. I also hope he will become an *astronaut*.
- end up -ing 결국 ~하게 되다
  ex. You may *end up eating* junk food again.

GRAMMAR POINTS

with+명사+분사

「with+명사+-ing」는 주절의 동작에 동반되는 상태 또는 동작을 설명하는 분사구문의 한 형태로, 부가적으로 함께 일어나는 일을 나타낸다. '~가 …한 채로'라는 의미이다.

(1) 「with+명사+-ing」에서 명사와 -ing는 의미상 주어와 술어로 해석된다.
(2) 명사가 어떤 일을 하는 주체가 되면 현재분사 -ing 형태를 쓴다.
　　ex. She was waiting for me at the park **with her hair blowing in the wind**.
　　　　(그녀는 바람에 머리카락을 날리며 공원에서 나를 기다리고 있었다.)
(3) -ing 형태는 구어체에서 많이 사용한다.

「with+명사+-ing」에서 -ing 자리에 -ing 이외에 -ed, 형용사, 부사구도 올 수 있다. 다음과 같은 형태가 있다.

(1) with+명사+-ed: with 뒤의 명사와 분사의 관계가 수동이면 과거분사를 쓴다.
　　ex. Sitting **with legs crossed** is not good for health. (다리를 꼬고 앉는 것은 건강에 좋지 않다.)
(2) with+명사+형용사: 분사 자리에 형용사도 올 수 있다.
　　ex. He was watching TV **with his mind empty**. (그는 정신이 빠져서 TV를 시청하고 있었다.)
(3) with+명사+부사구: 분사 자리에 부사구도 오 수 있다.
　　ex. He entered the room **with a ball in his hand**. (그는 손에 공을 쥐고 방으로 들어왔다.)
cf. 비인칭 독립분사구문
부사절의 주어가 일반인일 경우에는 주절의 주어와 다르더라도 분사구문으로 줄여 쓸 수 있는데, 이를 비인칭 분사구문이라고 한다. 주로 의견을 말할 때 쓴다.

generally speaking 일반적으로 말해서	judging from ~로 판단해 보면	considering (that) ~을 고려하면
compared with ~와 비교해 보면	supposing ~라면	strictly speaking 엄격하게 말해서

동격의 of

추상적인 개념을 말하는 명사인 chance, dream, idea, thought, hope, possibility 다음에 이를 풀어 설명하는 of 이하는 추상명사와 동격 관계를 나타낸다.

● 추상명사 proposal, mention, theory, statement 등도 올 수 있다.
　　ex. I have **an idea of** running my own business. (나는 내 사업을 운영할 생각이 있다.)
　　　　He achieved **his dream of** going and living in Europe. (그는 유럽에 가서 사는 꿈을 이루었다.)

동격의 접속사 that: 추상명사를 설명하는 동격의 문장은 접속사 that을 써서 나타낼 수도 있다.

(1) 앞에 명사가 온다.
(2) that 다음에는 주어와 동사가 모두 쓰인 완전한 문장이 온다.
(3) that을 생략할 수 없다.
　　ex. I have **a dream that** I will become a physician. (나는 내과의사가 되는 꿈을 가지고 있다.)
　　　　Have you considered **the possibility that** we might lose? (우리가 질지도 모르는 가능성에 대해서 고려해 봤니?)
　　　　She rejected **the proposal that** her child needed special treatment.
　　　　(그녀는 그녀의 아이들이 특별 치료를 받을 필요가 있다는 제안을 거절했다.)

1. 다음 괄호 안에서 어법상 알맞은 것을 고르시오.

(1) She was dozing off, with the computer (turning / turned) on.

(2) She lay in her bed, with her eyes (closing / closed).

(3) He was running with his sunglasses (on/ in).

• doze off 졸다
• turn on ~을 켜다
• lie-lay-lain 눕다

2. 다음 괄호 안의 말을 바르게 배열하여 문장을 다시 쓰시오.

(1) He was looking at the picture (his arms, with, folded).

→ _____

(2) She went out (put, in her pocket, with, her cell phone).

→ _____

(3) (the winter, with, approaching), we are busy preparing for Christmas.

→ _____

• fold 접다
• pocket 주머니
• cell phone 휴대 전화
• approach 접근하다
• prepare for ~을 준비하다

3. 두 문장이 같은 의미가 되도록 빈칸을 완성하시오.

(1) As her finger pointed to the window, the kid started to cry.

= With _____, the kid started to cry.

(2) He was reading a book and his wife was knitting beside him.

= He was reading a book with _____.

• finger 손가락
• kid 아이
• start to ~하기 시작하다
• knit 뜨개질하다
• beside ~ 옆에

4. 다음 문장에서 어법상 틀린 부분을 찾아 바르게 고쳐 쓰시오.

(1) Can I still have a chance of join the team?

_____ → _____

(2) They were exposed to the possible of getting bitten by an alligator.

_____ → _____

(3) She is satisfied with the idea of move to a big house.

_____ → _____

• join 가입하다, 함께하다
• expose 노출하다
• bite – bit – bitten 물다
• alligator 악어
• be satisfied with ~에 만족하다

5. 우리말과 같은 뜻이 되도록 빈칸을 완성하시오.

(1) 그녀를 다시 볼 기회가 조금 있다.

= There is a little _____ seeing her again.

(2) 그녀가 지진에서 살아남을 가능성이 없다.

= There is no _____ they could have survived the earthquake.

(3) 우리는 우리나라가 통일이 될 것이라는 희망을 갖고 있다.

= We have a(n) _____ our country will be reunited.

(4) 나는 이것 또한 지나가리라는 믿음이 있다.

= I have a(n) _____ this too will pass.

• a little 조금 있는
• earthquake 지진
• reunite 재통합하다
• belief 믿음

LET'S WRITE

식당 후기

자주 방문하는 식당이 있습니까? 그것의 후기를 인기 있는 웹 사이트에 작성하도록 해 보세요.

A GET IDEAS

다음 식당 후기를 읽고, 사람들을 그 식당으로 끌어들이는 것들에 모두 체크하시오.

닭고기를 좋아한다면 Sun Chicken House에 들러 주세요. 최고이자 가장 인기 있는 요리는 오븐에 구운 훈제 닭입니다. 여러분은 그것의 훈제 냄새가 나는 맛있는 맛을 정말 좋아할 것입니다. 게다가, 웨이터도 친절하고 가격도 상당히 합리적입니다. 이 식당에 별 네 개 반을 주겠어요. 근처 이웃에서 정말 맛있는 닭고기를 맛볼 수 있는 기회를 얻는 것이 정말 멋지지 않나요?

- ☐ 친절한 웨이터
- ☐ 다소 높은 음식 가격
- ☐ 오븐에 구운 훈제 닭
- ☐ 음식 기다리는 시간

Answer friendly waiters / smoked oven-grilled chicken

B ORGANIZE IDEAS

평가를 하고 싶은 식당에 대한 질문에 답하며 표를 완성하시오.

1. 식당의 이름이 무엇인가요?
2. 무슨 요리가 유명합니까?
3. 서비스는 어떻습니까?
4. 가격은 어떻습니까?
5. 별 몇 개를 주시겠습니까?

A GET IDEAS

 Solution

Its best and most popular dish is smoked chicken grilled in the oven.에서 가장 인기 있는 요리가 오븐에 구운 훈제 닭이라고 했다. 또한 What's more, the waiters are also friendly and the prices are quite reasonable.에서 웨이터들이 친절하고 가격이 상당히 합리적이라고 했으므로, friendly waiters와 smoked oven-grilled chicken이 정답이다.

Structures

- **Its best** and **most popular** dish is smoked chicken grilled in the oven.
  best는 형용사 good의 최상급으로 주로 「the+최상급」으로 쓰이는데, 소유격이 나오는 경우는 the 대신 「소유격+최상급」으로 쓴다.

- Isn't it great **to have the chance of enjoying really tasty chicken in the neighborhood**?
  주어는 to부정사구인 to have the chance of enjoying really tasty chicken in the neighborhood이고 it은 가주어이다. the chance와 enjoying ~은 동격으로 그 사이에 있는 of를 '동격의 of'라고 한다.

Restaurant **Review**

Is there a restaurant you visit often? Try to write a review of it, maybe for a popular website.

A GET IDEAS

Read the following restaurant review and check all the things that attract people to the restaurant.

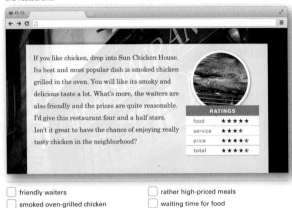

If you like chicken, drop into Sun Chicken House. Its best and most popular dish is smoked chicken grilled in the oven. You will like its smoky and delicious taste a lot. What's more, the waiters are also friendly and the prices are quite reasonable. I'd give this restaurant four and a half stars. Isn't it great to have the chance of enjoying really tasty chicken in the neighborhood?

RATINGS	
food	★★★★★
service	★★★★☆
price	★★★★☆
total	★★★★☆

- ☐ friendly waiters
- ☐ smoked oven-grilled chicken
- ☐ rather high-priced meals
- ☐ waiting time for food

B ORGANIZE IDEAS

Complete the table by answering the questions about the restaurant you would like to review.

1. What is the name of the restaurant?	
2. What dish is it famous for?	
3. How is the service?	
4. How are the prices?	
5. How many stars would you give it?	

094

B ORGANIZE IDEAS

Sample Answer

1. What is the name of the restaurant?	It's Good Home.
2. What dish is it famous for?	It is famous for Korean wheat noodles.
3. How is the service?	The servers are always very kind.
4. How are the prices?	The prices are very reasonable.
5. How many stars would you give it?	I would give it four stars.

Words & Expressions

- popular [pápjələr] ⑧ 인기 있는
- taste [teist] ⑲ 맛, 취향
  ex. Eat your food slowly, while enjoying the *taste*.
- smoky [smóuki] ⑧ 연기가 자욱한, 훈제 냄새가 나는
  ex. The room smells *smoky*.
- friendly [fréndli] ⑧ 친절한, 친근한
  ex. Jane, who lives next door, is very *friendly*.
- reasonable [ríːzənəbl] ⑧ 합리적인, 적당한
  ex. I think the price is *reasonable*.
- neighborhood [néibərhùd] ⑲ 이웃
- what's more 더구나, 더욱이, 게다가(= in addition, besides, moreover)

Complete your own restaurant review.

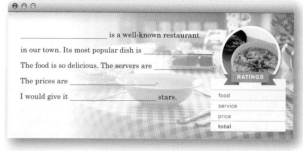

_____ is a well-known restaurant
in our town. Its most popular dish is _____.
The food is so delicious. The servers are _____
The prices are _____.
I would give it _____ stars.

RATINGS

food	
service	
price	
total	

+ Writing Tip

평가 의견을 쓸 때에는 각 항목 관련 세부 정보를 제시하고 이를 종합한 전체적인 평가로 마무리합니다.

Peer Review	My partner thinks ...
Does the review include food, service, and prices at the restaurant?	☺ ☺ ☹
Is all the information about food, service, and prices provided in an interesting and effective way?	☺ ☺ ☹
Are the expressions in the review natural?	☺ ☺ ☹
partner's comments:	

D REVIEW & REVISE

Read the comments and revise your writing.

095

C ON YOUR OWN
자신만의 식당 후기를 완성해 보시오.

평가
음식 / 서비스 / 가격 / 총점

동료 평가
• 후기에 식당의 음식, 서비스 및 가격이 포함되어 있습니까?
• 음식, 서비스 및 가격에 관한 모든 정보가 흥미롭고 효과적인 방식으로 제공됩니까?
• 후기의 표현들이 자연스럽습니까?

D REVIEW & REVISE
평가를 읽고 작문을 고쳐 쓰시오.

후기 쓰기
책을 읽고 난 후나 연극 관람 후, 식당을 이용하고 난 후에 감상을 남기는 후기(review)는 특히 요즘 같은 인터넷 환경에서 접할 기회가 많은 글쓰기의 한 형태이다. 후기는 책이나 연극, 식당 등 카테고리가 확실하므로, 윤곽(outline)을 잡아 쓰기가 편하다. 식당 이용 후기의 경우 95쪽에 제시된 대로 food / service / price로 항목을 나누어 쓰고, 다 쓰고 난 후에 total로 총평을 쓰는 것이 좋다.

C ON YOUR OWN

🎙 Solution

B ORGANIZE IDEAS에서 자신이 정리한 내용을 토대로 하여 글을 작성한다.

Sample Answer

Good Home is a well-known restaurant in our town. Its most popular dish is Korean wheat noodles. The food is so delicious. The servers are always very kind. The prices are very reasonable. I would give it four stars.

Good Home은 우리 마을에 있는 유명한 식당입니다. 가장 인기 있는 음식은 한국의 밀면입니다. 음식이 정말 맛있어요. 종업원들은 고객에게 항상 매우 친절합니다. 가격은 매우 합리적입니다. 저는 별 네 개를 주겠습니다.

D REVIEW & REVISE

🎙 Solution

동료 평가의 내용을 바탕으로 하여 내용 오류부터 문법 오류, 구두점 오류까지 범위를 넓혀 가며 여러 번 수정을 거쳐 글을 작성하도록 한다.

Words & Expressions

식당 후기를 쓸 때 사용할 수 있는 표현
• complain 불평하다
• recommend 추천하다
• dissatisfied 만족하지 않는
• positive 긍정적인
• negative 부정적인
• hygienic 위생적인
• healthy 건강한
• customer 고객
• manager 지배인
• book 예약하다
• make a reservation 예약하다

ACROSS SUBJECTS

Make Your Own Globalized Korean Dish

STEP 1   Make groups of four. Read the following recipes. Discuss and complete them using the expressions in the box.

1. Put *tteokbokki*, curry powder, sugar and water into a pan, and cook everything together until it boils.
2. Add green onions to the pan.
3. Keep stirring until the sauce becomes thick.
4. Serve the food.

1. Mix chopped green onions, flour, water, eggs and seafood of your choice in a bowl to make a batter.
2. Spread the batter on the pan and cook it.
3. Scatter cheese and keep cooking it until the bottom gets crispy.
4. Now enjoy it.

1. Pour yogurt onto a bowl of rice.
2. Top it with *kimchi*.
3. Add crab meat and mix it all together.
4. Now this healthy food is ready to eat!

• Seafood Cheese *Pajeon*   • Yogurt *Kimchi* Rice   • Curry *Tteokbokki*

STEP 2   Talk about how much foreigners will like the above dishes and complete the table.

foods	how much foreigners will like them			
Seafood Cheese *Pajeon*	☐ not at all	☐ a little	☐ much	☐ very much
Yogurt *Kimchi* Rice	☐ not at all	☐ a little	☐ much	☐ very much
Curry *Tteokbokki*	☐ not at all	☐ a little	☐ much	☐ very much

096

자신만의 세계화된 한국 요리 만들기

STEP 1

네 명씩 모둠을 만드시오. 다음 조리법을 읽으시오. 논의하고 상자 안의 표현들을 이용하여 완성하시오.

카레 떡볶이

1. 떡볶이, 카레 가루, 설탕과 물을 팬에 넣고 끓을 때까지 모든 것을 함께 익힌다.
2. 팬에 파를 넣는다.
3. 소스가 걸쭉해질 때까지 계속 저어 준다.
4. 음식을 내놓는다.

해물 치즈 파전

1. 잘게 썬 파, 밀가루, 물, 계란과 선택한 해산물을 그릇에 넣고 섞어서 반죽을 만든다.
2. 반죽을 팬 위에 펴고 익힌다.
3. 치즈를 뿌려서 바닥이 바삭바삭해질 때까지 계속 익힌다.
4. 이제 그것을 즐긴다.

요구르트 김치 볶음밥

1. 밥 한 공기에 요구르트를 붓는다.
2. 김치를 맨 위에 얹는다.
3. 게살을 넣어 함께 섞는다.
4. 이제 건강 음식은 먹을 준비가 되었다!

Answer   Curry *Tteokbokki*, Seafood Cheese *Pajeon*, Yogurt *Kimchi* Rice

STEP 2

얼마나 많은 외국인들이 위의 음식을 좋아할지에 대해 이야기하고 표를 완성하시오.

STEP 1

Solution

첫 번째는 떡볶이와 카레가 주된 재료로 쓰였으므로 Curry *Tteokbokki*의 조리법이다. 두 번째는 해산물과 밀가루를 이용해서 반죽을 만들고 팬에 요리하며 치즈를 첨가하므로 Seafood Cheese *Pajeon*의 조리법이다. 세 번째는 요구르트를 밥 위에 붓고 그 위에 김치를 올려서 게살과 섞으므로 Yogurt *Kimchi* Rice의 조리법이다.

Structures

• **Keep stirring until** the sauce becomes thick.
keep -ing는 '계속 ~하다'라는 의미이다. until은 '~까지'를 의미하는 접속사이다.

• Mix **chopped** green onions, flour, water, eggs and seafood of your choice in a bowl **to make** a batter.
chopped는 '잘게 썬'을 의미하여 green onions(파)가 썰린 것이므로 과거분사형 형용사가 쓰였다. to make는 '만들기 위하여'를 의미하여 to부정사의 부사적 용법(목적)으로 쓰였다.

STEP 2

Solution

외국인의 입맛을 고려하여 한식을 변형하여 만든 위의 음식들에 대해서 논의해 보고 외국인들이 그것들을 얼마나 좋아하는지에 대해 이야기해 본다.

음식	외국인들이 얼마나 많이 좋아할까			
해산물 치즈 파전	☐전혀	☐조금	☐많이	☐아주 많이
요구르트 김치 볶음밥	☐전혀	☐조금	☐많이	☐아주 많이
카레 떡볶이	☐전혀	☐조금	☐많이	☐아주 많이

Words & Expressions

• globalize [glóubəlàiz] 동 세계화하다
• recipe [résəpì:] 명 조리법
• onion [ʌ́njən] 명 양파
• green onion 파
• stir [stəːr] 동 젓다
• sauce [sɔːs] 명 소스
• thick [θik] 형 두꺼운, 두툼한, 걸쭉한
• seafood [síːfùːd] 명 해산물
• scatter [skǽtər] 동 (흩)뿌리다, 황급히 흩어지다
• add [æd] 동 추가하다
• be ready to (이용할 수 있도록) 준비가 되다(완성되다)

STEP 3 Choose one of the three dishes above and make it more globalized. Talk about how you would like to change it, and complete the table.

Example
A: Which Korean dish would be most enjoyable for foreigners?
B: *Tteokbokki* would be great.
A: How could we change the recipe to appeal more to foreigners?
B: We could use barbecue sauce instead of red pepper sauce or curry.

the dish to prepare	how to change it for foreigners

STEP 4 Complete your recipe and present it to the class.

— Recipe —

1	2	3

Think & Evaluate

	Evaluate each group's project work	Excellent	Good	Fair
		Group 1	Group 2	...
Does the recipe include all the components of the sample?				
Is all the information provided in the recipe useful and accurate?				
Did all the group members actively participate in the recipe project?				

097

STEP 3

위의 세 가지 요리 중 하나를 선택하고, 그것을 더 세계화가 되도록 만드시오. 그것을 어떻게 바꿀 것인지에 대해서 이야기하고 표를 완성하시오.

A 어떤 한국 요리가 외국인들이 가장 즐길 수 있는 것일까?
B 떡볶이가 좋을 것 같아.
A 우리가 조리법을 외국인들에게 더 매력적이게 하려면 어떻게 바꿀 수 있을까?
B 고추장이나 카레 대신 바비큐 소스를 사용할 수 있을 것 같아.

STEP 4

여러분의 조리법을 완성해서 학급에 발표해 보시오.

평가표

각 모둠의 프로젝트 작업을 평가하세요.
• 조리법에는 보기의 모든 구성 요소들이 포함되어 있는가?
• 조리법에 제공된 모든 정보가 유용하고 정확한가?
• 모든 모둠원들이 조리법 프로젝트에 적극적으로 참여했는가?

STEP 3

Sample Answer

A Which Korean dish would be most enjoyable for foreigners?
B Seafood Cheese Mushroomjeon would be great.
A How could we change the recipe to appeal more to foreigners?
B We could use mushrooms instead of green onions.
A 어떤 한국 요리가 외국인들이 가장 즐길 수 있는 것일까?
B 해산물 치즈 버섯전이 좋을 것 같아.
A 우리가 조리법을 외국인들에게 더 매력적이게 하려면 어떻게 바꿀 수 있을까?
B 파 대신 버섯을 사용할 수 있을 것 같아.

the dish to prepare	how to change it for foreigners
naengmyeon	use spaghetti noodle instead of *naengmyeon* noodle
Seafood Cheese Mushroomjeon	use mushroom instead of green onion
salad *gimbap*	put some salad and roll it

준비할 음식	외국인들을 위해 어떻게 바꿀까
냉면	냉면의 면 대신에 스파게티 면 이용
해산물 치즈 버섯전	파 대신 버섯을 이용
샐러드 김밥	샐러드를 좀 넣어서 만다

Sample Answer

1. Boil the spaghetti noodles and then let them cool. Add some cooked seafood and sesame oil.
2. Mix mushrooms, flour, water, eggs and seafood to make a batter. Spread it on the pan and cook it.
3. Prepare lettuce and grilled bacon chips. Mix them with the sauce, which is not spicy. Prepare rice and dried laver. Roll them all together.

조리법		
1	2	3
스파게티 면을 삶아서 식히세요. 조리된 해산물 요리와 참기름을 첨가하세요.	버섯, 밀가루, 물, 계란, 해산물을 섞어 반죽을 만드세요. 그것을 팬 위에 펴고 익히세요.	상추와 구운 베이컨 조각을 준비하세요. 맵지 않은 소스와 섞으세요. 밥과 김을 준비하고 모두 함께 마세요.

Words & Expressions

• dish [diʃ] 몡 요리, 접시
• enjoyable [indʒɔ́iəbl] 혱 즐길 만한
• recipe [résəpì:] 몡 조리법, 요리법
• appeal [əpí:l] 동 관심을 끌다, 호소하다

CHECK UP

1. Listen and check what the girl is going to have.

a.
b.
c.

🎧 **Script**

B Would you like some tea or coffee?
G Thank you, but could I have a cold drink?
B Of course. Would you like some orange juice?
G Yes, please. I'd love some.
B Would you like a cookie, too?
G No, thanks. Just orange juice is fine.
남 차나 커피 좀 마실래요?
여 고마워요. 하지만 차가운 음료를 마실 수 있을까요?
남 물론이죠. 오렌지 주스 좀 드실래요?

1. 듣고 소녀가 먹을 것에 체크하시오.

a. 차
b. 커피
c. 오렌지 주스

Answer c

여 네, 주세요. 좀 마시고 싶네요.
남 쿠키도 좀 드실래요?
여 아니오, 괜찮아요. 그냥 오렌지 주스면 돼요.

🎤 **Solution**

남자가 차나 커피를 권하는데 여자는 차가운 음료를 마시고 싶어 한다. 남자가 오렌지 주스를 권하자 여자는 마신다고 했고, 남자가 쿠키도 권하지만 여자는 그냥 주스만 마시겠다고 했다.

2. Listen and choose the best response to the boy's last words.

a. Yes, I've eaten it many times. I love it very much.
b. Well, I've heard of it, but I've never been there.
c. No, I've never eaten it, but I hope to try it soon.
d. No, I've never visited the city and never been told anything about it.

🎧 **Script**

G What's your favorite Korean food?
B Have you heard of *memil guksu?* I like it best.
G I like it, too. It tastes very good.
B Do you know what place is most well-known for *memil guksu?*
G I heard Bongpyeong is most well-known for the dish.
B Have you been there?
G _____

여 네가 가장 좋아하는 한국 음식이 뭐니?
남 메밀국수라고 들어 봤니? 나는 그게 가장 좋아.
여 나도 그거 좋아해. 정말 맛있거든.
남 어떤 곳이 메밀국수로 가장 잘 알려져 있는지 아니?
여 봉평이 그 요리로 가장 유명하다고 들었어.
남 거기에 가 본 적 있니?
여 _____

2. 듣고 소년의 마지막 말에 대한 가장 알맞은 응답을 고르시오.

a. 응, 여러 번 먹어 봤어. 정말 좋아.
b. 글쎄, 들어 보기는 했는데 아직 가 보지는 않았어.
c. 아니, 먹어 본 적은 없지만 곧 먹어 보고 싶어.
d. 아니, 그 도시를 방문해 본 적이 없고 전혀 들어 본 적도 없어.

Answer b

🎤 **Solution**

여자와 남자가 가장 좋아하는 한국 음식에 대해 이야기하고 있다. 남자는 메밀국수를 가장 좋아하는 음식이라고 하자 여자도 그 음식을 좋아하며 봉평이 그 음식으로 유명하다고 말한다. 마지막에 남자가 Have you been there?(거기에 가 본 적 있니?)라고 질문했으므로, Well, I've heard of it, but I've never been there.(글쎄, 들어 보기는 했는데 아직 가 보지는 않았어.)라고 답하는 것이 가장 적절하다.

3. Read and choose the word that fits in both blanks.

> As we left the restaurant, I felt a breath of fresh air. Whether the wind was real or imagined, and whether the benefit of the soup was real or imagined, I felt truly _____. With that feeling came a sudden understanding of the 'fight fire with fire' wisdom: enjoy something really hot, let the body breathe out, and find yourself _____ in a breeze.

a. refreshed   **b.** cooled   **c.** warmed   **d.** excited

우리가 식당을 떠났을 때 나는 신선한 공기의 숨결을 느꼈다. 바람이 진짜이건 상상이건, 국물의 효능이 실제이건 상상이건 간에 상관없이 나는 진정으로 상쾌해진 것을 느꼈다. 그 느낌으로 '이열치열'의 지혜를 갑자기 이해하게 되었다: 정말로 뜨거운 것을 즐기고, 몸이 숨을 쉬게 하고, 산들바람에 상쾌해진 자신을 발견해라.

Answer   a

Solution

첫 번째 빈칸은 식당을 나왔을 때 신선한 공기를 느꼈다고 했고, 두 번째 빈칸은 산들바람을 느끼는 자신의 모습을 발견하라고 했는데, 이 두 가지 상황에서

공통으로 느낄 수 있는 가장 적절한 말은 refreshed (상쾌한)이다.

---

4. Read and put the words in parentheses in order.

> Tofu for You is a well-known restaurant in this city. It serves all kinds of tofu dishes. The prices are a little high but the waiters are very kind. The food is really fantastic. How fantastic it is to have the great (delicious, enjoying, of, chance) tofu creations!

4. 글을 읽고 괄호 안의 말을 순서대로 배열하시오.

Tofu for You는 이 도시에서 유명한 식당이다. 그곳은 모든 종류의 두부 요리를 제공해 준다. 가격은 조금 비싸지만 웨이터들은 매우 친절하다. 음식은 정말 환상적이다. 두부로 만든 요리를 즐겁게 먹을 기회를 갖는 것이 얼마나 환상적인 일인가?

Answer   chance of enjoying delicious

Solution

동격의 of를 이용하여 괄호 안의 말을 배열한다. 형용사 great에 이어질 명사 chance가 먼저 오고 chance of -ing가 '~할 기회'라는 뜻이 되도록 배열한다. 그 뒤에 명사 tofu를 수식할 형용사 delicious가 와서 chance of enjoying delicious의 어순으로 배열되는 것이 적절하다.

Words & Expressions

• fantastic [fæntǽstik]   ⑱ 환상적인, 멋진
• creation [kriéiʃən]   ⑲ 창조, 창작, 창작물

---

5. Read and choose the main idea of the passage.

> In the south of China people eat a lot of rice, while noodles are more common in the northern part of the country. In Korea and Japan, people eat a lot of fish and other seafood. But in the middle of the United States, away from the sea, people don't eat so much fish. They generally eat more red meat and chicken.

a. People's energy comes from the food they eat.
b. You can enjoy a variety of food when you visit Asia.
c. The kind of food people eat depends on where they live.
d. The food in China is quite different from that in the United States.

5. 읽고 문단의 요지를 고르시오.

중국 남부 지역에서 사람들은 쌀을 많이 먹고, 반면 국수는 북부 지역에서 더 흔하다. 한국과 일본에서는 사람들이 생선과 다른 해산물을 많이 먹는다. 하지만, 바다 멀리 떨어져 있는 미국 중서부 사람들은 생선을 그렇게 많이 먹지는 않는다. 그들은 일반적으로 붉은 고기와 닭고기를 더 많이 먹는다.

a. 사람들의 에너지는 그들이 먹는 음식에서 나온다.
b. 아시아를 방문할 때 여러분은 다양한 종류의 음식을 즐길 수 있다.
c. 사람들이 먹는 음식의 종류는 그들이 어디에 사는지에 따라 다르다.
d. 중국 음식은 미국 음식과 꽤 다르다.

Answer   c

Solution

이 글은 중국 남부와 북부 지역에서 사람들이 각각 먹는 음식이 다르고, 또한 한국과 일본에서 먹는 음식과 바다 멀리 떨어져 있는 미국 중서부 지역 사람들이 먹는 음식도 다르다는 내용이다. 그러므로 이 글의 요지로는 c. '사람들이 먹는 음식의 종류는 그들이 어디에 사는지에 따라 다르다.'가 가장 적절하다.

Words & Expressions

• away from   ~로부터 멀리 떨어진
• red meat   붉은 고기, 주로 육류

LESSON 5

우리가 하는 행동이
우리 자신이다

We Are
What We Do

의사소통 기능

• **걱정 표현하기**
I'm worried about
soil pollution.
나는 토양 오염이 걱정스
러워.

• **도덕적 의무 표현하기**
We ought to reuse
things.
우리는 물건을 재사용해
야 해.

《 단원 미리 보기 》

LESSON QUESTION

How eco-friendly are you?
여러분은 얼마나 친환경적입니까?

Sample **Answer**

- I think I am such an eco-friendly person. I always care about how what I'm doing affects the nature.
나는 내가 아주 친환경적인 사람이라고 생각합니다. 나는 항상 내가 하는 행동이 자연에 어떻게 영향을 줄지 신경 씁니다.
- I don't think I am eco-friendly enough. I will pay more attention to environmental problems from now on.
나는 내가 충분히 친환경적이라고는 생각하지 않습니다. 나는 지금부터 환경 문제에 더 신경 쓸 것입니다.

What do you want to do in this lesson?

YOUR GOALS

- _____
- _____

이번 단원에서 무엇을 배우고 싶은가요?
여러분의 목표

- _____
- _____

WRITE

Little Efforts Can Make a Big Difference

ACROSS SUBJECTS

A Fancy Eco-Bag

STRUCTURES

- Browsing in a mall is **one of the most popular pastimes**.
- We are surrounded by so many ways **in which** we can shop.

언어 형식

- **one of the+최상급 형용사+복수 명사**
Browsing in a mall is **one of the most popular pastimes**.
쇼핑센터에서 둘러보는 것은 가장 인기 있는 취미들 중 하나이다.

- **전치사+관계대명사**
We are surrounded by so many ways **in which** we can shop.
우리는 우리가 쇼핑할 수 있는 많은 방법에 둘러싸여 있다.

LISTEN & SPEAK 1

TOPIC 1 Environmental Problems
환경 문제

걱정 표현하기
I'm worried about soil pollution.

FUNCTIONS IN USE

보고 체크하시오. 소녀는 뭐라고 말하겠는가?

소녀 이 모든 쓰레기를 봐!

소년 끔찍하구나. 나는 쓰레기 문제가 걱정스러워.

〔Answer〕 I'm worried about

A LISTEN & DO

1. 듣고 환경 문제를 보여 주는 그림에 숫자를 쓰시오.

〔Answer〕 2 - 1 - 3

2. 듣고 상자 안에 있는 단어를 이용하여 지구 온난화에 관한 노트를 완성하시오.

- 주제: 지구 온난화
- 문제점: 해수면 상승, 기후 패턴 변화, 흉작
- 우려되는 점: 사람들의 무관심

〔Answer〕 (1) change (2) failure (3) indifference

〔Question for You〕

지구 온난화를 통제하기 위해 우리는 무엇을 해야 할까요?

〔Sample Answer〕 We should pay more attention to environmental problems. (우리는 환경 문제에 더 관심을 기울여야 해요.)

FUNCTIONS IN USE

🔊 **Solution**

소년이 쓰레기가 아무렇게나 버려져 있는 것을 가리키고 있고 소녀가 It's awful.이라고 말을 시작하고 있으므로, 걱정을 표현하는 I'm worried about이 적절하다. I'm interested in은 '나는 ~에 관심이 있다'라는 의미로 흥미를 나타내는 표현이다.

A LISTEN & DO

🎧 **Script**

1. (1) G I'm worried about the so-called greenhouse effect.
B Me, too. I think we should do something to cut down on greenhouse gases.
G Then would it be a good idea for us to join the Use Less, Get Smart Program?
B Yes, that sounds like a great idea.

여 나는 소위 온실 효과라고 하는 게 걱정스러워.
남 나도 그래. 나는 우리가 온실가스를 줄이기 위해 무언가 해야 한다고 생각해.
여 그럼 우리가 Use Less, Get Smart 프로그램에 참여하는 게 좋은 생각이 될 수 있을까?
남 그래, 좋은 생각처럼 들려.

(2) B What else do we need?

FUNCTIONS IN USE

Look and check. What would the girl say?

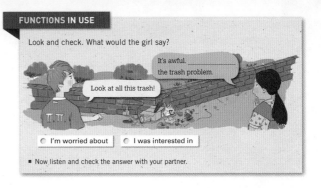

It's awful.
the trash problem.

Look at all this trash!

☐ I'm worried about   ☐ I was interested in

■ Now listen and check the answer with your partner.

A LISTEN & DO

1. Listen and number the pictures showing environmental problems.

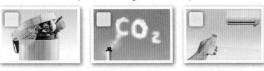

2. Listen and complete the note about global warming using the words in the box.

- Topic: global warming
- Problems: sea level rising, weather pattern (1)
  crop (2)
- Worry: people's (3)

• failure   • change   • indifference

〔Question for You〕

What should we do to control global warming?

G Do we have paper towels?
B No, but do we really need them? I'm concerned about the amount of trash around us.

남 우리 또 뭐가 필요하지?
여 우리 종이 수건 있니?
남 아니, 하지만 우리가 정말 그것들이 필요할까? 나는 우리 주변의 쓰레기양이 걱정돼.

(3) G Would you mind turning off the air conditioner?
B Certainly not. But is it cool enough in here?
G Well, I don't think it is, but I'm concerned about our energy use.
B You're right. We should do something good for the environment.

여 에어컨을 꺼도 괜찮을까?
남 물론. 하지만 여기가 충분히 시원한가?
여 글쎄, 그렇지는 않은 것 같지만, 나는 우리 에너지 사용이 걱정돼.
남 맞아. 우리는 환경을 위해 무언가를 해야 해.

2. M Let me talk about global warming. It causes sea levels to rise, weather patterns to change and crop failure, among other things. Unfortunately, most people are not aware of how serious it is. Indeed, I'm worried about their indifference.

남 지구 온난화에 대해 말씀드리겠습니다. 그것은 다른 것들 중에서도 해수면을 오르게 하고, 기후 패턴을 변화시키며, 작물을 자라지 못하게 합니다. 불행하게도, 대부분의 사람들은 그것이 얼마나 심각한지 인식하지 못합니다. 사실, 저는 그들의 무관심이 걱정됩니다.

B SPEAK OUT

1. Match the pollution types with their causes.

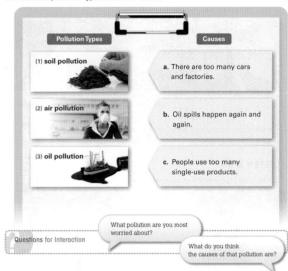

What pollution are you most worried about?

Questions for Interaction

What do you think the causes of that pollution are?

2. Have a conversation about pollution.

Interaction

A: I'm really worried about soil pollution.
B: Me, too! Most people don't realize how serious the problem is.
A: Right. People use too many single-use products.
B: I think we're all responsible.

Expression+

걱정 표현하기
• I'm concerned about ….
• I'm anxious about ….

103

B SPEAK OUT

1. 오염의 유형과 그 이유를 연결하시오.
   오염의 유형
   (1) 토양 오염
   (2) 대기 오염
   (3) 기름(에 의한) 오염
   이유
   a. 차와 공장이 너무 많다.
   b. 기름 유출 사고가 거듭 일어난다.
   c. 사람들이 일회용품을 너무 많이 사용한다.

   Answer (1) c (2) a (3) b

Questions for Interaction

여러분은 어떤 오염이 가장 걱정스럽나요?
그 오염의 원인은 무엇이라고 생각하나요?

2. 오염에 관해 대화하시오.

Interaction

A 나는 토양 오염이 정말 걱정스러워.
B 나도 그래! 대부분의 사람들은 그 문제가 얼마나 심각한지 깨닫지 못해.
A 맞아. 사람들은 일회용품을 너무 많이 사용해.
B 나는 우리 모두에게 책임이 있다고 생각해.

걱정 표현하기   **I'm worried about soil pollution.**

I'm worried about은 '나는 ~이 걱정스럽다'라는 의미로, 어떤 사람이나 일에 대한 걱정을 말할 때 사용하는 표현이다. 비슷한 의미의 표현으로는 I'm concerned about, I'm anxious about 등이 있다. about 뒤에는 걱정이 되는 대상이 온다.

ex. A **I'm worried about** the high unemployment rate. (나는 높은 실업률이 걱정이야.)
　　　B Me, too. We have to do something to solve this problem. (우리는 이 문제를 해결하기 무언가 해야 해.)

Expression+

• **I'm concerned about** a shortage of water. (나는 물 부족이 걱정스러워.)
• **I'm anxious about** my grandmother's health. (나는 우리 할머니의 건강이 걱정스러워.)

B SPEAK OUT

Solution

오염의 유형으로 토양 오염, 대기 오염, 기름(에 의한) 오염을 제시하고 있다. 토양 오염은 무분별한 일회용품 사용으로 인해 쓰레기가 늘면서 많은 양의 쓰레기가 땅에 매립되면서 야기된다. 대기 오염은 차와 공장에서 뿜어내는 매연에 의해 야기되고, 기름(에 의한) 오염은 반복되는 기름 유출 사고로 의해 야기된다.

Interaction

Sample Dialog 1

A I'm really worried about air pollution.
B Me, too. Most people don't realize how serious the problem is.
A Right. There are too many cars and factories.
B I think we're all responsible.
A 나는 대기 오염이 정말 걱정스러워.

B 나도 그래! 대부분의 사람들은 그 문제가 얼마나 심각한지 깨닫지 못해.
A 맞아. 차와 공장이 너무 많아.
B 나는 우리 모두에게 책임이 있다고 생각해.

Sample Dialog 2

A I'm really worried about oil pollution.
B Me, too. Most people don't realize how serious the problem is.
A Right. Oil spills happen again and again.
B I think we're all responsible.
A 나는 기름(에 의한) 오염이 정말 걱정스러워.
B 나도 그래! 대부분의 사람들은 그 문제가 얼마나 심각한지 깨닫지 못해.
A 맞아. 기름 유출 사고가 거듭 일어나.
B 나는 우리 모두에게 책임이 있다고 생각해.

LISTEN & SPEAK 2

TOPIC 2 Saving the Earth
지구 보호하기

도덕적 의무 표현하기
We ought to reuse things.

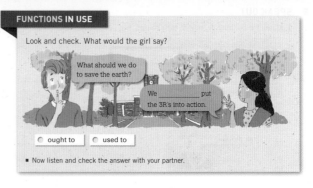

FUNCTIONS IN USE

Look and check. What would the girl say?

What should we do to save the earth?

We _____ put the 3R's into action.

○ ought to   ○ used to

■ Now listen and check the answer with your partner.

FUNCTIONS IN USE

보고 체크하시오. 소녀는 뭐라고 말하겠는가?

소년 지구를 구하기 위해 우리가 무얼 해야 할까?

소녀 우리는 3R's를 실천해야 해.

Answer ought to

A LISTEN & DO

1. 듣고 환경 포스터에 알맞은 번호를 쓰시오.

   Answer (3) — (1) — (2)

2. 듣고 그들이 지구의 날에 할 세 가지 일에 체크하시오.

   즐거운 지구의 날 행사!!

   언제: 4월 22일

   할 일: ☑ 중고 물품 교환
   　　　☑ 친환경 목욕용품 만들기
   　　　☐ 일회용품 반납하기
   　　　☑ 재사용 가능한 장바구니 가져오기

A LISTEN & DO

1. Listen and number the environmental posters.

☐ Save Paper　　☐ Car Free Day　　☐ World Water Day

2. Listen and check the three things they are going to do on Earth Day.

HOME	**Happy Earth Day Event!!!**
NEWS&EVENT	When April 22nd
CONTACT	What to Do ☐ Exchange used things
	☐ Make eco-friendly body care products
	☐ Return single-use products
	☐ Bring reusable shopping bags

Question for You
What do you want to do on Earth Day?

Earth Day

Question for You

여러분은 지구의 날에 무엇을 하고 싶습니까?

Sample Answer I want to use less paper.
(나는 종이를 덜 쓰고 싶습니다.)

104　Lesson 5

FUNCTIONS IN USE

🔵 Solution

소년이 should를 이용하여 지구를 구하기 위해 무엇을 해야 할지를 묻고 있으므로, 도덕적 의무를 표현하는 ought to가 적절하다. used to는 '(과거에) ~하곤 했다'라는 의미로 과거의 상태나 동작을 나타내므로 빈칸에 적절하지 않다.

A LISTEN & DO

🎧 Script

1. (1) B Thank God, it's Friday. Let's go for a drive to the beach.

   G All right, but we ought to go there by bike.

   B Why? You like driving, don't you?

   G Yes, I do, but today is Car-Free Day.

   남 드디어 금요일이야. 해변으로 드라이브 가자.

   여 좋아, 하지만 우리는 거기에 자전거를 타고 가야 해.

   남 왜? 너는 운전하는 걸 좋아하잖아, 그렇지 않니?

   여 맞아, 하지만 오늘은 '차 없는 날'이야.

   (2) G Why are you keeping that water in the bucket?

   B I want to use it again later. I'm going to water the trees in the garden.

   G How thoughtful of you! We should all use less water.

   B You can say that again. And today is World Water Day.

여 왜 물을 양동이에 받고 있어?

남 나는 이걸 나중에 다시 쓰고 싶어. 정원에 있는 나무들에 물을 주려고 해.

여 너는 정말 사려 깊구나! 우리는 모두 물을 더 적게 사용해야 해.

남 네 말이 맞아. 그리고 오늘은 세계 물의 날이야.

(3) B Can you pass me some sheets of paper?

G Sorry, but it's No Paper Day.

B No Paper Day? You mean I can't use any paper?

G Not exactly. But we ought to use less paper.

B I see.

남 종이 몇 장 좀 건네줄래?

여 미안하지만 종이 없는 날이야.

남 종이 없는 날이라고? 네 말은 내가 어떤 종이도 쓸 수 없다는 거니?

여 꼭 그렇지는 않아. 하지만 종이를 더 적게 써야 해.

남 알겠어.

2. W Hi, there! This Friday is Earth Day. We are going to exchange used things and make eco-friendly soap. We have a couple of special rules on that day. We shouldn't use single-use products, and we ought to bring our own reusable shopping bags.

여 안녕, 여러분! 이번 주 금요일은 지구의 날이에요. 우리는 중고 물품을 교환하고 친환경 비누를 만들 거예요. 우리는 그날 몇 가지 특별한 규칙을 둘 거예요. 우리는 일회용 물건들을 사용하면 안 되고, 우리만의 재사용할 수 있는 장바구니를 가지고 와야 해요.

124　Lesson 5

B SPEAK OUT

1. Read and complete the table about the 3R's using *recycle*, *reduce*, and *reuse*.

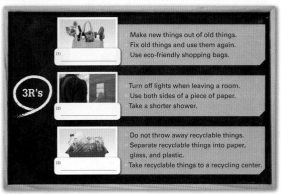

(1) Make new things out of old things.
Fix old things and use them again.
Use eco-friendly shopping bags.

3R's

(2) Turn off lights when leaving a room.
Use both sides of a piece of paper.
Take a shorter shower.

(3) Do not throw away recyclable things.
Separate recyclable things into paper, glass, and plastic.
Take recyclable things to a recycling center.

Questions for Interaction
Which R do you want to put into action?
What can you do to put that into action?

2. Have a conversation about putting the 3R's into action.

Interaction

A: What can we do to protect the environment?
B: I think we ought to reuse things.
A: Do you have any interesting ideas?
B: Well, we can make new things out of old things.

Expression +

도덕적 의무 표현하기
• We should ….
• We must ….
• We have to ….
• We're supposed to ….

105

B SPEAK OUT

1. 읽고 '재활용하기', '덜 사용하기', '재사용하기'를 이용한 3R's에 관한 표를 완성하시오.

재사용하기(Reuse)
• 오래된 것들을 이용해서 새것을 만들어라.
• 오래된 것을 고쳐서 그들을 다시 사용해라.
• 친환경 장바구니를 사용해라.

덜 사용하기(Reduce)
• 방을 떠날 때 불을 꺼라.
• 종이의 양면을 다 사용해라.
• 보다 짧게 샤워해라.

재활용하기(Recycle)
• 재활용할 수 있는 물건을 버리지 말아라.
• 재활용할 수 있는 것을 종이와 유리, 플라스틱으로 분리해라.
• 재활용할 수 있는 물건을 재활용 센터로 가지고 가라.

Questions for Interaction

여러분은 어떤 R을 실천하고 싶습니까?
그것을 실천하기 위해 여러분은 무엇을 할 수 있습니까?

2. 3R's를 실천하는 것에 대해 대화하시오.

Interaction

A 환경을 보호하기 위해 우리가 무엇을 할 수 있을까?
B 나는 우리가 물건을 재사용해야 한다고 생각해.
A 재미있는 아이디어라도 있니?
B 글쎄, 우리는 오래된 물건을 이용해서 새로운 물건을 만들 수 있어.

도덕적 의무 표현하기   **We ought to reuse things.**

We ought to는 '우리는 ~해야 한다'라는 의미로, 어떤 일에 대한 도덕적 의무를 표현할 때 사용한다. ought to와 비슷한 의미를 가진 조동사 should, must, have to, be supposed to를 활용하여 비슷한 의미를 표현할 수 있다. 이때 ought to, should, must, have to, be supposed to 뒤에는 동사원형이 온다.

ex. A What can we do to save the Earth? (우리는 지구를 구하기 위해 뭘 해야 할까?)
B **We ought to** reduce the carbon footprint. (우리는 탄소 발자국을 줄여야 해.)

Expression +

We should help women and children in the disputed area. (우리는 분쟁 지역의 여성들과 아이들을 도와야 한다.)
We must unplug our computers when we don't use them. (우리는 사용하지 않을 때 컴퓨터의 전원을 꺼야 한다.)
We have to work together for world peace. (우리는 세계 평화를 위해 함께 노력해야 한다.)
We're supposed to keep the school regulations. (우리는 교칙을 지켜야 한다.)

B SPEAK OUT

 Solution

recycle은 용도가 끝난 물건을 다른 물건으로 만들어 쓰는 것을 말하고, reuse는 같은 물건을 다시 쓰는 것, reduce는 물건이나 자원을 더 적게 사용하는 것을 말하므로, 각각의 항목이 이 세 가지 중 무엇에 해당하는지 고른다.

Interaction

 Sample Dialog 1

A What can we do to protect the environment?

B I think we ought to reduce things.
A Do you have any interesting ideas?
B Well, we can turn off lights when leaving a room.

Sample Dialog 2

A What can we do to protect the environment?
B I think we ought to recycle things.
A Do you have any interesting ideas?
B Well, we can separate recyclable things into paper, glass, and plastic.

We Are What We Do   125

CONVERSATION IN ACTION

물건을 재사용하는 것은 친환경적이 되는 좋은 방법입니다.
옛것에서 어떤 새로운 것들을 만들 수 있을까요?

A GET SET

듣고 소녀가 본 TV 쇼를 고르시오.

Answer b

B ACT OUT

1. 보고 순서에 맞게 그림의 번호를 매기시오.

남 사랑스러운 가방이네! 멋져

여 고마워. 내가 혼자 이걸 만들었어.

남 농담하지 마!

여 나는 한 TV 프로그램에서 아이디어를 얻었어. 그것은
오래된 현수막으로 에코백을 만드는 법을 보여 줬어.

남 좋은 생각이구나! 그것이 친환경적인 방법이 아니니?

여 맞아. 나는 우리 지구의 미래가 걱정돼. 그리고 우리는
그것에 대해 무언가를 할 필요가 있어.

남 대찬성이야. 우리는 지구를 구하기 위해서 모든 노력
을 다해야 해.

Answer A — D — B — C

2. 다시 듣고, 짝과 역할극을 해 보시오.

A GET SET

Listen and choose the TV show that the girl watched.

B ACT OUT

1. Look and place the pictures in order.

A [ ] - [ ] - [ ] - [ ]

A. What a lovely bag! It's so cool.

B. What a good idea! Isn't it a way of going green?

I got the idea from a TV show. It showed how to make eco-bags out of old banners.

C. Yes, it is. I'm worried about the future of our planet, and we need to do something about it.

I couldn't agree more. We ought to make every effort to save the earth.

D. Thanks. I made this by myself.

No kidding!

2. Listen again, and act out the dialog with your partner.

Sounds in Use

I'm worried about the future of our planet.
We ought to make every effort to save the earth.

Sounds in Use

- I'm worried about the future of our planet. 나는 우리 지구의 미래가 걱정돼.
  한 문장 안에서 강세는 내용상 중요한 의미를 담는 말에 오므로, 기능어(function words)보다는 내용어(content words)에 둔다.
  기능어는 관사, 전치사, 조동사, 대명사 등을 말하며, 내용어는 명사, 동사, 형용사 등을 말한다.
- We ought to make every effort to save the earth. 우리는 지구를 구하기 위해서 모든 노력을 다해야 해.
  한 단어가 /t/로 끝나고 이어지는 단어가 /t/로 시작할 때는 두 번째 /t/ 소리는 탈락되어 소리 나지 않는다.

A GET SET

Script

B What a lovely bag! It's so cool.

G Thanks. I made this by myself.

B No kidding!

G I got the idea from a TV show. It showed how to make
eco-bags out of old banners.

B What a good idea! Isn't it a way of going green?

G Yes, it is. I'm worried about the future of our planet,
and we need to do something about it.

B I couldn't agree more. We ought to make every effort
to save the earth.

Solution

두 번째 여자의 말 It showed how to make eco-bags out of
old banners.에서 여자가 본 TV 쇼를 알 수 있다. 여자는 프로
그램을 통해 에코백을 만드는 법을 배웠으므로, Let's Go
Green(친환경적이 되자)이라는 TV 쇼를 보았을 것이다.

B ACT OUT

Solution

첫 번째 그림에서 남자가 여자의 가방을 보며 멋지다고 칭찬하고
있다. 따라서 남자의 말에 감사를 표현하면서 자신이 그 가방을
만들었다고 말하는 D가 A에 이어진다. 남자가 여자가 가방을 직
접 만들었다는 데 놀라움을 표시하자 어떻게 가방을 만들게 되었
는지 설명하는 B가 이어지고, 여자의 친환경적인 태도를 보고 지
구를 구하기 위해 서로 노력하자는 C로 이어져야 대화의 흐름이
자연스럽다.

Words & Expressions

- by myself 혼자서, 혼자 힘으로
- No kidding! 정말?, 설마!; 맞아!, 그래!
- make ~ out of ... …로부터 ~을 만들다
- banner [bǽnər] 명 현수막
- go green 친환경적이 되다
- planet [plǽnit] 명 행성, (행성으로서의) 지구
- I couldn't agree more. 대찬성이다.
- make every effort to ~하기 위해 모든 노력을 다하다

REAL-LIFE TASKS

A LISTENING FOR REAL

Listen and choose the correct expression for the picture.

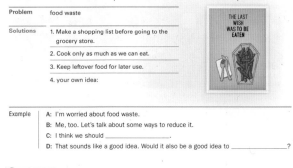

a. I'm not fresh enough.

b. Please get me some water.

c. Never let me be thrown away.

B SPEAKING FOR REAL

Have a conversation about the problem and solutions shown in the poster.

Problem	food waste
Solutions	1. Make a shopping list before going to the grocery store.
	2. Cook only as much as we can eat.
	3. Keep leftover food for later use.
	4. your own idea:

THE LAST WISH WAS TO BE EATEN

Example
A: I'm worried about food waste.
B: Me, too. Let's talk about some ways to reduce it.
C: I think we should _____.
D: That sounds like a good idea. Would it also be a good idea to _____?

Speaking Tip
대화를 시작하기 전에 포스터에 제시된 환경 문제를 해결하기 위해 어떠한 해결 방안이 필요한지 여러 각도에서 생각해 봅시다.

Stop & Reflect	I think ...	My partner thinks ...
I can listen to concerns about the food waste problem and understand the main point.	☺ ☺ ☺	☺ ☺ ☺
I can talk about the food waste problem and ways to solve it.	☺ ☺ ☺	☺ ☺ ☺
I can work together to have a conversation about the food waste problem.	☺ ☺ ☺	☺ ☺ ☺

107

A LISTENING FOR REAL
듣고 그림에 맞는 올바른 표현을 고르시오.
a. 나는 충분히 신선하지 않아.
b. 나에게 물을 좀 주세요.
c. 나를 버리지 말아 주세요.

Answer c

B SPEAKING FOR REAL
포스터에서 보여 주는 문제와 해결책에 관해 대화하시오.
문제: 음식물 쓰레기
해결책: 1. 식료품점에 가기 전에 쇼핑 목록을 만들어라.
2. 우리가 먹을 수 있는 만큼만 요리해라.
3. 남은 음식을 다음에 사용할 수 있도록 보관해라.
4. 여러분만의 아이디어:

Stop & Reflect
나는 음식물 쓰레기에 관한 우려에 관해 듣고 요지를 이해할 수 있다.
나는 음식물 쓰레기 문제와 그것을 해결할 방안에 대해 이야기할 수 있다.
나는 음식물 쓰레기에 관한 대화를 하기 위해 협력할 수 있다.

Speaking Tip	Speaking about a problem and its solutions

문제점과 그 해결책에 관해 말하기

우려되는 문제에 관해 말할 때는 문제의 핵심을 간단하고도 명료한 언어로 제시해야 한다. 그리고 그 해결책을 말한다는 것은 자신의 의견을 전달하는 것이기 때문에 자신의 의견을 전달할 때 쓰는 표현인 I think나 I believe 등으로 문장을 시작하는 것이 좋다. 이번 단원의 핵심 의사소통 기능인 We ought to를 활용하여 I think we ought to로 문장을 시작할 수 있다.

A LISTENING FOR REAL

 Script

W Many people are worried that too much food produced for human consumption is being lost or wasted. Today more and more people are becoming concerned about the problem. In fact, many people feel guilty about wasting food.

여 많은 사람들이 인간의 소비를 위해 생산되는 너무 많은 음식이 손실되고 낭비되는 것에 대해 걱정하고 있다. 오늘날 점점 더 많은 사람들이 그 문제에 대해 염려하고 있다. 사실, 많은 사람들은 음식 낭비에 대해서 죄책감을 느끼고 있다.

Solution

being lost or wasted, wasting food에서 답을 찾을 수 있다. 여자는 인간이 생산한 음식물을 너무 많이 버리는 현실에 관해 말하고 있으므로, 그림으로 제시된 음식(빵)이 할 말로는 음식물을 버리지 말아 달라는 c가 알맞다.

B SPEAKING FOR REAL

Sample Dialog

A I'm worried about food waste.
B Me, too. Let's talk about some ways to reduce it.
C I think we should cook only as much as we can eat.
D That sounds like a good idea. Would it also be a good idea to keep leftover food for later use?
A 나는 음식물 쓰레기가 걱정스러워.
B 나도 그래. 음식물 쓰레기를 줄일 수 있는 방법에 대해 얘기해 보자.
C 나는 우리가 먹을 수 있는 만큼만 요리해야 한다고 생각해.
D 좋은 생각인 것 같아. 나중에 먹기 위해 남은 음식을 보관하는 것도 좋은 생각이지 않을까?

Words & Expressions
• consumption [kənsʌ́mpʃən] 명 소비
• more and more 점점 더 많은
• solution [səljúːʃən] 명 해결(책)
• grocery [gróusəri] 명 식료품
• leftover [léftòuvər] 명 (먹고) 남은 음식

ACROSS CULTURES

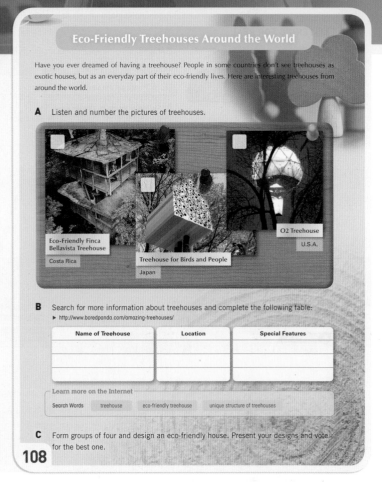

전 세계의 친환경 나무집

나무집에서 사는 걸 꿈꿔 본 적 있나요? 어떤 나라의 사람들은 나무집을 이국적인 집으로 보지 않고 친환경적인 삶의 일상적인 한 부분으로 봅니다. 여기 전 세계의 흥미로운 나무집이 있습니다.

A 듣고 나무집 사진에 번호를 쓰시오.
친환경적 Finca Bellavista 나무집 — 코스타리카
새와 사람을 위한 나무집 — 일본
O2 나무집 — 미국
Answer 2 – 3 – 1

B 나무집에 관해 더 많은 정보를 찾아 다음 표를 완성하시오.
나무집의 이름
위치
특징

인터넷에서 더 많은 것을 배워 보세요.
검색어: 나무집 / 친환경 나무집 / 나무집의 독특한 구조

C 네 명이 한 모둠을 이루어 친환경 집을 설계하시오. 여러분의 디자인을 발표하고 가장 좋은 것에 투표하시오.

A

🎧 Script

1. The O2 Treehouse project seeks to "inspire humanity to reconsider how we can co-exist with nature." It focuses on the healthy relationship between humans and trees, which provide us with O2.
2. This treehouse is a part of the self-sustainable and eco-friendly Finca Bellavista treehouse community in Costa Rica. The whole property of the community now takes up more than 2.4 km², and all the houses are connected by rope bridges.
3. This modern treehouse is designed to preserve the private life of birds. Divided into two parts by a wall with little holes, it allows people to see what the birds are doing on the other side of the wall.

1. O2 나무집 프로젝트는 '인간에게 우리가 자연과 함께 존재하는 방법을 다시 고려하게 만들도록 고무하는 것'을 추구한다. 그것은 인간과 우리에게 산소를 제공하는 나무 사이의 건강한 관계에 초점을 맞춘다.
2. 이 나무집은 코스타리카에 있는 스스로 지속 가능하며 친환경적인 Finca Bellavista 나무집 공동체의 일부이다. 그 공동체의 전체 땅은 현재 2.4제곱킬로미터 이상을 차지하고 있으며, 모든 집들은 밧줄 다리로 연결되어 있다.
3. 이 현대적인 나무집은 새들의 비밀스러운 삶을 보호하기 위해 설계되었다. 그것은 작은 구멍이 뚫린 벽으로 두 부분으로 나뉘어져서 사람들에게 벽 반대쪽에서 새들이 무엇을 하고 있는지 볼 수 있도록 한다.

👤 Solution

1은 미국의 O2 나무집에 관한 설명으로, 산소를 제공하는 나무와 인간 사이의 관계를 회복하기 위해 만들어졌다. 2는 코스타리카의 Finca Bellavista 나무집에 관한 설명으로, 이 나무집은 넓은 지역에 걸쳐 밧줄 다리로 연결된 나무집 공동체이다. 3은 일본의 새와 사람을 위한 나무집에 관한 설명으로, 인간이 새와 공존할 수 있도록 고안된 집이다.

C

Sample Answer

Name of Treehouse	Location	Special Features
Three Story Treehouse	British Columbia, Canada	the tallest treehouse in British Columbia, Canada
Mirror Tree House	Sweden	almost invisible and perfect for hiding
The Bird's Nest Tree House	Sweden	It looks like a massive nest from the outside.

Words & Expressions

- inspire [inspáiər] 동 고무하다, 격려하다
- co-exist [kòuigzíst] 동 공존하다
- self-sustainable [sèlfsəstéinəbl] 형 스스로 지속 가능한
- property [prápərti] 명 땅, 소유지, 부동산

A TOPIC PREVIEW

Look at the diagrams and match them with either Fast Fashion or Eco-Fashion.

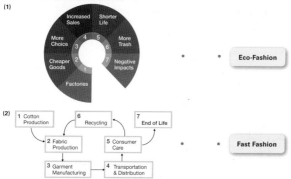

(1)

(2)

• Eco-Fashion

• Fast Fashion

B EXPRESSIONS FOR READING

Read and fill in the blanks using the expressions in the box.

How eco-friendly are your fashion choices?

- I don't spend time ⁽¹⁾ _____ for cheap clothes.
- I don't mind wearing recycled or ⁽²⁾ _____
- I often share clothes with my friends or give my old clothes to ⁽³⁾ _____
- I usually choose ⁽⁴⁾ _____

• browsing in a mall   ✓ charity
• organically produced fabrics   ✓ second-hand clothing

Question for You
How eco-friendly are you?

109

A TOPIC PREVIEW

도표를 보고 도표를 Fast Fashion과 Eco-Fashion 둘 중 하나와 연결하시오.
(1) 1 공장, 2 더 저렴한 제품, 3 더 많은 선택권, 4 판매 증가,
      5 짧은 사용 시기, 6 더 많은 쓰레기, 7 부정적인 영향
(2) 1 면화 생산, 2 옷감 생산, 3 의류 제조, 4 운송 및 유통,
      5 소비자 보관, 6 재활용, 7 폐기

Answer   (1) Fast Fashion (2) Eco-Fashion

B EXPRESSIONS FOR READING

읽고 상자 안의 표현을 이용하여 빈칸을 채우시오.
여러분의 패션 선택은 얼마나 친환경적인가요?
• 나는 저렴한 옷을 찾기 위해 상점을 둘러보지 않습니다.
• 나는 재활용 의류나 중고 의류를 입는 것을 꺼리지 않습니다.
• 나는 자주 친구들과 옷을 나누고 오래된 옷을 자선 단체에 기부합니다.
• 나는 보통 유기 재배로 제작된 옷감을 선택합니다.

Answer   (1) browsing in a mall
            (2) second-hand clothing
            (3) charity
            (4) organically produced fabrics

Question for You

여러분은 얼마나 친환경적인가요?

Sample Answer   I think I'm not eco-friendly enough.
(나는 내가 충분히 친환경적이라고 생각하지 않아요.)

A TOPIC PREVIEW

Solution

Fast Fashion과 Eco-Fashion이 생산, 유통, 사용되는 순서를 그린 도표를 보고 그 특성을 연결해야 한다. Fast Fashion은 공장에서 대량 생산되어 저렴한 가격에 대량 유통되어 짧은 시간 동안 입고 버리는 옷을 말하는데, 이는 쓰레기를 양산하여 환경에 부정적인 영향을 미친다. 반면, Eco-Fashion은 자연에서 재배된 원료로 옷감을 제조하여 소비자가 사용 후 재활용할 수 있도록 만들어진 옷을 말한다.

B EXPRESSIONS FOR READING

Solution

(1) browse는 '(상점 등에서) 둘러보다, (인터넷에서) 훑어보다'라는 뜻이다.
(2) second-hand는 '중고의'라는 뜻으로, used와 의미가 같다.
(3) charity는 '자선' 또는 '자선 단체'라는 뜻이다.
(4) organically는 '유기적으로, 유기 재배로'라는 뜻이고, fabric

은 '옷감, 직물'이라는 뜻이다.

Structures

• I don't **spend time browsing** in a mall for cheap clothes.
  spend time -ing는 '~하면서 시간을 보내다'라는 뜻이다.
• I don't **mind wearing** recycled or second-hand clothing .
  동사 mind는 동명사를 목적어로 취하는 동사로, '~하는 것을 꺼리다(싫어하다)'라는 뜻을 나타낸다.

Words & Expressions

• negative [négətiv]   휑 부정적인 (↔ positive 긍정적인)
• impact [ímpækt]   휑 영향, 충격
• cotton [kátən]   휑 면(화), 목화
• garment [gá:rmənt]   휑 의류
• transportation [trænspərtéiʃən]   휑 운송, 교통

Check It!

※ 다음 영영풀이가 뜻하는 단어를 빈칸에 쓰시오.

1. _____ : to look at things in a casual way, in the hope of finding something you might like to buy
2. _____ : not new and having been owned by someone else
3. _____ : cloth or other materials produced by weaving together cotton, nylon, wool, silk, and so on
4. _____ : an organization which raises money to help poor, ill, or disabled people

Answer 1 browse 2 second-hand 3 fabric 4 charity

Eco-Fashion: We Are What We Wear

1

❶ Most teenagers love to shop for clothes. **❷** A day out browsing in a mall is one of the most popular pastimes among young people. **❸** Part of the appeal is finding the most recent fashions at affordable prices. **❹** Bagging a bargain has become a thrill in itself. **❺** At the same time, many more of us are shopping online because it is easier and cheaper than shopping at local stores. **❻** Not everyone has access to the Internet, but we are surrounded by so many ways in which we can shop. **❼** Sometimes it is hard to resist buying current fashions at a lower price. **❽** This is fast fashion.

2

❾ Eco-fashion, also known as slow fashion and sustainable clothing, is trendy, too. **❿** Motivated by concern for the earth, green consumers choose natural fibers or organically produced fabrics. **⓫** Taking responsibility for the environment and considering a garment's carbon footprint has become an important consideration for millions of shoppers. **⓬** In fact, wearing recycled or second-hand clothing has become fashionable and seems to be much more than a passing trend.

Culture Note

carbon footprint
탄소 발자국(온실 효과를 유발하는 이산화탄소 배출량)

110

Words & Expressions

- browse [brauz] ⑧ (가게 안의 물건들을) 둘러보다
- mall [mɔːl] ⑲ 쇼핑센터
- pastime [pǽstàim] ⑲ 취미
- appeal [əpíːl] ⑲ 매력
- affordable [əfɔ́rdəbl] ⑱ (가격이) 알맞은
- bargain [báːrgin] ⑲ (정상 가격보다) 싸게 사는 물건
- thrill [θril] ⑲ 흥분, 설렘
- in itself 그 자체로
- at the same time 동시에
- access [ǽkses] ⑧ 접근하다, 이용하다
- be surrounded by ～에 둘러싸이다

- resist [rizíst] ⑧ 저항하다, 거부하다
- sustainable [səstéinəbl] ⑱ 지속 가능한
- motivate [móutəvèit] ⑧ 이유(원인)가 되다, 동기를 부여하다
- fiber [fáibər] ⑲ 섬유(질)
- organically [ɔːrgǽnikəli] ⑨ 유기적으로, 유기 농법으로
- fabric [fǽbrik] ⑲ 옷감, 직물
- take responsibility for ～에 책임을 지다
- garment [gáːrmənt] ⑲ 의류
- carbon [káːrbən] ⑲ 탄소
- footprint [fútprìnt] ⑲ 발자국
- in fact 사실
  ex. *In fact*, I've never been on a farm before.

First Reading

Read through, focusing on possible differences between fast fashion and eco-fashion.
(가능한 한 패스트패션과 에코패션의 차이점에 중점을 두고 읽으시오.)

Second Reading

Read carefully to find out the meaning of the expressions you are not familiar with.
(여러분에게 친숙하지 않은 표현의 의미를 찾으며 주의 깊게 읽으시오.)

본문 해석   우리가 입는 것이 우리 자신이다

❶ 대부분의 십 대들은 옷을 사는 것을 좋아한다. ❷ 쇼핑센터에서 물건들을 둘러보기 위해 하루 외출하는 것은 젊은이들 사이에서 가장 인기 있는 취미들 중 하나이다. ❸ 매력적인 부분은 알맞은 가격에 가장 최신의 패션을 찾는 것이다. ❹ 싸게 산 물건을 가방에 넣는 것은 그 자체로 흥분되는 일이 되었다. ❺ 동시에 우리들 중 많은 이들은 지역의 가게에서 쇼핑을 하는 것보다 더 쉽고 저렴하기 때문에 인터넷으로 쇼핑을 한다. ❻ 모두가 인터넷에 접근하는 것은 아니지만, 우리는 우리가 쇼핑할 수 있는 많은 방법에 둘러싸여 있다. ❼ 때로는 더 낮은 가격에 최신 패션 상품들을 구매하는 것에 저항하는 것이 힘들다. ❽ 이것이 fast fashion이다.

❾ Eco-fashion은 또한 slow fashion 그리고 지속 가능한 의류라고 알려져 있는데, 역시 최신 유행이다. ❿ 지구에 대한 걱정이 원인이 되어 환경을 생각하는 소비자들은 천연 섬유나 유기 재배로 생산된 옷감을 선택한다. ⓫ 환경에 대한 책임을 지는 것과 의류의 탄소 발자국을 고려하는 것은 수백만의 쇼핑객들에게 중요한 고려 사항이 되었다. ⓬ 사실, 재활용되었거나 중고 의류를 입는 것은 유행이 되었으며 지나가는 유행 그 이상인 것처럼 보인다.

Structures

❷ A day out browsing in a mall is **one of the most popular pastimes among** young people.
「one of the+최상급 형용사+복수 명사」는 '가장 ~한 것들 중 하나'라는 의미이다. 뒤에는 범위를 나타내는 말이 오는데, 장소의 경우에는 「in+단수 명사」의 형태가 오고 사람이나 사물의 경우에는 「of+복수 명사」의 형태가 온다. 이 문장에서 '~ 사이에서'의 의미를 강조하기 위해 전치사 among이 사용되었다.

❸ Part of the appeal is **finding the most recent fashions at affordable prices**.
주어는 Part of the appeal이고, 동사는 is이며, finding 이하가 보어인 2형식 문장이다. 보어를 동명사구가 이끌고 있는데, 이 동명사구는 to부정사구인 to find ~로 바꿔 써도 의미의 변화가 없다.

❹ **Bagging a bargain has become** a thrill in itself.
Bagging a bargain이 문장의 주어인데 이때 Bagging은 동명사이다. 이처럼 동명사구가 이끄는 주어는 단수 취급하여 단수 동사(has become)를 써야 한다.

❻ **Not everyone** has access to the Internet, but we are surrounded by so many ways **in which** we can shop.
「부정어+everyone」은 '모두가 ~하는 것은 아니다'라는 의미로 부분 부정의 의미를 나타낸다. in which는 「전치사+관계대명사」의 형태로, 선행사는 so many ways이다. we can shop in so many ways라는 방법의 의미이다.

❿ **Motivated by concern for the earth**, green consumers choose natural fibers or organically produced fabrics.
Motivated by concern for the earth는 분사구문으로 앞에 Being이 생략되어 있다. 원래는 As they(= green consumers) are motivated by concern for the earth 형태의 부사절이었지만, 접속사와 주어를 생략하고 동사를 분사로 만들어 짧게 표현된 것이다.

Q1 Why are many of us shopping online? (왜 많은 사람들이 온라인으로 쇼핑을 하고 있는가?)

A1 Because it is easier and cheaper than shopping at local stores. (지역 상점에서 쇼핑하는 것보다 더 쉽고 싸기 때문이다.)

Check It!

1. 본문을 읽고, eco-fashion과 관계가 <u>없는</u> 것을 고르시오.
   ① natural fibers   ② sustainable clothing   ③ recycled clothing
   ④ concern for the earth   ⑤ a passing trend
2. 다음 문장에서 어법상 어색한 부분을 찾아 바르게 고쳐 쓰시오.
   Rome is ① one ② of ③ the most popular ④ city ⑤ in the world.
3. 다음 빈칸에 알맞은 말을 고르시오.

   | I operated the machine in the way in _____ he taught me. |

   ① what   ② that   ③ which   ④ how   ⑤ where

Answer 1 ⑤ 2 ④ city → cities 3 ③

Poppy: Fashion Angel

❶ Poppy is a teenager with her own blog about fashion:

"❷ I can't afford to (~할 여유가 없다) buy all the latest fashions because I can't earn much (많은(money를 수식하는 수량 형용사)) money at my age. ❸ So 'make do and mend' is something I like to keep in mind. (← 관계대명사 that 생략) ❹ Once, instead of spending (instead of -ing: ~하는 대신에) my money on something new, I dug out an old garment that (목적격 관계대명사(= which)) my grandma gave to me. ❺ Then I changed the shape a little, and like (~처럼(전치사)) magic, I had a new one (= garment). ❻ I also love buying, altering, and wearing (병렬 구조) second-hand items because nobody else (그 밖에 아무도 ~ 않다) has the same things. ❼ My fixed-up clothes are unique, so nobody can copy my fashion. ❽ Best of all (무엇보다도), I'm caring for the planet, too."

What's great about eco-fashion?

1. ❾ Reusing what (선행사를 포함한 관계대명사) you already have helps you save (help+목적어+원형부정사: ~가 …하는 것을 돕다) money.
2. ❿ Going green allows you to reduce (allow+목적어+to부정사: ~가 …하는 것을 허용하다) your carbon footprint and respect animals, people and the environment.
3. ⓫ Responsible shopping helps you create a new look that (주격 관계대명사(= which)) cannot be bought at a popular chain store. ⓬ It also helps you find out (발견하다) more about yourself and what you really like and believe in (find out의 목적절).

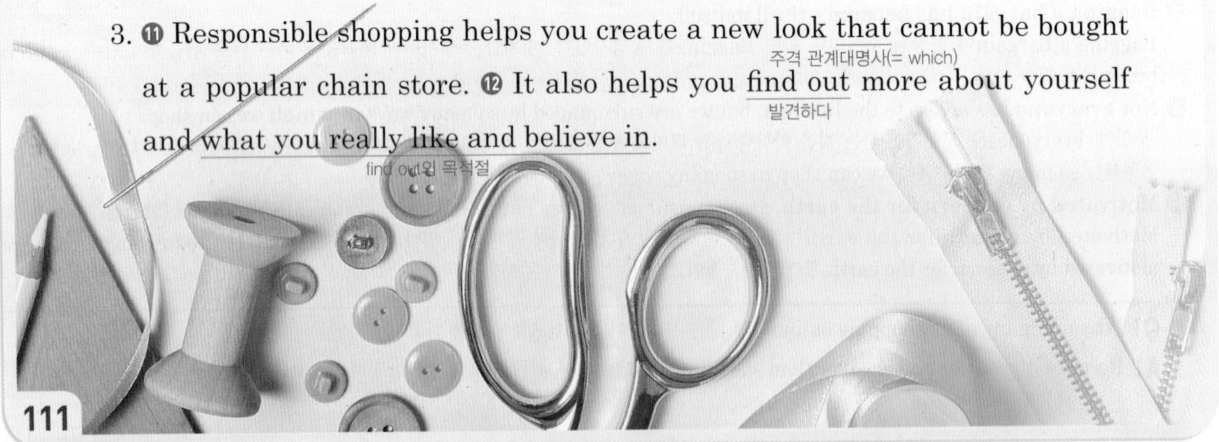

111

Words & Expressions

- can afford to (경제적으로) ~할 여유가 있다
  ex. Are you certain you *can afford to* buy a new car?
- latest [léitist] 형 최근의, 최신의
- mend [mend] 동 수리하다, 고치다
  ex. They took a long time to *mend* the roof.
- keep ~ in mind ~을 마음에 담아 두다, ~을 잊지 않다
- instead of ~ 대신에
- dig out 파내다
- shape [ʃeip] 명 모양, 형태
- magic [mǽdʒik] 명 마술
- alter [ɔ́:ltər] 동 바꾸다, 고치다
- second-hand [sékəndhǽnd] 형 중고의
- item [áitem] 명 물건, 품목
- fixed-up [fikstʌ̀p] 형 수리된, 고쳐진
- unique [ju:ní:k] 형 독특한, 유일한
- copy [kápi] 동 모방하다, 복사하다
- best of all 무엇보다도, 우선
- care for ~을 보살피다, ~을 돌보다
- planet [plǽnit] 명 행성, (행성으로서의) 지구
- respect [rispákt] 동 존중하다, 존경하다
- environment [inváiərənmənt] 명 환경
- responsible [rispánsəbl] 형 책임 있는
- create [kriéit] 동 만들어 내다, 창조하다

Poppy: Fashion Angel
❶ Poppy는 패션에 대한 그녀만의 블로그를 가진 십 대이다.
"❷ 저는 제 나이에 많은 돈을 벌 수 없기 때문에 최신 패션을 모두 살 수 없어요. ❸ 그래서 '고치면서 오랫동안 쓰자'가 제가 명심하고 싶은 것이에요. ❹ 한번은 뭔가 새로운 것을 사는 데 돈을 쓰는 대신에 저는 할머니께서 저에게 주신 오래된 옷을 들춰냈어요. ❺ 그 다음에 약간 모양을 바꿨고, 마술처럼 저는 새것을 갖게 되었죠. ❻ 저는 또한 다른 누구도 같은 것을 가지고 있지 않기 때문에 중고 물품을 사서 바꿔 입는 것을 좋아해요. ❼ 제가 고쳐 입은 옷들은 독특하고, 그래서 아무도 제 패션을 따라 할 수 없어요. ❽ 무엇보다도 제가 또한 지구를 생각하고 있다는 점이에요."

에코패션은 무엇이 좋은가?
1. ❾ 이미 가지고 있는 것을 재사용하는 것은 여러분이 돈을 절약하도록 도와준다.
2. ❿ 친환경적인 것은 항상 탄소 발자국을 줄이고 동물과 사람, 환경을 존중하도록 해 준다.
3. ⓫ 책임감 있는 구매는 인기 있는 체인점에서는 구매할 수 없는 새로운 모습을 만들어 내도록 도와준다. ⓬ 그것은 또한 자신과 자신이 진정 무엇을 좋아하는지, 그리고 무엇을 믿고 있는지에 대해 더 많이 알아내도록 도울 수 있다.

Structures

❸ So 'make do and mend' is **something** I like to keep in mind.
something은 목적격 관계대명사 that이 생략된 관계대명사절 I like to keep in mind의 수식을 받는다. 관계대명사 that은 관계절 안에서 keep의 목적어이다.

❹ Once, **instead of spending** my money on something new, I dug out *an old garment* **that** my grandma gave to me.
instead of는 '~ 대신에'라는 뜻으로 뒤에 명사나 대명사가 오지만, 동사가 올 경우에는 동명사의 형태로 써야 한다. 또한 that은 목적격 관계대명사로 선행사는 an old garment이다. 목적격 관계대명사는 생략할 수 있다.

❺ Then I changed the shape a little, and like magic, I had a new **one**.
여기서 one은 부정대명사로 앞 문장에 나온 garment를 대신한다. 반복을 피하기 위한 one은 같은 역할을 하는 대명사 that과는 달리 a new처럼 관사와 형용사의 수식을 받을 수 있다.

❻ I also love **buying, altering, and wearing** second-hand items because **nobody else has the same things**.
동명사 buying, altering, wearing은 등위접속사 and에 의해 병렬 구조를 이루고 있다. buying, altering, and wearing은 앞으로는 동사 love를 공통으로 갖고, 뒤로는 목적어 second-hand items를 공통으로 갖는다. 또한 nobody로 시작하는 문장은 문장 전체를 부정으로 해석하여, '아무도 ~하지 않다'로 해석하며, 문장에 부정어구를 쓰지 않는다는 점에 주의한다.

❾ Reusing what you already have **helps you save** money.
「help+목적어+원형부정사」는 '~가 …하는 것을 돕다'라는 의미인데, 이때 원형부정사는 to부정사로 써도 의미의 변화는 없다.

❿ Going green **allows you to reduce** your carbon footprint and **respect** animals, people and the environment.
「allow+목적어+to부정사」는 '~가 …하는 것을 허용[허락]하다'라는 의미이다. 이 문장에서는 목적격 보어인 두 개의 to부정사 to reduce와 (to) respect가 등위접속사 and에 의해 병렬적으로 연결되어 있다.

Q2 What did Poppy do with an old garment from her grandma? (Poppy는 할머니에게 받은 오래된 옷으로 무엇을 했는가?)

A2 She changed the shape and got a new one. (그녀는 모양을 바꾸어 새것을 얻었다.)

Check It!

1. 본문을 읽고, eco-fashion의 좋은 점으로 언급된 것이 **아닌** 것을 고르시오.
   ① 돈을 절약하게 한다.   ② 탄소 발자국을 줄여 준다.   ③ 재료를 동물에게서 얻는다.
   ④ 자신만의 독특한 패션을 만들어 준다.   ⑤ 자신에 대해 알도록 해 준다.

2. 다음 빈칸에 공통으로 알맞은 말을 고르시오.
   - What I like to do in my free time is _____ a nap, play football, and watch movies.
   - The primary school allows little students _____ a nap for an hour in the afternoon.

   ① take   ② taking   ③ took   ④ to take   ⑤ taken

3. 다음 밑줄 친 단어와 바꿔 쓸 수 있는 단어를 본문에서 골라 쓰시오.

   Then I <u>changed</u> the shape a little.

3 ❶ These days top designers often work with eco-ideas and eco-practices, too. ❷ They make sure to source their materials ethically and publicize their eco-practices. ❸ For instance, one designer came up with T-shirts made from bamboo and organic cotton. ❹ Another designer launched a new eco-friendly line of glasses whose shades are made from over 50 percent natural and renewable resources.

Culture Note

Bono
본명이 Paul David Hewson인 아일랜드 출신의 록밴드 U2의 리드 보컬

Conservation Cotton Initiative
목화 재배 농부들의 농장 경영과 시장 상황 개선을 위해 조직된 기구

4 ❺ One of the pioneers of ethical clothing is Bono. ❻ He and his wife aim to create a global fashion organization focusing on trade with Africa and other developing countries. ❼ In 2007, they launched a clothing division producing T-shirts that are 100 percent sewn in Africa. ❽ Their organization has joined forces with a conservation society to form the Conservation Cotton Initiative. ❾ This program promotes eco-friendly cotton farming and is helping to lift farmers out of poverty.

5 ❿ Some popular stores are also going green. ⓫ Many retail clothing chains are increasing their use of organic cotton. ⓬ A few stores have also experimented with recycled fibers. ⓭ In the meantime, some stores are looking at ways in which they can encourage customers to recycle. ⓮ In 2015, one major store attempted to improve its eco-standards by giving its customers a big discount on a new pair of jeans when they donated their old ones to be recycled.

112

Words & Expressions

- make sure to 반드시 ~하다
  ex. *Make sure to* wear your gloves when going outside.
- source [sɔːrs] ⑧ (특정한 곳에서) 얻다
- publicize [pʌ́blisàiz] ⑧ (일반 사람들에게) 알리다, 홍보하다
- come up with ~(아이디어)를 떠올리다(제안하다)
  ex. She *came up with* a great idea for increasing sales.
- bamboo [bæmbúː] ⑲ 대나무
  ex. The *bamboo* belongs to the grass family.
- launch [lɔːntʃ] ⑧ 시작하다, 착수하다
  ex. The police have *launched* an investigation into the incident.

- renewable [rinjúːəbl] ⑲ (천연자원 등이) 재생 가능한
  ex. Consider available *renewable* energy and water.
- pioneer [pàiəníər] ⑲ 개척자, 선구자
- aim to ~을 목표로 하다
  ex. We *aim to* win the Little League World Series.
- division [divíʒən] ⑲ (조직의) 분과
- promote [prəmóut] ⑧ 촉진하다, 홍보하다
- retail [ríːtèil] ⑲ 소매(업)의
  ex. The company's online sales accounted for 36% of total *retail* sales.
- fiber [fáibər] ⑲ 섬유(질)
  ex. Natural *fiber* is more expensive than synthetic fiber.

❶ 요즘 최고의 디자이너들은 또한 환경을 위한 아이디어와 실행 방법을 가지고 작업을 하고 있다. ❷ 그들은 반드시 자신의 재료를 윤리적으로 구하려 하고, 자신의 환경을 위한 실행을 홍보한다. ❸ 예를 들어, 한 디자이너는 대나무와 유기농 면으로 만든 티셔츠에 대한 아이디어를 생각해 냈다. ❹ 또 다른 디자이너는 새로운 친환경 제품군을 시작했는데, 이 안경의 차광알은 50퍼센트 이상이 자연적인 재생 가능한 재료로 만들어진다.

❺ 윤리적 의상의 선구자들 중 한 사람은 Bono이다. ❻ 그와 그의 아내는 아프리카와 다른 개발 도상국과의 무역에 중점을 둔 세계적인 패션 기구를 만드는 데 목표를 두고 있다. ❼ 2007년, 그들은 100퍼센트 아프리카에서 바느질된 티셔츠를 생산하는 의류 분과를 시작했다. ❽ 그들의 조직은 Conservation Cotton Initiative를 형성하기 위해 한 보호 단체와 힘을 합쳤다. ❾ 이 프로그램은 친환경적인 목화 재배를 홍보하고 농부들이 빈곤으로부터 올라서는 데 도움을 주고 있다.

❿ 몇몇 인기 있는 상점들은 또한 친환경적이 되고 있다. ⓫ 많은 소매 의류 체인점들은 그들의 유기농 면의 사용을 늘리고 있다. ⓬ 몇몇 상점은 또한 재생 섬유를 가지고 실험을 해 오고 있다. ⓭ 한편, 어떤 상점들은 소비자들이 재활용하도록 장려할 수 있는 방법을 살펴보고 있다. ⓮ 2015년, 한 주요 상점은 고객들이 오래된 청바지를 재활용될 수 있도록 기부할 때 새 청바지에 대해 큰 할인을 제공함으로써 환경 표준을 향상시키려는 시도를 했다.

🔵 Structures

❹ Another designer launched a new eco-friendly line of *glasses* **whose shades** are made from over 50 percent natural and renewable resources.
whose는 소유격 관계대명사로, whose가 이끄는 관계절은 선행사 glasses를 뒤에서 수식한다. shade는 원래 '그늘, 색조'라는 뜻이지만, 이 문장에서는 '차광알'을 의미한다.

❻ He and his wife aim to create *a global fashion organization* **focusing on trade with Africa and other developing countries**.
현재분사구 focusing 이하가 a global fashion organization을 수식한다.

❼ In 2007, they launched *a clothing division* **producing** T-shirts **that** are 100 percent sewn in Africa.
producing 이하는 a clothing division을 수식한다.

❽ Their organization has joined forces with a conservation society **to form** the Conservation Cotton Initiative.
to form은 '형성하기 위해서'라는 의미로 목적을 나타내는 to부정사이다. in order to form으로 바꿔 쓸 수 있다.

⓬ A few stores **have** also **experimented** with recycled fibers.
「have+과거분사」는 과거부터 현재까지 진행 중이거나 과거에 시작해서 현재까지 영향을 미치는 일을 나타내는 현재완료이다.

⓭ In the meantime, some stores are looking at *ways* **in which** they can **encourage customers to recycle**.
in which는 「전치사+관계대명사」의 형태로, 선행사는 ways이다. they can encourage customers to recycle in ways라는 방법의 의미이다. 또한 「encourage+목적어+to부정사」는 '~가 …하는 것을 격려[고무]하다'라는 의미이다.

⓮ In 2015, one major store attempted to improve its eco-standards by giving its customers a big discount on a new pair of jeans when they donated their old **ones** to be recycled.
ones는 같은 문장에 있는 pairs of jeans를 의미하는 부정대명사이다. pairs of jeans가 복수형이므로 부정대명사도 복수형 ones를 썼다.

Q3 What are many clothing chains doing to go green? (많은 의류 체인점들이 친환경적이 되기 위해 무엇을 하고 있는가?)

A3 They are increasing their use of organic cotton. (그들은 유기농 면의 사용을 늘이고 있다.)

Check It!

1. 본문의 eco-ideas and eco-practices에 해당하지 <u>않는</u> 것을 고르시오.
   ① T-shirts made from bamboo
   ② glasses whose shades are made from natural resources
   ③ T-shirts that are 100 percent sewn in Africa
   ④ increasing retail clothing chains
   ⑤ experiment with recycled fibers

2. 다음 우리말과 일치하도록 빈칸에 알맞은 말을 쓰시오.
   이것이 그가 어려움을 극복한 방법이다.
   = This is the way _____ _____ he overcame difficulties.

3. 다음 두 문장의 빈칸에 공통으로 알맞은 말을 쓰시오
   • What do you think about free trade _____ the U.S.?
   • How can you come up _____ such a brilliant idea?

6 ❶ Making the decision to be green is not really a big one. ❷ It is not difficult. ❸ Some people think having a green wardrobe is going to cost them more money or be too much trouble. ❹ However, chances are that you are already greener than you think. ❺ You may already have shared clothes with your friends or given your old clothes to charity. ❻ Or possibly you have reused clothes instead of throwing them out. ❼ Just add 'Reduce' to your going green list, and you will make a real difference to the environment.

동명사 주어+단수 동사 (❶)
cost+간접목적어+직접목적어: ~에게 …의 비용이 들게 하다
~할 가능성이 있다
may have+과거분사: (과거에) ~했을지도 모른다
아마 (possibly)
~ 대신에
= your old clothes
명령문, and you will: ~해라, 그러면 …할 것이다

7 ❽ Once you start to go green, you will find lots of ways in which you can get into the eco-fashion scene. ❾ You will also discover how easy and rewarding being green is. ❿ Just knowing that you are doing your part to preserve the planet for the future is one of the best feelings ever.

일단 ~하면(접속사)
전치사+관계대명사
간접의문문: 의문사+주어+동사
knowing의 목적어절을 이끄는 접속사
문장의 동사

Famous sayings about the three R's

1. Recycle

    ⓫ One person's trash is another's treasure.
    서로 상반되는 의미

2. Reuse

    ⓬ There is no zero waste without reuse.

3. Reduce

    ⓭ There's always a way to do without something.
    형용사적 용법의 to부정사

113

Words & Expressions

- make a decision 결심하다
  ex. He will *make a decision* by March 20th.
- wardrobe [wɔ́:rdroub] 몡 옷장
  ex. I put the *wardrobe* against this wall, opposite the door.
- cost [kɔ(:)st] 동 비용이 들(게 하)다
- share [ʃɛər] 동 나누다
- charity [tʃǽrəti] 몡 자선 단체
  ex. The old man donated all his property to *charity*.
- possibly [pásəbli] 혱 아마도
- instead of ~ 대신에
  ex. I'll have tea *instead of* coffee, please.

- make a difference 차이를 만든다, 효과를 내다
  ex. I think it'll *make a difference*.
- once [wʌns] 접 일단 ~하면
- get into ~로 들어서다
  ex. They are able to *get into* a car.
- reward [riwɔ́:rd] 동 보상하다
  ex. She was *rewarded* for her efforts with a cash bonus.
- preserve [prizə́:rv] 동 지키다, 보호하다
- saying [séiiŋ] 몡 격언
- trash [træʃ] 몡 쓰레기, 폐물
- treasure [tréʒər] 몡 보물
- waste [weist] 몡 쓰레기

본문 해석

❶ 친환경적이 되겠다고 결심하는 것은 사실 대단한 일이 아니다. ❷ 그것은 어렵지 않다. ❸ 어떤 사람들은 친환경적인 옷장을 가지는 것이 돈을 더 많이 들게 하고 많이 곤란하게 할 것이라고 생각한다. ❹ 하지만, 아마도 여러분은 이미 자신이 생각하는 것보다 더 친환경적일 가능성이 있다. ❺ 여러분은 이미 친구와 옷을 나누어 봤거나 자신의 오래된 옷을 자선 단체에 주었을지도 모른다. ❻ 또는 아마 여러분은 옷을 버리는 대신 재사용했을 것이다. ❼ 그저 '줄이자'를 당신의 친환경 목록에 더해라, 그러면 여러분은 환경에 진정한 변화를 만들 것이다.

❽ 일단 친환경적이기 시작하면 여러분은 에코패션의 상황에 들어갈 수 있는 많은 방법을 찾을 것이다. ❾ 여러분은 또한 친환경적인 것이 얼마나 쉽고 보람 있는지를 발견할 것이다. ❿ 그저 미래를 위해 지구를 보존하는 데 자신의 역할을 하고 있다는 것을 아는 것은 여태껏 최고의 기분들 중 하나이다.

3가지 R에 대한 명언들
1. 재활용: ⓫ 한 사람에게 쓰레기는 다른 사람에게 보물이다.
2. 재사용: ⓬ 재사용이 없다면 쓰레기가 전혀 없는 것은 불가능하다.
3. 줄이기: ⓭ 무언가 없이 할 수 있는 방법은 언제든지 있다.

Structures

❸ Some people think having a green wardrobe is going to **cost them more money** or be too much trouble.
think 이하의 종속절에서 주어는 동명사구인 having a green wardrobe이다. 동사는 cost로 「cost+간접목적어+직접목적어」의 4형식으로 쓰여 '~에게 …의 비용이 들게 하다'라는 의미를 나타낸다.

❹ However, **chances are that** you are already greener than you think.
「Chances are that+주어+동사」는 '~할 가능성이 있다'라는 뜻으로, 「It is likely that+주어+동사」로 바꿔 쓸 수 있다. 따라서 이 문장은 However, it is likely that you are already greener than you think.로 쓸 수 있다.

❺ You **may** already **have shared** clothes with your friends *or* **given** your old clothes to charity.
「may have+과거분사」는 '(과거에) ~했을지도 모른다'라는 의미로 과거에 대한 추측을 나타낸다. 이 문장에서는 두 개의 과거분사 shared와 given이 등위접속사 or로 연결되어 may already have에 이어진다.

❼ Just **add 'Reduce' to your going green list, and you will** make a real difference to the environment.
「명령문, and you will ~」 구문으로, '~해라, 그러면 너는 ~하게 될 것이다'라는 뜻이다. 비슷한 형태로 「명령문, or you will ~」은 '~해라, 그렇지 않으면 너는 ~하게 될 것이다'라는 뜻을 나타낸다.

❽ Once you start to go green, you will find lots of *ways* **in which** you can get into the eco-fashion scene.
in which는 「전치사+관계대명사」로 which는 선행사 ways를 수식하며, 관계사절에서 전치사 in의 목적어 역할을 한다. 이처럼 전치사와 그 목적어의 관계를 나타내기 위해서 전치사를 관계대명사 which 앞으로 이동시켜 쓸 수 있다. 이때, 관계대명사는 선행사가 사물임에도 that으로 바꾸어 쓸 수 없다.

❾ You will also discover **how easy and rewarding being green is**.
how easy and rewarding being green is는 동사 will discover의 목적어로 쓰인 간접의문문이다. 간접의문문은 「의문사+주어+동사」의 순서로 쓴다.

❿ Just knowing **that** you are doing your part to preserve the planet for the future **is** one of the best feelings ever.
Just ~ the future가 문장의 주어이고, is가 동사이다. that은 knowing의 목적어절을 이끄는 접속사이다.

Q4 What will we find once we start to go green? (일단 친환경적이기 시작하면 우리는 무엇을 발견할 수 있는가?)

A4 We will find lots of ways in which we can get into the eco-fashion scene.
(우리는 에코패션의 상황에 들어갈 수 있는 많은 방법을 찾을 것이다.)

Check It!

1. 본문의 내용과 일치하지 않는 것을 고르시오.
   ① 친환경적이 되겠다고 결심하는 것은 어렵지 않다.
   ② 우리는 벌써 친환경적인 행동을 하고 있을지도 모른다.
   ③ 친환경적이 되면 패스트패션을 따르는 방법을 찾게 될 것이다.
   ④ 친환경적이 되면 보람을 느끼게 될 것이다.
   ⑤ 나에게 쓸모없는 것이 다른 사람에게는 필요한 것일 수 있다.

2. 다음 두 문장의 의미가 같도록 빈칸에 알맞은 말을 쓰시오.
   If you go to the office before five, you'll meet Mr. Turner.
   = Go to the office before five, _____ you'll meet Mr. Turner.

3. 다음 두 단어의 관계가 같도록 빈칸에 알맞은 말을 본문에서 찾아 쓰시오.
   clothes : garment = waste : _____

Answer 1 ③ 2 and 3 trash

AFTER YOU READ

A KEY IDEAS

상자 안의 표현을 이용하여 다음을 완성하시오.

저렴한 가격에 최신 패션을 찾을 수 있기 때문에 나는 패스트 패션과 사랑에 빠졌어. 나는 <u>쇼핑센터에서 옷을 둘러보는 것</u>을 즐겨.

나는 내가 환경에 더욱 책임을 질 수 있기 때문에 에코패션과 사랑에 빠졌어. 나는 <u>유기 농법으로 생산된 직물(로 만든 옷)</u>을 입는 것을 즐겨.

Answer (1) find the latest fashions at low prices
(2) browsing for clothes in the mall
(3) be more responsible towards the environment
(4) wearing organically produced fabrics

B DETAILS

(A)의 문장을 (B)의 의미와 연결하시오.
(A) 1. "우리는 더 환경적인 옷장을 가진다."
2. "우리는 저렴하게 산 물건을 가방에 넣는 것을 즐긴다."
3. "우리는 우리의 탄소 발자국을 고려한다."
(B) a. 우리는 더 낮은 가격에 옷을 사는 것을 좋아한다.
b. 우리는 온실 효과에 대해서 생각한다.
c. 우리는 옷을 살 때 3R을 실행에 옮긴다.

Answer 1. c 2. a 3. b

C YOUR RESPONSE

에코패션에 관한 아이디어를 어떻게 실천으로 옮길지에 대해 짝과 이야기하시오.

예시

A 너는 에코패션에 관한 아이디어를 어떻게 실천에 옮기고 싶니?
B 나는 유기적으로 생산된 직물(로 만든 옷)을 입고 싶어

A KEY IDEAS

Complete the following using the expressions in the box.

I've fallen in love with fast fashion because
I can (1) _____.
I enjoy (2) _____.

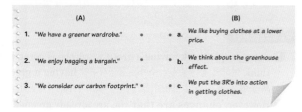

I've fallen in love with eco-fashion because
I can (3) _____.
I enjoy (4) _____.

- be more responsible towards the environment
- find the latest fashions at low prices
- browsing for clothes in the mall
- wearing organically produced fabrics

B DETAILS

Match the sentences in (A) with their meanings in (B).

(A)	(B)
1. "We have a greener wardrobe."	a. We like buying clothes at a lower price.
2. "We enjoy bagging a bargain."	b. We think about the greenhouse effect.
3. "We consider our carbon footprint."	c. We put the 3R's into action in getting clothes.

C YOUR RESPONSE

Talk with your partner about how to put eco-fashion ideas into action. _____

Example
A: How would you like to put eco-fashion ideas into action?
B: I'd like to wear organically produced fabrics.

가격의 옷을 사는 것을 좋아한다는 a와 의미가 통한다. 3은 탄소 발자국에 관한 내용이므로, 온실 효과에 관해 언급한 b와 의미가 통한다.

C YOUR RESPONSE

Sample Answer

A How would you like to put eco-fashion ideas into action?
B I will donate my old clothes to charity.
A 너는 에코패션에 관한 아이디어를 어떻게 실천에 옮기고 싶니?
B 나는 내 오래된 옷을 자선 단체에 기부하고 싶어.

Words & Expressions
- put ~ into action ~을 행동에 옮기다, ~을 실천하다
- organically [ɔːrgǽnikəli] ⑨ 유기 재배로, 유기적으로

A KEY IDEAS

🎙 Solution

앞의 글은 패스트패션을 선호하는 사람의 글이고 뒤의 글은 에코패션을 선호하는 사람의 글이므로, 각각의 특징에 맞는 말을 넣어 빈칸을 완성한다.

B DETAILS

🎙 Solution

1은 에코패션에 관한 내용이므로 옷을 살 때 3R을 실행에 옮긴다는 c와 의미가 통하고, 2는 패스트패션에 관한 내용이므로 저렴한

More Questions

※ 본문의 내용과 일치하도록 빈칸에 알맞은 말을 주어진 단어로 시작하여 쓰시오.
1. Eco-fashion, also known as slow fashion and s_____ clothing, is trendy.
2. My fixed-up clothes are u_____, so nobody can copy my fashion.
3. One designer came up with T-shirts made from bamboo and o_____ cotton.
4. Making the decision to be g_____ is not really a big one.
5. One person's trash is another's t_____.

Answer 1 (s)ustainable 2 (u)nique 3 (o)rganic 4 (g)reen 5 (t)reasure

A

- Browsing in a mall is **one of the most popular pastimes**.
- This is **one of the most thrilling movies** I've ever seen.
- Just knowing that you are doing your part is **one of the best feelings** ever.

| Tip | '가장 ~한 것 가운데 하나라는 뜻을 나타내는 방식을 익혀 봅시다.

- Complete the dialog using the expressions in parentheses.

A: Was there an earthquake in Japan last night?
B: Yes, there was. It was (earthquakes, ever, of, one, strongest, the).
A: How serious was the damage?
B: It was very serious. The earthquake was (ever, natural disasters, of, one, the worst).

B

- We are surrounded by so many ways **in which** we can shop.
- Tom visits countries **in which** he can enjoy the wonders of nature.
- Mary will never forget the year **in which** she worked hard for children in need.

| Tip | 'in which' 앞뒤의 의미 관계에 초점을 두어 살펴봅시다.

- Complete the passage using the expressions in parentheses.

It has often been said that there is no royal road to foreign language learning. Many famous scholars have worked hard to find ways (can learn, in which, people, a foreign language, without much difficulty).

Quote for You Choose the best word for the blank.

"One of the most beautiful qualities of true _____ is to understand and to be understood."

— Lucius Annaeus Seneca

a. friendship   b. scholarship   c. leadership

Lucius Annaeus Seneca
로마 시대의 철학자,
정치가, 극작가로서
네로 황제의 고문이었다.

wer: a.

115

A

- 쇼핑센터에서 둘러보는 것은 가장 인기 있는 취미들 중 하나이다.
- 이것은 내가 여태껏 본 가장 흥분되는 영화들 중 하나이다.
- 그저 자신의 역할을 하고 있다는 것을 아는 것은 여태껏 최고의 기분들 중 하나이다.

Answer   one of the strongest earthquakes ever / one of the worst natural disasters ever

B

- 우리는 쇼핑할 수 있는 많은 방법에 둘러싸여 있다.
- Tom은 자신이 자연의 경이로움을 즐길 수 있는 나라들을 방문한다.
- Mary는 자신이 도움이 필요한 아이들을 위해 열심히 일했던 그 해를 절대 잊지 못할 것이다.

Answer   in which people can learn a foreign language without much difficulty

Quote for You

진정한 우정에 있어 가장 아름다운 덕목들 중 하나는 이해하는 것과 이해받는 것이다.

– Lucius Annaeus Seneca

Answer   a

A

■ 괄호 안의 표현을 이용하여 대화를 완성하시오.

A 지난밤 일본에서 지진이 있었다며?
B 응, 그랬대. 그것은 여태껏 가장 강한 지진들 중 하나였대.
A 피해는 얼마나 심각한대?
B 매우 심각하다고 해. 그 지진은 여태껏 가장 나쁜 자연재해들 중 하나였어.

Solution

'가장 ~한 것들 중 하나'라는 의미가 되어야 하므로, 「one of the+최상급 형용사+복수 명사」의 순서로 써야 한다. ever는 '여태껏, 지금껏'이라는 뜻으로 '여태껏(지금껏) 가장 ~한 것들 중 하나'라는 의미를 추가한다.

B

■ 괄호 안의 표현을 이용하여 글을 완성하시오.

흔히 외국어 학습에 있어 왕도는 없다고들 한다. 많은 유명한 학자들은 사람들이 많은 어려움 없이 외국어를 배울 수 있는 방법을 찾기 위해 노력해 왔다.

Solution

문맥상 괄호 앞에 있는 ways를 수식하는 관계대명사가 와야 하는데, 선행사가 관계사절에서 people can learn a foreign language without much difficulty in ways라는 의미를 가지므로, 「in which+주어+동사」의 순서로 괄호 안의 표현을 배열한다.

Quote for You

+More Quotes

- Cruelty to animals is one of the most significant vices of a low and ignoble people.
동물에 대한 잔인성은 가장 저속하고 비열한 사람들이 저지르는 가장 커다란 악행들 중 하나이다.

— Alexander van Humboldt

+More Information

Lucius Annaeus Seneca (BC 4? ~ AD 65): 이탈리아 고대 로마 제정기의 스토아 철학자이다. 네로의 폭정에 위태로움을 느껴 AD 62년에 네로에게 간청하여 관직에서 은퇴했지만, AD 65년에 네로에게 역모를 이유로 의심을 받자 자살했다. 스토아주의를 역설했으며, 주요 작품으로는 〈노여움에 대하여〉, 〈자연학 문제점〉 등이 있다.

Words & Expressions

- earthquake [ə́ːrθkwèik] 명 지진
- damage [dǽmiʤ] 명 피해, 손상
- disaster [dizǽstər] 명 재해, 재난
- wonder [wʌ́ndər] 명 경이, 감탄
- royal [rɔ́iəl] 형 왕(실)의, 위엄 있는
- scholar [skálər] 명 학자
- quality [kwáləti] 명 특성, 덕목
- scholarship [skálərʃìp] 명 장학금

GRAMMAR POINTS

one of the + 최상급 형용사 + 복수 명사

형용사의 의미를 강조하여 '가장 ~한 사람(것)들 중 한 명(하나)'를 뜻할 때는 「one of the+형용사의 최상급+복수 명사」의 형태로 쓴다.

(1) 최상급 비교 표현은 보통 「the+최상급 형용사+단수 명사」의 형태로 쓰지만, '가장 ~한 사람(것)들 중 한 명(하나)'이라는 의미를 전달할 때는 최상급 형용사 뒤에 복수 명사가 온다.

   ex. Air pollution is **one of the most serious problems** in the world.
      (대기 오염은 전 세계적으로 가장 심각한 문제들 중 하나이다.)

(2) 비교의 범위를 나타낼 때 장소는 「in+단수 명사」로, 대상은 「of+복수 명사」, 자신의 경험은 「(that) 주어+have ever+과거분사」 등으로 다양하게 나타낼 수 있다.

   ex. Shanghai is one of the biggest cities **in China**.
      (상하이는 중국에서 가장 큰 도시들 중 하나이다.)
     Gwen is one of the tallest girls **of all the classmates**.
      (Gwen은 모든 반 친구들 중에서 가장 키가 큰 소녀들 중 하나이다.)
     This is one of the most interesting books **that I've ever read**.
      (이것은 내가 지금껏 읽어 본 가장 재미있는 책들 중 하나이다.)

   cf. the+서수+최상급 형용사+단수 명사: '~번째로 가장 …한'이라는 의미를 나타낸다.
     Busan is **the second largest city** in Korea.
      (부산은 한국에서 두 번째로 큰 도시이다.)

전치사 + 관계대명사

목적격 관계대명사가 전치사의 목적어일 경우에는 전치사를 관계대명사절 안에 쓸 수도 있지만, 관계대명사 앞으로 옮겨 관계대명사와 나란히 쓸 수 있다.

(1) 목적격 관계대명사는 일반적으로 생략할 수 있지만, 전치사가 목적격 관계대명사 앞에 온 경우에는 생략할 수 없다.

   ex. Doing a crossword puzzle is *a way* **in which** I get relaxed before exams.
     = Doing a crossword puzzle is *a way* I get relaxed before exams. (○)
     = Doing a crossword puzzle is *a way* **in** I get relaxed before exams. (×)
      (십자말풀이를 하는 것은 시험 전에 내가 긴장을 푸는 한 가지 방법이다.)

(2) 목적격 관계대명사 whom은 who나 that으로, which는 that으로 쓸 수 있지만, 전치사가 목적격 관계대명사 앞에 위치하는 경우에는 who나 that은 쓸 수 없고, whom과 which만 쓸 수 있다.

   ex. I have few friends **who(m)** I can rely on.
     = I have few friends on **whom** I can rely. (○)
     = I have few friends **that** I can rely on. (○)
     = I have few friends on **who** I can rely. (×)
     = I have few friends **on that** I can rely. (×)
      (나는 의지할 만한 친구가 거의 없다.)

(3) 「전치사+관계대명사」의 선행사가 장소나 시간을 나타낼 때는 관계부사 where나 when으로 바꿔 쓸 수 있다.

   ex. Chicago is the city **in which** my brother and I were born.
     = Chicago is the city **where** my brother and I were born.
      (Chicago는 형과 내가 태어난 도시이다.)
     1945 is the year **in which** World War II ended.
     = 1945 is the year **when** World War II ended.
      (1945년은 제2차 세계 대전이 끝난 해이다.)

1. 다음 괄호 안에서 어법상 알맞은 것을 고르시오.

(1) Education is one of the most serious (problem / problems) in Korea.

(2) Let me know the way in (which / that) you can succeed in business.

(3) Sejun is the third tallest (boy / boys) in our school.

(4) We visited the church (which / where) our parents got married.

• education 교육
• succeed in ~에서 성공하다
• get married 결혼하다

2. 다음 괄호 안의 말을 바르게 배열하여 문장을 다시 쓰시오.

(1) Honesty is (important, of, one, the, most, things) in our life.

→ _____

(2) This is one of the most touching movies (ever, I, watched, have, that).

→ _____

(3) Make groups of four and find ways in (can, which, out, you, of, the, get, maze).

→ _____

• honesty 정직(함)
• touching 감동적인
• maze 미로

3. 두 문장이 같은 의미가 되도록 빈칸을 완성하시오.

(1) This is the room. He wrote his first novel in the room.

= This is the room _____ _____ he wrote his first novel.

(2) I don't know the way. He can get the information in the way.

= I don't know the way _____ _____ he can get the information.

(3) I remember the day. I saw Jake on the bus on the day.

= I remember the day _____ I saw Jake on the bus.

• novel 소설
• information 정보

4. 다음 문장에서 어법상 틀린 부분을 찾아 바르게 고쳐 쓰시오.

(1) Drinking milk every morning is one of the best habit in your daily life.

_____ → _____

(2) I know many ways in that I can make children amused.

_____ → _____

(3) Gandhi is one of most respected people in history.

_____ → _____

• habit 습관
• amused 즐거운
• respected 존경 받는

5. 다음 빈칸에 공통으로 알맞은 말을 쓰시오.

• Paris is one of the most attractive destinations _____ the world.
• I forgot the way _____ which I solved the equation.

• attractive 매력적인
• destination 목적지
• equation 방정식

LET'S WRITE

작은 노력이 큰 변화를 만들어 낼 수 있다

우리는 환경을 보호하고 우리 지구를 구하기 위해 최선을 다해야 합니다. 모든 노력이 변화를 만들어 낼 수 있습니다. 여러분은 지구를 구하기 위해 어떤 노력을 할 수 있습니까?

A GET IDEAS

블로그 게시물을 읽고 환경 문제를 해결하기 위해 여러분이 할 수 있는 노력을 나타내는 부분에 밑줄을 그으시오.

작은 노력들이 큰 변화를 만들 수 있다

너무 많은 음식 쓰레기를 만드는 것은 여태껏 가장 심각한 환경 문제의 원인들 중 하나이다. 여기 이것을 해결할 수 있는 몇 가지 쉬운 방법이 있다.

우선, 장을 보러 가기 전에 필요한 식료품 목록을 만들어라.

둘째, 매끼 식사를 위해 너무 많은 음식을 준비하지 않도록 확실히 해라.

셋째, 다음에 먹기 위해 남은 음식은 보관해라.

기억해라, 여러분이 지구를 구하도록 돕기 위한 쉬운 방법은 모두 여러분의 주위에 있다.

> **Answer** make a list of the food you need before shopping / make sure not to prepare too much food for each meal / save the leftovers for later use

B ORGANIZE IDEAS

상자 안의 표현을 이용하여 더 적은 자연 자원을 이용하기 위한 여러분의 노력에 관해 표를 완성하시오.

A GET IDEAS

🔵 **Solution**

Here are some easy ways to help solve it. 이후에 실천할 수 있는 구체적인 방법 세 가지, 즉 장보기 전에 식료품 목록 만들기, 먹을 만큼만 요리하기, 남은 음식 보관하기를 First, Second, Third를 이용하여 제시하고 있다.

🔵 **Structures**

• First, make a list of the food you need before shopping.
food와 you 사이에 목적격 관계대명사 which(that)가 생략되어 있다. 전치사를 동반하지 않은 목적격 관계대명사는 생략할 수 있다.

Words & Expressions

• environmental [invàiərənméntəl] 형 환경의, 주위의
• meal [miːl] 명 식사, 한 끼
• leftover [léftòuvər] 명 남은 음식, 나머지
• natural resource 자연 자원
• electricity [ilektrísəti] 명 전기, 전력
• fan [fæn] 명 선풍기
• rather than ~보다는 차라리
• water [wɔ́ːtər] 동 물을 주다
• plant [plænt] 명 식물
• tap [tæp] 명 수도꼭지, 마개
• brush teeth 이를 닦다

Little Efforts Can Make a Big Difference

We need to do our best to protect the environment and save our planet. Every effort can make a difference. What efforts can you make to save the earth?

A GET IDEAS

Read the blog post and underline the parts that show efforts you can make to solve environmental problems.

> *Little Efforts Can Make a Big Difference*
>
> Producing too much food trash is one of the most serious causes of environmental problems ever. Here are some easy ways to help solve it.
>
> First, make a list of the food you need before shopping.
> Second, make sure not to prepare too much food for each meal.
> Third, save the leftovers for later use.
>
> **Remember:** All around you are easy ways in which you can help save the earth.

B ORGANIZE IDEAS

Complete the table about your efforts to use fewer natural resources using the expressions in the box.

Problem	Using too much water	Using too much electricity
Efforts	•	•
	•	•
	•	•

• Take a shorter shower.
• Reuse water to water plants.
• Turn off lights when leaving a room.
• Turn off the tap when brushing teeth.
• Use fans rather than turning on air conditioners.
• Unplug computers and printers when not using them.

B ORGANIZE IDEAS

> Sample **Answer**

Problem	Using too much water	Using too much electricity
Efforts	Take a shorter shower.	Turn off lights when leaving a room.
	Reuse water to water plants.	Use fans rather than turning on air conditioners.
	Turn off the tap when brushing teeth.	Unplug computers and printers when not using them.

문제점	너무 많은 물 사용	너무 많은 전기 사용
노력	더 짧게 샤워하라.	방을 나갈 때는 전등을 꺼라.
	물을 재사용하여 식물에 물을 주어라.	에어컨을 켜기보다는 선풍기를 이용해라.
	이를 닦을 때는 수도꼭지를 잠가라.	사용하지 않을 때는 컴퓨터와 프린터의 플러그를 뽑아라.

Complete the blog post using the information from the table in B.

Little Efforts Can Make a Big Difference

_____ is one of the most serious causes of environmental

problems ever. Here are some easy ways to _____.

First, _____

Second, _____

Third, _____

Remember: All around you are easy ways in which you can help save the earth.

+ Writing Tip

문제 해결에 대한 글을 쓸 때는 실질적인 해결 방안을 마련한 다음 이를 몇 가지로 나누어 정리해 봅시다.

Peer Review	My partner thinks ...
Does the blog post include a serious cause of environmental problems?	☺ ☺ ☹
Are the efforts in the blog post serious and meaningful?	☺ ☺ ☹
Are the expressions and structures in the blog post natural and acceptable?	☺ ☺ ☹
partner's comments:	

D REVIEW & REVISE

Read the comments and revise your writing.

117

C ON YOUR OWN

B의 표에 있는 정보를 이용하여 블로그 게시물을 완성하시오.

Sample Answer

Little Efforts Can Make a Big Difference
Using too much water is one of the most serious causes of environmental problems ever. Here are some easy ways to use less water.
First, reuse water to water plants.
Second, turn off the tap when brushing teeth.
Third, take a shorter shower.
Remember: All around you are easy ways in which you can help save the earth.

동료 평가

• 블로그 게시물은 환경 문제의 심각한 원인을 포함하고 있는가?
• 블로그 게시물에 제시된 노력은 진지하고 의미가 있는가?
• 블로그 게시문에 사용된 표현과 구조는 자연스럽고 허용할 만한가?
• 짝의 의견

D REVIEW & REVISE

평가를 읽고 작문을 고쳐 쓰시오.

Writing Tip   **Giving opinion with facts**

자신의 의견 쓰기

1. 자신의 의견을 명료하게 밝혀 주는 주제문(topic sentence)이 있어야 한다.
2. 주제문을 뒷받침하거나 주제문의 세부 사항을 쓴다. 뒷받침하는 문장이나 세부 사항은 First, Second, Third처럼 열거하기를 이용하여 서술하면 의미 전달이 더 명확해질 수 있다.
3. 맨 마지막에 결론을 다시 한 번 언급하여 자신의 의견을 강조할 수 있다.

C ON YOUR OWN

 Solution

B ORGANIZE IDEAS에서 자신이 정리한 내용을 토대로 하여 글을 작성한다.

Sample Answer 1

작은 노력들이 큰 변화를 만들 수 있다
물을 너무 많은 사용하는 것은 여태껏 가장 심각한 환경 문제의 원인들 중 하나이다. 여기 물을 더 적게 사용할 수 있는 몇 가지 쉬운 방법이 있다.
우선, 물을 재사용하여 식물에 물을 주어라.
둘째, 이를 닦을 때는 수도꼭지를 잠가라.
셋째, 더 짧게 샤워하라.
기억해라, 여러분이 지구를 구하도록 돕기 위한 쉬운 방법은 모두 여러분의 주위에 있다.

Sample Answer 2

Little Efforts Can Make a Big Difference
Using too much electricity is one of the most serious

causes of environmental problems ever. Here are some easy ways to use less electricity.
First, unplug computers and printers when not using them.
Second, turn off lights when leaving a room.
Third, use fans rather than turning on air conditioners.
Remember: All around you are easy ways in which you can help save the earth.

작은 노력들이 큰 변화를 만들 수 있다
전기를 너무 많은 사용하는 것은 여태껏 가장 심각한 환경 문제의 원인들 중 하나이다. 여기 전기를 더 적게 사용할 수 있는 몇 가지 쉬운 방법이 있다.
우선, 사용하지 않을 때는 컴퓨터와 프린터의 플러그를 뽑아라.
둘째, 방을 나갈 때는 전등을 꺼라.
셋째, 에어컨을 켜기보다는 선풍기를 이용해라.
기억해라, 여러분이 지구를 구하도록 돕기 위한 쉬운 방법은 모두 여러분의 주위에 있다.

멋진 에코백

여러분은 오래된 티셔츠로 어떤 새로운 가방을 만들 수 있나요? 멋진 에코백을 만들어서 학급에 발표해 봅시다.

STEP 1

네 명이 한 모둠을 이루어 에코백을 만들기 위한 아이디어에 관해 이야기해 보시오.

사용된 셔츠
색상
크기
가방 위에 넣을 환경 표어

STEP 2

여러분의 모둠이 만들 에코백의 세부 사항에 관해 이야기해 보시오.

가방의 본체
너비
높이
가방의 손잡이
너비
길이

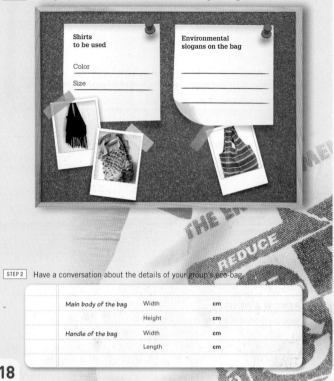

A Fancy Eco-Bag

What new bags can you make out of old T-shirts? Make a fancy eco-bag and present it to the class.

STEP 1 Make groups of four and talk about ideas for making eco-bags.

Shirts to be used
Color
Size

Environmental slogans on the bag

STEP 2 Have a conversation about the details of your group's eco-bag.

Main body of the bag	Width	cm
	Height	cm
Handle of the bag	Width	cm
	Length	cm

118

STEP 1

Sample Answer

Shirts to be used
Color: black
Size: large
Environmental slogans on the bag
A green planet is a clean planet.
Don't be mean. Be green.
Keep calm and save the environment.

사용된 셔츠
색상: 검은색
크기: 대
가방 위에 넣을 환경 표어
푸른 지구가 깨끗한 지구이다.
이기적이면 안 됩니다. 친환경적이 되세요.
침착하게 환경을 보호합시다.

STEP 2

Sample Answer

A I think it is 50 centimeters wide and 30 centimeters long.
B Good. Then how about its handle?
C How about this? It will be 5 centimeters wide and 20 centimeters long.

D I think so, too.
A 나는 가로는 50센티미터, 세로는 30센티미터가 좋을 것 같아.
B 좋아. 그러면 손잡이는 어떻게 할까?
C 이건 어때? 너비 5센티미터에 길이 20센티미터면 될 것 같아.
D 나도 그렇게 생각해.

Words & Expressions

• fancy [fǽnsi] 휑 멋진, 근사한
• environmental [invàiərənméntəl] 휑 환경의, 주위의
• slogan [slóugən] 명 표어, 구호
• width [widθ] 명 너비, 폭
• height [hait] 명 높이
• handle [hǽndl] 명 손잡이
• length [leŋkθ] 명 길이

+More Information

'형용사-측정 단위'로 사용되는 명사
high (높은)   — height (높이)
deep (깊은)   — depth (깊이)
long (긴)   — length (길이)
wide (폭이 넓은)   — width (폭, 너비)
broad (폭이 넓은)   — breadth (폭, 너비)
thick (두꺼운)   — thickness (두께)

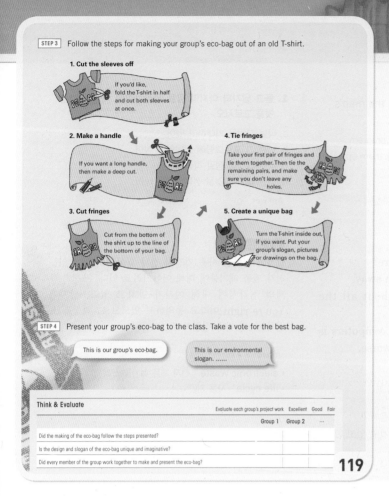

1. Cut the sleeves off

If you'd like, fold the T-shirt in half and cut both sleeves at once.

2. Make a handle

If you want a long handle, then make a deep cut.

3. Cut fringes

Cut from the bottom of the shirt up to the line of the bottom of your bag.

4. Tie fringes

Take your first pair of fringes and tie them together. Then tie the remaining pairs, and make sure you don't leave any holes.

5. Create a unique bag

Turn the T-shirt inside out, if you want. Put your group's slogan, pictures or drawings on the bag.

STEP 4 | Present your group's eco-bag to the class. Take a vote for the best bag.

This is our group's eco-bag.

This is our environmental slogan. ......

Think & Evaluate

	Evaluate each group's project work	Excellent	Good	Fair
	Group 1	Group 2	...	
Did the making of the eco-bag follow the steps presented?				
Is the design and slogan of the eco-bag unique and imaginative?				
Did every member of the group work together to make and present the eco-bag?				

119

STEP 3

오래된 티셔츠로 여러분의 모둠 에코백을 만들기 위해 다음 단계를 따르시오.

STEP 4

모둠의 에코백을 학급에 발표하시오. 최고의 가방에 투표하시오.
이것은 우리 모둠의 에코백입니다.
이것은 우리의 환경 표어입니다. …

평가표
• 에코백 만드는 과정은 제시된 단계를 따랐는가?
• 에코백의 디자인과 표어는 독창적이고 상상력이 있는가?
• 모둠원 모두가 에코백을 만들고 발표하는 데 협동하였는가?

STEP 3

1. 소매를 잘라 내라
원한다면 티셔츠를 반으로 접어서 양쪽 소매를 한 번에 잘라 내라.

2. 손잡이를 만들어라
긴 손잡이를 원하면 깊이 잘라 내라.

3. 술을 잘라 내라
가방 바닥의 선을 따라 티셔츠의 바닥을 잘라 내라.

4. 술을 묶어라
첫 번째 한 쌍의 술을 잡아서 함께 묶어라. 그런 다음, 나머지도 두 개씩 묶어 주고, 구멍이 남지 않도록 해라.

5. 독창적인 가방을 만들어라
원한다면 티셔츠를 뒤집어라. 모둠의 표어나 사진, 그림을 가방에 붙여라.

+More Information

티셔츠 재활용 아이디어를 볼 수 있는 동영상 웹 사이트
https://www.youtube.com/watch?v=H6uTvO1bbcM
https://www.youtube.com/watch?v=HaQIZQrYjks

티셔츠 재활용 아이디어를 구할 수 있는 웹 사이트
http://www.lifebuzz.com/recycled-shirts/
http://www.1millionwomen.com.au/blog/12-ways-recycle-your-t-shirts/

Words & Expressions

• cut off   잘라 내다
• sleeve [sli:v]   명 소매
• fold [fould]   동 접다
• in half   반으로
• at once   한 번에
• handle [hǽndl]   명 손잡이
• deep [di:p]   형 깊은
• fringe [frindʒ]   명 술 (장식), 가장자리
• bottom [bátəm]   명 밑바닥
• tie [tai]   동 묶다
• remaining [riméiniŋ]   형 남은, 나머지의
• pair [pɛər]   명 한 쌍
• hole [houl]   명 구멍
• creat [kriéit]   동 만들다, 창조하다
• unique [ju:ní:k]   형 독특한, 유일한
• turn ~ inside out   ~을 뒤집다
• imaginative [imǽdʒənətiv]   형 상상력이 풍부한

CHECK UP

1. Listen and choose the one that best completes the man's last comment.

   a. I'm looking forward to it.
   b. I'd like to join the program.
   c. I'm really concerned about it.
   d. I want you to pick them up.

1. 듣고 남자의 마지막 말을 완성하기에 가장 알맞은 것을 고르시오.

a. 나는 그것을 기대하고 있어.
b. 나는 그 프로그램에 참여하고 싶어.
c. 나는 그것이 정말 걱정돼.
d. 나는 네가 그것을 선택하기를 바라.

Answer c

Script

M What in the world are all those things in the picture?
W They're used TVs and computers that were thrown away.
M Are you serious? What are we going to do about all the electronic waste?
W That's a good question. The life cycle of TVs and computers is getting shorter, and the waste problem is getting worse.
M You're right. _____.

남 사진 속 저것들은 다 뭐니?
여 그것들은 버려진 TV와 컴퓨터야.
남 진짜야? 우리가 모든 전자 제품 폐기물에 대해 뭘 할 수 있을까?
여 좋은 질문이야. TV와 컴퓨터의 사용 기간이 점점 더 짧아지고 있고, 쓰레기 문제는 더 나빠지고 있어.
남 네 말이 맞아. <u>나는 그것이 정말 걱정돼.</u>

Solution

남자와 여자는 사용 기간이 점차 짧아져서 늘고 있는 전자 제품 폐기물에 대해 이야기하고 있다. 쓰레기 문제의 심각성에 대해 여자가 말하고 있고, 남자가 You're right.이라고 동의하고 있으므로, 걱정을 표현하는 c가 가장 적절하다.

Words & Expressions

• electronic waste 전자 제품 폐기물(쓰레기)
• life cycle 사용 기간

2. Listen and choose the one that best expresses the main idea of the speech.

   a. What is technology really for?
   b. Save efforts, and save the earth.
   c. We have to put more efforts into exploring nature.
   d. We ought to do our own part to preserve the environment.

2. 듣고 담화의 요지를 가장 잘 표현한 것을 고르시오.

a. 기술은 진정 무엇을 위한 것인가?
b. 노력을 아껴라, 그러면 지구를 구할 것이다.
c. 자연을 탐사하기 위해 우리는 더 많은 노력을 해야 한다.
d. 환경을 보호하기 위해 우리는 우리의 역할을 해야 한다.

Answer d

Script

W Protecting the environment is one of the most important issues today. I don't think that advances in science and technology will be able to provide the solutions we need. Why don't we reduce our use of energy and resources? How about reusing what we have already used? Without efforts such as these, we cannot save our planet.

여 환경을 보호하는 것은 오늘날 가장 중요한 이슈들 중 하나이다. 나는 과학과 기술의 발전이 우리가 필요한 해결책을 제공할 수 있다고 생각하지 않는다. 우리의 에너지와 자원의 사용을 줄이면 어떻겠는가? 우리가 이미 사용한 것들을 재사용하면 어떻겠는가? 이러한 노력이 없다면 우리는 지구를 구해 낼 수 없다.

Solution

환경을 보호하기 위해 과학과 기술 발전이 해결책을 제시해 주기를 원하기보다는 에너지와 자원의 사용을 줄이고 재활용하는 것처럼 우리가 할 수 있는 노력을 하자는 것이 여자가 하는 말의 요지이다.

Words & Expressions

• advance [ədvǽns] 명 진보, 발전
• resource [ríːsɔːrs] 명 자원, 원천

3. Choose the best place for the sentence in the box.

> Making the decision to be green is not really a big one.

(❶) It is not difficult. (❷) Some people think having a green wardrobe is going to cost them more money or be too much trouble. (❸) However, chances are that you are already greener than you think. (❹) You may already have shared clothes with your friends or given your old clothes to charity.

3. 상자 안의 문장이 들어갈 가장 알맞은 곳을 고르시오.

친환경적이 되겠다고 결심하는 것은 사실 대단한 일이 아니다. 그것은 어렵지 않다. 어떤 사람들은 친환경적인 옷장을 가지는 것이 돈을 더 많이 들게 하고 많이 곤란하게 할 것이라고 생각한다. 하지만, 아마도 여러분은 이미 자신이 생각하는 것보다 더 친환경적일 가능성이 있다. 여러분은 이미 친구와 옷을 나누어 봤거나 자신의 오래된 옷을 자선 단체에 주었을지도 모른다.

Answer ①

Solution

첫 번째 문장의 주어 It이 가리키는 말이 첫 번째 문장 뒤에 나와 있지 않고 내용상 제시된 문장이 It에 해당하므로, 상자 안의 문장은 ①에 들어가야 알맞다.

Words & Expressions
• wardrobe [wɔ́ːrdroub] ⑲ 옷장
• charity [tʃǽrəti] ⑲ 자선 (단체)

---

4. Read and put the expressions in parentheses in order.

A: Eco-fashion is trendy, isn't it?

B: Yes, it is. Taking responsibility for the environment has become (around the world, for many people, of, one, the most important considerations).

4. 읽고 괄호 안의 표현을 순서대로 배열하시오.

A 에코패션이 유행이야, 그렇지 않니?
B 맞아. 환경에 책임을 지는 것은 전 세계의 많은 사람들에게 가장 중요한 고려 사항들 중 하나가 되었어.

Answer one of the most important considerations for many people around the world

Solution

'가장 ~한 것들 중 하나'라는 의미가 되도록 「one of the+최상급 형용사(most important)+복수 명사(considerations)+부사구(for many people around the world)」의 순서로 배열한다.

Words & Expressions
• trendy [tréndi] ⑱ 유행인, 유행하는
• take responsibility for ~에 대해 책임을 지다
• consideration [kənsìdəréiʃən] ⑲ 고려 (사항)

---

5. Read and choose the best title for the passage.

We believe that every day should be Earth Day, not just April 22nd. We hope you will do something for our planet. Just in case you're scratching your head wondering what to do on this Earth Day, we've put together a list of our favorite eco-activities. We've included suggestions that promote earth-loving care as well as a sense of connection to this beautiful planet we call home.

a. What to Do on Earth Day
b. Beautiful Places to Live
c. What We Did on April 22
d. How to Make Our World Better

5. 읽고 글에 가장 알맞은 제목을 고르시오.

우리는 단지 4월 22일이 아니라 매일이 지구의 날이라고 믿는다. 우리는 여러분이 우리 지구를 위해 무언가 할 거라고 희망한다. 단지 여러분이 이 지구의 날에 무엇을 할지 궁금해서 머리를 긁을 경우에 대비해서 우리는 우리가 좋아하는 친환경 행동의 목록을 만들어 두었다. 우리는 우리가 집이라고 부르는 이 아름다운 행성에 대한 소속감뿐만 아니라 지구를 사랑하는 돌봄을 증진하는 제안들을 포함해 두었다.

a. 지구의 날에 할 일
b. 살 수 있는 아름다운 장소들
c. 4월 22일에 우리가 했던 일
d. 우리 세상을 더 좋게 만드는 방법

Answer a

Solution

4월 22일 지구의 날에 관해 언급하면서 이 날 해야 할 일에 관한 목록을 소개하고 있으므로, 이 글의 제목으로는 a가 가장 적절하다. b는 글과 관계가 없고 c는 과거 지구의 날에 한 일을 말하므로 내용에서 벗어난다. d는 너무 포괄적이라 제목으로 적절하지 않다.

Words & Expressions
• scratch [skrætʃ] ⑧ 긁다, 긁적이다
• promote [prəmóut] ⑧ 증진하다
• as well as ~뿐만 아니라
• a sense of connection 소속감

LESSON 6

미신이 과학을 만날 때

When Myths Meet Science

의사소통 기능

• **의견 묻기**
What do you think of the book?
그 책에 대해 어떻게 생각하니?

• **호기심 표현하기**
I wonder why Venus flytraps eat insects.
나는 파리지옥이 왜 곤충을 먹는지 궁금해.

OVERVIEW

	LISTEN & SPEAK	ACROSS CULTURES	READ
Topics	• World of Imagination • Curiosity About Nature	James Cameron vs. Jane Goodall	When Myths Meet Science

FUNCTIONS
• **What do you think of** the book?
• **I wonder** why Venus flytraps eat insects.

《 단원 미리 보기 》

	LISTEN & SPEAK	ACROSS CULTURES	READ	WRITE	ACROSS SUBJECTS
주제 ➡	• 책과 영화에 대한 서로의 의견 듣고 말하기 • 주변의 동식물과 자연 현상에 대해 호기심을 표현하는 대화 듣고 말하기	영화 감독 James Cameron과 동물학자 Jane Goodall 비교하기	• 바오바브나무에 대한 전설과 이에 관한 과학적 사실에 대해 읽고 이해하기 • 벌새에 대한 마야의 신화와 이에 관한 과학적 사실에 대해 읽고 이해하기	나비의 탄생 신화에 관해 글쓰기	흥미로운 동식물에 대한 보고서 작성하기

LESSON QUESTION

What myths and scientific explanations can you think of for the trees in the picture?

What do you want to do in this lesson?

YOUR GOALS

WRITE

Create Your Own Myth!

ACROSS SUBJECTS

Research like a Scientist!

- _____

- _____

STRUCTURES

- The baobab **asked** the gods **if it could have sweet fruit as well**.
- They can flap their wings in a figure-8 pattern, **which** enables them to hover.

LESSON QUESTION

What myths and scientific explanations can you think of for the trees in the picture?
여러분은 사진에 있는 나무들에 대해서 어떤 미신과 과학적 설명을 생각해 낼 수 있나요?

Sample **Answer**

- I think of a story where God was angry and he put the tree upside down.
저는 신이 화가 나서 그 나무를 거꾸로 뒤집어 놓은 이야기가 생각납니다.
- I think the trees are growing in the desert area and there must be any scientific reason for its unique shape related to the dry weather.
나무가 사막에서 자라고 있어서 건조한 날씨와 관련된 그것의 독특한 모습에 대한 과학적 이유가 틀림없이 있을 것 같습니다.

이번 단원에서 무엇을 배우고 싶은가요?
여러분의 목표

- _____

- _____

● 언어 형식

● 의문사가 없는 의문문의 간접화법 전환
The baobab **asked** the gods **if it could have sweet fruit as well**.
바오바브는 신들에게 자신도 달콤한 열매를 가질 수 있는지 물었다.

● 계속적 용법의 관계대명사 which
They can flap their wings in a figure-8 pattern, **which** enables them to hover.
그들은 그들의 날개를 8자 모양으로 퍼덕거릴 수 있고, 그것은 그들이 한 자리에서 맴도는 것을 가능하게 한다.

LISTEN & SPEAK 1

TOPIC 1 World of Imagination
상상의 세계

의견 묻기
What do you think of the book?

FUNCTIONS IN USE

보고 체크하시오. 소년은 뭐라고 말하겠는가?
소년 영화 '아바타'에 대해 어떻게 생각하니?
소녀 그것은 매우 독창적인 것 같아.

Answer What do you think of

A LISTEN & DO

1. 듣고 Alice가 판타지 영화를 좋아하는 이유를 고르시오.
   a. 삶의 교훈이 들어 있어서
   b. 상상력이 매우 풍부해서
   c. 이해하기가 쉬워서

   Answer b

2. 듣고 언급되지 않은 것을 고르시오.

   Answer b

Question for You

이 그림들의 어떤 아이디어가 여러분에게 흥미로운가요?

Sample Answer The second one is interesting to me because the little prince travels with the help of the birds. (어린왕자가 새들의 도움으로 여행하고 있기 때문에 두 번째 그림이 나에게 흥미롭습니다.)

FUNCTIONS IN USE

🎙️ **Solution**

소녀가 영화 '아바타'에 대한 의견을 말하고 있으므로 빈칸에는 의견을 묻는 표현 What do you think of ~?나 What's your opinion about ~?가 와야 적절하다. Did you ~?로 물으면 Yes, I did. / No, I didn't.로 대답해야 하므로 빈칸에 적절하지 않다.

A LISTEN & DO

🎧 **Script**

1. B What are you doing, Alice?
   G I'm watching *Eragon*. It's a fantasy movie.
   B I like fantasies, too! What do you think of the movie?
   G I think it's really imaginative. That's what I like about fantasies.
   B I know what you mean. It's fun to think about magical worlds.
   남 뭘 하고 있니, Alice?
   여 '아라곤'을 보고 있는 중이야. 그것은 판타지 영화야.
   남 나도 판타지를 좋아해! 그 영화에 대해 어떻게 생각하니?
   여 상상력이 정말 풍부한 것 같아. 그것이 내가 판타지에 대해 좋아하는 점이지.

Look and check. What would the boy say?

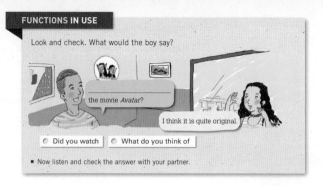

the movie *Avatar*?

I think it is quite original.

○ Did you watch   ○ What do you think of

■ Now listen and check the answer with your partner.

A LISTEN & DO

1. Listen and choose the reason why Alice likes fantasy movies.
   a. Because they have life lessons.
   b. Because they are very imaginative.
   c. Because they are easy to understand.

2. Listen and choose the one that is <u>not</u> mentioned.

a.   b.   c.

Question for You
Which idea in the pictures is interesting to you?

Lesson 6

124

남 무슨 말인지 알아. 마법 세계에 대해 생각하는 것은 재미있어.

2. G I'm reading *The Little Prince* in my book club.
   B That's a really popular book. What do you think of it?
   G I like it a lot. One of my favorite parts is the beginning. There's a picture of the snake eating an elephant. It's funny.
   B I know what you mean. Have you read the part about the prince's home planet?
   G Yes, I'm reading the part about the planet and the baobab trees.
   여 나는 독서 동아리에서 '어린왕자'를 읽고 있어.
   남 그것은 정말 인기 있는 책이지. 너는 그 책에 대해 어떻게 생각하니?
   여 나는 그 책을 정말 좋아해. 내가 가장 좋아하는 부분 중 하나는 시작 부분이야. 거기에는 코끼리를 먹는 뱀의 그림이 있는데, 그것은 재미있어.
   남 네가 뭘 말하는지 알아. 왕자의 고향 행성에 대한 부분은 읽었니?
   여 응, 지금 그 행성과 바오바브나무에 대한 부분을 읽고 있어.

🎙️ **Solution**

1. Alice는 판타지 영화가 상상력이 풍부해서 좋다고 했다. 여자의 두 번째 말(I think it's really imaginative. That's what I like about fantasies.)에 단서가 있다.

2. 여자의 두 번째 말과 세 번째 말에 코끼리를 먹는 뱀의 그림과 바오바브나무에 관한 언급이 있다.

B SPEAK OUT

1. Listen and match the books with the opinions about them.

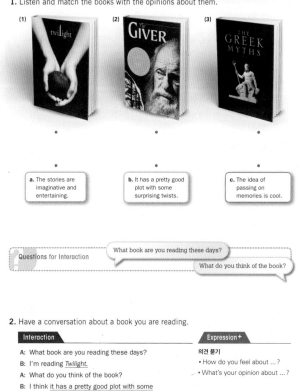

(1) twilight (2) GIVER (3) THE GREEK MYTHS

a. The stories are imaginative and entertaining.

b. It has a pretty good plot with some surprising twists.

c. The idea of passing on memories is cool.

Questions for Interaction

What book are you reading these days?

What do you think of the book?

2. Have a conversation about a book you are reading.

Interaction

A: What book are you reading these days?

B: I'm reading *Twilight*.

A: What do you think of the book?

B: I think it has a pretty good plot with some surprising twists.

Expression+

의견 묻기

• How do you feel about ... ?

• What's your opinion about ... ?

125

B SPEAK OUT

1. 듣고 책과 그것에 대한 의견을 연결하시오.

 a. 이야기들이 창의적이고 재미있다.

 b. 꽤 괜찮은 줄거리에 약간 놀라운 반전을 가지고 있다.

 c. 기억을 전달한다는 아이디어가 멋지다.

 Answer (1) b (2) c (3) a

Questions for Interaction

여러분은 요즘 어떤 책을 읽고 있나요?

여러분은 그 책에 대해 어떻게 생각하나요?

2. 여러분이 읽고 있는 책에 관해 대화하시오.

Interaction

A 너는 요즘 어떤 책을 읽고 있니?

B '트와이라잇'을 읽고 있어.

A 너는 그 책에 대해 어떻게 생각하니?

B 나는 그것이 꽤 괜찮은 줄거리에 약간 놀라운 반전을 가지고 있다고 생각해.

의견 묻기   **What do you think of the book?**

What do you think of ~?는 '너는 ~에 대해 어떻게 생각하니?'라는 의미로, 상대방의 의견이나 생각을 물을 때 사용하는 표현이다. 비슷한 의미의 표현으로는 How do you feel about ~?, What's your opinion about ~?, What's your view on ~?, Please tell me your opinions on ~ 등이 있다. 이에 대한 응답으로 I think ~, I believe ~, In my opinion(view) ~ 등을 쓴다.

Expression+

• **How do you feel about** our latest product? (저희의 최신 제품에 대해서 어떻게 생각하세요?)

• **What's your opinion about** the works of Picasso? (피카소의 작품들에 대한 너의 의견은 어떠니?)

B SPEAK OUT

Script

1. (1) **G** I read the book *Twilight*. It's about a romance between a human and a vampire. I think it has a pretty good plot with some surprising twists.

 여 나는 '트와이라잇'이라는 책을 읽었어. 그것은 인간과 흡혈귀 간의 사랑 이야기야. 나는 그것이 꽤 괜찮은 줄거리에 약간 놀라운 반전을 가지고 있다고 생각해.

 (2) **B** I read the book *The Giver* in my book club. The story is about a future society. I think the idea of passing on memories is cool.

 남 나는 독서 동아리에서 '기억 전달자'라는 책을 읽었어. 그 이야기는 미래 사회에 대한 거야. 나는 기억을 전달한다는 아이디어가 멋지다고 생각해.

 (3) **B** Recently I read *The Greek Mythology*. There are a lot of gods and heroes in it. I think the stories are imaginative and entertaining.

남 최근에 나는 '그리스 신화'를 읽었어. 그것에는 많은 신들과 영웅들이 나와. 나는 그 이야기들이 창의적이고 재미있다고 생각해.

Interaction

Sample Dialog 1

A What book are you reading these days?

B I'm reading *The Giver*.

A What do you think of the book?

B I think the idea of passing on memories is cool.

Sample Dialog 2

A What book are you reading these days?

B I'm reading *The Greek Mythology*.

A What do you think of the book?

B I think the stories are imaginative and entertaining.

LISTEN & SPEAK 2

TOPIC 2 Curiosity About Nature
자연에 대한 호기심

호기심 표현하기
I wonder why Venus flytraps eat insects.

A LISTEN & DO

1. 듣고 수진이의 메모를 완성하시오.

코알라에 관하여
• 내가 궁금했던 것: 코알라가 왜 나무를 안고 있는지
• 내가 알게 된 것
코알라는 자신을 시원하게 하려고 나무를 이용한다.
그것은 호주가 더운 기후를 가지고 있기 때문이다.

Answer (1) Why koalas hug trees
(2) cool themselves down

2. 듣고 잘못된 정보를 고치시오.

Answer (2) Saturday → Friday

Question for You

여러분은 코알라에 대해 그밖에 무엇을 알고 싶습니까?

Sample Answer I wonder why they sleep all day long. (나는 그들이 왜 하루 종일 자는지 궁금합니다.)

FUNCTIONS IN USE

Solution

I wonder ~는 '나는 ~이 궁금해'라는 의미로 호기심을 표현할 때 사용한다. 반면, I think ~는 '나는 ~라고 생각해'라는 의미로 자신의 의견을 표현하는 말이므로 빈칸에 적절하지 않다.

A LISTEN & DO

Script

1. G Minho, look at these pictures of koalas. Aren't they cute?
B Yeah, Sujin. There's nothing cuter than a koala.
G I always see them in trees. I wonder why they hug trees like that.
B You know what? I had the same question, and learned that koalas hug trees to cool themselves down.
G Oh, that makes sense. Australia has a very hot climate.

여 민호야, 이 코알라 사진들 좀 봐. 귀엽지 않니?
남 그래, 수진아. 코알라보다 더 귀여운 것은 없어.
여 나는 항상 코알라들이 나무에 있는 것을 봐. 나는 그것들이 왜 저렇게 나무를 안고 있는지 궁금해.

A LISTEN & DO

1. Listen and complete Sujin's note.

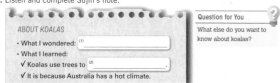

ABOUT KOALAS
• What I wondered: (1) _____
• What I learned:
✓ Koalas use trees to (2) _____.
✓ It is because Australia has a hot climate.

Question for You
What else do you want to know about koalas?

2. Listen and correct the wrong information.

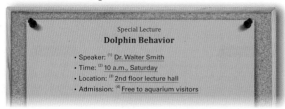

Special Lecture
Dolphin Behavior

• Speaker: (1) Dr. Walter Smith
• Time: (2) 10 a.m., Saturday
• Location: (3) 2nd floor lecture hall
• Admission: (4) Free to aquarium visitors

126 Lesson 6

남 너 그거 알아? 나도 같은 질문을 가지고 있었어. 그리고 코알라가 자신들을 시원하게 하려고 그렇게 한다는 걸 알게 되었어.
여 아, 그거 말이 되네. 호주는 매우 더운 기후를 가지고 있잖아.

2. W Do you wonder why dolphins make noises like whistles? Come and find out! The Central Aquarium is hosting a special lecture by Dr. Walter Smith at 10 a.m. this Friday. It will be held in the 2nd floor lecture hall. This fascinating lecture will help you unlock the mysteries of dolphin communication. Lecture admission is free to all aquarium visitors. Don't miss this special event!

여 여러분은 돌고래들이 왜 휘파람 소리 같은 소리를 내는지 궁금하나요? 와서 알아보세요! Central 수족관은 이번 주 금요일 오전 10시에 Walter Smith 박사님을 모시고 특별한 강연을 주최할 예정입니다. 그것은 2층 강당에서 열릴 것입니다. 이 멋진 강연은 여러분이 돌고래 의사소통에 대한 비밀을 밝히는 데 도움이 될 것입니다. 강연 입장은 수족관 방문객 모두에게 무료입니다. 이 특별한 행사를 놓치지 마세요!

Solution

1. 두 번째 수진의 말 I wonder 이하에 그녀가 코알라에 대해 궁금해 하는 내용이 있고, 두 번째 민호의 말 and learned that 이하에 그녀가 코알라에 대해 알게 된 사실이 있다.
2. 여자는 특별 강연의 일시가 이번 주 금요일 오전 10시(at 10 a.m. this Friday)라고 했다.

B SPEAK OUT

1. Listen and check the speaker's question and how he will find the answer.

Question	How to find the answer
I wonder ...	I'm going to ...
☐ why spiders don't get stuck in their webs	☐ search on the Internet
☐ why Venus flytraps eat insects	☐ ask an expert on the subject
☐ how geckos can stick to surfaces	☐ check books and specialized magazines
☐ why pandas eat so much bamboo	☐ survey people's ideas

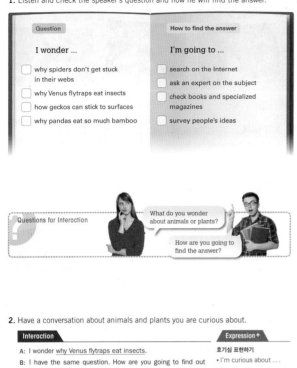

Questions for Interaction

What do you wonder about animals or plants?

How are you going to find the answer?

2. Have a conversation about animals and plants you are curious about.

Interaction

A: I wonder why Venus flytraps eat insects.
B: I have the same question. How are you going to find out more information about them?
A: I'm going to search on the Internet.
B: Sounds good. Tell me if you find out anything interesting.

Expression+

호기심 표현하기
• I'm curious about ....
• I want to know ....

127

B SPEAK OUT

1. 듣고 화자의 질문과 그가 어떻게 답을 찾을 것인지에 표시하시오.

[질문] 나는 ~이 궁금하다
☐ 거미가 왜 자신의 거미줄에 걸리지 않는지
☐ 파리지옥이 왜 곤충을 먹는지
☐ 도마뱀붙이가 어떻게 표면에 달라붙을 수 있는지
☑ 판다가 왜 그렇게 많은 대나무를 먹는지
[해답을 찾는 방법] 나는 ~할 것이다
☐ 인터넷 검색을 하다
☑ 그 주제에 대해 전문가에게 물어보다
☐ 책과 전문 잡지를 확인해 보다
☐ 사람들의 생각을 (설문) 조사하다

Questions for Interaction

여러분은 동물이나 식물에 대해 무엇이 궁금하나요?
여러분은 답을 어떻게 찾을 것인가요?

2. 여러분이 궁금해하는 동물과 식물에 대해 대화하시오.

Interaction

A 나는 파리지옥이 왜 곤충을 먹는지 궁금해.
B 나도 같은 질문을 가지고 있어. 너는 그것들에 대한 더 많은 정보를 어떻게 찾을 거니?
A 나는 인터넷 검색을 할 거야.
B 좋은 생각이야. 재미있는 것을 찾으면 나에게 알려 줘.

호기심 표현하기 **I wonder why Venus flytraps eat insects.**

I wonder ~는 '나는 ~이 궁금해'라는 의미로, 어떤 현상이나 사건에 대해 호기심을 표현할 때 사용한다. I wonder 다음에는 의문사 why나 how가 이끄는 절이나 '~인지 아닌지'라는 뜻의 접속사 if가 이끄는 절이 주로 온다. 비슷한 의미의 표현에는 I'm curious about ~, I want to know ~, I'm interested to know ~ 등이 있다.

ex. A **I wonder** how life on earth began. (나는 지구상에 생명체가 어떻게 시작되었는지 궁금해.)
　　B Me, too. Let's go to the library and find the answer. (나도 그래. 도서관에 가서 해답을 찾아보자.)

Expression+

• **I'm curious about** how you first met each other. (나는 너희들이 처음에 어떻게 서로 만났는지 궁금해.)
• **I want to know** why education is so expensive. (나는 교육비가 왜 그렇게 비싼지 알고 싶어.)

B SPEAK OUT

Script

M I like animals and plants, and I have many questions about them. For example, I wonder why pandas eat so much bamboo. I will ask my science teacher about it. He is an expert on plants and animals, and I hope he can give me the scientific reason.

남 저는 동물과 식물을 좋아해요. 그리고 저는 그것들에 대해 질문을 많이 가지고 있어요. 예를 들어, 저는 판다가 왜 대나무를 그렇게 많이 먹는지 궁금해요. 저는 그것에 대해 과학 선생님께 여쭤 볼 거예요. 그는 식물과 동물에 대해 전문가이시니까 저에게 과학적인 이유를 알려 주실 수 있기를 바라요.

Interaction

Sample Dialog 1

A I wonder why spiders don't get stuck in their webs.
B I have the same question. How are you going to find out more information about them?
A I'm going to survey people's ideas.
B Sounds good. Tell me if you find out anything interesting.

Sample Dialog 2

A I wonder how geckos can stick to surfaces.
B I have the same question. How are you going to find out more information about them?
A I'm going to check books and specialized magazines.
B Sounds good. Tell me if you find out anything interesting.

When Myths Meet Science 153

CONVERSATION IN ACTION

자연을 즐기기 위해 외출하는 것을 좋아하나요? 여러분은 근처에서 어떤 식물이나 동물을 보나요?

A GET SET

듣고 대화의 주제를 고르시오.

Answer C

B ACT OUT

1. 순서에 맞게 문장에 번호를 매기시오.

A 아름다운 날이네. 밖에 나오니 좋구나.

B 응, 주변에 아름다운 꽃들이 많아.

A 여기 좀 봐. 이 작은 새에 대해 어떻게 생각하니?

B 오, 정말 귀여워. 나는 그것의 사진을 찍어야겠어.

A 좋은 생각이야! 그건 벌처럼 꽃에서 뭔가를 마시고 있어.

B 응, 그건 정말 긴 부리를 가지고 있어.

A 그건 거의 빨대 같아. 그리고 그 새는 한 곳에 떠 있을 수 있어.

B 맞아. 나는 그것이 어떻게 저렇게 공중에 머무를 수 있는지 궁금해.

A 나도 궁금해. 집으로 돌아가면 인터넷에서 그걸 찾아보자.

B 좋아. 그런데 우선 조금 더 주변을 둘러보자.

Answer 3 — 6 — 1 — 4 — 5 — 2

2. 다시 듣고, 짝과 역할극을 해 보시오.

A GET SET

Listen and choose the topic of the dialog.

B ACT OUT

1. Number the sentences in order.

A: It's a beautiful day. It's nice to be outside.

B: Yeah, there are a lot of beautiful flowers around.

☐ A: Good idea! It's drinking from the flower like a bee.

☐ B: Right. I wonder how it can stay in the air like that.

1 A: Hey, look. What do you think of this little bird?

☐ B: Yeah, it has a really long beak.

☐ A: It's almost like a straw, and the bird can float in one place.

☐ B: Oh, it's so cute. I should take a picture of it.

A: Me, too. Let's look it up online when we go back inside.

B: Sure, but let's look around a little more first.

2. Listen again, and act out the dialog with your partner.

Sounds in Use

What do you think of this little bird?

I wonder how it can stay in the air like that.

　　　　　　　　　　　[ə]　　　　　　　　[æ]

Sounds in Use

- What do you think of this little bird? 이 작은 새에 대해 어떻게 생각하니?
  /t/와 /d/는 조음 위치가 같으므로 둘 중 하나가 발음에서 탈락된 후, 자음 /t/ 또는 /d/가 모음들 사이에서 /r/처럼 발음되는 flap 현상을 거친 후에 자음과 모음이 연음되어 /wəːru/로 발음된다. 또한 /θiŋk/와 /əv/는 연음되어 /θiŋkkəv/로 소리 난다.

- I wonder how it can stay in the air like that. 나는 그것이 어떻게 저렇게 공중에 머무를 수 있는지 궁금해.

  　　　　　　　　　　　　　　　[ə]　　　　　　　　　　　　　[æ]
  can의 a는 약화되어 /ə/로 소리 나고, that의 a는 /æ/로 강하게 발음된다.

A GET SET

Script

B It's a beautiful day. It's nice to be outside.

G Yeah, there are a lot of beautiful flowers around.

B Hey, look. What do you think of this little bird?

G Oh, it's so cute. I should take a picture of it.

B Good idea! It's drinking from the flower like a bee.

G Yeah, it has a really long beak.

B It's almost like a straw, and the bird can float in one place.

G Right. I wonder how it can stay in the air like that.

B Me, too. Let's look it up online when we go back inside.

G Sure, but let's look around a little more first.

Solution

세 번째 남자의 말 It's drinking from the flower like a bee.

와 세 번째 여자의 말 Yeah, it has a really long beak.로 보아, 두 사람이 나누는 대화의 화제에 해당하는 사진은 c이다.

B ACT OUT

Solution

우선 작은 새에 대한 의견을 묻고 답한 후, 그 새의 사진을 찍겠다는 B의 말에 A가 동의하며 새의 모습을 묘사하는 말을 하는 순서로 배열되어야 한다. 그런 다음 새의 부리가 길다고 하는 B의 말에 A가 부리 모양을 설명하는 말을 덧붙이며 그 새가 한곳에 떠 있을 수 있다고 말하면 B가 그 새가 공중에 머무를 수 있는 방법을 궁금해 하는 내용으로 이어져야 대화의 흐름이 자연스럽다.

Words & Expressions

- take a picture of　~의 사진을 찍다
- beak [biːk]　명 (새의) 부리
- straw [strɔː]　명 빨대
- float [flout]　동 (공중에) 뜨다
- look up　(사전·참고 자료 등에서 자료를) 찾아보다

A LISTENING FOR REAL

Listen and complete the information board about Naupaka flowers.

NAUPAKA FLOWERS

- Habitat: (1) _____
- Characteristic: The flower looks like it is torn in half.
- Myth: Princess Naupaka fell in love with a man named Kaui. Naupaka's (2) _____ didn't allow her to marry him because he was a (3) _____ man. When they parted, Naupaka tore the flower into halves – half for her and half for Kaui. Since then the flower has always (4) _____ in halves.

B SPEAKING FOR REAL

Work in groups of four. Complete a short drama based on the myth of the Naupaka flower and act it out to the class.

The Myth of the Naupaka Flower
- Characters: Narrator, Naupaka, King, and Kaui

Narrator: In Hawaii there's a flower that seems to bloom in halves. Do you wonder why?
Here's the myth behind the flower.

Naupaka: Dad, I love Kaui. Please allow me to marry him.

King: What? He is a common man. Never! I cannot allow that!

Naupaka meets Kaui.

Naupaka: (In deep sadness) (1) _____

Kaui: (2) _____

Naupaka: (3) _____

Narrator: Ever since Naupaka and Kaui parted, the flower has bloomed in halves. What do you think of the story?

➕ **Speaking Tip**
연극이나 드라마에서 대화할 때는, 어조를 더욱 뚜렷하게 하여 청중에게 감정을 충분히 전달합니다.

Stop & Reflect	I think ...	My partner thinks ...
I can listen to and understand the story of the Naupaka flower.	☺ ☺ ☺ ☺ ☺	☺ ☺ ☺ ☺ ☺
I can create and act out a drama based on the story of the Naupaka flower.	☺ ☺ ☺ ☺ ☺	☺ ☺ ☺ ☺ ☺
I can work well with group members while creating a drama and acting it out.	☺ ☺ ☺ ☺ ☺	☺ ☺ ☺ ☺ ☺

129

A LISTENING FOR REAL

듣고 Naupaka 꽃에 관한 정보 안내판을 완성하시오.
- 서식지: 하와이
- 특징: 꽃이 반으로 찢긴 것처럼 보인다.
- 신화: Naupaka 공주가 Kaui라는 이름의 남자와 사랑에 빠졌다. Naupaka의 부모님은 그가 평범한 남자여서 그녀가 그와 결혼하는 것을 허락하지 않았다. 그들이 헤어질 때 Naupaka는 반은 그녀를 위해서, 나머지 반은 Kaui를 위해서 그 꽃을 반으로 찢었다. 그때부터 그 꽃은 항상 반으로 나뉘어 피게 되었다.

Answer (1) Hawaii (2) parents (3) common (4) bloomed

B SPEAKING FOR REAL

네 명이 한 모둠을 구성하시오. Naupaka 꽃의 신화에 바탕을 둔 짧은 극을 완성하여 반 친구들에게 역할극을 해 보시오.

Stop & Reflect
나는 Naupaka 꽃에 관한 이야기를 듣고 이해할 수 있다.
나는 Naupaka 꽃의 이야기에 바탕을 둔 드라마를 만들어 역할극을 할 수 있다.
나는 드라마를 만들어 역할극을 하는 일을 모둠원과 잘할 수 있다.

Speaking Tip — Speaking your lines when acting out a short drama

연극이나 드라마에서 대사하기
연극이나 드라마에서 대화할 때는, 어조와 발음을 더욱 뚜렷하게 하여 청중에게 감정을 충분히 전달하도록 한다. 역할극에서 맡은 역할에 맞게 목소리 톤이나 제스처를 달리 하여 다양하게 표현한다.

A LISTENING FOR REAL

🎧 Script

M When you go to Hawaii, you can see flowers that look like they are torn in half. You may wonder why they look like that. A Hawaiian myth says that the Naupaka flower is named after the princess Naupaka. She fell in love with a common man named Kaui, but her parents didn't allow them to marry because he was a common man. So when they parted, she tore the flower into halves: half for her and half for Kaui. Since then the flower has always bloomed in halves.

남 여러분이 하와이에 간다면, 반으로 찢긴 것처럼 보이는 꽃을 볼 수 있을 겁니다. 여러분은 왜 그 꽃이 그렇게 생겼는지 궁금할지도 모릅니다. 하와이의 한 신화에 따르면, Naupaka 꽃의 이름은 Naupaka 공주의 이름을 따서 지어졌다고 합니다. 그녀는 Kaui라는 평민 남자와 사랑에 빠졌는데, 그녀의 부모가 그가 평민이기 때문에 그들이 결혼하는 것을 허락하지 않았습니다. 그래서 그들이 이별할 때 그녀는 반은 그녀를 위해서, 나머지 반은 Kaui를 위해서 그 꽃을 반으로 찢었습니다. 그때부터 그 꽃은 항상 두 개의 반으로 나뉘어 피게 되었습니다.

👤 Solution

하와이의 한 신화에 따르면 Naupaka 꽃은 Naupaka 공주의 이름을 따서 지은 것인데, 공주의 부모가 그녀가 사랑하는 남자가 평민이어서 결혼을 반대하자 둘이 헤어지며 꽃을 반으로 찢어서 각자 반씩 간직했는데, 그때부터 그 꽃은 항상 반으로 나뉘어 꽃을 피운다고 한다.

B SPEAKING FOR REAL

Sample Answer

(1) Naupaka I love you, Kaui, but we cannot marry. What should we do?

(2) Kaui I must leave you, but my heart will always be with you.

(3) Naupaka Then take half of this flower to remember me. I will keep the other half.

(1) Naupaka Kaui, 당신을 사랑하지만 우리는 결혼할 수 없어요. 우리는 어쩌죠?

(2) Kaui 나는 당신을 떠나야 하지만, 내 마음은 늘 당신과 있을 거예요.

(3) Naupaka 그렇다면 나를 기억하기 위해 이 꽃의 절반을 가져가세요. 나머지 절반은 내가 간직할게요.

ACROSS CULTURES

James Cameron 대 Jane Goodall

어떤 사람들은 상상의 세계에 사는 데 반해, 다른 사람들은 과학의 세계에 산다. 이 두 유형을 대표하는 두 명의 유명인에 관해 읽어 봅시다.

A 상자 안의 표현을 이용하여 빈칸을 채워 보시오.

James Cameron

저는 공상 과학 소설과 <u>인도 신화</u>를 읽는 것을 좋아했습니다. 그것들은 제가 영화 '아바타'를 만들 때 저에게 아주 많은 영감을 주었습니다. 그 영화에 나오는 <u>파란 생명체들</u>은 특히 인도 신화에서 영감을 받았습니다.

Jane Goodall

저는 침팬지들에 대해 호기심이 많습니다. 그리고 저는 그것을 50년 이상 연구해 왔습니다. 저는 그것이 서로에게 애정 표현을 할 수 있다는 것을 발견했습니다. 저는 또한 침팬지들이 <u>간단한 도구들</u>을 만들 수 있다는 것도 알게 되었습니다.

Answer (1) Hindu mythology (2) *Avatar*
(3) The blue creatures (4) chimpanzees
(5) 50 years (6) simple tools

B 네 명이 한 모둠을 구성한 후, James Cameron과 Jane Goodall 중 한 사람을 선택하시오. 여러분이 선택한 사람에 관한 세 가지의 재미있는 사실을 찾아 자료표에 그것을 적으시오.

C gallery walk를 한 다음, James Cameron과 Jane Goodall에 관한 학급의 자료표를 만드시오.
1. 벽에 자료표를 붙이시오. 그러고 나서 교실을 돌아다니며 그것을 읽으시오.
2. 학급의 자료표에서 각 사람에 관한 가장 재미있는 사실 다섯 가지를 적으시오.

James Cameron vs. Jane Goodall

Some people live in the world of imagination, while others live in the world of science. Let's read about two famous people who represent these two types.

A Fill in the blanks using the expressions in the box.

James Cameron
I loved reading science fiction and (1)_____. They greatly inspired me when I made the movie (2)_____. (3)_____ in the movie are inspired by Hindu mythology in particular.

Jane Goodall
I am curious about (4)_____, and I have studied them for more than (5)_____. I have discovered that they can show affection to one another. I have also learned that chimpanzees can make (6)_____.

• 50 years • The blue creatures • *Avatar* • chimpanzees • simple tools • Hindu mythology

B Make groups of four and choose James Cameron or Jane Goodall. Find three interesting facts about the person you chose and write them on a fact sheet.

	James Cameron and *Avatar*	Jane Goodall and Chimpanzees
1		
2		
3		

Learn more on the Internet

| Search Words | James Cameron | Cameron and *Avatar* | Jane Goodall | Life of Jane Goodall |

C Do a gallery walk and make a class fact sheet for James Cameron and Jane Goodall.
1. Post the fact sheets on the wall. Then walk around the room and read them.
2. Write down the five most interesting facts about each person on a class fact sheet.

130

A

Solution

(1) loved reading에 자연스럽게 연결되는 말이 와야 한다.
(2) 빈칸 앞의 말 the movie로 보아 영화 제목이 와야 한다.
(3) 영화에 나온 캐릭터가 들어갈 자리로 문장의 주어이므로 대문자로 시작해야 한다.
(4) Goodall이 궁금해하는 대상이 들어가야 한다.
(5) 앞에 전치사 for가 있으므로 기간을 나타내는 숫자 표현이 와야 한다.
(6) make 동사의 목적어로 쓰일 명사구가 와야 할 자리이다.

B

Sample Answer

James Cameron and *Avatar*
1. *Avatar* was a landmark for 3D technology and earned Cameron three Academy Awards nominations .
2. *Avatar* broke several box office records during its initial theatrical run.
3. *Avatar*'s success made Cameron the highest earner in Hollywood for 2010.
1. '아바타'는 3D 기술이 사용된 획기적인 작품이었고, 그 영화로 Cameron은 아카데미상의 세 개 부문에서 수상 후보작으로 지명되었다.
2. '아바타'는 극장의 최초 장기 상영에서 몇 개의 박스 오피스 흥행 기록을 깼다.
3. '아바타'의 성공으로 Cameron이 2010년 할리우드에서 가장 돈을 많이 번 사람이 되었다.

Jane Goodall and Chimpanzees
1. Goodall is best known for her over 55-year study of social and family interactions of wild chimpanzees.
2. She is a global leader in the effort to protect chimpanzees and their habitats.
3. In 2014 Goodall wrote to Air France executives criticizing the airline's continued transport of monkeys to laboratories.
1. Goodall은 55년 넘게 야생 침팬지의 사회적 상호 작용과 가족 간의 상호 작용에 관한 연구를 한 것으로 잘 알려져 있다.
2. 그녀는 침팬지와 그들의 서식지를 보호하려는 노력에 있어 전 세계적인 선도자이다.
3. 2014년에 Goodall은 에어 프랑스 경영진에게 그 항공사가 원숭이를 실험실로 계속 수송하는 것을 비판하는 편지를 썼다.

Words & Expressions
• represent [rèprizént] 동 대표(대신)하다
• inspire [inspáiər] 동 영감을 주다, 고무시키다
• mythology [miθάlədʒi] 명 신화
• in particular 특히, 특별히
• affection [əfékʃən] 명 애정
• creature [krí:tʃər] 명 생물, 동물, 창조물

A TOPIC PREVIEW

Categorize the four statements into myth (M), and science (S).

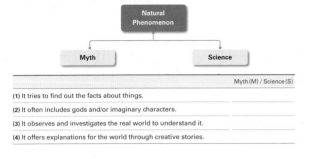

Myth (M) / Science (S)

(1) It tries to find out the facts about things.

(2) It often includes gods and/or imaginary characters.

(3) It observes and investigates the real world to understand it.

(4) It offers explanations for the world through creative stories.

B EXPRESSIONS FOR READING

Read the following passage and match the expressions in bold with their meanings.

Sujin went to Seoul Grand Park last week. At the zoo, she saw many different kinds of animals. She especially liked a cute little monkey that was hanging **upside down** on a branch. Outside the zoo, she found a seat near a tree with a huge **trunk**. As she sat there, she saw bees **hover** around the nearby flowers and birds fly through the sky with powerful wing **strokes**. Surrounded by nature, Sujin felt happy.

(1) _____ : float in the air without moving in any direction

(2) _____ : with the top at the bottom and the bottom at the top

(3) _____ : the thick main part of a tree from which the branches grow

(4) _____ : a series of repeated up and down movements

Question for You
What amazing animals or plants do you know of?

131

A TOPIC PREVIEW

Solution

자연 현상을 신화적 관점에서 바라볼 때와 과학적 관점에서 바라볼 때의 차이점을 인식하여 네 개의 진술을 신화와 과학으로 나눠 본다. 신화는 옛날부터 전해 내려오는 이야기로 나라가 세워진 일 등에 관련된 신성한 이야기이며, 인간 이상의 능력을 지닌 주인공이 등장하여 탁월한 능력을 발휘하는 내용인 데 반해, 과학은 자연 현상에 대한 호기심에서 출발하여 자연의 원리나 법칙을 찾아내고, 이를 해석하여 일정한 지식 체계를 만드는 활동을 말한다.

B EXPRESSIONS FOR READING

Solution

(1) hover((허공을) 맴돌다): 어떤 방향으로도 움직이지 않고 허공에 떠 있다

(2) upside down((아래위가) 거꾸로(뒤집혀)): 바닥이 위로 위가 바닥이 된

(3) trunk(나무의 몸통): 나뭇가지가 자라는 나무의 두꺼운 중심 부분

A TOPIC PREVIEW

네 개의 진술을 신화(M)와 과학(S)으로 분류하시오.

자연 현상

신화   과학

(1) 사물에 대한 사실을 발견하려고 노력한다.

(2) 그것은 자주 신과 가상의 등장인물을 포함한다.

(3) 그것은 진짜 세상을 이해하기 위해 그것을 관찰하고 조사한다.

(4) 그것은 창의적인 이야기를 통해 세상에 대한 설명을 제공한다.

Answer (1) S (2) M (3) S (4) M

B EXPRESSIONS FOR READING

다음 글을 읽고 굵은 글씨체로 된 표현을 그것의 의미와 연결하시오.

수진은 지난주에 서울 대공원에 갔다. 동물원에서 그녀는 여러 종류들의 많은 동물들을 보았다. 그녀는 특히 나뭇가지에 거꾸로 매달린 작고 귀여운 원숭이를 좋아했다. 동물원 밖에서 그녀는 커다란 몸통을 가진 나무 근처에 자리를 잡았다. 그곳에 앉았을 때 그녀는 벌이 근처에 있는 꽃 위를 빙빙 맴돌고 있는 것을 보았고 새들이 강한 날갯짓으로 하늘을 가로질러 날고 있는 것을 보았다. 자연에 둘러싸여 수진은 행복을 느꼈다.

Answer (1) hover (2) upside down (3) trunk (4) strokes

Question for You

여러분은 어떤 놀라운 동물이나 식물에 대해 알고 있나요?

Sample Answer I know of Venus flytraps.
(저는 파리지옥에 대해 알고 있어요.)

(4) strokes((새의) 날갯짓): 위아래로 반복되는 일련의 움직임

Structures

• As she sat there, she **saw** bees **hover** around the nearby flowers and birds **fly** through the sky ~.
「지각동사(saw)+목적어+동사원형」의 5형식 문장으로 bees와 birds가 동사 saw의 목적어이고, hover와 fly가 목적격 보어로 쓰였다.

• **Surrounded** by nature, Sujin felt happy.
Surrounded 이하는 앞에 Being이 생략되어 있는 분사구문으로, 완전한 절로 바꾸면 As Sujin was surrounded by nature가 된다.

Check It!

※ 다음 짝지어진 두 단어의 관계가 같도록 빈칸에 알맞은 말을 쓰시오.

1. up : down = top : _____

2. move : movement = explain : _____

3. real : imaginary = thin : _____

4. story : stories = _____ : phenomena

Answer 1 bottom 2 explanation 3 thick 4 phenomenon

When Myths Meet Science

❶ Have you ever wondered why this plant or that animal behaves in an
'경험'을 나타내는 현재분사   간접의문문(의문사+주어+동사)
unusual way? ❷ Nature is full of wonders and mysterious things. ❸ Let's look at
~으로 가득 차다(= be filled with)
some old myths and modern scientific accounts for two wonders of nature.
설명, 기술; (예금)계좌

The Baobab Tree

❹ If you go to South Africa or Madagascar, you can see huge and strange-looking trees called
(which(that) are)

baobabs. ❺ Known as 'upside-down trees,' their branches look like their roots are spreading towards the
= As they are known as 'upside-down trees,'   ~처럼 보이다
sky. ❻ Why do you think the baobab has this unique shape?
주절의 동사가 think, guess, imagine, suppose, believe 등일 때는 「의문사+do you think(guess, imagine, suppose, believe)+주어+
동사 ~?」의 어순으로 간접의문문을 만듦

The Danger of Jealousy (An African Myth)

❼ When the gods created the world, the baobab was among the first trees to
~ 중 하나로(전치사)
appear on the land. ❽ Next came the graceful palm tree. ❾ When the baobab saw
to부정사의 형용사적 용법(명사 수식)   「부사+동사+주어」 어순의 도치 구문
the palm tree, it said to the gods, "Can I grow taller?" ❿ Then the beautiful flame
grow+형용사: ~해지다
tree appeared with its red flowers and the baobab complained, "Why can't I have
beautiful blossoms like the flame tree?" ⓫ When the baobab saw the magnificent
~처럼, ~와 같이(전치사)
fig tree and its fruit, it became jealous. ⓬ So the baobab asked the gods if it could
의문사가 없는 의문문의 간접화법 전환: ask+사람+if(whether)+주어+동사
have sweet fruit as well. ⓭ When the gods heard these complaints, they became
very angry with the tree and pulled it up by its roots. ⓮ Then
동사+대명사 목적어+부사
they replanted it upside down to keep it quiet. ⓯ After that,
to부정사의 부사적 용법(목적)
the magnificent tree only grew leaves once a year. ⓰ The rest
of the year, the roots seemed to grow towards the sky.
seem+to부정사: ~인 것처럼 보이다

Culture Note

You can see baobab trees in South Africa or Madagascar. 여러분은 바오바브나무를 남아프리카나 마다가스카르에서 볼 수 있다.

Words & Expressions

- myth [miθ] 명 신화
- behave [bihéiv] 동 행동하다, 처신하다
- account [əkáunt] 명 (구체적이고 상세한) 설명, 기술
- baobab [béioubæ̀b] 명 바오바브나무
  ex. Madagascar has many *baobab* trees.
- upside-down [ʌ́psaidàun] 형 거꾸로 된, 뒤집힌
- branch [brænʧ] 명 나뭇가지
- spread [spred] 동 펴다, 펼치다
- unique [ju:ní:k] 형 독특한, 특이한
- graceful [gréisfəl] 형 우아한, 기품 있는
- palm tree 야자나무

- flame tree 호주오동나무, 호주 벽오동
- appear [əpíər] 동 나타나다, 등장하다
- blossom [blásəm] 명 꽃 동 꽃이 피다, 꽃을 피우다
  ex. The cherry tree was covered in *blossoms*.
- magnificent [mægnífisənt] 형 참으로 아름다운, 훌륭한
- fig tree 무화과나무
- jealous [ʤéləs] 형 질투하는, 시기하는
  ex. Why are you so *jealous* of her success?
- complaint [kəmpléint] 명 불평, 항의
  ex. This does not mean there are no more *complaints*.
- pull up 빼다, 뽑다, 끌어올리다
- replant [riplǽnt] 동 다시 심다, 이식하다

First Reading

Read and underline the unique characteristics of baobab trees and hummingbirds.
(읽고 바오바브나무와 벌새의 독특한 특징들에 밑줄을 그으시오.)

Sample Answer **baobab trees:** their branches look like their roots are spreading towards the sky / the baobab has such an enormous trunk and root-like branches

hummingbirds: this bird can hover in the air like a bee / it has such beautiful feathers / Hummingbirds are the smallest bird in the world. / they have poorly developed feet, which cannot be used to walk

Second Reading

Read and find out how the myths and scientific explanations account for these characteristics differently.
(읽고 신화와 과학적 설명이 어떻게 이 특징들을 다르게 설명하고 있는지 알아보시오.)

Sample Answer 166쪽의 After You Read B번 정답 참조

📖 **본문 해석** 신화가 과학을 만날 때

❶ 여러분은 이 식물과 저 동물이 왜 독특한 방식으로 행동하는지 궁금한 적이 있는가? ❷ 자연은 놀라움과 신비한 것들로 가득 차 있다. ❸ 자연의 두 가지 경이로움에 대한 몇몇 오랜 신화와 현대의 과학적 설명을 살펴보자.

바오바브나무

❹ 남아프리카나 마다가스카르로 간다면 여러분은 바오바브라고 불리는 커다랗고 이상하게 생긴 나무들을 볼 수 있다. ❺ '거꾸로 나무'라고 알려진 그 나무의 나뭇가지들은 뿌리가 하늘을 향해 뻗어 가는 것처럼 보인다. ❻ 여러분은 바오바브나무가 왜 이러한 독특한 모양을 가지고 있다고 생각하는가?

질투의 위험 (아프리카 신화)

❼ 신들이 세상을 창조했을 때 바오바브는 땅에 나타난 최초의 나무들 중 하나였다. ❽ 다음으로 우아한 야자수 나무가 왔다. ❾ 바오바브가 야자수 나무를 보았을 때, 그것은 신들에게 말했다. "제가 더 커질 수 있을까요?" ❿ 그 때 아름다운 호주 벽오동이 그것의 붉은 꽃들과 함께 나타났고 바오바브는 불평을 했다. "저는 왜 오동나무처럼 아름다운 꽃들을 가질 수 없나요?" ⓫ 바오바브가 참으로 아름다운 무화과나무와 그 열매를 보았을 때 그것은 질투가 났다. ⓬ 그래서 바오바브는 신들에게 자신도 달콤한 열매를 가질 수 있는지 물었다. ⓭ 신들이 이 불평들을 들었을 때 그들은 그 나무에게 매우 화가 나서 그것을 뿌리 채 잡아서 들어 올렸다. ⓮ 그런 다음 신들은 그것이 계속 조용히 있을 수 있도록 그것을 거꾸로 다시 심었다. ⓯ 그 후에, 그 아름다운 나무는 일 년에 한 번씩만 잎을 자라게 했다. ⓰ 일 년의 나머지는, 뿌리가 하늘을 향해 자라는 것처럼 보였다.

🔧 Structures

❹ If you go to South Africa or Madagascar, you can see huge and strange-looking trees **called baobabs**.
과거분사구 called baobabs가 앞에 온 명사구 huge and strange-looking trees를 뒤에서 수식해 준다. called 앞에 「관계대명사+be동사」 형태인 which(that) are가 생략되어 있다고 볼 수 있다.

❻ **Why do you think the baobab has** this unique shape?
주절의 동사가 think, guess, imagine, suppose, believe 등일 때는 의문사가 앞으로 나가 「의문사+do you think(guess, imagine, suppose, believe)+주어+동사」의 어순으로 간접의문문을 만든다.

❽ **Next came the graceful palm tree.**
부사(구)를 강조하기 위해 「부사(구)+동사+주어」의 어순으로 도치가 일어났다. 원래 문장은 The graceful palm tree came next.이다.

⓬ So the baobab **asked** the gods **if it could have sweet fruit as well**.
의문사가 없는 의문문을 간접화법으로 바꿀 때는 「ask+사람+if(whether)+주어+동사」의 형태로 쓴다. 이 문장을 직접화법으로 바꾸면 So the baobab said to the gods, "Can I have sweet fruits as well?"이 된다.

Q1 Why were the gods angry with the baobab? (신들은 바오바브나무에게 왜 화가 났는가?)

A1 Because the tree complained too much. (왜냐하면 그 나무가 불평을 너무 많이 했기 때문이다.)

Check It!

1. 본문을 읽고 바오바브나무에 대해 알 수 없는 것을 모두 고르시오.
   ① 서식지   ② 별명   ③ 생김새의 특징   ④ 잎과 열매의 효능   ⑤ 평균 수명

2. 다음 두 문장이 같은 의미가 되도록 빈칸에 알맞은 말을 쓰시오.
   I said to Mike, "Do you work on Saturdays?"
   → I _____ Mike _____ he _____ on Saturdays.

Answer 1. ④, ⑤ 2. asked, if(whether), worked

A Life Source of Africa (A Scientific Explanation)

❶ Why do you think the baobab has such an enormous trunk and root-like
such a(n)+형용사+명사: 그렇게 ~한 …
branches? ❷ It is because of the weather where it grows. ❸ After the rainy
because of+명사(구): ~ 때문에 관계부사(= in which)
season, about nine months of dry weather follow. ❹ Such dry weather is hard for
to부정사의 의미상의 주어(for+목적격)
plants to survive in. ❺ Yet scientists have discovered that baobabs can grow to
그러나(역접) 목적어절을 이끄는 접속사
enormous sizes, reaching heights of 5 to 30 meters, and have trunk diameters of
동시동작을 나타내는 분사구문
7 to 11 meters. ❻ How can this big tree survive in the dry season? ❼ The baobab
has deep roots to find water in the ground, and it stores the water in its trunk
형용사적 용법(deep roots를 수식)
for the long dry season. ❽ This large tree can actually store as much as 120,000
~만큼이나, ~정도까지 많이(= no less than)
liters of water, and the small branches help reduce water loss.
help+동사원형(to부정사)

❾ The baobab tree is a valuable water source for Africans
in the dry season. ❿ The baobab's bark, leaves, fruit,
and trunk are all useful, too. ⓫ The bark of the baobab
is used for cloth and rope, the leaves for seasoning and
수동태(be동사+p.p.)   ((of the baobab) are used)
medicines, while the fruit, called 'monkey bread,' is eaten.
~이지만, 그런데 한편(대조의 접속사)   (which is)
⓬ Sometimes people live inside the huge trunks. ⓭ What
an amazing life source for the African people!
what을 사용한 감탄문: What a(n)+형용사+명사(+주어+동사)!

Culture Note

Monkey bread

The fruit can be up to 25
centimeters long and is
used to make a drink.
원숭이 빵; 바오바브나무 열매
이 열매는 길이가 25cm까지
자랄 수 있고 음료수를 만드
는 데 사용된다.

palm tree   flame tree   fig tree

133

Words & Expressions

- enormous [inɔ́ːrməs] 형 거대한, 막대한
- trunk [trʌŋk] 명 (나무의) 몸통
- root-like [rúːtlàik] 형 뿌리 같은
- rainy season 우기, 장마철
- survive [sərváiv] 동 생존하다, 살아남다
- diameter [daiǽmitər] 명 지름, 직경
- store [stɔːr] 동 저장하다, 보관하다
- as much as ~만큼이나, ~ 정도까지 많이
- loss [lɔ(ː)s] 명 손실, 분실, 상실
- valuable [vǽljuəbl] 형 소중한, 귀중한
- source [sɔːrs] 명 원천, 근원

- bark [bɑːrk] 명 나무껍질
- seasoning [síːzəniŋ] 명 양념
- huge [hjuːʤ] 형 거대한, 엄청난

+More Information

'나무'의 각 부위 명칭
- root [ru(ː)t] 명 뿌리
- trunk [trʌŋk] 명 몸통
- branch [brænʧ] 명 가지
- twig [twig] 명 잔가지
- leaf [liːf] 명 나뭇잎
- fruit [fruːt] 명 열매

본문 해석   아프리카의 생명의 원천 (과학적인 설명)

❶ 여러분은 바오바브나무가 왜 그렇게 거대한 몸통과 뿌리처럼 보이는 나뭇가지를 가지고 있다고 생각하는가? ❷ 그 이유는 바로 그것이 자라는 날씨 때문이다. ❸ 우기가 지난 후, 약 아홉 달의 건조한 날씨가 뒤따른다. ❹ 그렇게 건조한 날씨에서 식물들은 생존하기가 어렵다. ❺ 그러나 과학자들은 바오바브나무가 5미터에서 30미터의 높이에 이르는 거대한 크기로 자라고, 직경이 7미터에서 11미터나 되는 몸통을 가질 수 있다는 것을 발견했다. ❻ 이 큰 나무가 어떻게 건조한 계절에 생존할 수 있는 걸까? ❼ 바오바브나무는 땅 속에서 물을 찾을 수 있는 깊은 뿌리를 가지고 있고, 그것은 길고 건조한 계절을 위해 몸통에 물을 저장한다. ❽ 이 거대한 나무는 실제로 12만 리터나 되는 물을 저장할 수 있고, 작은 나뭇가지들은 물의 손실을 줄이는 데 도움이 된다.

❾ 바오바브나무는 건조한 계절 동안 아프리카인들에게 소중한 물의 원천이 된다. ❿ 바오바브나무의 껍질, 잎, 열매, 그리고 몸통도 모두 유용하다. ⓫ 바오바브나무의 껍질은 옷감과 밧줄에, 잎은 양념과 약으로 사용되지만, '원숭이 빵'이라고 불리는 열매는 먹을 수 있다. ⓬ 때때로 사람들은 거대한 나무의 몸통 안에서 살기도 한다. ⓭ 아프리카 사람들을 위해 얼마나 놀라운 생명의 원천인지!

Structures

❶ Why do you think the baobab has **such an enormous trunk and root-like branches**?
「such a(n)+형용사+명사」는 '그렇게 ~한 …'이라는 뜻으로, 「so+형용사+a(n)+명사」로 바꿔 쓸 수 있다.

❷ It is **because of** the weather **where** it grows.
because 뒤에는 완전한 문장인 절이, because of 뒤에는 명사(구)가 온다. where는 the weather를 선행사로 가지는 관계부사로 in which로 바꿔 쓸 수 있다.

❹ Such dry weather is hard **for plants to survive in**.
원래 이 문장은 「it(가주어)–to부정사구(진주어)」 구조인 It is hard for plants to survive in such dry weather.인데, 전치사의 목적어가 문장의 주어로 나와서 이런 형태가 되었다. for plants는 to survive in의 의미상의 주어이다.

❺ Yet scientists have discovered **that** baobabs can grow to enormous sizes, **reaching heights of 5 to 30 meters**, and **have** trunk diameters of 7 to 11 meters.
that은 동사 have discovered의 목적어절을 이끄는 접속사이고, reaching ~ 30 meters는 동시동작을 나타내는 분사구문이다. and have의 have는 앞의 grow와 마찬가지로 조동사 can에 연결되는 동사이다.

❽ This large tree can actually store **as much as** 120,000 liters of water, and the small branches **help reduce** water loss.
as much as는 '~만큼이나, ~ 정도까지 많이'라는 뜻으로, 셀 수 없는 명사의 양을 가리킬 때 사용한다. 같은 의미의 표현으로는 no less than이 있다. help는 목적어로 원형부정사나 to부정사 둘 다를 취할 수 있다.

⓫ The bark of the baobab **is used for** cloth and rope, the leaves **for** seasoning and medicines, **while** the fruit, **called 'monkey bread,'** is eaten.
the leaves 뒤에 반복되는 표현인 (of the baobab) are used가 생략되어 있다고 볼 수 있다. while은 여기서 '~이지만, 그런데 한편'이라는 뜻의 대조를 나타내는 접속사로 쓰였다. called 앞에는 「주격 관계대명사+be동사」 형태인 which is가 생략되어 있다고 볼 수 있다.

⓭ **What an amazing life source** for the African people!
「What a(n)+형용사+명사(+주어+동사)!」 형태의 what을 사용한 감탄문이다.

Q2 How much water can the baobab store in its trunk?
(바오바브나무는 자신의 몸통에 얼마나 많은 양의 물을 저장할 수 있는가?)

A2 It can store as much as 120,000 liters of water.
(그것은 12만 리터나 되는 물을 저장할 수 있다.)

Check It!

1. What makes the baobab tree have such an enormous trunk and root-like branches? Fill in the blanks.
   _____ _____ where it grows enables it to have such an enormous trunk and root-like branches.

2. 다음 문장을 주어진 말로 시작하여 문장을 다시 쓰시오.
   It is quite easy to use this fax machine.
   = This fax machine _____.

3. 다음 영어 설명에 해당하는 단어를 빈칸에 쓰시오.

   > salt, pepper, spices, etc. that give food a more interesting taste

   Taste the soup and adjust the _____, adding more salt or pepper as desired.

   Answer   1 The weather   2 is quite easy to use   3 seasoning

When Myths Meet Science   161

The Hummingbird

(which(that) is)

❶ Have you ever seen a tiny bird feeding at a flower? ❷ That's a hummingbird. ❸ How can this bird
'경험'을 나타내는 현재분사   현재분사구(a tiny bird를 뒤에서 수식함)
hover in the air like a bee? ❹ How come it has such beautiful feathers, and why do its feet look so weak?
~처럼(전치사)   How come+주어+동사 ~?: 어째서(왜) ~인가?   look+형용사: ~하게 보이다

Even the Smallest Creature Has Unique Gifts

(A Mayan Myth)

❺ In the beginning, the great god had a few small leftover pieces after making
(수가) 어느 정도 있는
all of the other birds. ❻ He did not want to waste any pieces, so he used the
접속사가 남아 있는 분사구문(= after he made ~)   결과를 나타내는 접속사
leftovers to create a hummingbird. ❼ The great god said, "I want to make sure
반드시 (~하도록) 하다, 꼭 ~하다
the hummingbird can fly well since it is so small. ❽ So I will give it the ability
이유를 나타내는 접속사   = the hummingbird
to fly forward, backward, and even to stay in just one place." ❾ He liked this
형용사적 용법(앞의 명사 the ability를 수식함)   형용사적 용법
little bird so much that he made a mate for it and invited all of the other animals
so+형용사(부사)+that+주어+동사: 아주 ~해서 (그 결과) …하다
to their wedding. ❿ Everything about the wedding was beautiful, except for the
everything은 단수 취급함   단수 동사   ~을 제외하고는
hummingbirds, who only had plain gray feathers. ⓫ The other birds felt sorry
계속적 용법(= and they)   수수한, 장식이 없는
for them and said to each other, "Let's offer some of our beautiful feathers to
= the hummingbirds
decorate the couple for their wedding." ⓬ So the hummingbirds received many
beautiful feathers. ⓭ The sun also promised that their feathers would shine
목적어절을 이끄는 접속사
beautifully as long as the hummingbird looked toward the sun.
~하기만(이기만) 하면, ~하는 한

134

• **hummingbird** [hʌ́miŋbə̀rd] 몡 벌새
ex. The only bird that can fly backwards is the
hummingbird.
• **tiny** [táini] 톙 아주 작은, 조그마한
• **feed** [fi:d] 동 먹이를 먹다
• **hover** [hʌ́vər] 동 공중을 맴돌다, (새가) 공중에서 정지하다
ex. The bird *hovered* over its nest.
• **feather** [féðər] 몡 깃털
ex. Fine *feathers* make fine birds.
• **Mayan** [máiən] 몡톙 마야 사람(족, 말)(의)
ex. The *Mayan* people worshipped gods and built temples

and palaces.
• **leftover** [léftòuvər] 톙 나머지의, 남은 몡 나머지, 남은 것
• **waste** [weist] 동 낭비하다, 허비하다
• **forward** [fɔ́ːrwərd] 뷔 앞으로, 앞쪽으로(↔ backward)
• **mate** [meit] 몡 (한 쌍을 이루는 새·동물의) 짝
• **except for** ~을 제외하고는, ~이 없으면
• **plain** [plein] 톙 장식이(무늬가, 채색이) 없는
ex. We've chosen a *plain* carpet and patterned curtains.
• **decorate** [dékərèit] 동 장식하다, 꾸미다
ex. He *decorated* the wedding car with ribbons and flowers.
• **as long as** ~이기만(하기만) 하면, ~하는 한

162   Lesson 6

벌새

❶ 여러분은 꽃에서 먹이를 먹고 있는 작은 새를 본 적이 있는가? ❷ 그것은 벌새이다. ❸ 이 새가 어떻게 벌처럼 허공에서 맴돌 수 있는 걸까? ❹ 어쩌다가 그 새는 그렇게 아름다운 깃털을 가지게 되었고, 왜 그것의 발은 그렇게 약해 보일까?

가장 작은 생명체조차도 독특한 재능을 지니고 있다 (마야의 신화)

❺ 태초에 위대한 신은 다른 모든 새들을 만들고 나서 몇 개의 작은 나머지 조각들을 가지고 있었다. ❻ 그는 어떤 조각도 헛되이 쓰고 싶지 않아서 그는 그 나머지를 벌새를 만드는 데 사용했다. ❼ 그 위대한 신은 말했다. "벌새가 너무 작으니까 나는 그것이 반드시 잘 날 수 있도록 하고 싶다. ❽ 그래서 나는 그것에게 앞뒤로, 그리고 한 장소에만 머물면서도 날 수 있는 능력을 줄 것이다." ❾ 그는 이 작은 새를 무척 좋아해서 그것을 위해 짝을 만들어 주고 다른 모든 동물들을 그들의 결혼식에 초대했다. ❿ 수수한 회색 깃털만을 가진 벌새들을 제외하고는 결혼식에 대한 모든 것이 아름다웠다. ⓫ 다른 새들이 그들을 불쌍하게 여겨 서로에게 "결혼식에서 그 커플을 장식할 수 있도록 우리의 아름다운 깃털을 그들에게 주자."라고 말했다. ⓬ 그래서 벌새들은 많은 아름다운 깃털들을 받았다. ⓭ 태양은 또한 벌새들이 태양을 바라보는 한 그들의 깃털이 아름답게 빛날 것이라고 약속했다.

Structures

❶ Have you ever seen a tiny bird **feeding at a flower**?
feeding at a flower는 현재분사구로, 앞의 명사구 a tiny bird를 뒤에서 수식한다. feeding 앞에 「주격 관계대명사+be동사」 형태인 which〔that〕is가 생략되어 있다고도 볼 수 있다.

❹ **How come it has** such beautiful feathers, and why do its feet **look** so **weak**?
how come은 '왜, 어째서'라는 뜻의 의문부사인데, 뒤에 조동사 없이 바로 「주어+동사」가 온다. look이 '~하게 보이다'라는 뜻으로 쓰일 때는 뒤에 형용사가 보어로 와야 한다. '~하게'라는 우리말 해석을 기준으로 생각하여 부사를 쓰면 안 됨에 유의한다.

❺ In the beginning, the great god had **a few** small leftover pieces **after making all of the other birds**.
a few는 '조금 있는, (수가) 어느 정도 있는'이라는 뜻으로 뒤에 셀 수 있는 명사가 온다. after 이하는 의미를 명확하게 하기 위해 접속사를 생략하지 않고 남겨 둔 분사구문으로 보거나 전치사 after 뒤에 동명사구(making ~ birds)가 나온 형태로 볼 수 있다.

❽ So I will give it *the ability* to **fly** forward, backward, and even **to stay** in just one place."
「give+간접목적어(IO)+직접목적어(DO)」 구조의 4형식 문장이다. to fly ~와 to stay ~는 앞의 명사 the ability를 수식하는 형용사적 용법의 to부정사로, 등위접속사 and에 의해 병렬 구조를 이루고 있다.

❾ He liked this little bird **so much that he made** a mate for it **and invited** all of the other animals to their wedding.
「so+형용사(부사)+that+주어+동사」는 '아주 ~해서 (그 결과) …하다'라는 뜻의 결과를 나타내는 구문이다. and 다음에 he가 생략되어 있다.

❿ **Everything** about the wedding **was** beautiful, except for *the hummingbirds,* **who** only had plain gray feathers.
everything은 단수 취급하므로 뒤에 단수동사 was가 나왔다. who는 the hummingbirds를 선행사로 가지는 계속적 용법의 관계대명사로, and they로 바꿔 쓸 수 있다.

⓭ The sun also promised **that** their feathers would shine beautifully **as long as** the hummingbird looked toward the sun.
that은 동사인 promised의 목적어 역할을 하는 절을 이끄는 접속사이고, as long as는 '~하기만〔이기만〕하면, ~하는 한'이라는 뜻의 조건을 나타내는 접속사로 so long as로 바꿔 쓸 수 있다.

Q3 What special ability did the god give to the hummingbird?
(신은 벌새에게 어떤 특별한 능력을 주었는가?)

A3 He gave it the ability to fly forward, backward, and even to stay in just one place.
(그는 그 새에게 앞뒤로, 그리고 한 장소에만 머물면서도 날 수 있는 능력을 주었다.)

Check It!

1. 본문의 두 번째 문단에서 벌새에 관해 알 수 있는 사실을 고르시오.
   ① 벌새라는 이름의 유래
   ② 벌새의 짝 짓기 방법
   ③ 벌새가 아름다운 깃털을 가지게 된 이유
   ④ 벌새의 발이 약한 이유
   ⑤ 벌새의 깃털과 비행 능력의 관련성

2. 다음 우리말과 일치하도록 빈칸에 알맞은 말을 쓰시오.
   이 책은 아주 재미있어서 나는 그것을 내려놓을 수가 없다.
   = This book is _____ interesting _____ I can't put it down.

3. 다음 두 문장의 빈칸에 공통으로 알맞은 말을 쓰시오.
   • Everyone went except _____ Sumi and Jina.
   • I feel sorry _____ the animals trapped in their cages.

Amazing Abilities of the Hummingbird (A Scientific Explanation)

❶ Hummingbirds are the smallest bird in the world. ❷ These birds are easily
recognized due to their special hovering movement and colorful feathers.
❸ They flap their wings so fast that they make a humming noise, which is
why they are called hummingbirds. ❹ Scientists have found that hummingbirds
have unique, fast wing strokes, which allow them to fly forward, backward,
sideways, and even to stop in midair. ❺ Although they are small, they
can fly up to 54 kilometers per hour. ❻ They are also talented at staying in
one place like a bee. ❼ How is this possible? ❽ They can flap their wings in
a figure-8 pattern, which enables them to hover.
❾ As they hover, they use their long tongues to take sweet
liquid from flowers. ❿ Their one weakness is their feet.

⓫ Because they fly so much, they have poorly developed
feet, which cannot be used to walk.

Culture Note

There are more than 300
species of hummingbird
in the world.
전 세계에는 300종 이상의
별새가 있다.

⓬ Which view of nature do you like better? ⓭ As the two examples show, we can
gain insight through both myths and scientific explanations. ⓮ Although myths may
not be factually correct, they demonstrate the creativity of ancient people and teach
us valuable life lessons. ⓯ Scientific explanations may be less imaginative, but they
teach us how to understand nature around us. ⓰ Next time you encounter a wonder
of nature, how will you respond to it? ⓱ With imagination? ⓲ Or with scientific eyes?
⓳ Or with both?

135

Words & Expressions

- recognize [rékəgnàiz] 동 알아보다, 인식하다
- due to ~ 때문에(= because of)
  ex. My flight has been delayed *due to* bad weather.
- flap [flæp] 동 (새가 날개를) 퍼덕거리다
  ex. The bird *flapped* its wings furiously.
- hum [hʌm] 동 (벌·기계 등이) 윙윙(웅웅)거리다
  ex. My ears have suddenly started to *hum*.
- stroke [strouk] 명 (새의) 한 번 날개치기
- sideways [sáidwèiz] 부 옆으로, 비스듬히
- midair [mídέər] 명 공중, 상공
- be talented at ~에 재능이 있다

- enable [inéibl] 동 ~할 수 있게 하다, ~을 가능하게 하다
- liquid [líkwid] 명 액체
  ex. How much *liquid* do you think this bottle contains?
- weakness [wíːknis] 명 약점, 결점; 약함, 허약
- poorly [púərli] 부 형편없이, 불완전하게
- develop [divéləp] 동 발달하다, 성장하다
- view [vjuː] 명 관점, 견해
- gain [gein] 동 얻다, 입수하다
- insight [ínsàit] 명 직관, 통찰력
- factually [fǽktʃuəli] 부 실제로, 사실상
- demonstrate [démənstrèit] 동 실례로 보여 주다, 논증하다
- encounter [inkáuntər] 동 맞닥뜨리다, (우연히) 만나다

❶ 벌새는 전 세계에서 가장 작은 새이다. ❷ 이 새의 독특한 맴도는 움직임과 화려한 깃털 때문에 우리는 그것을 쉽게 알아볼 수 있다. ❸ 이 새는 자신의 날개를 아주 빠르게 퍼덕거려서 윙윙대는 소리를 만들어 내는데, 그것이 이 새가 벌새라고 불리는 이유이다. ❹ 과학자들은 벌새들이 독특하고 빠른 날갯짓을 가지고 있고, 이것이 그들로 하여금 앞으로, 뒤로, 옆으로 심지어 허공에서 멈출 수 있게 한다는 것을 발견했다. ❺ 몸집은 작지만, 그것은 한 시간에 54킬로미터까지 날 수 있다. ❻ 그것은 또한 벌처럼 한 곳에 머무를 수 있는 능력을 가지고 있다. ❼ 이것이 어떻게 가능할까? ❽ 그것은 자신의 날개를 8자 모양으로 퍼덕거릴 수 있는데, 그것이 그 새가 공중을 맴도는 것을 가능하게 한다. ❾ 한 곳에서 맴돌 때 그것은 자신의 긴 혀를 사용해서 꽃으로부터 달콤한 액체를 가져간다. ❿ 그 새의 한 가지 약점은 그것의 발이다. ⓫ 비행을 너무 많이 해서 그것은 형편없이 발달된 발을 가지게 되었는데, 이것은 걷는 데 사용될 수 없다.

⓬ 여러분은 자연에 대한 어떤 관점을 더 좋아하는가? ⓭ 두 가지 예시가 보여 주는 것처럼 우리는 신화와 과학적 설명 둘 다를 통해 통찰력을 얻을 수 있다. ⓮ 신화가 사실적으로는 정확하지 않을지 몰라도, 그것은 고대 사람들의 창의성의 실례를 보여 주며 우리에게 가치 있는 삶의 교훈을 가르쳐 준다. ⓯ 과학적인 설명은 상상력이 덜 풍부하지만, 그것은 우리에게 우리 주변의 자연을 어떻게 이해할지를 가르쳐 준다. ⓰ 다음에 여러분이 자연의 경이로움에 맞닥뜨릴 때 여러분은 그것에 어떻게 반응할까? ⓱ 상상력을 가지고? ⓲ 아니면 과학적인 눈으로? ⓳ 아니면 둘 다?

Structures

❷ These birds **are** easily **recognized due to** their special hovering movement and colorful feathers.
「be동사+과거분사」 형태의 수동태 문장으로, 능동태로 고치면 We easily recognize these birds due to ~.가 된다. due to는 '~ 때문에'라는 뜻의 전치사구로 because of로 바꿔 쓸 수 있다.

❸ They flap their wings **so fast that** they make a humming noise, **which** is **why** they are called hummingbirds.
「so+형용사(부사)+that+주어+동사」는 '아주 ~해서 (그 결과) …하다'라는 뜻의 결과를 나타내는 구문이다. which는 앞 문장 전체를 선행사로 취하는 계속적 용법의 관계대명사로, and it으로 바꿔 쓸 수 있다. 또한 why는 관계부사로 the reason으로 바꿔 쓸 수 있다.

❹ Scientists have found that hummingbirds have unique, fast wing strokes, **which allow** them **to fly** forward, backward, sideways, and even **to stop** in midair.
which는 계속적 용법의 관계대명사로, 앞 문장의 일부인 unique, fast wing strokes를 선행사로 하며 and they로 바꿔 쓸 수 있다. 「allow+목적어+to부정사」는 '~가 …하게 하다'라는 뜻으로 to stop도 to fly와 마찬가지로 이 구문에 병렬 구조로 연결되어 있다.

❻ They are also **talented at** *staying in one place like a bee.*
be talented at은 '~에 재능이 있다'라는 뜻으로, staying 이하는 전치사 at의 목적어 역할을 하는 동명사구이다.

❽ They can flap their wings in a figure-8 pattern, **which enables** them **to hover**.
which는 앞 문장 전체를 선행사로 취하는 계속적 용법의 관계대명사로, and it으로 바꿔 쓸 수 있다. 「enable+목적어+to부정사」는 '~가 …할 수 있게 하다'라는 뜻이다.

⓫ Because they fly so much, they have poorly developed feet, **which** cannot **be used to walk**.
which는 앞 문장의 일부인 poorly developed feet을 선행사로 취하며 and they로 바꿔 쓸 수 있다. 「be used+to부정사」는 '~하는 데 사용되다'라는 뜻으로 목적을 나타내는 to부정사구이다.

⓰ **Next time** you **encounter** a wonder of nature, how will you respond to **it**?
Next time은 '다음에 ~할 때'라는 뜻의 시간을 나타내는 접속사이므로 미래의 일을 현재 시제로 표현했다. 대명사 it은 앞에 나온 a wonder of nature를 가리킨다.

Q4 How fast can hummingbirds fly? (벌새는 얼마나 빨리 날 수 있는가?)

A4 They can fly up to 54 kilometers per hour. (그 새는 한 시간에 54킬로미터까지 날 수 있다.)

Check It!

1. **본문을 읽고 답할 수 <u>없는</u> 질문을 고르시오.**
   ① What is the smallest bird in the world?　　② What makes us recognize hummingbirds easily?
   ③ Why are they called hummingbirds?　　④ How long do hummingbirds live?
   ⑤ How far can hummingbirds fly per hour?

2. **괄호 안의 단어를 바르게 배열하여 다음 영작을 완성하시오.**
   그의 차가 고장 나 버렸는데, 그것은 그가 내일 떠날 수 없다는 것을 의미한다.
   = His car has broken down, (means, can't, he, which, tomorrow, go away).

3. **다음 영영풀이에 해당하는 단어를 본문에서 찾아 쓰시오.**
   ＿＿＿＿＿ : a substance, such as water, that is not a solid or a gas and that can be poured easily

AFTER YOU READ

A SUMMARY

상자 안의 단어를 이용하여 글을 완성하시오.

과거의 사람들은 자연의 신비로움을 설명하기 위해 그들의 상상력을 이용해서 신화를 창조했다. 반면, 현대의 과학적인 관점은 우리에게 자연이 얼마나 훌륭하게 일하고 있는지를 보여준다. 사람들은 자연에 대한 두 가지 관점들로부터 배운다.

Answer (1) imagination (2) myths (3) mysteries
(4) scientific (5) views

B DETAILS

상자 안의 문장을 이용하여 표를 완성하시오.

	바오바브나무
독특한 특징	커다란 몸통과 뿌리가 위로 뻗어 가는 것처럼 보이는 작은 나뭇가지가 있다.
신화	그것은 여러 번 불평을 했고, 화가 난 신들이 그것을 거꾸로 다시 심었다.
과학적 설명	그것은 몸통에 물을 저장하고 살아남기 위해 작은 나뭇가지들을 가지고 있다.

	벌새
독특한 특징	전 세계에서 가장 작은 새이며 벌처럼 공중을 맴돌 수 있다.
신화	위대한 신이 그것에게 한 곳에 머무를 수 있는 특별한 능력을 주었다.
과학적 설명	그것은 날개를 8자 모양으로 매우 빠르게 퍼덕거릴 수 있다.

Answer (1) b (2) c (3) d (4) a

C YOUR RESPONSE

짝과 자연에 대한 두 가지 관점에 대해 이야기하시오.

A 너는 자연에 대한 어떤 관점을 더 좋아하니?
B 신화가 흥미진진한 이야기이기 때문에 나는 그것을 더 좋아해. 너는 어때?
A 나도 신화를 좋아하지만, 과학적 설명이 더 좋아. 그것은 내 질문에 대한 명확한 대답을 줘.

A SUMMARY

Solution

옛날 사람들은 그들의 상상력을 발휘하여 신화를 창조해서 자연의 신비로움을 설명했고, 현대에 들어와서는 과학적 관점으로 자연의 경이로움을 설명한다는 내용이다. 즉, 사람들은 신화와 과학적 설

A SUMMARY

Complete the passage using the words in the box.

People in the past used their (1) _____ and created (2) _____ to explain the (3) _____ of nature. On the other hand, a modern (4) _____ view shows us how wonderfully nature works. People learn from both (5) _____ of nature.

• scientific • myths • views • imagination • mysteries

B DETAILS

Complete the table using the sentences in the box.

	Baobab Tree	Hummingbird
Unique Characteristic	It has a large trunk and small branches that look like roots spreading upwards.	It is the smallest bird in the world and can hover like a bee.
Myth	(1)	(2)
Scientific Explanation	(3)	(4)

a. It can flap its wings very fast in a figure-8 pattern.
b. It complained many times, and the angry gods replanted it upside down.
c. The great god gave it a special ability to stay in one place.
d. It stores water in its trunk and has small branches to survive.

C YOUR RESPONSE

Talk with your partner about the two views of nature.

Example
A: Which view of nature do you like better?
B: I like myths better because they are interesting stories. What about you?
A: I like myths, too, but I like scientific explanations better. They give clear answers to my questions.

136

명이라는 두 가지 자연에 대한 관점들로부터 배운다는 것이다.

B DETAILS

Solution

본문은 바오바브나무와 벌새라는 두 가지 자연의 경이로움에 대해 다루고 있는데, 둘 다 각 topic의 두 번째 단락은 신화적 측면에서, 세 번째 단락은 과학적 설명의 측면에서 이들에 대해 설명하고 있다.

C YOUR RESPONSE

Sample Answer

A Which view of nature do you like better?
B I like scientific explanations better because they give us facts about natural mysteries. Besides, they are easy to understand. How about you?
A I like myths better because they have fascinating stories.

More Questions

※ 다음 내용이 본문의 내용과 일치하면 T, 일치하지 않으면 F에 표시하시오.

1. According to an African myth, the baobab had such a unique shape because of the gods' jealousy. T ☐ F ☐
2. We can use the leaves of the baobab for seasoning and medicines. T ☐ F ☐
3. The other birds gave some of their beautiful feathers to the the hummingbirds for their nest. T ☐ F ☐
4. Hummingbirds drink sweet liquid that they get from flowers through their long beaks. T ☐ F ☐
5. Hummingbirds have very weak feet and can barely walk. T ☐ F ☐

Answer 1F 2T 3F 4T 5T

A

- The baobab **asked** the gods **if** it could have sweet fruit as well.
  ← The baobab said to the gods, "Can I have sweet fruit as well?"
- Jane **asked** me **if** I wanted to go to a movie the next day.
  ← Jane said to me, "Do you want to go to a movie tomorrow?"

| Tip | 화자가 직접 말한 것을 간접적으로 표현하는 방법을 익혀 봅시다.

- Rewrite the underlined part using 'ask' and 'if.'

A long time ago, Rabbit said to the Creation God, "Can I have long legs and ears?"
"Of course you can," said the God. He made Rabbit's back legs longer and he also made Rabbit's ears very long, the way Rabbit wanted them.
⇒ A long time ago, _____.

B

- They can flap their wings in a figure-8 pattern, **which** enables them to hover.
- Sara decided to see a doctor, **which** was a good idea.
- Eric appeared at the party, **which** surprised everybody.

| Tip | 앞 문장 전체를 언급하여 부가적인 설명을 더하는 방식을 살펴봅시다.

- Complete the passage using the words in parentheses.

Sally is very imaginative and loves to create stories. She won first prize at the city-wide essay competition, (her, which, teacher, proud, very, made).

Quote for You   Choose the best word for the blank.

"By three methods we may learn _____: first, we may learn by reflection, **which** is noblest; second, we may learn by imitation, **which** is easiest; and third, we may learn by experience, **which** is the bitterest."

Confucius (B.C. 551~479)
중국 춘추 시대의 교육자, 철학자, 정치사상가이며 유교의 시조이다.

– *Confucius*

a. wisdom   b. dignity   c. negotiation

Answer: a.

137

A

- 바오바브는 신들에게 자신도 달콤한 열매를 가질 수 있는지 물었다.
  → 바오바브는 신들에게 "저도 달콤한 열매를 가질 수 있나요?"라고 말했다.
- Jane은 나에게 다음날 내가 영화 보러 가고 싶은지 물었다.
  → Jane은 나에게 "너는 내일 영화 보러 가고 싶니?"라고 말했다. .

Answer   Rabbit asked the Creation God if he could have long legs and ears.

B

- 그것은 자신의 날개를 8자 모양으로 퍼덕거릴 수 있는데, 이것은 그것이 공중을 맴도는 것을 가능하게 한다.
- Sara는 의사 선생님께 진찰을 받기로 결심했는데, 그것은 좋은 생각이었다.
- Eric이 파티에 나타났는데, 그것은 모두를 놀라게 했다.

Answer   which made her teacher very proud

Quote for You

세 가지 방법으로 우리는 지혜를 배울 수 있다. 먼저, 우리는 반성을 통해 배울 수 있는데, 그것은 가장 고귀하다. 두 번째로 우리는 모방을 통해 배울 수 있는데, 그것은 가장 쉽다. 그리고 세 번째로 우리는 경험을 통해 배울 수 있는데, 그것은 가장 쓰라리다.   – 공자

Answer   a

A

■ **ask와 if를 이용해서 밑줄 친 부분을 다시 쓰시오.**

옛날에, 토끼가 조물주에게 "제가 긴 다리와 귀를 가질 수 있을까요?"라고 말했다. "물론 그럴 수 있지."라고 신이 말했다. 그는 토끼가 그에게 원했던 대로 토끼의 뒷다리를 더 길게 만들었고 토끼의 귀도 매우 길게 만들었다.

Solution

의문사가 없는 의문문을 간접화법으로 전환할 때는 전달동사 **said to**를 asked로 바꾸고, 접속사 if〔whether〕를 사용하여 의문사가 없는 의문문을 「if〔whether〕+주어+동사」의 간접의문문 형태로 쓴 다음, 주어에 따라 동사의 시제와 수를 일치시키고 대명사의 인칭 및 부사들을 간접화법에 맞게 전환한다.

B

■ **괄호 안의 단어를 이용하여 글을 완성하시오.**

Sally는 상상력이 매우 풍부하고 이야기를 만들어 내는 것을 좋아한다. 그녀는 시(市) 에세이 대회에서 1등상을 받았는데, 그것은 그녀의 선생님을 매우 자랑스럽게 만들었다.

Solution

앞 문장 전체를 선행사로 가지는 계속적 용법의 관계대명사 **which**가 관계사절에서 주어 역할을 하고, 뒤에 「동사(made)+목적어(her teacher)+보어(very proud)」의 구조로 연결하여 쓴다.

Quote for You

+More Quotes

- Many times, the decisions we make affect and hurt

your closest friends and family the most. I have a lot of regrets in that regard. But God has forgiven me, which I am very thankful for. It has enabled me to forgive myself and move forward one day at a time.

우리가 하는 결정은 자주 가장 친한 친구들과 가족들에게 가장 많은 영향과 상처를 준다. 나는 그 점에 있어 후회가 많다. 하지만 신이 나를 용서해 주셨고, 나는 그것에 대해 매우 감사드린다. 그것은 내가 내 자신을 용서할 수 있게 해 주었고 동시에 어느 날 앞으로 나아갈 수 있게 해 주었다.

— Lex Luger

+More Information

Confucius (B.C. 551~479): 중국 춘추 시대의 교육자, 철학자, 정치 사상가로, 유교를 처음 일으킨 시조이다. '세계 4대 성인'의 한 사람으로, 본명은 공구이다. 중국, 한국, 일본의 정치와 사상에 큰 영향을 준 인물로 〈시경〉, 〈춘추〉 등의 책을 썼으며, 공자가 세상을 떠난 뒤 제자들이 공자의 가르침을 모아 〈논어〉라는 책을 펴내기도 했다.

Words & Expressions

- city-wide [sítiwàid] 형 전 도시의
- competition [kàmpitíʃən] 명 대회, 시합, 경쟁
- method [méθəd] 명 방법
- reflection [riflékʃən] 명 반성, 반영
- noble [nóubl] 형 고결한, 숭고한
- imitation [ìmitéiʃən] 명 모방, 흉내 내기

GRAMMAR POINTS

의문사가 없는 의문문의 간접화법 전환

화법에는 직접화법과 간접화법이 있다. 직접화법은 다른 사람이 한 말을 그대로 인용 부호(" ")로 묶어서 전달하는 것이며, 간접화법은 그 말을 전달하는 사람의 입장에서 바꿔서 전달하는 것이다. 직접화법에 사용된 인용문이 의문사가 없는 의문문일 경우에는 전달동사를 ask로 바꾸고, 의문문을 「if(whether)+주어+동사」의 순서로 써서 간접화법으로 전환한다.

(1) 전달동사 say(said) to 또는 tell(told)을 ask(asked)로 바꾼다.
(2) 인용부호 안의 의문사가 없는 의문문을 「if(whether)+주어+동사」의 순서로 쓴다.
    ex. Tom said to me, "Is Korea located in Asia?" (Tom이 나에게 말했다. "한국은 아시아에 위치해 있니?")
       → Tom **asked** me **if(whether) Korea was located in Asia**.
       (Tom이 나에게 한국이 아시아에 위치해 있는지 물었다.)
(3) 전달자의 입장에서 인용문의 대명사를 알맞게 바꾸고, 인용문의 시제를 전달동사의 시제에 맞게 바꾼다. 또한 시간 및 장소의 부사도 전달하는 시점과 입장에 맞게 고친다.
    ex. Andy said to Sora, "Do you live near the school?" (Andy가 소라에게 말했다. "너는 학교 근처에 사니?")
       → Andy asked Sora **if(whether) she lived near the school**.
       (Andy가 소라에게 그녀가 학교 근처에 사는지 물었다.)
       Kate said to me, "Are you working tomorrow?" (Kate가 나에게 말했다. "너 내일 일할 거니?")
       → Kate **asked** me **if(whether) I was working the next(following) day**.
       (Kate가 나에게 다음 날 일할 것인지 물었다.)
※ 직접화법을 간접화법으로 전환할 때 주의해야 할 시간 및 장소의 부사들
    • now → then, at the time   • today → that day   • ago → before   • here → there
    • tomorrow → the next(following) day   • yesterday → the day before, the previous day
    • this → that / this week → that week   • last week → the week before, the previous week

의문사가 있는 의문문을 간접화법으로 바꿀 때는 전달동사를 ask로 쓰고, 인용문을 「의문사+주어+동사」의 순서로 바꾼다. 단, 의문사 자신이 주어인 경우에는 「의문사+동사」의 순서로 쓴다.

    ex. Joe said to his friend, "What time does the party start?" (Joe가 친구에게 말했다. "파티는 몇 시에 시작하니?")
       → Joe **asked** his friend **what time the party started**. (Joe가 친구에게 파티가 몇 시에 시작하는지 물었다.)
       Mary said, "Who can speak Japanese?" (Mary는 말했다. "누가 일본어를 말할 수 있니?")
       → Mary **asked who could speak Japanese**. (Mary가 누가 일본어를 말할 수 있는지 물었다.)

계속적 용법의 관계대명사 which

관계대명사 which가 계속적 용법으로 쓰일 때 앞 문장 전체 또는 일부를 선행사로 취하며 부가적인 설명을 더할 수 있다. 계속적 용법의 관계대명사는 「접속사+대명사」의 의미를 가지므로, 해석할 때 문맥에 맞게 and, but, for 등의 접속사를 적절히 넣어 주면 된다.

(1) 앞 문장 전체가 선행사인 경우
    ex. *Chris couldn't come to the party*, **which** was a pity.
      = Chris couldn't come to the party, **and it** was a pity.
       (Chris가 그 파티에 못 왔는데, 그것은 참으로 애석한 일이었다.)
      She showed me round the town, **which** was very kind of her.
       (그녀는 나에게 시내 관광을 시켜 주었는데, 그것으로 보아 그녀는 매우 친절했다.)
(2) 앞 문장의 일부가 선행사인 경우
    ex. We stayed at *the ABC Hotel*, **which** Daniel recommended to us.
       (우리는 ABC 호텔에 머물렀는데, 그곳은 Daniel이 우리에게 추천해 주었다.)
      China is *rich in natural resources*, **which** Korea is not.
      = China is rich in natural resources, **but** Korea is not **rich in natural resources**.
       (중국은 천연자원이 풍부하지만, 대한민국은 그렇지 않다.)

1. 다음 괄호 안에서 어법상 알맞은 것을 고르시오.

(1) Ms. Cruz asked me (whether / that) I liked New York.

(2) He tried to finish his work by noon, (that / which) he found impossible.

(3) In the summer we stay in my uncle's house, (which / where) is near the sea.

2. 다음 두 문장을 관계대명사를 사용하여 한 문장으로 연결하시오.

(1) Mike won first prize in the lottery. It surprised everybody.

→ _____

(2) He said he forgot the dinner appointment with her. It was a lie.

→ _____

(3) Yuna's flight was delayed. It meant she had to wait two hours at the airport.

→ _____

- lottery 복권
- appointment 약속
- lie 거짓말
- delay 지연시키다, 지체하게 하다

3. 다음 문장을 간접화법으로 바꿀 때 빈칸에 알맞은 말을 쓰시오.

(1) Tony said to me, "Are you good at sports?"

→ Tony asked me _____

(2) Nancy said to him, "Do you like reading detective novels?"

→ Nancy asked him _____

(3) He said to her, "What's your favorite food?"

→ He asked her _____

- detective novel 탐정 소설

4. 다음 각 문장에서 which가 가리키는 어구에 밑줄을 그으시오.

(1) They arrived at the restaurant, which was close that day.

(2) One of the boys kept laughing, which annoyed Jenny greatly.

(3) The 1992 Olympics were held in Barcelona, which is in the north-east of Spain.

- annoy 화나게 하다, 짜증나게 하다

5. 다음 빈칸에 공통으로 알맞은 말을 쓰시오.

- Sally asked the children _____ they wanted anything to drink.
- You have to go to college for a lot of years _____ you want to be a doctor.

LET'S WRITE

여러분 자신의 신화를 만들어 보아라!

여러분은 이야기를 만들어 본 적이 있나요? 없다면 이것이 시도해 볼 좋은 기회입니다. 나비에 관한 신화를 만들어 보려고 노력해 봅시다.

A GET IDEAS

그림과 설명을 연결해 보시오.

a. 지렁이는 피곤해져서 그곳을 떠났지만, 애벌레는 기다렸다.
b. "밖으로 나오렴!" 그가 나왔을 때, 그는 나비의 아름다운 날개를 가지게 되었다.
c. "나무에서 2주 동안 기다리렴."
d. "당신은 저희가 날 수 있도록 저희에게 날개를 주실 수 있나요?"

(Answer) (1) d (2) c (3) a (4) b

B ORGANIZE IDEAS

네 명이 한 모둠을 이루어 이야기의 줄거리를 만들어 보시오. 간접화법을 이용하여 그림을 자세하게 묘사하시오.

그림 1	옛날에, 지렁이와 애벌레가 신에게 ~인지 물었다.
그림 2	
그림 3	
그림 4	

Create Your Own Myth!

Have you ever created a story? If not, this is a good chance to give it a try. Try to create a myth about the butterfly.

A GET IDEAS

Match the pictures with the descriptions.

(1) (2) (3) (4) Two weeks later.

a. The earthworm got tired and left, but the caterpillar waited.

b. "Come out!" When he came out he had the beautiful wings of a butterfly.

c. "Wait on the tree for two weeks."

d. "Could you please give us wings so that we can fly?"

B ORGANIZE IDEAS

Make groups of four and create the plot of the story. Use indirect speech and describe the pictures in detail.

picture 1	Long ago, an earthworm and a caterpillar asked a god if …
picture 2	
picture 3	
picture 4	

138

A GET IDEAS

(Solution)

(1) 애벌레와 지렁이가 신에게 날개를 달라고 요청하는 그림이므로, d가 정답이다.
(2) 신이 애벌레와 지렁이에게 나무에 올라가서 기다리라고 말하고 있으므로, c가 정답이다.
(3) 지렁이는 나무에서 떠났고 애벌레는 나무 위에 계속 머무르는 상황이므로, a의 설명과 연결된다.
(4) 신이 2주 후에 애벌레에게 나비의 날개를 달아 준 그림이므로, b의 설명과 연결된다.

(Structures)

• **If not**, this is a good chance to **give it a try**.
  If not은 If you have not created a story를 줄여서 쓴 것이다. give it a try는 '시도하다, 한번 해 보다'의 의미이다. to give ~가 chance를 수식하는 to부정사의 형용사적 용법으로 쓰였다.

• Could you please **give us wings** so that we can fly?
  「give+간접목적어+직접목적어」 구조의 4형식 문장이다. 「so that+주어+can+동사원형」은 '~하도록, ~하기 위해서'라는 뜻으로 목적을 나타낸다. so that은 in order that으로 바꿔 쓸 수 있다.

B ORGANIZE IDEAS

(Sample Answer)

picture 1 if he could give them wings so that they could fly

picture 2 The god told them to wait on the tree for two weeks.

picture 3 Both the earthworm and the caterpillar waited, but the earthworm got tired and left.

picture 4 After two weeks, the god told the caterpillar to come out. And when he came out, he had the beautiful wings of a butterfly.

그림 1 그들이 날 수 있도록 그가 그들에게 날개를 줄 수 있는지

그림 2 신이 그들에게 나무 위에서 2주 동안 기다리라고 말했다.

그림 3 지렁이와 애벌레 둘 다 기다렸지만, 지렁이는 피곤해져서 떠났다.

그림 4 2주 후에 신이 애벌레에게 밖으로 나오라고 말했다. 그리고 그가 나왔을 때, 그는 나비의 아름다운 날개를 가지게 되었다.

(Words & Expressions)

• earthworm [ə́ːrθwə̀ːrm] 몡 지렁이
• caterpillar [kǽtərpìlər] 몡 애벌레
• butterfly [bʌ́tərflài] 몡 나비
• indirect speed 간접화법
• in detail 자세히, 상세히

C WRITE YOUR STORY

Now write a myth about the butterfly.

Long ago, an earthworm and a caterpillar asked a god if he could give them wings so that they could fly. _____
_____
_____
_____

That's how the caterpillar got his wings and became a butterfly.

➕ **Writing Tip**

이야기체의 글을 쓸 때는 일어난 사건의 순서 또는 시간 순서에 따라 쓰도록 합니다.

Peer Review			My partner thinks …
Does the story include the contents of all four pictures?	☺	☺	☺
Does the story include interesting and creative details?	☺	☺	☺
Are the expressions and organization of the story natural?	☺	☺	☺
partner's comments:			

D REVIEW & REVISE

Read the comments and revise your writing.

139

Writing Tip **Narrative writing**

이야기체의 글을 쓰는 방법

1. 들려주고 싶은 이야기를 골라 주제문(topic sentence)으로 글을 시작한다.
2. 무슨 일이 일어났는지 시간 순서에 따라 글을 쓴다. 시간의 흐름을 보여 주는 적절한 표현을 사용한다.
3. 여러분이 배운 교훈이나 왜 이 이야기가 중요한지를 쓴다.

C WRITE YOUR STORY

 Solution

B ORGANIZE IDEAS에서 자신이 정리한 내용을 토대로 하여 글을 작성한다.

Sample Answer

Long ago, an earthworm and a caterpillar asked a god if he could give them wings so that they could fly. The god told them to wait on the tree for two weeks. Both the earthworm and the caterpillar waited, but the earthworm got tired and left. The caterpillar, however, built himself a house in the tree. After two weeks, the god told the caterpillar to come out. And when he came out, he had the beautiful wings of a butterfly. That's how the caterpillar got his wings and became a butterfly.

옛날에 지렁이와 애벌레가 신에게 그들이 날 수 있도록 그들에게 날개를 줄 수 있는지 물었다. 신은 그들에게 2주 동안 나무 위에서 기다리라고 말했다. 지렁이와 애벌레는 둘 다 기다렸다. 하지만 지렁이는 피곤해져서 떠났다. 그러나 애벌레는 스스로 나무에 집을 지었다. 2주 후에 신은 애벌레에게 밖으로 나오라고 말했다. 그리고 그가 밖에 나왔을 때, 그는 나비의 아름다운 날개를 가지게 되었다. 그렇게 해서 애벌레는 날개를 가지게 되었고 나비가 되었다.

D REVIEW & REVISE

 Solution

동료 평가의 내용을 바탕으로 하여 내용 오류부터 문법 오류, 구두점 오류까지 범위를 넓혀 가며 여러 번 수정을 거쳐 글을 작성하도록 한다.

Words & Expressions

- That's how   그것이 ~한 방법이다, 그렇게 해서 ~하다
- include [inklúːd]   ⑧ 포함하다
- content [kántent]   ⑨ 내용
- creative [kriéitiv]   ⑩ 창의적인, 창조적인
- organization [ɔ̀ːrɡənizéiʃən]   ⑨ 구성
- natural [nǽtʃərəl]   ⑩ 자연스러운

ACROSS SUBJECTS

과학자처럼 조사하기!
호기심을 갖고 있는 식물이나 동물이 있는가? 이제 여러분이
연구할 차례이다.

STEP 1

네 명이 한 모둠을 이루어 아래에 있는 동물이나 식물의 재미
있는 특징에 대해서 이야기해 보시오.

STEP 2

여러분의 모둠이 조사하고 싶은 동물이나 식물을 골라서 그
것에 관해 알아낸 정보를 모아 정리하시오.

예시

동물/식물	코알라
주요 질문	코알라는 왜 나무를 껴안는가? → 그들은 더운 여름 날 자신들을 시원하게 유지하기 위해 나무를 껴안는다.
다른 질문들	그들은 어디에 사는가? → 호주에. 그들은 무엇을 먹는가? → 잎, 주로 유칼립투스 잎. 다른 재미있는 사실들은 무엇인가? → 암컷 코알라에게는 주머니가 있다. → 갓 태어난 코알라는 대략 젤리빈 크기이다! (2.5센티미터 미만)

Research like a Scientist!

Are there any plants or animals you are curious about? It's your turn to do some research.

STEP 1 Work in groups of four. Talk about interesting characteristics of the animals or plants below.

Koala

Venus flytrap

Panda

Your Own

STEP 2 Choose an animal or a plant your group wants to investigate and organize the information that you find out about it.

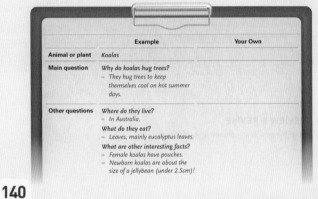

	Example	Your Own
Animal or plant	Koalas	
Main question	Why do koalas hug trees? → They hug trees to keep themselves cool on hot summer days.	
Other questions	Where do they live? → In Australia. What do they eat? → Leaves, mainly eucalyptus leaves. What are other interesting facts? → Female koalas have pouches. → Newborn koalas are about the size of a jellybean (under 2.5cm)!	

140

STEP 1

Sample Answer

- **Koala**
  Koalas don't have much energy and, when not feasting on leaves, they spend their time dozing in the branches. Believe it or not, they can sleep for up to 18 hours a day!
- **Venus flytrap**
  The flytrap's leaves have sweet-smelling nectar which draws hungry invertebrates. Many other carnivorous plants use the same tactic.
- **Panda**
  Unlike most other bears, pandas do not hibernate. When winter approaches, they head lower down their mountain homes to warmer temperatures, where they continue to chomp away on bamboo!

- **코알라**
  코알라는 에너지가 많지 않아서 나뭇잎을 포식하고 있지 않을 때는 나뭇가지에서 꾸벅꾸벅 조는 데 시간을 보낸다. 믿지 않겠지만, 그들은 하루에 18시간까지 잘 수 있다!
- **파리지옥**
  파리지옥의 잎은 배고픈 무척추동물을 유인하는 달콤한 냄새가 나는 꿀을 가지고 있다. 많은 다른 식충식물들도 동일한 전략을 사용한다.
- **판다**
  대부분의 다른 곰들과는 달리, 판다는 동면을 하지 않는다. 겨울이 다가오면 그들은 더 따뜻한 날씨를 찾아 산에 있는 그들의

서식지 훨씬 아래로 향하고, 거기에서 그들은 계속해서 대나무를 우적우적 씹어 먹는다!

STEP 2

Solution

STEP 1에서 모둠별로 나눈 대화와 각 동물이나 식물에 대해 조사한 내용을 토대로 교과서에 제시된 예시를 참고하여 정보를 정리한다.

+ More Information

Venus flytrap(파리지옥)

파리지옥은 쌍떡잎식물 끈끈이귀개과의 여러해살이 식물로 곤충을 잡아먹으며 사는 식충식물이다. 야생종은 주로 북아메리카에 분포한다. 벌레가 잎 안의 감각모(感覺毛)에 닿으면 잎을 닫아 가둔 뒤 소화액을 분비해 벌레를 분해하거나 소화시킨다. 높이는 주로 20센티미터에서 30센티미터 정도이며 이끼가 낀 습지에서 주로 산다.

Words & Expressions

- research [risə́ːrtʃ] 명 (학술) 연구, 조사, 탐구
- mainly [méinli] 부 주로, 대개
- female [fíːmèil] 형 암컷의, 여성(여자)의
- pouch [pautʃ] 명 (캥거루 같은 동물의) 새끼 주머니
- newborn [njúːbɔ́ːrn] 형 갓 태어난
- jellybean [dʒélibìːn] 명 젤리빈

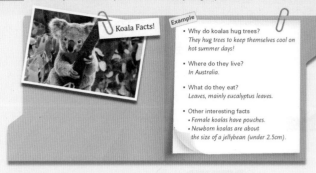

Koala Facts!

Example

- Why do koalas hug trees?
  They hug trees to keep themselves cool on hot summer days!

- Where do they live?
  In Australia.

- What do they eat?
  Leaves, mainly eucalyptus leaves.

- Other interesting facts
  - *Female koalas have pouches.*
  - *Newborn koalas are about the size of a jellybean (under 2.5cm).*

STEP 4 | Present the report to the class.

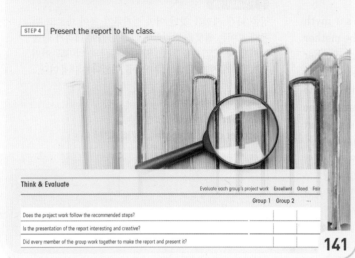

Think & Evaluate

	Evaluate each group's project work	Excellent	Good	Fair
	Group 1	Group 2	...	
Does the project work follow the recommended steps?				
Is the presentation of the report interesting and creative?				
Did every member of the group work together to make the report and present it?				

141

STEP 3

여러분의 모둠이 선택한 식물이나 동물에 관한 보고서를 작성하시오.

[예시]

- 코알라는 왜 나무를 껴안는가?
  그들은 더운 여름 날 자신들을 시원하게 유지하기 위해 나무를 껴안는다!
- 그들은 어디에 사는가?
  호주에 산다.
- 그들은 무엇을 먹는가?
  잎, 주로 유칼립투스 잎.
- 다른 재미있는 사실들
  - 암컷 코알라에게는 주머니가 있다.
  - 갓 태어난 코알라는 대략 젤리빈 크기이다! (2.5센티미터 미만)

STEP 4

학급에 그 보고서를 발표하시오.

평가표

- 과제 작업이 추천된 단계를 따랐는가?
- 보고서 발표가 흥미롭고 창의적인가?
- 모둠원 모두가 보고서를 만들고 발표하는 데 협동하였는가?

STEP 3

Sample Answer

Venus Flytrap Facts!

- How do flytraps seduce insects?
  They have sweet-smelling nectar which draws hungry insects.
- Where do they live?
  In North Carolina and South Carolina along the East Coast of the United States.
- What do they eat?
  Chiefly insects and arachnids.
- Other interesting facts
  - Venus flytraps can digest human flesh.
  - It takes around 10 days for a Venus flytrap to completely digest an insect and reopen its trap.

파리지옥에 관한 사실들!

- 파리지옥은 어떻게 곤충들을 유혹하는가?
  그것은 배고픈 곤충을 유인하는 달콤한 냄새가 나는 꿀을 가지고 있다.
- 그것은 어디에 사는가?
  미국 동부 해안의 노스캐롤라이나와 사우스캐롤라이나에.
- 그것은 무엇을 먹는가?
  주로 곤충과 거미들.
- 다른 재미있는 사실들
  - 파리지옥은 인간의 살도 소화시킬 수 있다.
  - 파리지옥이 곤충을 완전히 소화시키고 입을 다시 여는 데 약 열흘이 걸린다.

Structures

- They hug trees **to keep themselves cool** on hot summer days!
  to keep은 '유지하기 위하여'를 의미하며 목적을 나타내는 to부정사의 부사적 용법이다. keep themselves cool은 「keep+목적어+목적격 보어」의 구조로 보어 자리에 형용사 cool이 쓰였다.

- Newborn koalas are **about** the size of a jellybean (**under** 2.5 am).
  about은 '약, 대략'의 의미인 전치사이다. under은 '~ 미만, ~ 이하의'의 의미이다.

ex. Tickets are free for infants **under** 24 months old.
  (입장권은 24개월 미만의 유아에게는 무료입니다.)
  (※ 24개월은 들어가지 않음)

CHECK UP

1. Listen and number the pictures in order.

1. 듣고 그림을 순서대로 번호 매기시오.

Answer 4 — 1 — 2 — 3

🎧 Script

M Do you wonder why kangaroos have pouches? Here's a myth about it. Long ago, a kangaroo's baby ran away, and the mother kangaroo went out to look for it. While she was looking for her baby, the mother kangaroo found a wombat. The wombat looked thirsty and tired, so the kangaroo let the wombat climb on her tail and took him to water. The wombat drank some water and recovered his strength. To thank her, the wombat gave her a pouch so that she would never again lose her baby.

남 여러분은 캥거루가 왜 주머니를 가지고 있는지 궁금하나요? 여기 그것에 대한 신화가 있습니다. 오래 전, 캥거루 새끼가 집을 나갔고, 엄마 캥거루는 새끼를 찾으러 밖으로 나갔습니다. 엄마가 새끼를 찾는 동안 엄마 캥거루는 웜뱃을 발견했습니다. 웜뱃이 목이 마르고 피곤해 보여서 캥거루는 웜뱃을 자신의 꼬리에 타게 한 다음 그를 물가로 데려갔습니다. 웜뱃은 물을 조금 마시고 원기를 회복했습니다. 감사하기 위해 웜뱃은 그녀에게 다시는 새끼를 잃어버리지 않도록 주머니를 주었습니다.

👤 Solution

집을 나간 새끼를 찾던 어미 캥거루가 목이 마르고 피곤해 보이는 웜뱃을 발견하여 그를 물가에 데려가 물을 마시게 하자 기운을 차린 웜뱃이 감사의 의미로 어미 캥거루에게 새끼를 넣는 주머니를 주었다는 내용이다.

Words & Expressions

- wombat [wάmbæt] 명 웜뱃
- recover one's strength 원기를 회복하다

---

2. Listen and choose the best response to the woman's last words.

    a. I'm thinking of reading more books.
    b. I think it teaches us a lesson about jealousy.
    c. In my view, Greek myths inspired many writers.
    d. It is a great way to learn scientific facts about nature.

🎧 Script

M Have you heard of the story of the baobab tree?
W No, I haven't. What happens in the story?
M The tree is jealous of other trees and complains a lot. The gods get angry and turn it upside down as punishment.
W That's interesting. What do you think of the story?
M _____

남 바오바브나무에 대한 이야기를 들어 본 적이 있니?
여 아니, 없어. 이야기에서 어떤 일이 일어나니?
남 그 나무가 다른 나무들을 질투해서 불평을 많이 해. 신은 화가 나서 벌로 그것을 거꾸로 뒤집어 버려.
여 재미있네. 그 이야기에 대해 어떻게 생각하니?
남 _____

2. 듣고 여자의 마지막 말에 가장 적절한 응답을 고르시오.
a. 더 많은 책을 읽으려고 생각 중이에요.
b. 저는 그것이 우리에게 질투에 대한 교훈을 가르쳐 준다고 생각해요.
c. 제 생각에 그리스 신화가 많은 작가들에게 영감을 주었어요.
d. 그것은 자연에 대한 과학적인 사실을 배울 수 있는 최고의 방법이에요.

Answer b

👤 Solution

여자가 바오바브나무 이야기에 대한 의견을 묻고 있으므로 자신의 의견을 말하는 표현인 I think ~나 In my view(opinion), ~ 등으로 답해야 하는데, c는 바오바브나무 이야기에 관한 의견으로 볼 수 없다.

Words & Expressions

- punishment [pʌ́niʃmənt] 명 벌, 처벌, 형벌
- view [vjuː] 명 견해, 의견, 생각
- inspire [inspáiər] 동 영감을 주다, 고무(격려)하다

174　　Lesson 6

3. Choose one sentence that does not fit in the passage.

> The great god liked the hummingbird so much that he made a mate for it and invited all of the other animals to their wedding. ❶Everything about the wedding was beautiful, except for the hummingbirds, who only had plain gray feathers. ❷The sun also promised that their feathers would shine beautifully. ❸The other birds felt sorry for them and said to each other, "Let's offer some of our beautiful feathers to decorate the couple for their wedding." ❹So the hummingbirds received many beautiful feathers.

Solution

벌새의 결혼식에 초대된 다른 새들이 벌새를 불쌍하게 여겨 자신들의 깃털을

3. 글에 적합하지 않는 문장을 고르시오.

그 위대한 신은 벌새를 무척 좋아해서 그것을 위해 짝을 만들어 주고 다른 모든 동물들을 그들의 결혼식에 초대했다. 수수한 회색 깃털만을 가진 벌새들을 제외하고는 결혼식에 대한 모든 것이 아름다웠다. (태양은 또한 그들의 깃털이 아름답게 빛나게 될 것을 약속했다.) 다른 새들이 그들을 불쌍하게 여겨 서로에게 말했다. "결혼식에서 그 커플을 장식할 수 있도록 우리의 아름다운 깃털을 그들에게 주자." 그래서 벌새들은 많은 아름다운 깃털을 받았다.

Answer ②

주었다는 내용이므로 ②는 문장은 글의 흐름에 맞지 않는다.

4. Rewrite the sentences (A) and (B) using 'ask' and 'if.'

> James traveled to Madagascar and saw baobab trees, which looked upside down. **(A)** He said to the guide, "Could you tell me about these trees?" **(B)** She said, "Would you like to hear an interesting myth about the trees?" Then she started to tell James a story about baobab trees.

➡ (A) _____

➡ (B) _____

Solution

의문사가 없는 의문문을 간접화법으로 바꿀 때는 전달동사를 ask로 바꾸고,

4. ask와 if를 이용하여 문장 (A)와 (B)를 다시 쓰시오.

James는 마다가스카르로 여행을 가서 바오바브나무를 보았는데, 그것은 거꾸로 뒤집혀 있는 것 같아 보였다. 그는 가이드에게 말했다. "이 나무들에 대해 말해 주실 수 있나요?" 그녀는 말했다. "이 나무에 대한 재미있는 신화를 들어 보실래요?" 그러고 나서 그녀는 James에게 바오바브나무에 대한 이야기를 들려주기 시작했다.

Answer (A) He asked the guide if she could tell him about those trees. (B) She asked if he would like to hear an interesting myth about the trees.

인용문을 「if(whether)+주어+동사」의 순서로 쓴다.

5. Read and choose the explanation that is not mentioned as a reason why stories are passed down.

> There are all kinds of reasons why a lot of stories have been passed down for generations. Here are some of them. First, stories were often told to help people in a community to think in the same way. Second, stories have long been used to help people to understand how they should behave in their lives. Third, before scientists were able to explain the natural world, people created many strange and wonderful stories to try to explain why such things happened.

a. to give people a shared understanding

b. to teach people how to behave

c. to explain how the world works

d. to provide entertainment for people

Solution

이야기가 전해 내려오는 첫 번째 이유로 글에 제시된 내용이 선택지 a에 해당하고, 두 번째 이유로 설명한 내용이 선택지 b, 세 번째 이유로 설명한 내용이

5. 읽고 이야기가 전해 내려오는 이유로 언급되지 않은 설명을 고르시오.

많은 이야기들이 여러 세대를 걸쳐 전해 내려오는 온갖 종류의 이유가 있다. 여기 그것들 중 몇 가지가 있다. 먼저, 이야기는 공동체의 사람들이 같은 방식으로 생각하는 것을 돕기 위해 자주 전해진다. 두 번째로, 이야기는 사람들이 그들의 삶에서 어떻게 행동해야 하는지를 이해하는 데 도움을 주기 위해 오랫동안 사용되어 왔다. 세 번째로, 과학자들이 자연 세계를 설명할 수 있기 전에 사람들은 많은 불가사의하고 멋진 이야기들을 만들어서 왜 그러한 일들이 일어나는지 설명하려고 노력했다.

Answer d

선택지 c에 해당한다. 선택지 d에 관해서는 글에 언급되지 않았다.

베니스 여행기

Venice Diary

의사소통 기능

- **희망, 기대 표현하기**
  I'm looking forward to sleeping outdoors.
  나는 밖에서 자는 게 정말 기대가 돼.

- **요청하기**
  Could you tell me a little about the tourist attraction?
  그 관광 명소에 대해 내게 좀 말해 줄 수 있나요?

OVERVIEW

	LISTEN & SPEAK	ACROSS CULTURES	READ
Topics	• Planning a Trip • Tourist Attractions	Tips for Traveling to the World's Most Visited Countries	Venice Diary

FUNCTIONS
- I'm looking forward to sleeping outdoors.
- Could you tell me a little about the tourist attraction?

《 단원 미리 보기 》

	LISTEN & SPEAK	ACROSS CULTURES	READ	WRITE	ACROSS SUBJECTS
주제 →	• 여행에 대한 기대와 희망 표현하기 • 관광 명소에 대한 정보 요청하기	세계에서 가장 많이 방문하는 나라들을 여행하는 데 필요한 조언 이해하기	부모님의 20주년 결혼기념일을 축하하기 위한 베니스 여행기를 읽고 이해하기	블로그에 올릴 여행기 쓰기	여행안내 책자 만들기

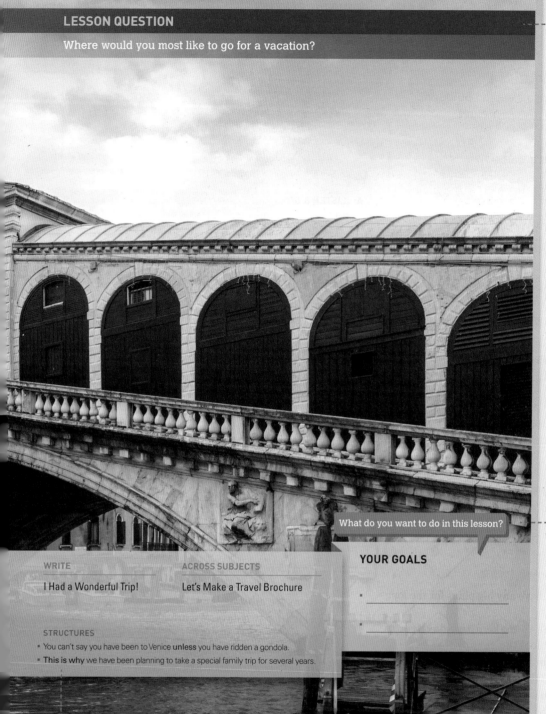

LESSON QUESTION

Where would you most like to go for a vacation?
여러분이 방학에 가장 가고 싶은 곳은 어디인가요?

Sample Answer

- I'm interested in the Chinese history. This is why I would like to visit Beijing, the capital city of China.
저는 중국 역사에 관심이 있어요. 이게 제가 중국의 수도인 베이징을 방문하고 싶은 이유입니다.

- My family already decided to visit Hawaii for this summer vacation.
제 가족은 이미 이번 여름 방학에 하와이에 가기로 결정했어요.

What do you want to do in this lesson?

WRITE

I Had a Wonderful Trip!

ACROSS SUBJECTS

Let's Make a Travel Brochure

YOUR GOALS

- _____
- _____

이번 단원에서 무엇을 배우고 싶은가요?
여러분의 목표

- _____
- _____

STRUCTURES

- You can't say you have been to Venice **unless** you have ridden a gondola.
- **This is why** we have been planning to take a special family trip for several years.

언어 형식

- 부정 조건의 접속사 unless

You can't say you have been to Venice **unless** you have ridden a gondola.
곤돌라를 타 보지 않는다면 베니스에 왔다고 말할 수 없다.

- 이유를 설명하는 This(That) is why

This is why we have been planning to take a special family trip for several years.
이것은 우리가 몇 년 동안 특별한 가족 여행을 계획해 온 이유이다.

LISTEN & SPEAK 1

희망, 기대 표현하기
I'm looking forward to sleeping outdoors.

FUNCTIONS IN USE

보고 체크하시오. 소년은 뭐라고 말하겠는가?

소녀 너는 부산에 갈 거니?

소년 응. 나는 그곳에서 즐거운 시간을 보내는 게 정말 기대가 돼.

Answer I'm looking forward to having a great time there.

A LISTEN & DO

1. 듣고 각 사람과 알맞은 시기, 장소, 활동을 연결하시오.

Answer **Suji**: this weekend, Gyeongju, visit several interesting sites **Insu**: this summer, Hawaii, enjoy the national parks

2. 듣고 여행 계획을 완성하도록 체크하시오.
   - 2일 ☑ 버스 ☐ 자전거 여행
   여행 중 활동
   ☐ 특이한 장소 방문하기 ☑ 유명한 곳 관광하기
   ☐ 산속에서 야생 동물 보기
   ☑ 해변에서 즐거운 시간 갖기

Question for You

제주도에서 여러분은 무엇을 하고 싶나요?

Sample Answer I would like to climb Hallasan.

A LISTEN & DO

🎧 Script

1. (1) **B** Hi, Suji. Do you have any big plans for the long weekend?

   G Yes, I am going to make a two-day trip to Gyeongju. I'm looking forward to visiting several interesting sites.

   B Good for you! Gyeongju has a lot of things to see. I'm sure you'll have a great weekend.

   남 안녕, 수지야. 긴 주말을 위해 무슨 큰 계획이라도 있니?

   여 응, 나는 경주로 1박 2일 여행을 가려고 해. 나는 몇 곳의 흥미로운 장소를 방문할 것을 기대하고 있어.

   남 잘됐구나! 경주에는 볼 게 많지. 나는 네가 멋진 주말을 보낼 것을 확신해.

   (2) **G** Insu, are you going to do anything during the summer vacation?

   B Yes. My family has been preparing for a long time to go to Hawaii. I'm really looking forward to flying there.

   G Any special plans while you're there?

   B Sure. We're going to visit the national parks and do a few other activities.

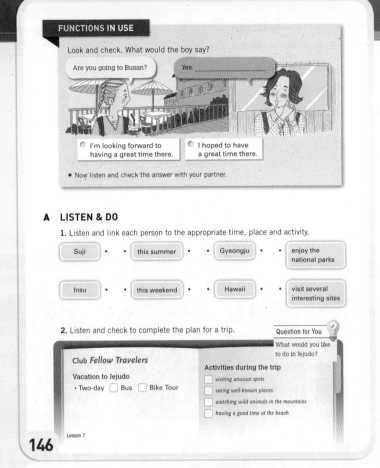

FUNCTIONS IN USE

Look and check. What would the boy say?

Are you going to Busan?   Yes. _____

○ I'm looking forward to having a great time there.   ○ I hoped to have a great time there.

■ Now listen and check the answer with your partner.

A LISTEN & DO

1. Listen and link each person to the appropriate time, place and activity.

Suji •   • this summer •   • Gyeongju •   • enjoy the national parks

Insu •   • this weekend •   • Hawaii •   • visit several interesting sites

2. Listen and check to complete the plan for a trip.

Question for You
What would you like to do in Jejudo?

Club *Fellow Travelers*

Vacation to Jejudo
• Two-day ☐ Bus ☐ Bike Tour

Activities during the trip
☐ *visiting unusual spots*
☐ *seeing well-known places*
☐ *watching wild animals in the mountains*
☐ *having a good time at the beach*

Lesson 7

146

여 인수야, 여름 방학에 무슨 계획이 있니?

남 응. 우리 가족은 하와이를 갈 준비를 오랫동안 해 왔어. 나는 비행기를 타고 그곳에 가는 게 정말 기대가 돼.

여 네가 그곳에 있는 동안 어떤 특별한 계획이라도 있니?

남 물론이지. 우리는 국립 공원을 방문하고, 다른 활동도 할 거야.

2. **W** I am very pleased to tell you about our club's plans for a vacation trip to Jejudo. After we arrive there, we are going to take a bus tour around the island for two days. We are planning to not only see well-known places but also have a great time at the beach. I'm really looking forward to sharing an unforgettable time with you.

여 저는 우리 동아리의 제주도 여행에 대한 방학 여행 계획을 말하게 돼서 정말 기쁩답니다. 그곳에 도착한 후, 우리는 이틀 동안 섬을 도는 버스 여행을 할 거예요. 우리는 잘 알려진 장소들을 볼 뿐만 아니라 해변에서 멋진 시간을 보낼 거예요. 저는 정말 잊을 수 없는 시간을 여러분과 함께 나누게 될 것을 기대하고 있어요.

🎧 Solution

1. (1) 수지는 긴 주말 동안(for the long weekend) 경주에 가서 몇몇 흥미로운 장소들(several interesting sites)을 방문할 예정이다.

   (2) 인수는 여름 방학 동안(during the summer vacation) 하와이에 가서 국립공원(the national parks)을 방문할 예정이다.

B SPEAK OUT

1. Read and match each person with the appropriate cover of brochure.

a. Discover Cultural and Artistic Treasures
b. Experience Nature with a Camping Trip
c. Enjoy a Fantastic Beach Vacation

Questions for Interaction

What do you plan to do for your vacation trip?

What do you want to do or see during the trip?

2. Have a conversation about your vacation plans.

Interaction

A: What do you plan to do for your vacation?
B: I plan to experience nature with a camping trip.
A: Great! What are you looking forward to doing during the trip?
B: I'm looking forward to sleeping outdoors and looking at the stars.
A: Wonderful! I'm sure you can't wait to get started.

Expression+

희망, 기대 표현하기
• I hope to ....
• I can't wait to ....

147

B SPEAK OUT

1. 읽고 각 사람과 알맞은 여행 책자를 연결하시오.
   (1) 나는 박물관과 미술관을 방문할 것이 기대돼.
   (2) 나는 태양 아래 누워 신선한 해산물을 먹고 싶어.
   (3) 나는 야외에서 자면서 별을 보는 것이 기대돼.
   a. 문화적 예술적 보물을 발견하라
   b. 캠핑 여행으로 자연을 경험하라
   c. 환상적인 해변 휴가를 즐겨라
   Answer (1) a (2) c (3) b

Questions for Interaction
여러분은 방학 여행을 위해 무엇을 계획하고 있나요?
여행하는 동안 여러분은 무엇을 하거나 보고 싶어요?

2. 여러분의 방학 계획에 관해 대화하시오.

Interaction

A 너는 방학 동안 뭘 할 계획이니?
B 나는 캠핑 여행으로 자연을 경험할 계획이야.
A 좋겠다! 여행하는 동안 뭘 할 것을 기대하고 있니?
B 밖에서 잠을 자고 별을 보는 것을 기대하고 있어.
A 멋지구나! 네가 출발할 날을 기다릴 수 없을 게 분명해.

희망, 기대 표현하기 **I'm looking forward to sleeping outdoors.**

I'm looking forward to ~는 '나는 ~을 기대한다'라는 의미로, 어떤 일이나 계획에 대한 기대나 희망을 표현할 때 쓰며, to 다음에는 명사나 동명사 형태가 온다.

ex. A Are you planning to go anywhere for your vacation? (너는 방학 동안 어딘가 갈 계획이니?)
    B Yes. **I'm looking forward to** going to Canada. (응. 나는 캐나다 가는 게 기대가 돼.)

Expression+

• **I hope to** visit Paris again. (나는 파리를 다시 방문하기를 희망해.)
• **I can't wait to** go to Universal Studios in Japan. (나는 일본에 있는 유니버설 스튜디오에 가는 것을 기다릴 수가 없어.)

B SPEAK OUT

Interaction

Sample Dialog 1

A What do you plan to do for your vacation?
B I plan to visit my aunt's house in Jejudo.
A Great! What are you looking forward to doing during the trip?
B I'm looking forward to swimming in the sea near her house.
A Wonderful! I'm sure you can't wait to get started.

A 너는 방학 동안 뭘 할 계획이니?
B 제주도에 계신 고모님 댁을 방문할 계획이야.
A 좋겠다! 여행하는 동안 무엇이 기대가 되니?
B 고모님 댁 근처 바닷가에서 수영하는 것을 기대하고 있어.
A 멋지구나! 네가 출발할 날을 기다릴 수 없을 게 분명해.

Sample Dialog 2

A What do you plan to do for your vacation?
B I plan to fly to New York city.
A Great! What are you looking forward to doing during the trip?
B I'm looking forward to watching one of the most famous Broadway shows, which is 'Lion King.'
A Wonderful! I'm sure you can't wait to get started.

A 너는 방학 동안 뭘 할 계획이니?
B 나는 뉴욕 시에 갈 계획이야.
A 좋겠다! 여행하는 동안 무엇이 기대가 되니?
B 가장 유명한 브로드웨이 공연 중 하나인 '라이온 킹'을 보는 것을 기대하고 있어.
A 멋지구나! 네가 출발할 날을 기다릴 수 없을 게 분명해.

LISTEN & SPEAK 2

TOPIC 2 Tourist Attractions
관광명소들

요청하기
Could you tell me a little about
the tourist attraction?

FUNCTIONS IN USE

보고 체크하시오. 소녀는 뭐라고 말하겠는가?

소녀 샌프란시스코에 대해 좀 말해 줄 수 있니?

소년 물론이지. 좋아.

Answer Could you tell me

A LISTEN & DO

1. 듣고 다음을 완성하시오.

샌프란시스코에 오신 걸 환영합니다! / 여러분은 고향을 좋아하세요? 여러분은 또한 샌프란시스코를 사랑하게 될 것입니다. 피셔맨 부두에서 멋진 해산물을 즐겨 보세요. 그리고 거리를 따라 케이블 카 타는 것도 잊지 마세요.

Answer (1) seafood (2) cable

2. 듣고 관광객이 오늘 하루 무엇을 할지 체크하시오.

홍콩에서의 오늘의 여행 계획

☑ 빅토리아 피크에서 도시 전체 보기

☑ 세계적으로 유명한 수족관 오션 파크 방문하기

☐ 홍콩 공원에서 시원한 공기 마시기

☐ 아름다운 사원들 주변에서 옛 시대 경험하기

Question for You ❓

여러분은 홍콩에서 어떤 관광 명소를 방문하고 싶나요?

Sample Answer I want to visit Victoria Peak.

FUNCTIONS IN USE

🔊 Solution

소년이 흔쾌히 승낙하고 있으므로, 빈칸에는 요청하는 표현인 Could you tell me ~?가 알맞다. Did you hear ~?는 '~을 들었니?'라는 의미이므로, 빈칸에 어울리지 않는다.

A LISTEN & DO

🎧 Script

1. **G** What are you doing on your computer, Insu?

   B I'm looking for information about San Francisco. My family is going there this summer.

   G Wonderful! Can you tell me what you have found so far?

   B Well, I've read that many people like the seafood at Fisherman's Wharf, and enjoy riding a cable car on the street.

   여 컴퓨터로 뭘 하고 있니, 인수야?

   남 샌프란시스코에 대한 정보를 찾고 있어. 우리 가족이 이번 여름에 그곳에 갈 예정이야.

   여 멋지구나! 지금까지 네가 찾은 것을 말해 줄 수 있니?

   남 글쎄, 나는 많은 사람들이 피셔맨 부두에서의 해산물을 좋

FUNCTIONS IN USE

Look and check. What would the girl say?

a little about San Francisco?

Sure, I'd love to.

○ Could you tell me   ○ Did you hear

■ Now listen and check the answer with your partner.

A LISTEN & DO

1. Listen and complete the following.

Welcome to San Francisco!

Do you like your home town? You will also love San Francisco. Enjoy wonderful (1) _____ at Fisherman's Wharf. And don't forget to ride a (2) _____ car along the street.

2. Listen and check what the tourist is going to do for the day.

◆ **Plan for Today's Tour in Hong Kong** ◆

☐ See the whole city from Victoria Peak

☐ Visit the world-famous aquarium, Ocean Park

☐ Breathe cool air in Hong Kong Park

☐ Experience old times around beautiful temples

Question for You ❓

What tourist attractions would you like to visit in Hong Kong?

148 Lesson 7

아한다고 쓴 것을 봤어. 그리고 거리에서 케이블 카를 타는 것도 즐겼다고 해.

2. **W** Good morning. How may I help you?

   M Could you tell me about tourist attractions here in Hong Kong?

   W Sure. There are many things to see, but Victoria Peak is the best place to see the whole city.

   M Wow! We'll be sure to go there. What else would you suggest?

   W Ocean Park is also very popular. It's a world-famous aquarium. And Hong Kong has many beautiful temples, too.

   M We don't have much time today, so maybe we will visit the temples tomorrow. Thank you so much.

   여 안녕하세요? 뭘 도와 드릴까요?

   남 여기 홍콩의 관광 명소에 대해 말해 주실 수 있나요?

   여 물론이죠. 볼 게 많지만, 빅토리아 피크가 도시 전체를 볼 수 있는 최고의 장소예요.

   남 와! 우리는 반드시 그곳에 갈 거예요. 또 달리 제안하실 게 있나요?

   여 오션 파크도 매우 인기가 있어요. 그것은 세계적으로 유명한 수족관이죠. 그리고 홍콩에는 많은 아름다운 사원들도 있어요.

   남 오늘 시간이 많지 않아서 아마도 우리는 사원은 내일 방문할 것 같아요. 정말 고맙습니다.

🔊 Solution

1. 인수가 현재까지 찾은 정보는 피셔맨 부두에서 해산물 먹기와 거리에서 케이블 카 타기이다.

2. 시간이 없어서 사원은 내일 방문하겠다고 했다.

B SPEAK OUT

1. Complete each poster using the expressions in the box.

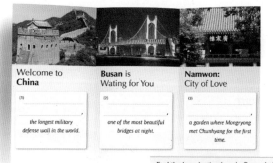

Welcome to
China

(1)

*the longest military
defense wall in the world.*

Busan is
Wating for You

(2)

*one of the most beautiful
bridges at night.*

Namwon:
City of Love

(3)

*a garden where Mongryong
met Chunhyang for the first
time.*

- Feel the long-lasting love in Gwanghallu
- Enjoy the colorful Gwangan Bridge
- Walk along the Great Wall

Questions for Interaction

What is the best tourist
attraction you've visited and
what did you do there?

What is special about
the tourist attraction?

2. Have a conversation about a tourist attraction.

Interaction

A: What was the best thing you've ever done on a vacation?
B: Walking along the Great Wall in China was the most wonderful thing.
A: Can you tell me a little about that tourist attraction?
B: Sure. It is the longest military defense wall in the world.

Expression +

요청하기
- Could I ask you to tell me a little about ...?
- Would you mind telling me a little about ...?

149

B SPEAK OUT

1. 상자 안의 표현을 이용하여 각 포스터를 완성하시오.
중국에 오신 걸 환영합니다 / 세계에서 가장 긴 군사적 방어 장벽인 만리장성을 따라 걸어 보세요.
부산이 당신을 기다리고 있습니다 / 밤에 가장 아름다운 다리들 중 하나인 화려한 광안대교를 즐기세요.
남원: 사랑의 도시 / 몽룡이 춘향을 처음 만난 정원인 광한루에서 영원한 사랑을 느껴 보세요.

Answer (1) Walk along the Great Wall
(2) Enjoy the colorful Gwangan Bridge
(3) Feel the long-lasting love in Gwanghallu

Questions for Interaction
여러분이 방문했던 가장 좋은 관광 명소는 어디인가요? 그리고 그곳에서 여러분은 무엇을 했나요?
그 관광 명소의 특별한 점은 무엇인가요?

2. 관광 명소에 관해 대화하시오.

Interaction

A 방학 때 한 일 중에 가장 좋았던 게 뭐야?
B 중국에서 만리장성을 따라 걸은 것이 가장 멋진 일이었어.
A 그 관광 명소에 대해 좀 더 이야기해 줄 수 있니?
B 물론이지. 그것은 세상에서 가장 긴 군사적 방어 장벽이야.

요청하기 **Could you tell me a little about the tourist attraction?**

Could you tell me a little about ~?는 '~에 대해 내게 좀 말해 줄 수 있니?'라는 의미로, 상대방에게 무언가를 요청할 때 쓰는 표현이다. 비슷한 표현으로는 Could I ask you to tell me a little about ~?(~에 대해 내게 좀 말해 줄 수 있는지 물어봐도 될까?), Would you mind telling me a little about ~?(~에 대해 내게 좀 말해 줘도 괜찮니?) 등이 있다.
ex. Could you tell me a little about your family? (네 가족에 대해 좀 말해 줄 수 있니?)

Expression +
- **Could I ask you to tell me a little about** your work experience?
(네 직업 체험에 대해 좀 말해 줄 수 있는지 물어봐도 될까?)
- **Would you mind telling me a little about** how to get there? (그곳에 어떻게 가는지에 대해 좀 말해 줄 수 있니?)

B SPEAK OUT

Solution
(1)은 중국의 만리장성, (2)는 부산의 광안대교, (3)은 남원의 광한루의 사진이므로, 각각 관련된 내용과 연결한다.

Interaction

Sample Dialog 1

A What was the best thing you've ever done on a vacation?
B Enjoying the colorful Gwangan Bridge was the most wonderful thing.
A Can you tell me a little about that tourist attraction?
B Sure. It is one of the most beautiful bridges at night.
A 방학 때 한 일 중에 가장 좋았던 게 뭐야?
B 화려한 광안대교를 즐기는 게 가장 멋진 일이었어.
A 그 관광 명소에 대해 좀 더 이야기해 줄 수 있니?
B 물론이지. 그것은 밤에서 가장 아름다운 다리들 중 하나야.

Sample Dialog 2

A What was the best thing you've ever done on a vacation?
B Feeling the long-lasting love in Gwanghallu was the most wonderful thing.
A Can you tell me a little about that tourist attraction?
B Sure. It is a garden where Mongryong met Chunhyang for the first time.
A 방학 때 한 일 중에 가장 좋았던 게 뭐야?
B 광한루에서 오래 지속되는 사랑을 느끼는 게 제일 멋진 일이었어.
A 그 관광 명소에 대해 좀 더 이야기해 줄 수 있니?
B 물론이지. 그것은 몽룡이 춘향을 처음 만난 정원이야.

여러분이 처음 가 본 장소에 있다고 가정해 봅시다. 여러분은 그 곳에서 할 수 있는 흥미로운 것들을 어떻게 찾을 수 있을까요?

A GET SET

듣고 소녀가 하려고 하는 것을 고르시오.

Answer b

B ACT OUT

1. 보고 그림을 순서에 맞게 배열하시오.

남 환영합니다! 이 도시로 첫 번째 여행인가요?

여 네. 여기서 할 수 있는 재미있는 일들에 대해 말해 주시겠어요?

남 음. 제 생각에 가장 먼저 할 일은 전통 식당에서 맛있는 음식을 먹는 것입니다.

여 좋아요. 다양한 음식을 먹는 것을 저는 즐긴답니다. 뭐가 또 있죠?

남 이 도시는 야외 콘서트로 유명합니다. 그 중 하나에 간다면 멋진 시간을 보낼 거예요.

여 야외 콘서트! 오늘 밤에 있나요?

남 물론이죠. 비가 오지 않으면 8시에 시작합니다.

여 완벽해요! 밤하늘 아래에서 콘서트를 즐긴다니 정말 기대가 돼요.

Answer A – C – D – B

2. 다시 듣고, 짝과 역할극을 해 보시오.

A GET SET

Listen and choose what the girl is going to do.

B ACT OUT

1. Look and place the pictures in order.

A – – –

A.
Welcome! Is this your first visit to this city?

Yes, it is. Can you tell me about fun things to do here?

B.
Sure. It begins at 8 p.m. if it doesn't rain.

Perfect! I'm really looking forward to enjoying the concert under the night sky.

C.
Well, I think the first thing is to have some tasty food at a traditional restaurant.

Excellent. I enjoy eating a variety of food. What else?

D.
This city is famous for its outdoor concerts. You will have a great time if you go to one.

An outdoor concert! Is there one today?

2. Listen again, and act out the dialog with your partner.

Sounds in Use

Can you tell me about fun things to do here? ↗

I'm really looking forward to enjoying the concert under the night sky.

150 Lesson 7

Sounds in Use

• Can you tell me about fun things to do here?
여기에서 할 수 있는 재미있는 것들에 대해 말해 줄 수 있나요?
의문사가 없는 의문문은 주로 문장 끝을 올려서 읽는다.

• I'm really looking forward to enjoying the concert under the night sky.
밤하늘 아래에서 콘서트를 즐긴다니 정말 기대가 돼요.
같은 위치에서 발음되는 /d/와 /t/ 소리가 겹치는 경우, 앞의 /d/ 소리를 생략하여 발음한다.

A GET SET

 Script

M Welcome! Is this your first visit to this city?

G Yes, it is. Can you tell me about fun things to do here?

M Well, I think the first thing is to have some tasty food at a traditional restaurant.

G Excellent. I enjoy eating a variety of food. What else?

M This city is famous for its outdoor concerts. You will have a great time if you go to one.

G An outdoor concert! Is there one today?

M Sure. It begins at 8 p.m. if it doesn't rain.

G Perfect! I'm really looking forward to enjoying a concert under the night sky.

 Solution

대화의 마지막 부분에서 여자가 I'm really looking forward to enjoying a concert under the night sky.라고 말하는 것으로 보아, 밤하늘 아래에서 콘서트를 즐기는 사진인 b가 가장 관련이 있다.

B ACT OUT

Solution

관광객이 관광 안내 센터 직원에게 문의하는 대화로, 첫 번째 방문인지 묻고 답하는 A가 가장 먼저 나온다. A의 질문에 대한 답인 C가 그 다음 이어지고, 그 밖의 정보를 묻는 C에 대한 답인 D가 그 다음에 오고, 야외 콘서트가 오늘인지 묻는 말에 대한 답인 B가 마지막에 이어져야 자연스러우므로, A – C – D – B의 순서가 알맞다.

A LISTENING FOR REAL

Listen to the in-flight announcement and complete the flight information.

B SPEAKING FOR REAL

1. Look at the map and decide where to go.

2. Have a conversation with your partner about finding the way to your destination.

> Could you tell me how to get to ...?

▶ Go to p.202 for a sample dialog.

Speaking Tip
길 안내를 할 때는 목적지까지 가는 길을 가능한 한 이해하기 쉬운 표현으로 말해 준 다음, 상대방이 이해했는지 확인합니다.

Stop & Reflect	I think …	My partner thinks …
I can listen to and understand the in-flight announcement.	😊 😐 😞	😊 😐 😞
I can give my partner directions to the place he or she wants to reach.	😊 😐 😞	😊 😐 😞
I can work well with my partner to have a conversation about directions.	😊 😐 😞	😊 😐 😞

151

A LISTENING FOR REAL

기내 안내 방송을 듣고 비행 정보를 완성하시오.

항공편 321A 그림 4	도착 도시: 샌프란시스코	비행시간: 10시간 20분
	예상 도착 시간: 11:30 a.m. (현지 시각)	도착 도시의 날씨: 맑음

Answer (1) San Francisco
(2) 10 hours and 20 minutes
(3) clear

B SPEAKING FOR REAL

1. 지도를 보고 어디로 갈지 정하시오.

2. 목적지로 가는 길 찾기에 대해 짝과 대화를 하시오.
~로 가는 방법에 대해 내게 말해 줄 수 있나요?

Stop & Reflect
나는 기내 방송을 듣고 이해할 수 있다.
나는 짝이 도착하고 싶어 하는 장소로 길 안내해 줄 수 있다.
나는 짝과 길 안내하는 대화를 잘할 수 있다.

Speaking Tip | **Giving directions about how to get somewhere**

길 안내하기

지도를 보며, 교과서에 제시된 **Sample Dialog**를 참고하여 목적지에 도착하는 법을 설명해 본다. go straight, turn right(left) 등의 기본적인 표현을 잘 알아 두어야 하며, 지도의 내용과 맞게 설명했는지 확인해야 한다. 짝과 서로 역할을 바꿔 가며 길 안내하는 연습을 하면서 제대로 이해했는지 지도에 표시해서 확인하는 것도 좋은 방법이다.

A LISTENING FOR REAL

🎧 Script

M Good afternoon. This is the captain speaking. Welcome to Flight 321A bound for San Francisco. The flight will take 10 hours and 20 minutes. Our expected time of arrival in San Francisco is 11:30 a.m. local time. The weather there is expected to be clear, and so we are looking forward to getting a great view of the city as we descend. Please enjoy the flight.

남 안녕하십니까? 이 비행기의 기장이 전달합니다. 샌프란시스코로 향하는 비행기 321A에 타신 것을 환영합니다. 비행은 10시간 20분 소요될 예정입니다. 샌프란시스코 도착 예정 시각은 그 지역 시각으로 오전 11시 30분입니다. 그곳의 날씨는 맑은 것으로 예상되니 우리는 비행기가 하강할 때 멋진 광경을 볼 수 있을 것을 기대합니다. 비행을 즐겨 주십시오.

🎧 Solution

항공편 321A의 목적지는 샌프란시스코(for San Francisco)이고, 비행하는 데 10시간 20분(10 hours and 20 minutes)이

걸리며, 마지막 부분에 날씨는 맑다(The weather there is expected to be clear)고 말하고 있다.

B SPEAKING FOR REAL

🎧 Sample Dialog

A Could you tell me how to get to the tourist information center?

B Go straight for three blocks and turn right.

A Oh, I see. Is that where the tourist information center is?

B No, you need to go down one more block. The center is in front of City Hall.

A Thank you very much.

A 관광 안내 센터로 가는 방법을 말해 줄 수 있나요?

B 세 블록을 직진해 가서 오른쪽으로 도세요.

A 오, 알겠습니다. 그곳이 관광 안내 센터가 있는 곳인가요?

B 아니요, 한 블록 더 내려가야 합니다. 센터는 시청 앞에 있어요.

A 정말 감사합니다.

ACROSS CULTURES

세계에서 가장 많이 방문하는 나라들을 여행하는 팁

어느 나라가 가장 많은 국제 관광객들을 받고 있다고 생각하나요? UN 세계 관광 기구에 따르면, 프랑스가 가장 많이 방문하는 나라이고, 미국이 뒤를 따르며, 그 다음이 스페인이라고 합니다. 여기 이런 유명한 나라들을 방문하는 데 유용한 몇 가지 팁이 있습니다.

A 듣고 상자 안의 표현을 이용하여 각 팁을 완성하시오.

[스페인] 시에스타 또는 낮잠 시간을 확인하세요
상점과 식당들이 이른 오후에 2~3시간 동안 문을 닫을 수 있습니다.

[미국] 각 주의 서로 다른 판매세
계산할 때까지 가격을 알지 못할 수 있습니다.

[프랑스] 식당에서 무례하지 않도록 조심하세요
저녁 식사 동안 종업원을 부르기 위해 손가락으로 딱 소리를 내지 않아야 합니다.

Answer (1) Check Siesta or Nap Time
(2) Different Sales Tax in Each State
(3) settle the bill (4) snap your fingers

B 네 명씩 모둠을 만들어 방문하고 싶은 나라에 대해 이야기를 나누시오. 그 방문에 대한 유용한 팁을 찾아 다음을 완성하시오.

_____의 여행에 대한 팁

인터넷에서 더 많은 것을 배워 보세요.

검색어: 외국 여행에 대한 팁 / 여행 가이드 / 가장 많이 방문하는 나라

Tips for Traveling to the World's Most Visited Countries

What countries do you think receive the most international tourists? According to the United Nations World Tourism Organization, France is the most visited country, followed by the United States and then Spain. Here are some useful tips for visiting these popular countries.

A Listen and complete each tip using the expressions in the box.

(1) _____
Shops and restaurants may be closed for 2~3 hours in the early afternoon.

(2) _____
You may not know the price you are going to pay until you (3) _____

Take care Not to Be Rude in Restaurants
You are not supposed to (4) _____ to call the server during your dinner.

• Different Sales Tax in Each State   • Check Siesta or Nap Time
• snap your fingers   • settle the bill

B Make groups of four and talk about the country you would like to visit. Search for useful tips for the visit and complete the following.

Tips for a Trip to _____

Learn more on the Internet
Search Words: tips for a trip to a foreign country | travel guide | the most visited country

152

A

Script

W When you have dinner in a restaurant, do not snap your fingers to call the server. This is regarded as a very rude gesture in France. In Spain, people enjoy their Siesta, or nap time. Many shops and restaurants are closed for two to three hours in the early afternoon. Be sure to check when places close before you visit them in Spain. Each state in the United States has a different sales tax. So you may not know how much you really have to pay until you settle the bill.

여 식당에서 저녁을 먹을 때 종업원을 부르기 위해 손가락으로 딱 소리를 내지 마세요. 이것은 프랑스에서 매우 무례한 몸짓으로 여겨집니다. 스페인에서 사람들은 낮잠을 즐깁니다. 많은 상점과 식당이 이른 오후에 2~3시간 정도 문을 닫습니다. 스페인에서 그곳들을 방문하기 전에 언제 문을 닫는지를 꼭 확인하세요. 미국의 각 주는 서로 다른 판매세를 가집니다. 그러니 계산을 할 때까지 실제로 얼마를 내야 하는지 알 수 없을 수 있습니다.

Solution

스페인은 시에스타(낮잠 시간)에 관해, 미국은 판매세에 관해, 프랑스는 식당에서 종업원을 부르는 방법에 관해 말하고 있다.

B

Sample Answer

Tips for a Trip to France

• You should know about how the French people say hello. In Paris, it's expected for friends to greet each other with a kiss while strangers shake hands.

• Coffee and tea are often ordered for breakfast but seldom for other meals of the day. If you must drink one for lunch or dinner though, you should order it after dessert and not with your dessert.

• When you do get invited over for dinner or a party, remember to bring a token of thanks to your host.

프랑스 여행을 위한 팁

• 프랑스 사람들이 인사하는 법에 대해 알아야 한다. 파리에서는 친구들끼리 키스로 인사하게 되어 있다. 반면, 낯선 사람들은 악수를 한다.

• 커피와 차는 종종 아침에 주문하고 그날의 다른 음식을 먹을 때는 잘 시키지 않는 편이다. 점심이나 저녁으로 한 잔 마셔야 한다면 후식과 함께 시키지 말고 후식 후에 주문해야 한다.

• 저녁이나 파티에 초대되었을 때 집주인에게 감사의 표시를 가져가는 것을 기억해야 한다.

Words & Expressions

• server [sə́ːrvər] 명 종업원, 웨이터
• tax [tæks] 명 세금
• nap time 낮잠 시간
• snap [snæp] 동 딱 치다
• settle [sétl] 동 계산하다, 정산하다

A EXPRESSIONS FOR READING

Complete the brochure using the words in the box.

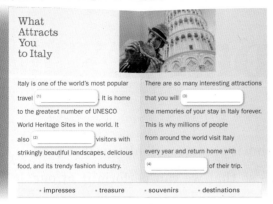

What
Attracts
You
to Italy

Italy is one of the world's most popular travel (1) _____ It is home to the greatest number of UNESCO World Heritage Sites in the world. It also (2) _____ visitors with strikingly beautiful landscapes, delicious food, and its trendy fashion industry.

There are so many interesting attractions that you will (3) _____ the memories of your stay in Italy forever. This is why millions of people from around the world visit Italy every year and return home with (4) _____ of their trip.

- impresses   - treasure   - souvenirs   - destinations

B TOPIC PREVIEW

Listen and choose all the attractions that belong to Venice.

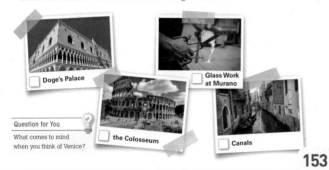

- Doge's Palace
- Glass Work at Murano
- the Colosseum
- Canals

Question for You ?
What comes to mind when you think of Venice?

153

A EXPRESSIONS FOR READING

상자 안의 어휘를 이용하여 관광 안내 책자를 완성하시오.
이탈리아에서 당신을 매혹시키는 것들
이탈리아는 세계의 가장 인기 있는 관광 목적지들 중 하나입니다. 그것은 세계에서 가장 많은 수의 유네스코 세계 문화유산의 고향입니다. 그것은 또한 놀랍도록 아름다운 경치와 맛있는 음식, 유행하는 패션 산업으로 관광객을 감동시킵니다. 영원히 이탈리아에서 머물렀던 기억을 소중히 할 많은 흥미로운 관광지들이 있습니다. 이것은 왜 수백만의 전 세계 사람들이 매년 이탈리아를 방문하고 그들의 관광지의 기념품을 가지고 돌아가는 이유입니다.

Answer (1) destinations   (2) impresses
(3) treasure   (4) souvenirs

B TOPIC PREVIEW

듣고 베니스에 속한 관광 명소를 모두 고르시오.
- ☑ 도제의 궁전   ☑ Murano에서의 유리 세공
- ☐ 콜로세움   ☑ 운하

Question for You ?
여러분은 베니스를 생각할 때 무엇이 떠오르나요?
Sample Answer *The Merchant of Venice* does.
('베니스의 상인'이 떠오릅니다.)

A EXPRESSIONS FOR READING

🔵 Solution

(1) 이탈리아에 대한 가이드로 세계적으로 가장 유명한 여행 '목적지들(destinations)' 중 하나라고 해야 적절하다. (2) 문맥상 이탈리아는 방문객에게 아름다운 광경으로 '감동을 준다(impress)'는 내용이 들어가야 적절하다. (3) 이탈리아에는 머물던 기억을 '소중히 여길(treasure)' 관광 명소가 많다는 의미가 되어야 적절하다. (4) 여행 '기념품(souvenirs)'을 갖고 집으로 돌아간다는 내용이 적절하다.

B TOPIC PREVIEW

🔵 Script

M Venice has many wonderful places to see. First of all, you'll be impressed by its many canals, especially the Grand Canal. Venice's canals are truly what make it such a beautiful city. St. Mark's Basilica is a breathtaking cathedral and St. Mark's Square is a wonderful place where people gather day and night. You will be amazed at the very fine works of art in Doge's Palace. And you'll be excited to watch the glass-blowers at work in Murano. I'm sure you will have a great time in Venice.

남 베니스에는 멋진 볼 것들이 많이 있습니다. 먼저, 여러분은 특히 Grand Canal 등 많은 운하에 감명 받을 것입니다. 베니스의 운하는 베니스를 진정 아름다운 도시로 만듭니다. St. Mark's Basilica는 숨 막히게 하는 성당이며 St. Mark 광장은 사람들이 밤낮으로 모이는 멋진 장소입니다. 여러분은 Doge's Palace에서 매우 멋진 예술 작품들에 놀라게 될 것입니다. 그리고 Murano에서 작업 중인 유리 부는 직공들을 보며 신이 날 것입니다. 저는 여러분이 베니스에서 멋진 시간을 가질 거라고 확신합니다.

🔵 Solution

베니스 관광에 대한 내용으로 첫 부분에 아름다운 운하(canals)에 대해 언급하고 있다. 후반부에 Doge's Palace에서의 예술 작품들과 Murano에서 유리 부는 직공들을 볼 수 있다고 말하고 있다.

Check It!

※ 다음 어휘와 그 의미를 바르게 연결하시오.

1. canal   • • a. an artificial river for ships to travel along
2. destination   • • b. to keep something carefully because it gives you great pleasure
3. treasure   • • c. the place to which they are going
4. impress   • • d. to make you feel great admiration for something

Answer 1a 2c 3b 4d

Venice Diary

Preparation

❶ My school's drama club is preparing Shakespeare's play *The Merchant of Venice* so that we can perform it at our
_{so that+주어+동사: ~하기 위해}
school festival in August, and I have the best role: Portia.

❷ Portia is one of the most significant female characters
_{~ 중의 하나}
in Shakespeare's plays. ❸ She isn't just some princess in a palace. ❹ She runs off to Venice, pretends to be a lawyer,
_{and가 세 개 이상 연결할 때는 마지막 것만 and로 연결하고 나머지는 콤마(,)로 대신함}
and saves the life of her husband's friend Antonio by arguing
_{~함으로써}
his case at a trial. ❺ Anyway, the more I practice the play,
_{the+비교급, the+비교급: ~하면 할수록 더 …한}
the more closely I seem to follow her path in Venice.

❻ This year my parents are celebrating their 20th
_{올해}
wedding anniversary. ❼ This is why we have been planning
_{이것은 ~한 이유이다   현재완료진행 시제: ~해 오고 있는 중이다}
to take a special family trip for several years. ❽ Finally,
with summer vacation about to start, we discussed travel
_{with+명사+분사: ~한 채로(being 생략)}
destinations. ❾ Naturally the first thing I suggested was
_{자연스럽게}
Venice. ❿ My younger sister and my parents were all excited about seeing the canals and gondolas, so they agreed right
_{당장}
away. ⓫ I can't believe it! ⓬ We're going to see the real
_{~할 예정이다}
Venice. ⓭ It will be like the theater come to life!
_{~할 것 같은}

Culture Note

The Merchant of Venice

16세기 William Shakespeare가 쓴 희곡이다. Antonio는 친구 Bassanio를 위해 Shylock에게 돈을 빌리지만, 정해진 기간에 상환하지 못하게 되어 계약 조건대로 자신의 살 1파운드를 Shylock에게 건네주어야 하는 어려운 입장에 처한다. Bassanio의 아내 Portia는 계약 조건은 살이지 피가 아니기 때문에 피가 흘러서는 안 된다는 변론으로 Antonio를 위기에서 구한다.

154

Words & Expressions

- preparation [prèpəréiʃən] 몡 준비, 대비
- merchant [mə́ːrtʃənt] 몡 상인, 무역상
- perform [pərfɔ́ːrm] 통 공연하다
  ex. He *performed* with many world-famous singers.
- significant [signífikənt] 혱 중요한
  ex. The loss of that dream is a very *significant* loss.
- character [kǽriktər] 몡 (책, 영화의) 등장인물
- pretend [priténd] 통 ~인 척하다
  ex. He doesn't *pretend* to be a musician.
- trial [tráiəl] 몡 재판, 공판
  ex. A lot of people attended the *trail*.

- lawyer [lɔ́ːjər] 몡 변호사
- argue [áːrgjuː] 통 입증하다
- path [pæθ] 몡 길
- celebrate [séləbrèit] 통 기념하다, 축하하다
- anniversary [æ̀nəvə́ːrsəri] 몡 기념일
- destination [dèstənéiʃən] 몡 목적지
  ex. What is the *destination* of Flight NG120?
- canal [kənǽl] 몡 운하
  ex. Building the *canal* was a very large and difficult project.
- gondola [gándələ] 몡 곤돌라(베니스에서 운하를 오가는 기다란 배)
  ex. I had to take a *gondola* to get around the city.

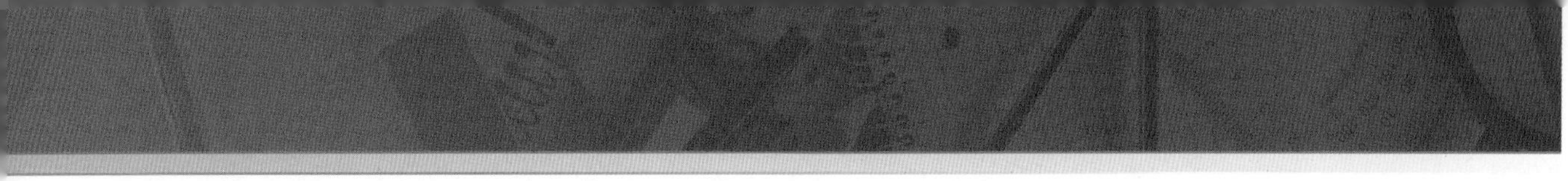

First Reading

Read through focusing on what the writer saw or did on each day of the trip.
(필자가 본 것이나 각 여행 날에 했던 것에 초점을 맞춰 읽어 보시오.)

Sample Answer the first day: boat ride, dinner at Dalla Marisa / the second day: gondola ride, glass-blowers and mask shops at Murano / the third day: tour of St. Mark's Square, St Mark's Basilica, Doge's Palace

Second Reading

Read carefully to find out how the writer felt before and after the trip.
(주의 깊게 읽고 필자가 여행 전과 후에 어떻게 느꼈는지 찾아보시오.)

Sample Answer Before the trip, the writer was really excited with seeing the real Venice, where Shakespeare's play *The Merchant of Venice* is set. After the trip, the writer realized that Venice is one of a kind and he/she was even more excited about acting the role of Portia. (여행 전에 필자는 셰익스피어의 연극 '베니스의 상인'의 배경이 되는 실제 베니스를 본다는 것에 무척 흥분되어 있었다. 여행 후에 필자는 베니스가 독특하다는 것을 깨달았고, Portia 역을 연기하는 데 더 흥분하게 되었다.)

본문 해석 준비

❶ 나의 학교 연극 동아리는 8월에 학교 축제에서 공연하기 위해 셰익스피어의 연극 '베니스의 상인'을 준비 중이고, 나는 가장 좋은 역할인 Portia를 맡았다. ❷ Portia는 셰익스피어의 희곡들 중 가장 두드러진 여성 등장인물들 중 하나이다. ❸ 그녀는 단지 궁전에 있는 어떤 공주가 아니다. ❹ 그녀는 베니스로 달려가 변호사인 척하면서 재판에서 그의 사건을 입증함으로써 남편 친구인 Antonio의 목숨을 구한다. ❺ 어쨌든, 내가 연극 연습을 더 많이 하면 할수록 나는 그녀의 베니스에서의 행로를 더 가까이 따라가는 것처럼 보인다.
❻ 올해 우리 부모님은 20번째 결혼기념일을 축하하실 것이다. ❼ 이것이 우리가 몇 년 동안 특별한 가족 여행을 가려고 계획해 오고 있는 이유이다. ❽ 마침내, 여름 방학이 막 시작하려는 참에 우리는 여행 목적지를 의논했다. ❾ 자연스럽게 내가 제안했던 첫 번째 것은 베니스였다. ❿ 나의 여동생과 부모님께서는 모두 운하들과 곤돌라들을 보는 것에 신이 나 있었고 그들은 바로 동의했다. ⓫ 나는 그것을 믿을 수가 없다! ⓬ 우리가 진짜 베니스를 보러 갈 것이다. ⓭ 그것은 연극이 실제가 되는 것 같을 것이다!

Structures

❶ My school's drama club is preparing Shakespeare's play *The Merchant of Venice* **so that** we can perform it at our school festival in August, and I have the best role: Portia.
「so that+주어+동사」는 '…가 ~하기 위해서'라는 의미로, '우리가 8월의 학교 축제에서 그것을 공연하기 위해서'로 해석한다.

❼ **This is why we have been planning** to take a special family trip for several years.
This is why ~의 This는 앞 문장을 가리키며, '이것이 바로 ~하는 이유이다'로 해석한다. have been –ing는 현재완료진행 시제로, 과거부터 현재까지 '쭉 ~해오고 있는 중이다'라는 의미를 나타낸다.

❽ Finally, **with** summer vacation **about to** start, we discussed travel destinations.
with는 주절의 부대상황을 나타내는 분사구문에 쓰였다. with 분사구문은 「with+명사+분사」의 형태로 쓰이며, 이 문장에서는 with summer vacation (being) about to start에서 being이 생략되었다. 분사구문에서 being 또는 having been은 생략해서 쓸 수 있다. 「be about to+동사원형」는 '막 ~하려는 참이다'라는 의미이다.

⓭ It will be like the theater **come to life**!
come to life에서 come은 자동사의 과거분사로서 앞의 the theater를 수식하고 있다. 자동사의 과거분사가 수동태의 형태로 명사를 수식하는 용례들이 많이 있다. 예를 들면, This is the dream come true. Love Gone Wrong(노래 제목), a day gone by 등이 있다. like는 '~할 것 같은'이라는 의미의 전치사이다.

Q1 What occasion did the trip celebrate? (그 여행은 어떤 일을 기념했는가?)

A1 It celebrated the writer's parents' 20th wedding anniversary. (필자의 부모님의 20주년 결혼기념일을 기념했다.)

Check It!

1. **위 글의 내용과 일치하도록 빈칸에 알맞은 말을 쓰시오.**
The writer's family is going to go to _______ to celebrate the writer's parents' _______ _______ _______.

2. **다음 의미를 지닌 단어로 알맞은 것을 고르시오.**
(1) 내가 그들을 알면 알수록 나는 그들이 더 좋아진다.
→ The more I get to know them, _______ _______ I like them.
(2) 건강을 유지할 수 있게 규칙적인 식사를 해라.
→ Eat regularly _______ that you can stay healthy.

Answer 1 Venice, 20th wedding anniversary 2 (1) the more (2) so

Day 1

❶ This morning we flew into the airport and came to the island by water taxi.

❷ After the long flight, it was refreshing to travel across the water by boat.
가주어   진주어   ~로(수단)

❸ Our driver even let my younger sister take a turn steering the boat, and she
사역동사+목적어+동사원형: ~가 …하게 하다

was thrilled!

❹ At last I stepped into Venice with a pounding heart, just like Portia. ❺ The
마침내

first thing that impressed me about the city was how colorful it was. ❻ The walls
주격 관계대명사   주격 보어

were covered with bright blues, greens, oranges and every other color.
~로 덮여 있다

❼ We stayed at a building that used to be a palace hundreds of years ago.
주격 관계대명사   used to+동사원형: ~이었다

❽ It was a home turned into a bed-and-breakfast and was run by a very sweet
~에 의해 운영되다

old lady. ❾ The lady told us a lot about the palace and the area as well.
마찬가지로, 또한

❿ By the time we were ready for dinner, I was extremely hungry. ⓫ I'm glad I
~할 즈음에

was so hungry because we went to Dalla Marisa, a traditional Italian restaurant.
무척, 매우

⓬ There are no menus at the restaurant. ⓭ The guests simply eat whatever
복합관계대명사: ~은 무엇이든지

Marisa is cooking that day. ⓮ Since it was Tuesday, we had fresh fish with bread

and salad. ⓯ There was far more than I could eat, but it was all delicious.
비교급 강조 어구: 훨씬

155

- refreshing [rifréʃiŋ] 웹 신선한, 원기를 북돋우는
- take a turn 교대로 하다, 순서를 바꾸다
- steer [stiər] 통 조종하다
  ex. The man is using a paddle to *steer* the boat.
- thrilled [θrild] 웹 아주 흥분한, 신난
  ex. He was *thrilled* at the prospect of seeing them again.
- at last 결국, 마침내
- step [step] 통 발을 내디디다
- pound [paund] 통 (요란한 소리를 내며) 두드리다, 치다
- impress [imprés] 통 깊은 인상을 주다, 감명을 주다
  ex. What impressed him most was their speed.

- be covered with ~로 덮여 있다
- used to+동사원형 (과거에) ~하곤 했다, ~였다
- palace [pǽlis] 웹 궁전
- turn into ~로 바뀌다
- bed-and-breakfast 웹 아침 식사를 제공하는 숙박, 민박(= B&B)
  ex. Do you do *bed-and-breakfast*?
- run [rʌn] 통 운영하다
- by the time ~할 때까지, ~할 즈음
  ex. *By the time* you get this letter, I'll be in Japan.
- extremely [ikstríːmli] 閉 극도로, 극히
  ex. These headaches are *extremely* common.

❶ 오늘 아침 우리는 비행기를 타고 공항에 도착해서 수상 택시를 타고 그 섬에 들어갔다. ❷ 긴 비행 후, 배를 타고 물을 가로질러 가는 것은 신선했다. ❸ 우리의 기사님은 심지어 내 여동생에게 배를 조정해 보는 것을 허락하셨고, 그녀는 신이 났다!

❹ 마침내 나는 마치 Portia처럼 쿵쾅대는 가슴으로 베니스에 발을 디뎠다. ❺ 그 도시에 대해서 나를 감명시켰던 첫 번째 것은 바로 그 도시가 얼마나 화려한지였다. ❻ 벽들은 밝은 파란색과 초록색, 오렌지색, 모든 다른 색들로 덮여 있었다.

❼ 우리는 수백 년 전에 궁전이었던 건물에 머물렀다. ❽ 그것은 아침식사를 제공하는 민박집으로 바뀌었고, 한 친절한 할머니에 의해 운영되었다. ❾ 할머니께서는 우리에게 궁전과 그 지역에 대해 많은 것을 또한 말씀해 주셨다.

❿ 저녁을 먹을 준비가 되었을 때쯤 나는 매우 배가 고팠다. ⓫ 나는 우리가 전통 이태리 식당인 Dalla Marisa로 갔기 때문에 배가 무척 고팠다는 것이 기뻤다. ⓬ 그 식당에는 메뉴가 없다. ⓭ 손님들은 단지 Marisa가 그날 요리한 것을 먹는다. ⓮ 그날이 화요일이었기 때문에, 우리는 빵과 샐러드와 함께 신선한 생선 요리를 먹었다. ⓯ 내가 먹을 수 있는 것보다 훨씬 많지만 모두 맛있었다.

🔵 **Structures**

❷ After the long flight, **it** was refreshing **to travel** across the water by boat.
　it은 가주어, to travel이 진주어인 「it ~ to부정사」 구문이다.

❸ Our driver even **let** my younger sister **take** a turn **steering the boat**, and she was thrilled!
　let은 사역동사로 「let+목적어+목적격 보어」 형태로 쓰며, '~가 …하도록 허락하다'라는 의미를 나타낸다. 사역동사의 목적격 보어로는 동사원형을 써야 한다. 또한 steering the boat는 a turn을 수식하는 현재분사로 '보트를 조정하게 하는 차례[순번]'의 의미를 나타낸다.

❺ The first thing **that** impressed me about the city was **how colorful it was**.
　that은 관계대명사로 관계대명사절 that impressed me about the city가 주어인 The first thing을 수식한다. 또한 how colorful it was는 간접의문문으로, 문장에서 주격 보어 역할을 한다.

❼ We stayed at a building that **used to** be a palace hundreds of years ago.
　관계대명사 that절 안의 「used to+동사원형」은 '(과거에) ~하곤 했다' 또는 '(과거에) ~였다'라는 의미로, 지금은 그렇지 않은 상태를 나타낸다.

❽ It was a home **turned** into a bed-and-breakfast and **was run by** a very sweet old lady.
　turned into a bed-and-breakfast는 a home을 수식하는 과거분사구로 '~로 변한'의 수동의 의미를 나타낸다. 또한 run은 '~을 운영[경영]하다'라는 의미로, be run by는 '~에 의해 운영되다'의 수동태 구문이다.

❿ **By the time** we were ready for dinner, I was **extremely** hungry.
　By the time은 '~할 무렵, ~할 즈음에'를 의미한다. extremely는 '매우, 극도로'를 의미하는 부사로 hungry를 수식한다.

⓭ The guests simply eat **whatever** Marisa is cooking that day.
　「whatever+주어+동사」는 「anything that+주어+동사」로 '~가 …하는 것은 무엇이든지'를 의미한다. 이 문장에서 'Marisa가 그날 요리하는 것은 무엇이든지'로 해석할 수 있다.

⓯ There was **far more than** I could eat, but it was all delicious.
　far는 비교급 more를 강조하는 수식어로 '훨씬 더 많이'와 같이 해석할 수 있다. 이렇게 비교급을 강조하는 수식어로는 much, even, a lot 등이 있다.

Q2 What did the writer and her family eat at Dalla Marisa? (필자 가족들은 Dalla Marisa에서 무엇을 먹었나?)

A2 They ate fresh fish with bread and salad. (그들은 빵과 샐러드와 함께 신선한 생선 요리를 먹었다.)

Check It!

1. What was the first thing that impressed the writer? Fill in the blanks.
　It was how ＿＿＿＿ the city was because the ＿＿＿＿ were covered with many different colors.

2. 다음 괄호 안에서 알맞은 것을 고르시오.
　(1) People think they can do (whatever / however) they want.
　(2) Her new novel is (very / far) more interesting than her previous ones.

3. 다음 빈칸에 공통으로 알맞은 말을 쓰시오.
　• I ＿＿＿＿ to enjoy skiing with my father when I was young.
　• They don't want to get ＿＿＿＿ to changing their life style.

Answer   1 colorful, walls   2 (1) whatever   (2) far   3 used

READ

Day 2

❶ My mother said, "You can't say you have been to Venice unless you have
~하지 않는다면(if ~ not)
ridden a gondola," so we all climbed into one of the famous boats. ❷ Our
gondolier sang 'O Sole Mio' as the boat floated down a canal, and his powerful
접속사: ~할 때
voice sounded nearly professional.
sound+형용사: ~처럼 들린다
❸ After the gondola ride, we took another boat to the Island of Murano, which
take A to B: A를 B로 데리고 가다   계속적 용법의 관계대명사
is famous for its glass-blowers. ❹ We visited a glass factory and watched an
watch+목적어+동사원형
artist melt glass in a very hot oven. ❺ I couldn't believe how he was able to make
the hot lump of glass into an elegant horse with just a few skillful movements
~을 가지고 (도구)
of his tools.

Culture Note

Murano

Venice의 북쪽에 위
치한 섬으로 유리 공
예로 유명하다.

masks in Venice

Venice의 가면 전통
은 13세기 사육제까
지 거슬러 올라간다.
가면으로 인해 신분
의 구별이나 제한 없
이 누구나 축제의 자
유를 즐길 수 있었다.

❻ Another thing we had to see while in Venice was the mask
주어   동사
shops. ❼ Like glass-blowing, the craft of mask-making has been
현재완료 수동태
considered an art in Venice for hundreds of years. ❽ Our trip
to the mask shop did not disappoint us. ❾ There were dozens
수십 개의
of masks in all different colors and designs. ❿ My father said,
"Why don't you pick out a mask to take home? It would be a
to부정사의 형용사적 용법
great souvenir." ⓫ So my sister picked a green mask with a
~이 달린, 부착된
long nose, and I chose a mask with gold patterns around the
eyes. ⓬ When I put the mask on, I felt like I was the character
~한 느낌이 들다
Portia, hiding her identity, ready to save the day.
현재분사구: the character Portia 수식   형용사구

156

Words & Expressions

- ride [raid] 동 타다 (ride-rode-ridden)
- float down 떠내려가다
- nearly [níərli] 부 거의
- professional [prəféʃənəl] 형 전문적인
  ex. I think you need to seek *professional* help.
- glass-blower 명 유리 부는 직공, 유리 공예가
  ex. *Glass-blowers* who work at glass factories create artworks for their clients.
- lump [lʌmp] 명 덩어리
- elegant [éləgənt] 형 우아한
  ex. Patricia looked beautiful and *elegant* as always.

- skillful [skílfəl] 형 숙련된, 솜씨 좋은
- movement [múːvmənt] 명 움직임, 동작
- tool [tuːl] 명 도구, 기구
- craft [kræft] 명 (수)공예, 기술(기교)
- consider [kənsídər] 동 ~로 여기다(생각하다)
- pick out ~을 고르다
- souvenir [sùːvəníər] 명 기념품
  ex. They're trying to make an unusual *souvenir* for this event.
- hide [haid] 동 숨기다
- identity [aidéntəti] 명 신분, 정체
- save the day 궁지를 벗어나다, 가까스로 해결하다

둘째 날

❶ 엄마는 "너희는 곤돌라를 타보지 않고서, 베니스를 방문했다고 할 수 없어."라고 말씀하셨다. 그래서 우리는 모두 그 유명한 배들 중 하나에 올라탔다. ❷ 우리의 곤돌라 사공은 배가 운하를 따라 흘러 내려갈 때 O Sole Mio를 불렀다. 그리고 그의 힘 있는 목소리는 거의 전문가처럼 들렸다.

❸ 곤돌라 탑승 후, 우리는 또 다른 배를 타고 Murano 섬에 갔는데, 그곳은 유리를 부는 사람들로 유명하다. ❹ 우리는 유리 공장을 방문했고, 한 예술가가 매우 뜨거운 오븐에서 유리를 녹이는 것을 보았다. ❺ 나는 그가 어떻게 그의 도구들의 단지 몇 번의 숙련된 움직임으로 그 뜨거운 유리 덩어리를 우아한 말로 만들 수 있는지 믿을 수 없었다.

❻ 우리가 베니스에 있는 동안 보아야 할 다른 것은 바로 가면 가게들이다. ❼ 유리 불기처럼 가면을 만드는 기술은 베니스에서 수백 년 동안 예술로 여겨져 왔다. ❽ 우리의 가면 가게로의 여행은 우리를 실망시키지 않았다. ❾ 수십 개의 가면들이 모든 서로 다른 색깔과 모양들로 있었다. ❿ 아버지가 "집으로 가져갈 가면을 하나 고르지 그러니? 그것은 멋진 기념품이 될 거야."라고 말씀하셨다. ⓫ 그래서 여동생은 긴 코가 달린 초록색 가면을 골랐고, 나는 눈가에 금으로 된 모양이 있는 가면을 골랐다. ⓬ 내가 가면을 썼을 때 나는 내가 궁지를 벗어날 준비가 된, 신분을 숨긴 Portia가 된 것 같은 기분이 들었다.

Structures

❶ My mother said, "You can't say you **have been to** Venice **unless** you have ridden a gondola," so we all climbed into one of the famous boats.

unless는 접속사로 if ~ not과 같은 의미이며, '만약 ~하지 않는다면'을 뜻한다. unless가 이미 부정의 의미를 포함하고 있으므로, unless가 이끄는 절에 부정의 의미를 나타내는 말을 쓰지 않도록 주의한다. 또한 현재완료 시제 have been to는 '~에 가 본 적이 있다'라 경험의 의미를 나타낸다.

ex. **Unless** it rains tomorrow, we will go on a field trip. (내일 비가 오지 않으면 우리는 현장 학습을 갈 것이다.)

❸ After the gondola ride, we took another boat to the Island of Murano, **which** is famous for its glass-blowers.

쉼표 다음의 which는 계속적 용법의 관계대명사로 선행사 the Island of Murano를 부연 설명한다.

❻ **Another thing** we had to see **while** in Venice **was** the mask shops.

문장의 주어가 Another thing, 동사가 was이며, (that) we had to see는 관계대명사절로 관계대명사 that이 생략되었다. while은 접속사로 접속사 다음의 「주어+동사」는 생략할 수 있다.

❼ Like glass-blowing, the craft of mask-making **has been considered** an art in Venice for hundreds of years.

has been considered는 수동태를 현재완료 시제로 쓴 것으로, 현재완료 수동태는 「have(has) been+과거분사」의 형태로 쓴다.

⓬ When I put the mask on, I felt like I was the character Portia, **hiding** her identity, **ready** to save the day.

hiding her identity와 ready to save the day는 모두 the character Portia를 수식하면서 부연 설명하는 「관계대명사+be동사」인 who was가 생략된 형용사구로 볼 수 있다.

ex. I visited Seoul, the capital city of Korea, **developing** into a major hub in international trade.
(나는 국제 무역의 주역으로 발전한 한국의 수도인 서울을 방문했다.)

Q3 Where did they go after visiting the glass factory? (유리 공장을 방문한 후 그들을 어디로 갔나요?)

A3 They went to the mask shop. (그들은 가면 가게로 갔다.)

Check It!

1. 필자와 가족이 둘째 날에 여행한 곳을 순서대로 배열하시오.
   a. going to the mask shops
   b. riding a gondola
   c. visiting a glass factory

2. 다음 두 문장의 의미가 같도록 빈칸에 알맞은 말을 쓰시오.
   If you don't turn off your cell phone, you can't go inside.
   = _____ you turn off your cell phone, you can't go inside.

3. 다음 우리말과 같도록 할 때 빈칸에 알맞은 말을 고르시오.

   > 그는 주말마다 패스트푸드를 즐기는데, 그것은 그의 건강에 좋지 않다.
   > = He enjoys fast food every weekend, _____ is bad for his health.

   ① it   ② what   ③ which   ④ that   ⑤ if

Day 3

Culture Note

St. Mark's Square,
St. Mark's Basilica,
and Doge's Palace
광장, 성당, 그리고 미
술품을 전시하고 있는
고궁으로 서로 연결되
어 있는 이 세 건물은
Venice의 중심부를 이
룬다.

❶ On the third day, we took a tour of the city with a tour guide named Piero. ❷ We started in St. Mark's Square, the cultural center of Venice. ❸ From there, we could see St. Mark's Basilica, a huge cathedral, holding hundreds of dazzling mosaics and fantastic works of art. ❹ Right next to St. Mark's Basilica is Doge's Palace, and we went inside. ❺ One of the most impressive rooms was the Four Doors Room. ❻ It was filled with paintings of Greek and Roman myths. ❼ My favorite painting was *Neptune Offering Gifts to Venice*, which shows the mythological god of the sea, Neptune, giving treasures of the sea to the city of Venice. ❽ Then our tour guide took us to the Compass Room. ❾ When he explained that this was where trials were held long ago, I could imagine myself as Portia entering the Compass Room to defend 'the merchant of Venice.'

Culture Note

Neptune Offering
Gifts to Venice
이태리 로코코 양식을 대
표하는 화가 중의 한 명
인 Giovanni Battista
Tiepolo(1696–1770)가
그린 유채화로 바다의
신인 Neptune이 보물
과 금화를 미의 여신
Venice 앞에 쏟아 붓
는 장면이 담겨 있다.

PORTIA: ❿ A pound of that merchant's flesh is yours.

SHYLOCK: ⓫ Most rightful judge!

PORTIA: ⓬ Wait a minute. There is something else.

⓭ This contract gives you not a drop of blood.

⓮ It only gives 'a pound of flesh.'

⓯ If you spill one drop of blood,
Then by the laws of Venice,

You will lose everything you have.

SHYLOCK: ⓰ Is that the law?

157

Words & Expressions

- huge [hjuːdʒ] 형 거대한, 엄청난
- hold [hould] 동 가지다, 담다
- dazzling [dǽzliŋ] 형 눈부신, 휘황찬란한
  ex. He gave me a *dazzling* smile.
- mosaic [mouzéiik] 명 모자이크
  ex. This piece is made of *mosaic* tiles.
- impressive [imprésiv] 형 인상적인, 감동적인
- be filled with ~로 가득 차다
- mythological [mìθəládʒikəl] 형 신화의
  ex. The famous novel is about a *mythological* monkey king.

- treasure [tréʒər] 명 보물
- compass [kʌ́mpəs] 명 나침반
- defend [difénd] 동 옹호하다, 방어하다
  ex. They are unable to *defend* themselves from the enemy.
- flesh [fleʃ] 명 살, 고기
  ex. The dog's teeth are needed to tear the *flesh* of animals.
- rightful [ráitfəl] 형 합법적인, 정당한
  ex. He believed that he was the *rightful* successor to his father's throne.
- contract [kántrækt] 명 계약
  ex. His *contract* is up at the end of the month.

❶ 세 번째 날, 우리는 Piero라고 불리는 관광 가이드와 함께 도시 여행을 했다. ❷ 우리는 베니스의 문화 중심인 St. Mark's 광장에서 시작했다. ❸ 거기서부터 우리는 수백 점의 눈부신 모자이크와 환상적인 예술 작품들을 지닌 거대한 성당인 St. Mark's Basilica를 볼 수 있었다. ❹ St. Mark's Basilica 바로 옆에는 Doge's Palace가 있고, 우리는 그 안으로 들어갔다. ❺ 가장 인상적인 방들 중 하나는 Four Doors Room이었다. ❻ 그것은 그리스와 로마의 신화들의 그림들로 채워져 있었다. ❼ 내가 좋아하는 그림은 Neptune Offering Gifts to Venice이었는데, 그것은 바다의 보물들을 베니스에게 주는 바다의 신화의 신인 Neptune을 보여 준다. ❽ 그 다음, 우리의 관광 가이드는 우리를 Compass Room으로 데려갔다. ❾ 그가 이곳이 오래 전에 재판이 열렸던 곳이라고 설명했을 때, 나는 내 자신을 '베니스의 상인'을 옹호하기 위해 Compass Room으로 들어오는 Portia가 된 것처럼 상상할 수 있었다.

PORTIA: ❿ 1파운드의 저 상인의 살은 당신의 것이오.

SHYLOCK: ⓫ 가장 합법적이십니다, 판사님!

PORTIA: ⓬ 잠깐만요. 다른 게 더 있소.

　　　 ⓭ 이 계약서는 당신에게 한 방울의 피도 주고 있지 않소.

　　　 ⓮ 그것은 단지 '1파운드의 살'만 주고 있소.

　　　 ⓯ 당신이 피 한 방울이라도 흘린다면 베니스의 법에 의해 당신은 당신이 가진 모든 것을 잃을 것이오.

SHYLOCK: ⓰ 그게 법인가요?

Structures

❸ From there, we could see St. Mark's Basilica, *a huge cathedral*, **holding** hundreds of dazzling mosaics and fantastic works of art.

a huge cathedral은 앞의 St. Mark's Basilica에 대한 동격어구이며, holding 이하는 현재분사구로 St. Mark's Basilica를 수식한다. holding 앞에「주격 관계대명사+be동사」형태의 which is가 생략된 것으로 볼 수 있다.

❹ **Right next to St. Mark's Basilica** is Doge's Palace, and we went inside.

장소를 나타내는 부사구인 right next to St. Mark's Basilica가 문장 앞으로 도치되어 주어와 동사의 어순이 바뀐 문장이다. 원래의 어순은 Doge's Palace is right next to St. Mark's Basilica이며, 부사구의 의미를 강조하기 위해서 도치해서 쓰는 경우가 있다.

ex. **In front of the building** is a wide road. (그 건물 앞에 넓은 도로가 있다.)

❼ My favorite painting was *Neptune Offering Gifts to Venice*, **which** shows the mythological god of the sea, Neptune, **giving** treasures of the sea to the city of Venice.

which는 계속적 용법의 관계대명사이고, which 이하는 그림 *Neptune Offering Gifts to Venice*에 대해 부연 설명하고 있다. giving treasures of the sea to the city of Venice는 현재분사구로 Neptune을 수식하며 give A to B(B에게 A를 주다) 구문이 쓰였다.

❾ When he explained that this was **where** trials were held long ago, I could imagine myself as Portia **entering** the Compass Room **to defend** 'the merchant of Venice.'

When 부사절 안의 where는 관계부사로 앞에 선행사 the place가 생략되었다. 선행사가 특별한 의미가 없는 the place와 같은 경우 생략하고 쓸 수 있으며, this was where는 '이곳은 ~한 곳이었다'와 같이 해석할 수 있다. 또한 주절에는 imagine A as B(A를 B로 상상하다) 구문이 쓰였고, entering 이하는 Portia를 수식하는 현재분사구, to defend는 '목적(~하기 위해)'의 의미를 나타내는 부사적 용법의 to부정사이다.

Q4 What room of Doge's Palace most impressed the writer? (필자는 Doge's Palace의 무슨 방이 가장 인상 깊었나?)

A4 The Four Doors Room did. (Four Doors Room이 가장 인상 깊었다.)

Check It!

1. 셋째 날 글쓴이와 가족들이 여행한 장소로 언급되지 않은 곳을 고르시오.
   ① St. Mark's Square　　② Doge's Palace　　③ the Four Doors Room
   ④ the Compass Room　　⑤ the famous theater in Venice

2. 다음 우리말과 일치하도록 빈칸에 알맞은 관계부사를 쓰시오.
   이것이 그 이야기가 더 흥미진진해 지는 부분이다.
   = This is _____ the story gets more exciting.

3. 다음 밑줄 친 단어와 같은 의미로 바꿔 쓸 수 있는 것을 고르시오.

   The players did their best to <u>defend</u> their areas.

   ① hold　　② attack　　③ guard　　④ save　　⑤ hide

❶ When we walked out of the Compass Room and across the Bridge of Sighs, we could see the charming canal that flows under the bridge, leading to the
주격 관계대명사   현재분사구
prison.

❷ On our way back to the bed-and-breakfast, our tour guide told us, "Venice
~로 돌아가는 길에   주격 관계대명사
was built on wet and muddy land by people who were trying to escape from
~로부터 도망치다
armies from the north and east."

❸ When I heard that, I was quite surprised. ❹ Who would have thought that
누가 ~하겠는가?(수사의문문)
this city, born from tears and suffering, would turn into a place of such great
형용사구가 수식   ~이 되다
beauty?

Day 4

❺ I'm writing on the airplane, on my way home. ❻ As I look down at
집으로 돌아오는 길에   접속사: ~할 때
Venice from the sky and see the canals, I realize that this city is one of a kind.
독특한, 특이한
❼ Now that I have seen the actual city, I'm even more excited about acting in
~이므로   비교급 강조: 훨씬
Shakespeare's play. ❽ Our trip to Venice was short, and it's already time to say
~로의 여행   작별을 고하다
goodbye. ❾ However, I will treasure these memories forever.

158·159

Words & Expressions

- charming [tʃɑ́ːrmiŋ] 혱 매력적인
  ex. My boss is a *charming* person.
- lead [liːd] 동 이어지다, 연결되다
- prison [prízən] 혱 감옥
  ex. How many years has he been in *prison*?
- on one's way back to ~로 돌아오는 길에
- wet [wet] 혱 젖은, 축축한
- muddy [mʌ́di] 혱 진흙투성이인
  ex. We drove along a *muddy* lane to reach the farmhouse.
- escape [iskéip] 동 탈출하다
  ex. A prisoner has *escaped* from a jail in England.

- tear [tiər] 혱 눈물
- suffering [sʌ́fəriŋ] 혱 고통, 괴로움
- turn into ~이 되다, ~로 변하다
  ex. This robot can *turn into* a small sports car.
- look down 내려다 보다
- realize [rí(ː)əlàiz] 동 깨닫다, 알게 되다
- one of a kind 유일한 것, 독특한 것
  ex. Let's see why the Spanish city is *one of a kind*.
- now that ~이므로, ~이기 때문에
- actual [ǽktʃuəl] 혱 실제의, 사실의
- act [ækt] 동 연기하다
- treasure [tréʒər] 동 대단히 귀하게 여기다
- forever [fərévər] 부 영원히

194   Lesson 7

❶ 우리가 Compass Room 밖으로 걸어 나와서 Bridge of Sighs를 건널 때 우리는 다리 아래를 흐르는 멋진 운하를 볼 수 있었는데, 그 다리는 감옥으로 이어지는 것이었다.

❷ 우리가 민박집으로 돌아오는 길에 우리의 관광 안내원은 우리에게 "베니스는 북쪽과 동쪽으로부터의 군대로부터 탈출하기 위해 노력했던 사람들에 의해 축축하고 진흙투성이의 땅 위에 지어졌어요."라고 말했다.

❸ 내가 그것을 들었을 때 나는 무척 놀랐다. ❹ 이 도시가 눈물과 고통으로부터 탄생해서 그렇게 멋진 아름다운 곳으로 변할지 그 누가 생각했겠는가?

넷째 날

❺ 나는 집에 오늘 길에 비행기에서 쓰고 있는 중이다. ❻ 하늘에서 베니스를 내려다보고 운하를 보면서 나는 이 도시가 독특하다는 것을 깨달았다. ❼ 이제 실제 도시를 보았기에 나는 셰익스피어의 연극에서 공연한다는 사실에 더 흥분해 있다. ❽ 우리의 베니스로의 여행은 짧았고 벌써 작별 인사를 할 시간이 되었다. ❾ 하지만, 나는 이 기억들을 영원히 소중하게 간직할 것이다.

❶ When we walked out of the Compass Room and across the Bridge of Sighs, we could see *the charming canal* **that** flows under *the bridge*, **leading to the prison**.

that은 관계대명사로 선행사가 the charming canal이다. leading to the prison은 the bridge를 수식하는 현재분사구이다.

❸ When I heard that, I was quite **surprised**.

사람이 감성을 느끼는 경우 과거분사형 형용사를 쓰고, 대상이 어떠한 감정을 일으키는 경우 현재분사형 형용사를 쓴다.

❹ **Who would** have thought that this city, born from tears and suffering, would turn into a place of such great beauty?

Who would ~?는 '아무도 ~하지 않을 것이다'라는 의미를 강조하는 수사의문문이다.

ex. **Who could** come up with any brilliant idea in this situation? (누가 이 상황에서 그런 멋진 생각을 할 수 있겠는가?)
= **Nobody could** come up with any brilliant idea in this situation. (아무도 이 상황에서 그런 멋진 생각을 할 수 없다.)

❻ **As** I look down at Venice from the sky and see the canals, I realize **that** this city is one of a kind.

as는 '~할 때'의 의미의 부사절을 이끄는 접속사이다. that은 명사절을 이끄는 접속사로 that 이하는 동사 realize의 목적어에 해당된다.

❼ **Now that** I have seen the actual city, I'm **even more excited** about acting in Shakespeare's play.

now that은 '~이므로, ~이기 때문에'를 의미하며 '원인, 이유'의 종속절을 이끈다. 또한 even more excited는 '훨씬 더 흥분한'이라는 의미로 even은 비교급 more excited를 강조한다.

❽ One **trip to** Venice was short, and **it's** already **time to** say goodbye.

trip to는 '~로의 여행'을 의미하여, 「it's time to+동사원형」은 '~할 시간이다'라는 의미이다.

Q5 On the plane back home, what did the writer realize?
(집으로 돌아오는 비행기에서 필자는 무엇을 깨닫게 되었는가?)

A5 She realized that Venice was one of a kind.
(그녀는 베니스가 독특하다는 것을 깨달았다.)

Check It!

1. What is the name of the bridge over the canal leading to the prison? Fill in the blanks.
   Its name is "_____ _____ _____ _____."

2. 다음 문장을 괄호 안의 표현을 이용하여 다시 쓰시오.
   Who could argue against his opinion? (nobody)
   = _____

3. How did the writer feel about acting in Shakespeare's play after the trip? Fill in the blanks.
   She got even _____ _____ about acting in the play.

4. 다음 우리말과 일치하도록 빈칸에 알맞은 말을 쓰시오.
   나의 큰 프로젝트가 끝나서 나는 좀 더 길게 잘 수 있다.
   = _____ _____ my big project is finished, I can sleep a little longer.

Answer 1 the Bridge of Sighs 2 Nobody could argue against his opinion.
3 more excited 4 Now that

AFTER YOU READ

A MAPPING IDEAS

상자 안의 표현을 이용하여 베니스 여행의 사흘 일정을 완성하시오.

첫째 날: • 배 탑승
• Dalla Marisa에서 저녁 식사

둘째 날: • 곤돌라 탑승
• Murano에서의 유리 부는 직공들과 가면 가게들

셋째 날: St. Mark's Square, St. Mark's Basilica, Doge's Palace 관광

Answer (1) first (2) dinner (3) second
(4) gondola ride (5) third (6) tour

B DETAILS

다음은 Piero 여행 가이드가 전하는 것이다. 본문의 내용과 사실이 아닌 것을 고르시오.

자, 우리는 여기 St. Mark's 광장에 있습니다. 이것은 베니스의 문화적 중심지입니다. 그리고 여러분은 거대한 성당을 볼 수 있습니다. 그것은 St. Mark's Basilica입니다. 그것은 수백 점의 멋진 모자이크와 환상적인 예술 작품들을 가지고 있습니다.

여러분도 보다시피, Four Doors Room은 그리스와 로마의 신화로부터의 많은 그림을 가지고 있습니다. 자, 이제 Compass Room으로 들어갑니다. 이 방에서 오래 전에 미술 대회들이 개최되었습니다.

Answer (D) Art contests were held

C YOUR RESPONSE

베니스로 하루 여행을 한다고 가정해 봅시다. 자신의 여행 일정을 완성하고 여행에 대해 짝과 대화해 봅시다.

B DETAILS

Solution

셋째 날에 Four Doors Room을 나와 갔던 Compass Room은 오래 전에 재판이 열렸던 곳이라는 설명이 있다. 따라서 (D)를 Trials were held in this room long ago.와 같이 고쳐야 한다.

C YOUR RESPONSE

Sample Answer

A What would you like to see or do if you had just one day for a tour of Venice?

A MAPPING IDEAS

Complete the three-day schedule for the trip to Venice using the expressions in the box.

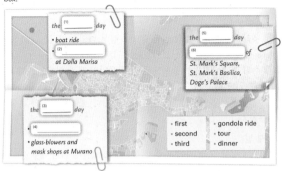
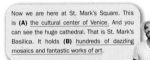

the [(1)] _____ day
• boat ride
• [(2)] _____ at Dalla Marisa

the [(3)] _____ day
• [(4)] _____
• glass-blowers and mask shops at Murano

the [(5)] _____ day
[(6)] _____ of St. Mark's Square, St. Mark's Basilica, Doge's Palace

• first   • gondola ride
• second • tour
• third   • dinner

B DETAILS

The following is delivered by tour guide Piero. Choose the one that is <u>not</u> true to the main text.

Now we are here at St. Mark's Square. This is **(A)** the cultural center of Venice. And you can see the huge cathedral. That is St. Mark's Basilica. It holds **(B)** hundreds of dazzling mosaics and fantastic works of art.

As you see, the Four Doors Room has **(C)** many paintings of Greek and Roman myths. Now let's get into the Compass Room. **(D)** Art contests were held in this room long ago.

C YOUR RESPONSE

Suppose you have just one day for a tour of Venice. Complete your own schedule and talk with your partner about your tour.
► Go to p.203 for a sample dialog.

One-Day Tour of Venice

160

B I would like to enjoy a gondola ride and visit St. Mark's Basilica.

A Can you explain why?

B Riding in a gondola would help me appreciate Venice as a water city, and no trip to Venice would be complete without seeing St. Mark's Basilica with its dazzling mosaics and fantastic works of art.

A 단 하루의 베니스 여행이 주어진다면 너는 무엇을 보거나 하고 싶니?

B 나는 곤돌라 타는 것을 즐기고 St. Mark's Basilica를 방문하고 싶어.

A 이유를 설명해 줄래?

B 곤돌라를 타는 것은 내가 베니스를 수상 도시로 이해하는 데 도움이 될 거야. 그리고 멋진 모자이크와 환상적인 예술 작품들이 있는 St. Mark's Basilica를 보지 않고서는 베니스 여행을 마쳤다고 할 수 없을 거야.

More Questions

※ 다음 설명하고 있는 것이 무엇인지 골라서 빈칸에 쓰시오.

Dalla Marisa	O Sole Mio	Murano	the Compass Room

1. _____ is a song that the gondolier sang as the boat floated down a canal.
2. _____ is a traditional Italian restaurant where the family had their first dinner in Venice.
3. _____ is where trials were held long ago.
4. _____ is the island in Venice, which is famous for its glass-blowers.

Answer 1 O Sole Mio 2 Dalla Marisa 3 The Compass Room 4 Murano

A

- You can't say you have been to Venice **unless** you have ridden a gondola.
- **Unless** there's anything else, I want to go home.
- Do not speak **unless** you are spoken to.

| Tip | '~가 아니라면'이라는 의미를 나타내는 구문을 익혀 봅시다.

cf. Leave at once, **otherwise** you will be late.

- Complete the dialog using the words in parentheses.

A: This game has very complicated rules.
B: That's true, but it's no fun (the rules, you, unless, know).

B

- **This is why** we have been planning to take a special family trip for several years.
- He immediately responds to his friends' calls for help. **This is why** he has so many friends.
- I found the new textbook was a little difficult to understand. **That's why** I felt so nervous in the class.

| Tip | '이것이 ~인 이유이다'라는 뜻을 나타내는 구문의 쓰임을 살펴봅시다.

cf. **The reason why** she hesitates is that she is not sure how to solve the problem.

- Complete the passage using the expressions in parentheses.

I spent my boyhood in a small seaside town. I had a great time with my friends enjoying the blue sea and sky. That's (like, why, my hometown, I) a lot.

Quote for You Choose the best word for the blank.

Man cannot discover new oceans **unless** he has the _____ to lose sight of the shore.

- Andre Gide

a. fear   b. courage   c. disorder

Andre Gide (1869-1951)
프랑스의 소설가이자 비평가.
1947년 노벨문학상을 받았다.

Answer: b.

161

A

- 당신은 곤돌라를 타 보지 않고서는 베니스에 다녀왔다고 말할 수 없다.
- 거기 다른 것이 또 있지 않다면 나는 집에 가고 싶다.
- 누가 말을 걸지 않는다면, 말하지 마세요.

cf. 당장 떠나라, 그렇지 않으면 너는 늦을 것이다.

Answer unless you know the rules

B

- 이것은 우리가 몇 년 동안 특별한 가족 여행을 계획해 온 이유이다.
- 그는 즉시 친구가 도움을 요청하는 전화에 응답한다. 이것이 그가 친구가 그렇게 많은 이유이다.
- 나는 새로운 교과서가 약간 이해하기 어렵다는 것을 알게 되었다. 그것이 내가 수업 시간에 매우 긴장했던 이유이다.

cf. 그녀가 주저하는 이유는 그 문제를 어떻게 풀지 확신하지 못하기 때문이다.

Answer why I like my hometown

Quote for You

빈칸에 들어갈 알맞은 단어를 고르시오.
해안가가 보이지 않게 되는 용기를 가지지 않고서는 새로운 대륙을 발견할 수 없다.

Answer b

A

■ 괄호 안의 표현을 이용하여 대화를 완성하시오.

A 이 게임은 매우 복잡한 규칙들을 가지고 있어.
B 그건 사실이야, 하지만 네가 규칙을 알지 않으면 재미가 없어.

Solution

unless가 '~하지 않는다면'이라는 의미로 부정 조건의 접속사의 역할을 하므로, unless 뒤에 「주어+동사+목적어」의 순서로 써야 한다.

B

■ 괄호 안의 표현을 이용하여 글을 완성하시오.

나는 나의 소년시절을 작은 바닷가 마을에서 보냈다. 나는 파란 바다와 하늘을 즐기며 친구들과 멋진 시간을 보냈다. 그것이 내가 나의 고향을 매우 좋아하는 이유이다.

Solution

문맥상 '이것이 ~한 이유이다'라는 의미를 나타내는 That's why 구문이 필요하다. why 뒤에도 절의 형태가 오므로 「주어+동사+목적어」의 순서로 써서 why I like my hometown이 되어야 한다.

Quote for You

+More Quotes

- Knowledge is of no value unless you put it into practice.

지식을 실행에 옮기지 않는다면 그것은 가치가 없다.
— Anton Chekhov

+More Information

Andre Gide(1869-1951): 프랑스 파리 출생의 소설가이자 비평가이다. 주요 저서로는 〈좁은 문〉(1909년) 등이 있으며, 1947년 노벨 문학상을 수상했다.

Words & Expressions

- otherwise [ʌ́ðərwàiz] (만약) 그렇지 않으면
  ex. *Otherwise*, you will feel colder.
- complicated [kɑ́mpləkèitid] 복잡한
- immediately [imíːdiətli] 즉시
  ex. He *immediately* released the shark.
- respond [rispánd] 반응하다
- nervous [nə́ːrvəs] 긴장해(불안해) 하는
- hesitate [hézitèit] 주저하다, 망설이다
- boyhood [bɔ́ihud] (남자) 어린 시절
  ex. He wanted to be an actor from *boyhood*.
- seaside [síːsàid] 바닷가, 해변
- discover [diskʌ́vər] 발견하다
- sight [sait] 시야, 광경
  ex. She was nowhere in *sight*.
- disorder [disɔ́ːrdər] 어수선함, 무질서

GRAMMAR POINTS

부정 조건의 접속사 unless

unless는 조건절을 이끄는 접속사로 '~하지 않는 한' 또는 '~한 경우 외에는'라는 부정의 의미를 나타낸다. 부사절을 이끌기 때문에 뒤에는 「주어+동사」가 오며, 의미에 따라 if ~ not이나 except if로 바꿔 쓸 수 있다.

(1) unless(~하지 않는다면) = if ~ not

    ex. You don't have to go there **unless** you want to.

        (네가 원하지 않으면 거기에 갈 필요는 없다.)

        → You don't have to go there **if** you do**n't** want to.

(2) unless절 안에서는 부정을 의미하는 어구는 쓰지 않는다는 점에 주의한다.

    ex. I will go with you **unless** my parents **do not** allow me. (×)

        → I will go with you **if** my parents **allow** me. (○)

          (부모님이 허락하시면 나는 너와 갈게.)

(3) if(~한다면)절과 마찬가지로 unless 다음에는 미래 시제를 쓰지 않는다.

    ex. You will feel cold **unless** you *will wear* a jacket. (×)

        You will feel cold **unless** you *wear* a jacket. (○)

        (재킷을 입지 않으면 너는 추위를 느낄 거야.)

unless와 비슷하게 사용되는 것으로 '(만약) 그렇지 않다면, ~가 아니라면'의 의미로 사용되는 otherwise가 있는데, 그 특징은 다음과 같다.

• otherwise

(1) otherwise 다음에도 「주어+동사」가 온다.

(2) unless와 의미는 비슷하지만 otherwise는 뒤에 오는 절을 부정하거나 반대로 가정하지 않는다.

    ex. My parents lent me the money. **Otherwise** I couldn't have bought the car.

        (부모님이 나에게 돈을 빌려주셨다. 그렇지 않았다면 나는 그 차를 살 수 없었다.)

    cf. otherwise unless: 그 외에 별다른 게 없다면

    ex. All are free **otherwise unless** stated.

        (그 외에 별다르게 언급된 게 없으면 모든 게 공짜입니다.)

이유를 설명하는 This(That) is why

This(That) is why ~는 '이것이[저것이] ~한 이유이다'라는 의미를 나타내는 구문이다. 이때 This(That)이 '이유'를 가리키며, why 이후에 '결과'가 나온다.

(1) This(That) is why ~는 This(That) is the reason ~ 또는 This(That) is the reason why ~와 같이 쓸 수 있다.

    ex. This is **why** I was late for the meeting.

        (이것이 내가 회의에 늦은 이유이다.)

        = This is **the reason** I was late for the meeting.

        = This is **the reason why** I was late for the meeting.

(2) This is because ~ 구문과 혼동하지 않도록 주의한다.

    This is why ~ (이것은 ~인 이유이다) vs. This is because ~ (이것은 ~ 때문이다)

    원인   결과   결과   이유

    ex. **Q** Why did you choose him? (당신은 왜 그를 선발했나요?)

        A **This is because** he is a professional in the field. (이것은 그가 그 분야의 전문가이기 때문입니다.)

        This is why I chose him. (이것이 내가 그를 선택한 이유입니다.)

1. 다음 괄호 안에서 어법상 알맞은 것을 고르시오.

(1) You'll miss the bus (if / unless) you walk more quickly.

(2) Seize the chance, (unless / otherwise) you will regret it.

(3) I wanted to catch the first train today. This is (why / because) I am here early in the morning.

• miss   놓치다
• seize   붙잡다

2. 다음 괄호 안의 말을 이용하여 문장을 완성하시오.

(1) Children can't go in if they are not with an adult. (unless)

  → Children can't go in _____.

(2) She called in sick today, because she has a severe cold. (this is why)

  → She has a severe cold. _____.

• adult   성인
• severe   극심한, 심각한

3. 다음 우리말과 일치하도록 괄호 안의 단어들을 바르게 배열하시오.

(1) 15세 이상이 아니면 이 영화를 볼 수 없다.

  → _____, you can't see this film.

    (you, over fifteen, unless, are)

(2) 일찍 일어나라, 그렇지 않으면 기차를 놓칠 거야.

  → Get up early, _____.

    (you'll, the train, otherwise, miss)

(3) 나는 내일 시험이 있다. 이것이 내가 여기 도서관에 있는 이유이다.

  → I'll have the exam tomorrow. _____ in the library.
    (here, this, I'm, is, why)

4. 다음 두 문장의 의미가 같도록 빈칸에 알맞은 말을 쓰시오.

(1) I have to go home right now, _____ I forgot to bring my purse.

  = I forgot to bring my purse. This is _____ I have to go home right now.

(2) You won't know anything _____ you try to study harder.

  = You should try to study harder, _____ you won't know anything.

• purse   지갑
• right now   지금 당장

LET'S WRITE

나는 멋진 여행을 했다!
여행 블로그에 게시하기

여러분이 가지고 있는 여행에 대한 좋은 기억이 있나요? 여행 동안 여러분이 경험하고 느꼈던 것에 대해 써 봅시다. 그 여행을 했던 이유와 여행 후에 어떻게 느꼈는지도 포함해 봅시다.

A GET IDEAS

다음은 본문을 근거로 한 글이다. 읽고 포함되어 있는 항목들을 체크하시오.

베니스로의 나흘간의 여행

나는 막 베니스로 나흘간의 여행을 마쳤다. 그것이 비록 우리 부모님의 스무 번째 결혼기념일을 기념하기 위한 가족 여행이었지만, 나는 베니스에서 Portia의 정신을 생생하게 느끼고 싶었다. 우리는 환상적인 곤돌라 탑승과 유리를 부는 장소 관광과 Murano의 가면 가게를 즐겼다. 우리는 또한 St. Mark's Square와 St. Mark's Basilica, Doge's Palace를 둘러보는 시간을 가졌다. 나는 나의 여행의 매 순간을 즐겼다. 여행 후에 나는 Portia의 역할을 연기하는 데 대해 훨씬 더 흥분하게 되었다.

Answer

how long the trip was / trip destination / what motivated the trip / what the writer did during the trip / how the writer felt after the trip

B ORGANIZE IDEAS

여러분이 갔던 최근 여행에 관한 다음 질문에 답하시오.

1. 그 여행은 어땠나요?
2. 어디로 갔었나요?
3. 그 여행을 한 이유는 무엇이었나요?
4. 여행 동안 무엇을 했나요?
5. 여행한 후에 어떻게 느꼈나요?

A GET IDEAS

🖐 **Solution**

첫 문장에 여행 기간(four-day trip), 목적지(Venice), 두 번째 문장에 여행 가게 된 이유(my parents' 20th wedding anniversary), 세 번째와 네 번째 문장에 여행 중 했던 일들, 마지막 문장에 여행 후 느낀 점이 제시되고 있다. 여행 비용(trip expenses)에 대해서는 언급되지 않았다.

🔘 **Structures**

• Although it was a family trip **to celebrate** my parents' 20th wedding anniversary, I wanted **to feel** Portia's spirit vividly in Venice.
to celebrate는 a family trip을 수식하는 형용사적 용법의 to부정사이고, to feel은 동사 want의 목적어로 쓰인 명사적 용법의 to부정사이다.

• We also had a wonderful time **looking** around St. Mark's Square, St. Mark's Basilica, and Doge's Palace.
looking around 이하는 a wonderful time을 수식하는 현재분사구이다.

• **After** the trip I felt **even** more excited about acting

---

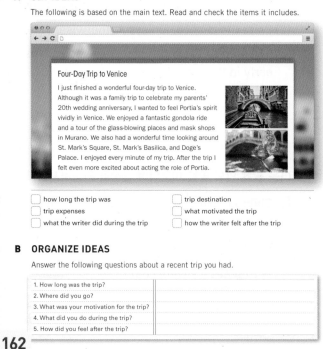

I Had a **Wonderful Trip!**

Posting on a Travel Blog

Do you have any good memories of a trip you had? Write about what you experienced and felt during the trip. Also, why don't you include the reason for the trip and how you felt after it?

A GET IDEAS

The following is based on the main text. Read and check the items it includes.

Four-Day Trip to Venice

I just finished a wonderful four-day trip to Venice. Although it was a family trip to celebrate my parents' 20th wedding anniversary, I wanted to feel Portia's spirit vividly in Venice. We enjoyed a fantastic gondola ride and a tour of the glass-blowing places and mask shops in Murano. We also had a wonderful time looking around St. Mark's Square, St. Mark's Basilica, and Doge's Palace. I enjoyed every minute of my trip. After the trip I felt even more excited about acting the role of Portia.

- [ ] how long the trip was
- [ ] trip destination
- [ ] trip expenses
- [ ] what motivated the trip
- [ ] what the writer did during the trip
- [ ] how the writer felt after the trip

B ORGANIZE IDEAS

Answer the following questions about a recent trip you had.

1. How long was the trip?	
2. Where did you go?	
3. What was your motivation for the trip?	
4. What did you do during the trip?	
5. How did you feel after the trip?	

---

the role of Portia.
after는 '~ 후의'라는 뜻의 전치사로 쓰였다. even은 '훨씬'이라는 의미로 비교급 more excited를 수식하는 강조 어구이다.

B ORGANIZE IDEAS

Sample Answer

1. It was two days long.
2. I went to Jejudo.
3. I wanted to visit many places on foot instead of just looking at pictures with the members of our club.
4. I went to Seongsan Peak to watch the sun rise. I also had a great time walking on the Olle trails and enjoying Jungmun beach.
5. After the trip, I felt satisfied with the wonderful memories of Jejudo.

1. 그 여행은 이틀이었다.
2. 나는 제주도로 갔다.
3. 나는 동아리 회원들과 사진을 보는 것 대신에 걸어서 많은 장소를 방문하고 싶었다.
4. 나는 일출을 보기 위해 성산 일출봉에 갔다. 또한 올레길을 걷고 중문 해변을 즐기면서 즐거운 시간을 가졌다.
5. 여행 후, 나는 제주도에 대한 멋진 기억으로 만족스러웠다.

Words & Expressions

• spirit [spírit]　명 정신, 영혼
• vividly [vívidli]　부 생생하게, 또렷하게
• destination [dèstənéiʃən]　명 목적지, 도착지
• motivate [móutəvèit]　동 ~하는 이유가 되다

C ON YOUR OWN

Complete your own writing about a recent trip using your answers in B.

Trip to _____

I finished my _____ trip to _____.

I wanted to visit _____. I went to _____.

The place was terrific! I also had a great time _____

_____ I enjoyed every minute of my trip.

After the trip _____

+ **Writing Tip**

여행기를 쓸 때는 구체적인 경험을 떠올리며 가능한 한 생생하게 써 봅시다.

Peer Review		My partner thinks ...	
Does the writing include what the partner did and felt during the trip as well as its reason?	☺	☺	☺
Are the details of the trip described interestingly and effectively?	☺	☺	☺
Are the expressions in the writing natural and acceptable?	☺	☺	☺

partner's comments:

D REVIEW & REVISE

Read the comments and revise your writing.

163

Writing Tip | **Writing a trip diary**

기억에 남은 여행기 쓰기

여행했던 곳 중에서 기억에 남았던 곳을 선택하여 구체적인 내용과 함께 자세하게 써 본다. 여행기는 여행한 장소, 기간, 여행 동기, 그곳에서 했던 경험 등과 함께 여행 후에 느낀 점까지 포함시켜야 여행지의 생생함을 전달할 수 있다.

C ON YOUR OWN

Solution

B ORGANIZE IDEAS에서 자신이 정리한 내용을 토대로 질문에 대한 답변을 항목별로 차례대로 연결해서 글을 완성해 본다.

Sample Answer

Two-Day Trip to Jejudo

I finished my two-day trip to Jejudo. I wanted to visit many places on foot instead of just looking at pictures with the members of our club. I went to Seongsan Peak to watch the sun rise. The place was terrific! I also had a great time walking on the Olle trails and enjoying Jungmun beach. I enjoyed every minute of my trip. After the trip I felt satisfied with the wonderful memories of Jejudo.

제주도로의 이틀간의 여행

나는 나의 제주도로의 이틀 간의 여행을 마쳤다. 나는 우리 동아리 회원들과 단지 사진을 둘러보는 대신에 걸어서 많은 장소를 방문하고 싶었다. 나는 성산봉에 가서 일출을 보았다. 그 장소는 멋졌다! 나는 또한 올레길을 걸으며 멋진 시간을 가졌고 중문 해안을 즐겼다. 나는 나의 여행의 매 순간을 즐겼다. 여행 후에 나는 제주도의 멋진 추억들에 만족감을 느꼈다.

D REVIEW & REVISE

Solution

동료 평가의 내용을 바탕으로 하여 내용 오류부터 문법 오류, 구두점 오류까지 범위를 넓혀 가며 여러 번 수정을 거쳐 글을 작성하도록 한다.

Words & Expressions

- recent [rí:sənt] ⑱ 최근의
- A as well as B B뿐만 아니라 A도
  ex. Da Vinci was a scientist *as well as* an artist.
- detail [ditéil] ⑲ 세부 사항
- describe [diskráib] ⑧ 묘사하다, 설명하다
- effectively [iféktivli] ⑨ 효율적으로, 효과적으로

C ON YOUR OWN

B의 답변을 이용하여 최근 여행에 대한 자신의 글을 완성하시오.

동료 평가

- 글은 짝이 여행 목적뿐만 아니라 여행 중 했던 것과 느낀 점을 포함시키고 있는가?
- 여행의 자세한 사항들이 재미있고 효과적으로 묘사되었는가?
- 글의 표현들은 자연스럽고 사용법이 적절한가?
- 짝의 의견

D REVIEW & REVISE

평가를 읽고 여러분이 쓴 것을 고치시오.

Venice Diary **201**

여행 안내책자 만들어 봅시다
우리가 좋아하거나 잘 알고 있는 장소에 대하여

STEP 1
네 명씩 모둠을 지어라. 다음 안내 책자를 읽고 각 빈칸에 들
어갈 가장 알맞은 제목을 고르시오.
춘천
• 가장 편리한 고속 도로와 지방 도로
• 함께 이용할 있는 기차와 전철 노선

와서 호수의 시원한 바람을 즐기세요!
아름답고 깨끗한 호수는 춘천 최고의 보물입니다. 호수 위에
서 페리를 타고 자신을 새롭게 하고 날마다 많은 사람들이 하
는 것처럼 시원한 호수 바람을 즐기세요.

춘천에서의 흥미로운 활동들
닭갈비와 막국수를 명동 거리에서 즐기세요.
국제 42킬로미터의 달리기 경주와 유명한 노래 축제에 함께
하세요.

근처 명소들
남이섬
강촌 빌리지

Answer Come and Enjoy the Cool Lake Wind! /
Fun Activities in Chuncheon / Nearby Attractions

Let's Make a Travel Brochure
for a Place We Like and Know Well

STEP 1 Make a group of four. Read the following brochure and choose the best title for each blank.

Transportation to Chuncheon

Chuncheon

- Highways and Local Roads Most Convenient
- Train and Subway Line Also Available

Beautiful clean lakes are the best treasure of Chuncheon. Refresh yourself with a ferry ride on a lake and enjoy the cool lake wind as many people do every day.

Enjoy *dakgalbi* and *makguksu* on Myeongdong Street.

Join the international 42-kilometer running race and the famous song festival.

Namiseom Gangchon Village

- Fun Activities in Chuncheon
- Nearby Attractions
- Come and Enjoy the Cool Lake Wind!

164

STEP 1

Solution
첫 번째는 춘천의 호수에서 페리를 타면서 시원한 바람을 즐길
수 있다는 내용이고, 두 번째는 춘천의 유명한 먹거리와 축제들
에 대한 내용이다. 마지막으로, 근처에서 방문할 만한 장소를 소
개하고 있으므로 각각의 내용에 맞게 알맞은 제목을 찾아서 넣도
록 한다.

Structures
• **Refresh yourself with** a ferry ride on a lake and
enjoy the cool lake wind **as** many people **do** every day.
refresh는 '상쾌하게 하다, 기운 나게 하다'라는 뜻으로, 보통
뒤에 재귀대명사를 수반한다. refresh oneself with는 '~로 기
분을 상쾌하게 하다'라는 뜻이 된다. 접속사 as는 '~한 대로,
~처럼'이라는 뜻이고, do는 대동사로 enjoy the cool lake
wind를 대신한다.
• Join the international **42-kilometer running race**
and the famous song festival.
kilometer와 같은 단위 명사에는 앞에 복수를 뜻하는 숫자가
오면 복수형으로 쓰지만, 뒤의 명사를 수식할 때는 단수형으로
쓴다.
ex. My cat is **three years old**.
(내 고양이는 세 살이다.)
I have a **three-year-old** cat.
(나는 세 살이 된 고양이 한 마리가 있다.)

Words & Expressions
• brochure [broʊʃúər] 명 안내소, 소책자
• title [táitl] 명 제목
ex. The *title* of the book is *The Outsiders*.
• refresh [rifréʃ] 동 생기를 되찾게 하다
ex. Spring rain *refreshed* me.
• ferry [féri] 명 여객선, 페리
ex. He enjoyed taking a *ferry* ride down the river.
• international [ìntərnǽʃənəl] 형 국제적인
ex. The singer is now an *international* celebrity.
• nearby [nìərbái] 형 인근의, 가까운 곳의
ex. The injured are now recovering in *nearby* hospitals.

+More Information
춘천 관광 정보
• 춘천 시청 www.chuncheon.go.kr
• 춘천 관광 포털 tour.chuncheon.go.kr
• 춘천 도시 공사 www.cuc.or.kr
• 춘천 숲 자연 휴양림 www.ccforest.or.kr

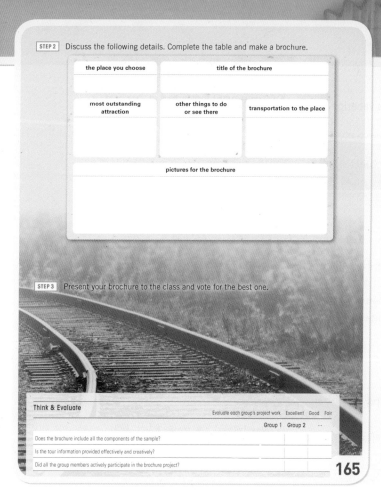

STEP 2 Discuss the following details. Complete the table and make a brochure.

the place you choose	title of the brochure	
most outstanding attraction	other things to do or see there	transportation to the place
pictures for the brochure		

STEP 3 Present your brochure to the class and vote for the best one.

Think & Evaluate

	Evaluate each group's project work	Excellent	Good	Fair
		Group 1	Group 2	...
Does the brochure include all the components of the sample?				
Is the tour information provided effectively and creatively?				
Did all the group members actively participate in the brochure project?				

165

STEP 2

다음 세부 항목을 토론하라. 표를 완성하고 안내 책자를 만드시오.

선택한 장소	안내 책자 제목	
가장 훌륭한 관광지	그곳에서 하거나 본 것들	장소까지 가는 교통편
안내 책자 사진들		

STEP 3

안내 책자를 학급에 발표하고 가장 잘한 모둠을 투표하라.

평가표
• 안내 책자는 예시에 나온 모든 요소를 포함하고 있는가?
• 제공된 여행 정보는 흥미롭고 창의적인가?
• 모둠원 모두가 안내 책자 프로젝트에 적극적으로 참석했는가?

STEP 2

Sample Answer

the place you choose	title of the brochure	
Jeonju	Try to Live here in Real Korea	
most outstanding attraction	other things to do or see there	transportation to the place
Hanok Village Movie Street	Enjoy eating street food Try wearing Korean Hanbok	Train or Express Bus
pictures for the brochure		

• 사진 출처
http://hanachrisantyjioe.blogspot.kr/2016/09/korea-jeonju-one-day-trip.html
http://travellerelf.blogspot.kr/2014/03/day-trip-out-of-seou7l-jeonju-hanok.html

---

선택한 장소	안내 책자 제목	
전주	Try to Live here in Real Korea	
가장 훌륭한 관광지	그곳에서 하거나 본 것들	장소까지 가는 교통편
한옥 마을 영화 거리	길거리 음식 즐기기 한국 전통 한복 입어 보기	기차나 고속버스
안내 책자 사진들		

Words & Expressions
• table [téibl] 명 표
• outstanding [àutstǽndiŋ] 형 뛰어난, 훌륭한
  ex. They are doing *outstanding* work.
• transportation [trænspərtéiʃən] 명 교통(편)
  ex. I often use water *transportation*.
• component [kəmpóunənt] 명 요소, 성분
• actively [ǽktivli] 부 적극적으로
  ex. Do you usually express your opinion *actively*?
• participate [pɑːrtísəpèit] 동 참석하다

CHECK UP

1. Listen and choose where the people will go for a vacation together.

a.   b.   c.

G What are you planning to do this vacation?

B I'm not sure. Maybe I'll watch some movies at home. How about you? Any plans?

G Yeah, I'm going to relax at the beach with my cousin for a few days. We're looking forward to having fun swimming every day.

B Sounds wonderful.

G Say, why don't you come with us?

B Do you mean it? Thanks! I'd love to!

여 이번 방학에 무엇을 하려고 하니?

남 아직 확실치 않아. 아마도 집에서 영화나 좀 보겠지. 너는 어때? 어떤 계획이라도?

여 응, 나는 사촌과 함께 며칠 동안 해변에서 쉴 예정이야. 우리는 날마다 수영을 하면서 재미있게 지낼 것을 기대하고 있어.

---

1. 듣고 사람들이 방학에 함께 갈 곳을 고르시오.

(Answer) b

남 멋지구나.

여 자, 우리와 함께 가는 게 어때?

남 정말이야? 고마워! 그러고 싶어!

🎙 Solution

두 사람은 방학에 무엇을 할지에 대해 서로 물어보면서 대화를 시작하고 있다. 여자가 사촌과 함께 해변에서 쉴 예정이라고 말하면서 남자에게 같이 가자고 권유하고 있고, 이에 남자가 흔쾌히 승낙했으므로 해변에서 노는 b가 가장 적절하다.

 Words & Expressions

• relax [rilǽks] ⑤ 휴식을 취하다, 쉬다
• Why don't you ~? ~하는 게 어때?

---

2. Look at the map and answer the question.

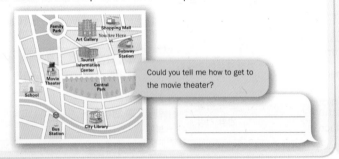

Could you tell me how to get to the movie theater?

🎙 Solution

지도의 현 위치에서 영화 극장까지 가려면 두 블록을 직진한 후, 왼쪽으로 돌아야 한다. 그런 다음 한 블록 더 가면 오른쪽에 극장이 있다.

---

2. 지도를 보고 질문에 답하시오.

영화 극장에 가는 법을 저에게 말해 주실 수 있나요?

(Answer) Go straight for two blocks, and turn left. Then go straight one more block and you will see the movie theater on your right. (두 블록 직진하시고, 왼쪽으로 도세요. 그러고 난 후, 한 블록 직진하면 오른쪽에 극장을 볼 수 있을 거예요.)

 Words & Expressions

• movie theater 영화 극장
• get to ~에 가다, 도착하다
• go straight 직진하다, 곧장 가다

---

3. Read and choose the word that fits in the blank.

> I'm writing on the airplane, on my way home. As I look down at Venice from the sky and see the canals, I realize that this city is one of a kind. Now that I have seen the actual city, I'm even more excited about acting in Shakespeare's play. Our trip to Venice was short, and it's already time to say goodbye. However, I will _____ these memories forever.

a. raise   **b.** evaluate   **c.** forget   **d.** treasure

---

3. 읽고 빈칸에 알맞은 단어를 고르시오.

나는 집으로 가는 비행기 안에서 쓰고 있다. 하늘에서 베니스를 내려다보고 운하들을 볼 때 나는 이 도시가 독특하다는 것을 깨달았다. 진짜 도시를 보았기 때문에 나는 셰익스피어의 연극에서 공연하는 것에 대해 더욱 흥분하게 되었다. 우리의 베니스로의 여행은 짧았고, 벌써 작별 인사를 할 시간이 되었다. 하지만, 나는 이 추억들을 영원히 간직할 것이다.

(Answer) d

베니스를 여행한 후 돌아오는 비행기에서 쓴 글로, 여행에서 느낀 점을 정리하고 있는 내용이므로 마지막 문장의 빈칸에는 이러한 기억들을 소중히 '간직할 것이다'는 의미의 treasure가 들어가야 알맞다.

• canal [kənǽl] 명 운하
• one of a kind 유일한 것, 독특한 것
• actual [ǽktʃuəl] 형 실제의
• memory [méməri] 명 추억

4. Read and put the words in parentheses in order.

Kate,
Last weekend I visited Namwon, and I was impressed by Gwanghallu, the garden where the two famous lovers saw each other for the first time in Chunhyangjeon. You can't say you have been to Namwon (have, unless, the, visited, garden, you). I think I can still feel the love they shared there.
See you soon.
Love, *Jiyun*

4. 읽고 괄호 안의 단어들을 순서대로 배열하시오.

Kate에게,
지난 주말 나는 남원을 방문했어. 그리고 나는 춘향전 안에서 유명한 두 연인이 서로를 처음으로 보았던 정원인 광한루에 감명을 받았어. 그 정원을 방문하지 않는다면 너는 네가 남원에 왔다고 말할 수 없어. 나는 내가 그들이 거기에서 나눴던 사랑을 여전히 느낄 수 있다고 생각해.
곧 만나.
사랑하는 지윤이가

Answer unless you have visited the garden

문맥상 '~하지 않는다면'이라는 뜻의 unless로 시작하는 부사절이 필요하다. 접속사 unless 다음에는 절이 오므로 「주어+동사+목적어」의 순서대로 쓴다.

• be impressed by ~에 감명 받다
• lover [lʌ́vər] 명 연인, 사랑하는 사람
• share [ʃɛər] 동 나누다, 공유하다

5. Read and choose the main idea of the passage.

- You should pack a first-aid kit for any emergencies during the trip.
- An international driver's license is necessary for driving.
- You shouldn't carry a lot of cash when you go out.
- You should tell the driver where you're going before you get in the taxi.

a. Best Tips for a Safe and Wonderful Trip
b. What to Do and See During Your Trip
c. Cash or Check in International Hospitals
d. How to Drive in Foreign Countries

5. 읽고 다음 글의 주제로 알맞은 것을 고르시오.
• 당신은 여행 동안 어떤 비상사태에 대비하기 위해 구급상자를 가져가야 한다.
• 국제 운전면허증이 운전하기 위해 필수이다.
• 밖에 나갈 때는 많은 현금을 가지고 다녀서는 안 된다.
• 당신은 택시에 타기 전에 운전기사에게 어디로 갈지 말해야 한다.

Answer a

제시된 네 가지 사항은 모두 여행 갔을 때 주의해야 것들을 정리해 놓은 것으로, 글의 제목으로는 a. '안전하고 멋진 여행을 위한 최상의 팁'이 가장 적절하다.
b. 여행 동안 하거나 본 것
c. 국제 병원에서는 현금이나 수표로 지불해라
d. 외국에서 운전하는 법

• pack [pæk] 동 챙기다, 꾸리다
• first-aid kit 구급상자
• emergency [imə́ːrdʒənsi] 명 응급 상황
• international driver's license 국제 운전면허증
• be necessary for ~에 필수이다
• carry [kǽri] 동 가지고 다니다
• cash [kæʃ] 명 현금

LESSON 8

해결책은 자연에 있다

The Solution Is in Nature

의사소통 기능
- **관심 표현하기**
  How interesting!
  흥미롭구나!

- **불허하기**
  You're not supposed to do that.
  너는 그렇게 하면 안 돼.

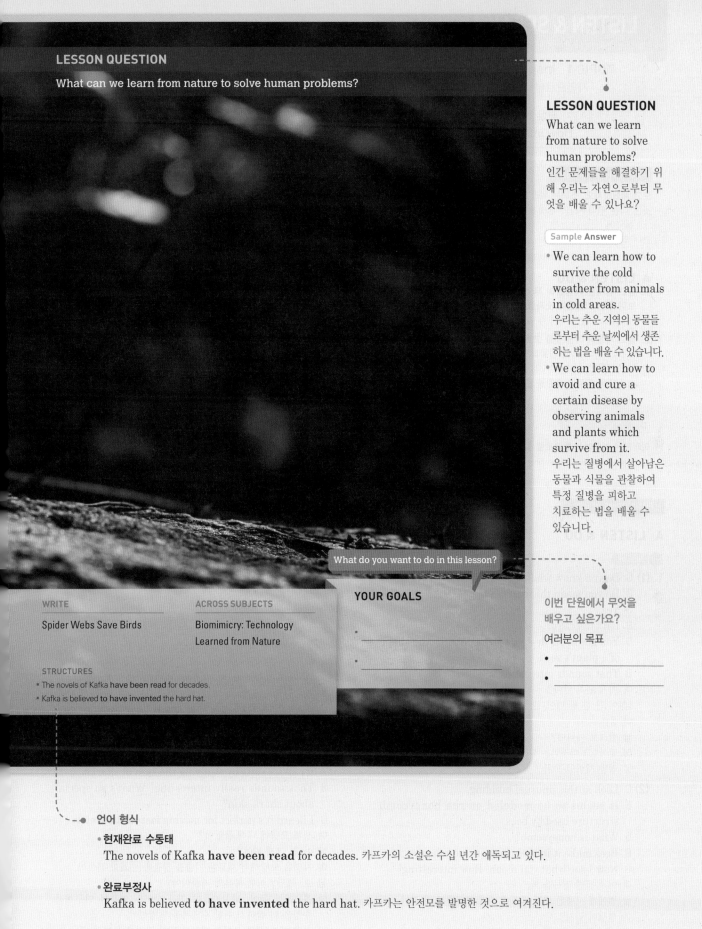

LESSON QUESTION

What can we learn from nature to solve human problems?

LESSON QUESTION

What can we learn from nature to solve human problems?
인간 문제들을 해결하기 위해 우리는 자연으로부터 무엇을 배울 수 있나요?

Sample **Answer**

- We can learn how to survive the cold weather from animals in cold areas.
  우리는 추운 지역의 동물들로부터 추운 날씨에서 생존하는 법을 배울 수 있습니다.
- We can learn how to avoid and cure a certain disease by observing animals and plants which survive from it.
  우리는 질병에서 살아남은 동물과 식물을 관찰하여 특정 질병을 피하고 치료하는 법을 배울 수 있습니다.

What do you want to do in this lesson?

WRITE

Spider Webs Save Birds

ACROSS SUBJECTS

Biomimicry: Technology Learned from Nature

YOUR GOALS

- _____
- _____

이번 단원에서 무엇을 배우고 싶은가요?
여러분의 목표

- _____
- _____

STRUCTURES

- The novels of Kafka **have been read** for decades.
- Kafka is believed **to have invented** the hard hat.

언어 형식

- **현재완료 수동태**

  The novels of Kafka **have been read** for decades. 카프카의 소설은 수십 년간 애독되고 있다.

- **완료부정사**

  Kafka is believed **to have invented** the hard hat. 카프카는 안전모를 발명한 것으로 여겨진다.

LISTEN & SPEAK 1

TOPIC 1 Inspired by Nature
자연으로부터 영감을 얻다

관심 표현하기
How interesting!

보고 체크하시오. 소녀는 뭐라고 말하겠는가?

소년 나는 딱따구리의 부리가 매우 강하고 유연성이 있다고 들었어.

소녀 정말 흥미롭구나!

Answer How interesting!

A LISTEN & DO

1. 듣고 말하는 사람들이 무엇에 대해 이야기하고 있는지를 보여 주는 그림들에 숫자를 쓰시오.

Answer (2) – (1) – (3)

2. 듣고 사실이 아닌 것을 고르시오.
   a. Biomimicry는 동물과 식물을 보호한다.
   b. 소년은 biomimicry에 대해 궁금해한다.
   c. 상어의 피부는 수영을 빨리 하기 위해 이상적이다.

Answer a

Question for You

여러분은 어디에서 벨크로를 찾을 수 있습니까?

Sample Answer I can find it in my bags and clothes.

FUNCTIONS IN USE

Look and check. What would the girl say?

I heard a woodpecker's beak is very strong and flexible.

○ How nice of you!   ○ How interesting!

■ Now listen and check the answer with your partner.

A LISTEN & DO

1. Listen and number the pictures showing what the speakers are talking about.

2. Listen and choose the one that is not true.

   a. Biomimicry protects animals and plants.
   b. The boy is curious about biomimicry.
   c. Shark skin is ideal for swimming fast.

Question for You

Where can you find Velcro?

FUNCTIONS IN USE

A LISTEN & DO

🎧 Script

1. (1) G Do you know what this is called?
      B Do you mean this pair of strips?
      G Yes.
      B Isn't it Velcro?
      G You got it. Its design was inspired by the shape of a plant's seed.
      B That sounds interesting.
      여 이게 뭔지 알아?
      남 이 끈 한 쌍 말이니?
      여 응.
      남 벨크로 아니야?
      여 맞아. 그 디자인은 식물의 씨앗 모양에서 영감을 받았어.
      남 정말 재미있구나!

   (2) G Look at this unusual building.
      B It seems to be modeled on the honeycomb structure used by bees.
      G What is honeycomb?
      B Bees make it in their hives to store honey.
      G Now I see what you mean. How interesting!
      여 이 특별한 건물을 봐.
      남 벌에게 사용된 벌집 구조에 따라 모델링된 것 같아.
      여 벌집이 뭐지?
      남 벌이 꿀을 저장하기 위해 벌집 안에 그것을 만들어.
      여 이제 무슨 말인지 알겠어. 정말 흥미롭구나!

   (3) B I love this cleaning robot. It works so well.
      G I wonder how it can move around the house on its own.
      B I heard it finds its way around the same way as bats do.
      G Does it really? That interests me a lot.
      남 나는 이 청소 로봇이 좋아. 정말 작동이 잘 돼.
      여 그것이 어떻게 스스로 집을 돌아다닐 수 있는지 궁금해.
      남 박쥐가 하는 것과 같은 방법으로 한다고 들었어.
      여 진짜? 그건 정말 나를 흥미롭게 하네.

2. G Have you heard about biomimicry?
   B No. What is it?
   G It's a field of science that creates new technologies by copying nature.
   B Oh, really? What kinds of technologies?
   G Well, for example, scientists recently invented better swim suits by studying the skin of sharks.
   B That sounds really interesting! What's so special about shark skin?
   G I heard it's perfect for moving fast in the water.
   여 생체 모방에 대해 들었어?
   남 아니. 그게 뭐야?
   여 자연을 모방해서 새로운 기술을 창출하는 과학 분야야.
   남 오, 정말? 어떤 종류의 기술이야?
   여 음, 예를 들어, 과학자들이 최근 상어의 피부를 연구해서 수영을 더 잘하기 위한 수영복을 발명했어.
   남 정말 재미있네! 상어의 피부가 뭐가 그렇게 특별하지?
   여 물속에서 빨리 움직이기에 완벽하다고 들었어.

B SPEAK OUT

1. Match the living things with the human products inspired by them.

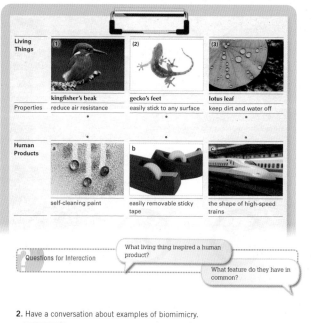

Living Things	(1)	(2)	(3)
	kingfisher's beak	gecko's feet	lotus leaf
Properties	reduce air resistance	easily stick to any surface	keep dirt and water off
Human Products	a	b	c
	self-cleaning paint	easily removable sticky tape	the shape of high-speed trains

Questions for Interaction
> What living thing inspired a human product?
>
> What feature do they have in common?

2. Have a conversation about examples of biomimicry.

Interaction

A: I just learned that the kingfisher's beak inspired the shape of high-speed trains.
B: How interesting! What feature do they have in common?
A: They both reduce air resistance.
B: Hmm. That's an interesting fact to know.

Expression+

관심 표현하기
• How amazing!
• That's fascinating!
• I'm so interested in that!

171

B SPEAK OUT

1. 생물과 그것에 영감을 받은 인간의 제품을 연결해 봅시다.

생명체	(1) 물총새의 부리	(2) 도마뱀붙이의 발	(3) 연잎
속성	공기 저항을 줄인다	어떤 표면에도 쉽게 붙는다	먼지와 물을 떼어 낸다
인간의 제품들	스스로 정화하는 페인트	쉽게 제거되는 끈끈이 테이프	초고속 열차 모양

Answer (1) c (2) b (3) a

Questions for Interaction
어떤 생물이 인간 제품에 영감을 받았나요?
그들은 공통적으로 어떤 특징이 있나요?

2. biomimicry의 예에 대해서 대화해 봅시다.

Interaction

A 나는 방금 물총새의 부리가 고속 열차의 형태에 영감을 주었다는 것을 배웠어.
B 정말 흥미롭네! 어떤 특징이 공통점이야?
A 둘 다 공기의 저항을 줄여 줘.
B 음. 흥미로운 사실이네.

관심 표현하기 **How interesting!**

How interesting!은 '정말 흥미롭구나!'라는 의미로, 어떤 것에 대해 관심과 놀라움을 표현할 때 쓰는 표현이다. 비슷한 의미로는 How amazing!(정말 놀랍구나!), That's fascinating!(그거 놀랍구나!), I'm so interested in that!(나는 그것에 정말 관심이 있어!) 등이 있다.

Expression+

A Have you heard of the orchestra that plays with instruments made of vegetables?
(채소로 만들어진 악기로 연주하는 오케스트라에 대해 들어 본 적 있니?)
B I'm so interested in that! (나는 정말 그것이 궁금해!)

B SPEAK OUT

Solution

(1) 물총새의 부리는 공기 저항을 줄여 주므로 그것에 영감을 받아서 만든 것이 c. 초고속 열차 모양이다. (2) 도마뱀붙이의 어떠한 표면에도 쉽게 달라붙는 속성은 b. 쉽게 제거되는 끈끈이 테이프에 영감을 주었고, (3) 연잎의 먼지와 물을 멀리 떼어 내는 속성은 a. 스스로 정화하는 페인트에 영감을 주었다.

Interaction

Sample Dialog 1

A I just learned that the gecko's feet inspired easily removable sticky tape.
B How interesting! What feature do they have in common?
A They both easily stick to any surface.
B Hmm. That's an interesting fact to know.

A 나는 방금 도마뱀붙이의 발이 쉽게 제거되는 끈끈이 테이프에 영감을 주었다는 것을 배웠어.
B 정말 흥미롭네! 어떤 특징이 공통점이야?
A 둘 다 어떤 표면에도 쉽게 붙어.
B 음. 흥미로운 사실이네.

Sample Dialog 2

A I just learned that the lotus leaf inspired self-cleaning paint.
B How interesting! What feature do they have in common?
A They both keep dirt and water off.
B Hmm. That's an interesting fact to know.

A 나는 방금 연잎이 스스로 정화하는 페인트에 영감을 주었다는 것을 배웠어.
B 정말 흥미롭네! 어떤 특징이 공통점이야?
A 둘 다 먼지와 물을 떼어 내.
B 음. 흥미로운 사실이네.

LISTEN & SPEAK 2

TOPIC 2 Safety Rules
안전 규칙들

불허하기
You're not supposed to do that.

FUNCTIONS IN USE

보고 체크하시오. 소녀는 뭐라고 말하겠는가?

소년 나를 봐! 나는 두 눈을 감은 채로 자전거를 탈 수 있어.

소녀 그렇게 하면 안 돼.

Answer You're not supposed to do that.

A LISTEN & DO

1. 듣고 대화에 맞는 표지판에 번호를 쓰시오.

Answer (3) – (1) – (2)

2. 듣고 안전 규칙에 대해 언급되지 <u>않은</u> 것에 체크하시오.

화재 지시 사항

건물에서 가능한 한 빨리 나가시오.

낮게 유지하고 입과 코를 막으시오.

건물로 다시 들어가지 마시오.

엘리베이터를 타지 마시오.

Answer Do not re-enter the building.

Question for You

여러분은 건물에 들어갈 때 얼마나 자주 화재 비상구를 체크합니까?

Sample Answer I always check fire exits when I first enter a building. (나는 건물에 처음 들어갈 때 항상 비상구를 체크합니다.)

FUNCTIONS IN USE

🔊 Solution

You're not supposed to do that.는 '너는 그렇게 하면 안 돼.'라는 의미로 불허하는 표현이다. be welcome to는 '~하는 것이 환영받는다'라는 의미이므로 어울리지 않는다.

A LISTEN & DO

🔊 Script

1. (1) **G** Hey, Gwangsu! Why are you running?

B I want to get to the cafeteria first.

G Well, you're not supposed to run in the hallway.

B I'm not running. I'm just walking really fast.

(2) **M** (Cell phone buzzing) Hello, this is Mincheol.

W Excuse me, sir. You're not supposed to make phone calls in the exhibition rooms.

M Oh, I'm sorry. Where can I use my cell phone?

W You're allowed to make phone calls in the entrance hall.

(3) **B** Can I have lunch here at this table?

W I'm sorry but you're not supposed to eat in the library.

Look and check. What would the girl say?

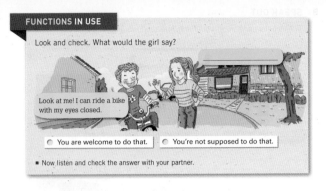

Look at me! I can ride a bike with my eyes closed.

○ You are welcome to do that. ○ You're not supposed to do that.

■ Now listen and check the answer with your partner.

A LISTEN & DO

1. Listen and number the signs that correspond to the dialogs.

2. Listen and check what is <u>not</u> mentioned about fire safety.

Fire Instructions

☐ Get out of the building as quickly as possible. ☐ Do not re-enter the building.

☐ Stay low and cover your mouth and nose. ☐ Do not use elevators.

Question for You

How often do you check fire exits when you first enter a building?

B But this is a hallway.

W It doesn't matter. Please use the cafeteria.

2. **M** Hello, everyone. I'm Captain Kim from the city fire department. I'm going to tell you what to do in case of a fire. First of all, wherever you go, check the fire exits. If you hear a fire alarm, get out of the building as quickly as possible. In case of smoke, stay low and cover your mouth and nose with a wet towel. Finally, you're not supposed to use elevators in a fire. That's because they will get stuck if the electricity goes out.

남 안녕하세요, 여러분. 저는 시 소방부의 김 대장입니다. 화재가 났을 때 무엇을 해야 할지를 말씀드리겠습니다. 우선, 어디를 가든 화재 비상구를 확인하십시오. 화재 경보가 들리면 최대한 빨리 건물 밖으로 나가야 합니다. 연기가 나는 경우에는 몸을 낮게 유지하고 젖은 수건으로 입과 코를 가립니다. 마지막으로, 화재 시에는 엘리베이터를 사용하지 말아야 합니다. 전기가 나가면 안에 갇히기 때문입니다.

🔊 Solution

1. (1)에서는 복도에서 뛰면 안 된다고 말하고 있고, (2)에서는 전시실에서 휴대 전화를 쓰면 안 된다고 말하고 있다. (3)은 도서관에서 음식을 먹으면 안 된다는 내용이다.

2. 화재 발생 시 행동 요령을 설명하고 있다. 건물로 다시 들어가지 말라는 말은 언급되지 않았다.

B SPEAK OUT

1. Read and check the inappropriate safety instruction for each activity.

Instructions for Safe Biking	Instructions for Safe Swimming
☐ Use bike roads only.	☐ Do not run in the pool area.
☐ Do not wear safety gear.	☐ Check the depth of the pool.
☐ Do not ride faster than the speed limit.	☐ Do not eat food in the pool.
☐ Do not use a cell phone while biking.	☐ Do not warm up before swimming.

Questions for Interaction

Which would you like to do, go biking or swimming?

What are we supposed to do and not to do while biking or swimming?

2. Have a conversation about safety rules.

Interaction

A: What are you going to do this weekend?
B: I'm going to go biking.
A: Don't forget to wear safety gear.
B: I'll make sure to do that.
A: Good. And you're not supposed to use a cell phone while biking.
B: I know that, too. Don't worry.

Expression +

불허하기
• You can't … .
• You are not allowed to … .
• You must not … .

173

B SPEAK OUT

1. 읽고 각 활동에 대한 적절하지 않은 안전 규칙을 체크하시오.

자전거 안전 규칙	수영 안전 규칙
자전거 도로만 이용하라.	수영장 구역에서 뛰지 마라.
안전모를 쓰지 마라.	수영장 깊이를 확인해라.
속도 제한보다 빨리 달리지 마라.	수영장 안에서 먹지 마라.
자전거를 타는 동안 휴대 전화를 사용하지 마라.	수영 전에 준비 운동을 하지 마라.

Answer ｜ Do not wear safety gear.
Do not warm up before swimming.

Questions for Interaction

여러분은 자전거를 타러 가는 것과 수영하러 가는 것 중에 어느 것을 하고 싶습니까?
자전거를 탈 때나 수영할 때 우리는 무엇을 하면 안 될까요?

2. 안전 규칙에 관해 대화하시오.

Interaction

A 너는 이번 주말에 뭘 할 계획이니?
B 자전거 타러 갈 계획이야.
A 안전모 쓰는 거 잊지 마.
B 확실히 그렇게 할게.
A 좋아. 그리고 자전거 타는 동안에는 휴대 전화를 사용하면 안 돼.
B 그것도 알아. 걱정하지 마.

제안하기	**You're not supposed to do that.**

You're not supposed to는 '~하기로 되어 있지 않다'라는 의미로, to 다음에는 동사원형으로 시작하는 표현이 이어진다. 비슷한 의미로는 You can't ~.(너는 ~하면 안 된다.), You are not allowed to ~.(너는 ~하도록 허용되지 않는다.), You must not ~.(너는 ~하면 안 돼.) 등이 있다.

ex. A Can I take a picture here? (여기에서 사진을 찍어도 되나요?)
B **You're not supposed to** take pictures in the museum. (박물관 안에서는 사진을 찍을 수 없습니다.)

Expression +

• **You can't** touch the paintings in the gallery. (미술관에서는 그림에 손을 대서는 안 됩니다.)
• **You are not allowed to** park your car in this area. (이 구역에는 주차하도록 허용되지 않습니다.)
• **You must not** enter the lab without permission. (허가 없이는 연구실에 들어갈 수 없습니다.).

B SPEAK OUT

🔘 **Solution**

자전거 안전 규칙으로는 자전거를 탈 때는 안전장치(safety gear), 즉 안전모를 써야 하며, 수영 안전 규칙으로는 수영 전에 준비 운동(warm up)을 해야 한다.

Interaction

🔘 **Sample Dialog**

A What are you going to do this weekend?
B I'm going to go swimming.
A Don't forget not to run in the pool area.
B I'll make sure to do that.
A Good. And you're not supposed to eat food in the pool.

B I know that, too. Don't worry.
A 너는 이번 주말에 뭘 할 계획이니?
B 수영하러 갈 계획이야.
A 수영장 구역에서 뛰지 않는 거 잊지 마.
B 확실히 그렇게 할게.
A 좋아. 그리고 수영장 안에서는 먹으면 안 돼.
B 그것도 알아. 걱정하지 마.

Words & Expressions

• instruction [instrʌ́kʃən] 몡 규칙, 지시 사항
• safety gear 안전모
• depth [depθ] 몡 깊이
• warm up 준비 운동을 하다

CONVERSATION IN ACTION

스케이트보드를 타 본 적 있나요? 스케이트보드를 안전하게 타기 위해서 어떻게 해야 할까요?

A GET SET

듣고 여자의 조언을 고르시오.
a. 보호 안경 쓰는 것을 잊지 마시오.
b. 확실히 안전모를 쓰시오.
c. 스트레칭을 잊지 마시오.

Answer b

B ACT OUT

1. 상자 안의 표현을 이용하여 빈칸을 채우시오.

A Mike, 어디 갈 거니?
B 센트럴 파크에 스케이트보드 타러 갈 거예요.
A 센트럴 파크? 복잡한 장소에서는 스케이트보드를 타면 안 되잖아.
B 알고 있어요, 엄마. 하지만 거기에 스케이트보드 공원이 있어요.
A 오, 잘됐네. 꼭 안전모를 쓰도록 해라.
B 걱정 마세요. 지난주에 산 이 이상한 안전모를 쓸게요.
A 뭐가 이상한데?
B 표면이 부드럽고 잘 휘어요.
A 흥미롭네! 무엇에 좋은 거야?
B 정확히는 모르겠지만, 딱딱한 표면의 안전모보다 우리를 더 잘 보호해 준다고 해요.

Answer (1) my skateboard (2) not supposed to
(3) wear your helmet (4) soft and flexible
(5) protect us better

2. 다시 듣고, 짝과 역할극을 해 보시오.

A GET SET

Get Set Listen and choose the woman's advice.

a. Remember to wear safety glasses.
b. Make sure to wear a helmet.
c. Don't forget to stretch.

B ACT OUT

1. Fill in the blanks using the expressions in the box.

A: Mike, where are you going?
B: I'm going to ride (1)_____ in Central Park.
A: In Central Park? You're (2)_____ skateboard in crowded places.
B: I know that, Mom. But there's a skateboard park there.
A: Oh, that's good. Make sure to (3)_____ .
B: Don't worry. I'll wear this strange helmet I bought last week.
A: What's strange about it?
B: It has a (4)_____ surface.
A: How interesting! What's it good for?
B: I don't know exactly, but it's said to (5)_____ than helmets with a hard surface.

- protect us better   - my skateboard   - wear your helmet
- not supposed to   - soft and flexible

2. Listen again, and act out the dialog with your partner.

Sounds in Use

How interesting!↘
You're not supposed to skateboard in crowded places.

Sounds in Use

• How interesting!↘
정말 흥미롭구나!
감탄과 느낌을 말하는 문장을 끝을 내려 읽는다.
• You're not supposed to skateboard in crowded places.
복잡한 장소에서는 스케이트보드를 타면 안 된다.
별다른 의미를 가지지 않는 기능어(전치사, 접속사)는 비슷한 발음끼리 연음되어 약하게 발음된다.

A GET SET

Script

W Mike, where are you going?
B I'm going to ride my skateboard in Central Park.
W In Central Park? You're not supposed to skateboard in crowded places.
B I know that, Mom. But there's a skateboard park there.
W Oh, that's good. Make sure to wear your helmet.
B Don't worry. I'll wear this strange helmet I bought last week.
W What's strange about it?
B It has a soft and flexible surface.
W How interesting! What's it good for?
B I don't know exactly, but it's said to protect us better than helmets with a hard surface.

Solution

Mike가 스케이트보드를 타러 간다고 하자 엄마가 Make sure to wear your helmet.이라고 하며 꼭 안전모를 쓰라고 했으므로, 정답은 b이다.

B ACT OUT

Solution

보기로 제시된 것들의 의미와 빈칸 앞뒤에 이어지는 어구의 의미를 파악하여 가장 의미가 잘 연결되는 어구를 고른다.

Words & Expressions

• ride [raid] 동 타다
• crowded [kráudid] 형 복잡한, 붐비는
• flexible [fléksəbl] 형 잘 휘는, 유연한
• surface [sə́:rfis] 명 표면
• exactly [igzǽktli] 부 정확히, 꼭
• protect [prətékt] 동 보호하다
• hard [haːrd] 형 딱딱한, 단단한
• safety glasses 안전 안경(보호 안경)
• stretch [stretʃ] 동 스트레칭을 하다
• forget to ~할 것을 잊다

A LISTENING FOR REAL

Listen and complete the signs.

ATTENTION!

| NO (1)_____ ALLOWED | NO (2)_____ TALKING | NO TOUCHING OR (3)_____ THE ANIMALS |

B SPEAKING FOR REAL

1. Read the poster for a future technology fair and fill in the blank with your own idea.

International
Future Technology Fair

Jan. 1 to Mar. 31.
Korean Future Technology Center

Come and see fascinating ideas
that will change our future!

Featured exhibitions:
· Self-driving cars
· Internet of things (IoT)
· Robots with artificial intelligence

2. Talk with your partner about visiting the future technology fair.

Would you like to go with me to the International Future Technology Fair?

Sounds interesting. What kinds of things will it have?

▶ Go to p.204 for a sample dialog.

✚ Speaking Tip
상대방의 말에 적극적으로 흥미와 관심을 표현함으로써 대화의 흐름을 원활하게 이끌어 갈 수 있습니다. Listen & Speak 1의 관심 표현하기 활동에서 익힌 표현들을 활용해 봅시다.

Stop & Reflect	I think …	My partner thinks …
I can understand what we are not supposed to do in a museum after listening to the announcement.	☺☺☺☺☺	
I can express my interest to actively participate in a conversation.	☺☺☺☺☺	
I can work well with my partner to talk about a technology fair.	☺☺☺☺☺	

175

A LISTENING FOR REAL

듣고 표지판을 완성하시오.

주의		
사진 허용 안 됨	크게 말하는 것 허용 안 됨	동물을 만지거나 먹이 주는 것 허용 안 됨

Answer (1) PHOTOS (2) LOUD (3) FEEDING

B SPEAKING FOR REAL

1. 미래 기술 박람회에 대한 포스터를 읽고 자신의 생각으로 빈칸을 채우시오.

국제 미래 기술 박람회	특별 전시회
1월 1일부터 3월 31일까지 한국 미래 기술 센터 와서 우리의 미래를 바꿀 놀라운 아이디어를 보세요.	· 자율 주행 자동차 · 사물 인터넷 · 인공 지능 로봇 · _____

2. 미래 기술 박람회에 방문한 것에 대해 짝과 대화해 보시오.
국제 미래 기술 박람회에 나와 함께 가고 싶니?
재미있네. 어떤 종류의 것들이 거기에 있을까?

Stop & Reflect
방송을 들은 후 박물관에서 우리가 하면 안 되는 것에 대해 이해할 수 있다. / 대화에 적극적으로 참여해서 나의 관심사를 표현할 수 있다. / 기술 박람회에 대해서 짝과 이야기할 수 있다.

| Speaking Tip | Talking about your interests |

흥미와 관심 표현하기
Listen & Speak 1의 관심 표현하기 활동에서 익힌 표현들을 활용하여 자신이 평소 관심을 갖고 있는 일에 대해 이야기할 수 있고, 상대방의 흥미와 관심 사항에 관해서도 물을 수 있다. 대화할 때는 상대방의 말에 적극적으로 흥미와 관심을 표현함으로써 대화의 흐름을 원활하게 이끌어 갈 수 있다.

A LISTENING FOR REAL

🔊 Script

M Welcome to Living Wonders of Planet Earth. We are proud to present hundreds of animals and plants from the most remote areas on earth. We respectfully ask you to follow our rules while you enjoy the exhibition. Please do not take photos. Loud talking is not allowed, either. Lastly, you're not supposed to touch or feed the animals. Thank you for your cooperation.

남 Living Wonders of Planet Earth에 오신 것을 환영합니다. 우리는 지구상 가장 먼 지역의 수백 가지의 동식물을 소개하게 되어 자랑스럽습니다. 전시회를 즐기는 동안 우리의 규칙을 따를 것을 정중히 요청 드립니다. 사진을 찍지 마십시오. 큰 소리로 말하는 것도 허용되지 않습니다. 마지막으로, 동물을 만지거나 먹이를 주면 안 됩니다. 협조해 주셔서 감사합니다.

🔊 Solution

Living Wonders of Planet Earth 전시회에서 지켜야 할 규칙들을 잘 듣고 빈칸을 완성한다.

B SPEAKING FOR REAL

🔊 Sample Dialog

A Would you like to go with me to the International Future Technology Fair?

B Sounds interesting. What kinds of things will it have?

A All kinds of future technologies. For example, there will be self-driving cars.

B How interesting! I'd love to join you.

A Great. How about January 13th?

B That's perfect. Let me put it on my calendar.

A 나와 함께 국제 미래 기술 박람회에 갈래?

B 흥미로울 것 같네. 어떤 종류의 것들이 있을 것 같니?

A 모든 종류의 미래 기술. 예를 들어, 자율 주행 자동차가 있을 거야.

B 재미있네! 함께 가고 싶어.

A 좋아. 1월 13일 어때?

B 좋아. 달력에 표시해 놓을게.

ACROSS CULTURES

영화 속의 기술

공상 과학 영화 좋아하세요? 그런 영화들은 종종 오늘날보다 훨씬 더 진보된 기술들을 특징으로 합니다. 비록 그 기술 특징들 중 몇몇은 가까운 미래에 실현될 것 같지 않더라도 그들의 상상력은 전 세계의 영화 팬들을 끌어들입니다.

A 포스터를 보고 각 영화에서 특색이 된 기술에 대해 이야기해 보시오.

영화에 관한 설명을 듣고 포스터에 번호를 쓰시오.

Answer (3) – (2) – (1)

B 가까운 미래에 가장 실현될 것 같은 영화 속 공상 과학 기술을 인터넷에서 검색해 보시오.

영화	기술
A.I.(인공 지능, 2001)	인공 지능과 인간과 비슷한 감정을 가진 로봇

인터넷에서 더 많은 것을 배워 보세요.
검색어: 공상 과학 영화 / 영화 속 미래 기술 / 미래를 묘사하는 영화들

Technology in the Movies

Do you like science fiction movies? They often feature technologies that are far more advanced than those around today. Although some of the technologies featured are unlikely to be realized in the near future, their creativity is what attracts movie fans around the world.

A Look at the posters and talk about what technologies are featured in each movie.

Listen to the description of the movies and number the posters.

B Search the Internet for fictional technologies in the movies that are most likely to be realized in the near future.

Movie	Technology
A.I.(Artificial Intelligence, 2001)	Robots with artificial intelligence and human-like emotions

Learn more on the Internet

| Search Words | science fiction movies | future technologies in movies | movies that predict the future |

176

A

🎧 Script

1. This movie features a company that has the technology to manipulate human memories. A couple break up and have their memories of each other erased by the company.
2. The hero in this movie wears a suit made of steel. The suit makes him super strong and enables him to fly at will.
3. In the movie, an astronaut is left behind alone on Mars. To survive a few years until being rescued, he manages to grow potatoes after several trials.

1. 이 영화는 인간의 기억을 조작하는 기술을 가진 회사를 특징으로 합니다. 한 커플이 헤어지고 서로의 추억이 그 회사에 의해 지워지게 됩니다.
2. 이 영화의 주인공은 강철로 만든 옷을 입습니다. 그 맞춤복은 그를 매우 강하게 만들고 의지대로 날 수 있게 해 줍니다.
3. 영화에서 우주 비행사는 화성에 혼자 남겨지게 됩니다. 구출될 때까지 몇 년을 생존하기 위해 그는 몇 번의 시도 후 겨우 감자를 재배하게 됩니다.

💡 Solution

1은 인간 기억을 조작하는 회사에 관한 영화인 '이터널 선샤인'에 관한 설명이고, 2는 강철로 된 옷을 입고 하늘을 나는 주인공에 관한 영화인 '아이언맨'에 관한 설명이며, 3은 우주 비행사가 화성에 혼자 남아 구출될 때까지 감자를 재배해서 생존하는 영화인 '마션'에 관한 설명이다.

B

Sample **Answer**

영화	기술
Her	컴퓨터 인공 지능 운영 체제
패신저스	외계 행성 우주여행
마이너리티 리포트	범죄자를 미리 예측할 수 있는 미래
아바타	원격 조종 생명체
토탈 리콜	화성에서 생활이 가능해진 미래

Words & Expressions

- feature [fíːtʃər] 동 특징으로 하다, 특색을 묘사하다
- technology [teknάlədʒi] 명 기술
- manipulate [mənípjuleit] 동 조작하다, 조종하다
- break up 헤어지다
- steel [stiːl] 명 강철
- enable [inéibl] 동 ~을 가능하게 하다
- will [wəl] 명 의지
- astronaut [ǽstrənɔːt] 명 우주 비행사
- leave behind 뒤에 남겨 두다
- Mars [maːrz] 명 화성
- survive [sərváiv] 동 살아남다
- rescue [réskjuː] 동 구출하다, 구조하다
- manage to 겨우 ~하다, 가까스로 ~하다
- trial [tráiəl] 명 시도, 시련

A TOPIC PREVIEW

Look and choose one feature that is common to the things in the pictures.

a woodpecker's head

a safety helmet

an airplane's black box

a. They are very light.
b. They reduce air resistance.
c. They can endure strong impacts.

B EXPRESSIONS FOR READING

Complete the passage using the words in the box.

Cars should be able to endure the strong impact
that they receive when they
into another car or object. Thus, the bodies of cars are
designed to _____ heavy shocks efficiently.
The goal is to let drivers and passengers
 serious car accidents and
_____ as little physical damage as possible.

Question for You

What products protect things against strong impacts?

• crash   • survive   • absorb   • suffer

177

A TOPIC PREVIEW

보고 사진 속의 것들이 가지는 공통적인 특징을 고르시오.
딱따구리 머리
안전모
비행기의 블랙박스
a. 매우 가볍다.
b. 공기 저항을 줄여 준다.
c. 강한 충격을 견딜 수 있다.

Answer c

B EXPRESSIONS FOR READING

상자 안의 표현을 이용하여 글을 완성하시오.
자동차는 다른 자동차나 물건에 충돌할 때 받게 되는 강한 충격을 견딜 수 있어야 합니다. 따라서 자동차의 몸체는 심한 충격을 효율적으로 흡수하도록 설계됩니다. 목적은 운전자와 승객이 심각한 자동차 사고에서 살아남도록 하고 가능한 한 적은 물리적 손상을 겪는 것입니다.

Answer (1) crash   (2) absorb   (3) survive
(4) suffer

Question for You

어떤 제품이 강한 충격에서 사물을 보호합니까?

Sample Answer smartphone cases, baseball masks, knee and elbow pads, running shoes

---

A TOPIC PREVIEW

💡 Solution

딱따구리, 비행기의 블랙박스, 안전모는 모두 다 강한 충격에도 견딜 수 있도록 단단하고 강하다.

B EXPRESSIONS FOR READING

💡 Solution

보기로 제시된 네 개의 동사의 의미와 빈칸 뒤에 이어지는 어구의 의미를 파악하여 가장 의미가 잘 통하는 어구를 고른다.

📖 Structures

• Cars should be able to endure the strong impact **that** they receive when they crash into another car or object.
that은 the strong impact를 선행사로 하는 목적격 관계대명사이며, 생략할 수 있다.

• The goal **is to let** drivers and passengers **survive** serious car accidents and **suffer** as little physical damage as possible.
to let 이하는 주어 The goal에 대한 주격 보어이다. let은 사역동사로 뒤에 목적격 보어로 동사원형이 온다. 이 문장에서는 두 개의 동사원형 survive와 suffer가 목적격 보어로 사용되었다.

Words & Expressions

• endure [indʒúər] 동 참다, 견디다
• impact [ímpækt] 명 충격
• crash into ~와 충돌하다
• object [ábdʒikt] 명 물체, 물건
• efficiently [ifíʃəntli] 부 효과적으로
• passenger [pǽsəndʒər] 명 승객
• suffer [sʌ́fər] 동 고통을 겪다
• serious [síəriəs] 형 심각한, 진지한
• physical [fízikəl] 형 신체적인
• damage [dǽmidʒ] 명 손상

Check It!

※ 다음 어구와 의미를 바르게 연결하시오.

1. crash   •   • a. to experience physical or emotional pain
2. survive •   • b. to hit something and be damaged or destroyed
3. absorb •   • c. to continue to live through hardship
4. suffer •   • d. to suck or take up liquid, gas, or other substance

Answer 1b 2c 3d 4a

From Woodpeckers to Safety Helmets

❶ Franz Kafka is best known as one of the most important writers of the 20th
century. ❷ His novels such as *The Castle* and *The Trial* have been widely read
for decades.

❸ However, some people also credit him as a pioneer in helmet design. ❹ As a
young man, Kafka worked at an insurance company. ❺ Part of his job involved
learning about the injuries suffered by people working at dangerous jobs.
❻ Sometime between 1910 and 1912, he is believed to have invented the hard
hat, a light helmet designed to protect against falling objects in factories.

Culture Note

living book

Franz Kafka(1883~1924)
오스트리아-헝가리 제국
(현재 체코)에서 태어난 소
설가로서 '변신', '성', '심판'
등의 작품으로 널리 알려
져 있다.
법학 박사 학위를 취득하
였고 오랫동안 보험회사에
서 일했다.

Words & Expressions

• woodpecker [wúdpèkər] 명 딱따구리
• decade [dékeid] 명 십 년
 ex. They lived there for a *decade*.
• pioneer [pàiəníər] 명 선구자
 ex. He was a *pioneer* in the field of microsurgery.
• insurance [inʃú(:)ərəns] 명 보험
 ex. I bought a fire *insurance* policy last month.
• involve [inválv] 동 수반하다, 관련시키다
 ex. Don't *involve* me in your problem.
• injury [índʒəri] 명 부상, 상해
 ex. I was dropped from the team because of *injury*.

• protect [prətékt] 동 보호하다
 ex. Wear socks to *protect* your feet.
• object [ábdʒikt] 명 물체, 물건
 ex. This *microscope* magnifies an object 200 times.
• factory [fǽktəri] 명 공장
• be known as ~로 알려져 있다
 ex. They *are known as* the kings of the jungle.
• such as ~와 같은
 ex. I have many books, *such as* novels and cartoons.
• credit ~ as ... ~을 …로 믿다(여기다)
 ex. I *credit* her statement *as* being true.

First Reading

Read quickly to find out why scientists think that it is important to study woodpeckers.

Sample Answer They think that repeated blows to the brain can cause a variety of physical and mental problems later in life. (그들은 뇌에 가해지는 반복된 충격이 이후의 생활에 다양한 신체적, 정신적 문제를 야기할 수 있다고 생각한다.)

Second Reading

Read carefully to understand the similarities between the woodpecker's head and the latest black box technology.

Sample Answer The flexibility of the various parts of a woodpecker's head helps to absorb shocks, which softens the blow of impacts. Woodpeckers also have beaks that are hard yet flexible. (딱따구리 머리의 다양한 부분의 유연성은 충격을 흡수하는 걸 돕는데, 이것은 충격을 완화한다. 딱따구리는 또한 딱딱하지만 유연한 부리를 가지고 있다.)

본문 해석   딱따구리에서 안전모까지

❶ 프란츠 카프카는 20세기의 가장 중요한 작가들 중 한 명으로 가장 잘 알려져 있다. ❷ 〈성〉과 〈심판〉 같은 그의 소설은 수십 년 동안 널리 읽히고 있다.

❸ 그러나 일부 사람들은 그를 안전모 디자인의 선구자로 믿고 있다. ❹ 카프카는 젊을 때 보험 회사에서 일했다. ❺ 그의 직업 중 일부는 위험한 직장에서 일하는 사람들이 입은 부상에 대해 배우는 것과 관련이 있었다. ❻ 1910년에서 1912년 사이 언젠가, 그는 공장에서 떨어지는 물체로부터 보호하기 위해 설계된 가벼운 안전모인 딱딱한 모자를 발명한 것으로 여겨진다.

Structures

❶ Franz Kafka **is** best **known as** one of the most important writers of the 20th century.

A be known as B는 'A는 B로 알려져 있다'는 뜻이며, 이때 A와 B는 동일물이다. A be known for B는 'A는 B로 유명하다'라는 뜻이며, A와 B는 동일물이 아니며 B는 A에 대한 구체적인 설명을 해 준다.

ex. Seoul **is known as** the capital of Korea. (서울은 한국의 수도로 알려져 있다.)
   Incheon **is known for** its International Airport. (인천은 국제공항으로 알려져 있다.)

❷ His novels such as *The Castle* and *The Trial* **have been widely read** for decades.

have been read는 현재완료 시제인 「have+과거분사」와 수동태 「be동사+과거분사」가 합쳐진 표현으로 「have been+과거분사」로 나타낸다. 주어가 어떤 동작을 과거부터 지금까지 당하는 대상이 되어 '~ 당해 왔다, ~해 왔다'라는 의미로 쓰인다.

❸ However, some people also **credit** him **as** a pioneer in helmet design.

credit A as B는 'A를 B로 믿다[여기다]'라는 뜻을 나타낸다. 비슷한 표현으로는 regard A as B, consider A as B 등이 있다.

❺ Part of his job involved learning about the injuries **suffered by** people working at dangerous jobs.

injuries와 suffered 사이에 which[that] were가 생략된 구문으로, suffered by는 '~에 의해 고통을 겪는'이라는 의미로 앞에 있는 명사 injuries를 수식한다.

❻ Sometime between 1910 and 1912, he is believed **to have invented** the hard hat, a light helmet designed to protect against falling objects in factories.

They believe that he invented the hard hat, a light helmet ~에서 that절의 주어 he를 본주어로 하면 he is believed to have invented the hard hat.이 된다. 이때, believe는 시제가 현재이고 that절의 시제는 과거, 즉 invented는 believe보다 한 시제 앞선 시제이므로, 완료부정사 to have invented가 사용되었다.

Q1 What is Kafka best known as? (카프카는 무엇으로 가장 잘 알려져 있는가?)

A1 Kafka is best known as the one of the most important writers of the 20th century.
(Kafka는 20세기의 가장 중요한 작가들 중 하나로 가장 잘 알려져 있다.)

Check It!

1. Franz Kafka가 1910년에서 1912년 사이에 무슨 일을 한 것으로 믿어지는가?
   He is believed _____ _____ _____ the hard hat, a light helmet.

2. 다음 빈칸에 각각 알맞은 말을 쓰시오.
   (1) The rainy season is known _____ "wugi."
   (2) He is best known in the world _____ the song, "Gangnam Style" in the world.

3. 다음 우리말과 같도록 괄호 안의 낱말을 이용하여 문장을 완성하시오.
   그들은 그 회사에 2년 이상 고용되어 왔다. (employ)
   = They _____ _____ _____ by the company for over two years.

Answer 1 to have invented 2 (1) as (2) for 3 have been employed

❶ As time passed, numerous innovations were made, making today's helmets
～함에 따라　　　　　　　　　　　　　　　　수동태
much safer and stronger than Kafka's original design. ❷ They are built to survive
비교급 수식(much, even, still, far, a lot)　　　　　　수동태　　부사적 용법(목적)
massive impacts while remaining light enough for wearers to play sports or do
～하는 동안　　　　　　　　　부정사의 의미상의 주어
their jobs. ❸ Another innovation is that while old-style helmets were heavy and
접속사
bulky, causing neck pain, today's helmets are lighter and more comfortable for
분사구문
the wearer. ❹ This is important because people are much more likely to wear
앞 문장의 today's ～ wearer　　　　　　　비교급 수식(much, even, still, far, a lot)
helmets if they are comfortable.

❺ Despite all these innovations, helmets are still far from perfect. ❻ Sports
= In spite of　　　　　　　　　　　　　　　～와는 거리가 먼
players as well as workers at construction sites, factories, and other dangerous
A as well as B: B 뿐만 아니라 A
work environments frequently experience brain injuries due to the force and
= because of
frequency of blows to the head. ❼ Doctors believe that repeated blows to the brain
can cause a variety of physical and mental problems later in life.
= various

❽ This is why some scientists believe it is so important to study woodpeckers.
이것은 ～인 이유이다　　　　　　　　　　가주어　　　　　진주어
❾ They hammer their beaks into trees at speeds of over 20 kilometers per hour.
❿ They can peck about 20 times per second. ⓫ On average, they knock their heads
번　　　초당　　　　　　평균적으로
against hard surfaces about 12,000 times every day. ⓬ Each one of those impacts
단수 취급
is about 100 times as powerful as a hit that would
번　　　～만큼 …한　　　주격 관계대명사
cause serious brain injury to a human.

⓭ Yet somehow, woodpeckers never suffer any physical
하지만
or mental damage. ⓮ Why not?

179

Words & Expressions

- numerous [njúːmərəs]　형 수많은
  ex. *Numerous* people have fun at the beach.
- innovation [ìnəvéiʃən]　명 혁신, 쇄신
  ex. Their instruction can be a barrier to *innovation*.
- massive [mǽsiv]　형 거대한, 부피가 큰
  ex. His new song became a *massive* hit in 2012.
- impact [ímpækt]　명 충격, 충돌
  ex. Capitalism had a strong *impact* on the world.
- bulky [bʌ́lki]　형 부피가 큰, 거대한
- frequency [fríːkwənsi]　명 빈도(수)
- blow [blou]　명 치기, 타격

- hammer [hǽmər]　동 망치로 치다, 탕탕 두들기다
  ex. I have more nails to *hammer* in.
- beak [biːk]　명 (새의) 부리
  ex. *Beak* shapes are different depending on what food a bird eats.
- peck [pek]　동 (부리로) 쪼다, 쪼아 먹다
  ex. Woodpeckers *peck* holes in trees to make their nest.
- surface [sɔ́ːrfis]　명 표면
  ex. Clean the *surface* with a damp cloth.
- on average　평균적으로
  ex. *On average* I receive more than twenty messages every day.

❶ 시간이 지남에 따라 카프카의 독창적인 디자인보다 오늘날의 안전모를 훨씬 더 안전하고 강하게 만드는 수많은 혁신이 이루어졌다. ❷ 착용자가 스포츠나 일을 할 수 있도록 충분히 가벼우면서 엄청난 충격에도 견딜 수 있도록 만들어졌다. ❸ 또 하나의 혁신은 구식 안전모는 무겁고 부피가 커서 목에 통증을 유발하는 반면, 오늘날의 안전모는 착용자에게 더 가볍고 편안하다는 것이다. ❹ 안전모가 편안하면 사람들이 훨씬 더 착용할 가능성이 있기 때문에 이것은 중요하다.

❺ 이러한 모든 혁신에도, 안전모는 여전히 완벽하지 못하다. ❻ 건설 현장과 공장, 그 밖의 위험한 작업 환경에서 노동자뿐만 아니라 스포츠 선수들은 머리에 가해지는 타격과 빈도로 인해 종종 뇌 손상을 경험한다. ❼ 의사들은 뇌에 반복적으로 가해지는 타격이 삶의 후반부에 다양한 신체적, 정신적 문제를 일으킬 수 있다고 믿는다.

❽ 이것이 일부 과학자들이 딱따구리를 연구하는 것이 중요하다고 생각하는 이유이다. ❾ 그들은 시간당 20킬로미터 이상의 속도로 나무에 부리를 박는다. ❿ 그들은 초당 약 20회 쫄 수 있다. ⓫ 평균적으로 그들은 머리를 딱딱한 표면에 하루에 약 12,000번 부딪친다. ⓬ 이러한 각각의 충격은 인간에게 심각한 뇌 손상을 일으키는 충격의 100배 정도로 강력하다. ⓭ 하지만 어떻게 해서 딱따구리는 육체적 또는 정신적 손상을 전혀 겪지 않는다. ⓮ 왜 그럴까?

🔵 Structures

❶ As time passed, numerous innovations were made, **making** today's helmets much safer and stronger than Kafka's original design.

making 이하는 분사구문으로, 주절의 주어 numerous innovations를 의미상의 주어로 하여 주절의 동작에 부가되는 상황을 더해 주어 '(수많은 혁신들이) ~을 만들면서'로 해석할 수 있다.

❷ They are built to survive massive impacts **while** remaining light enough for wearers to play sports or do their jobs.

while은 때를 나타내는 접속사로 '~하는 동안'이라는 의미이며, 주절과 주어가 같은 경우에는 「주어+be동사」를 생략할 수 있다. 즉, while they are remaining ~으로 바꿔 쓸 수 있다.

❺ Despite all these innovations, helmets are still **far from** perfect.

far from은 '전혀 ~ 아닌, ~하기는커녕'이라는 의미로 far from 뒤에는 명사나 동명사 형태가 나온다.

❽ **This is why** some scientists believe **it** is so important **to study** woodpeckers.

This is why 뒤에는 결과가 와서 '이것이 ~한 이유이다'라는 의미가 된다. 원래는 This is the reason why인데, the reason이 흔히 생략되어 쓰인다. 한편, This is because 는 뒤에 이유가 와서 '이것은 ~이기 때문이다'라는 의미가 된다.

❿ They can peck about 20 times **per** second.

per는 '~당, ~마다'의 의미이다.

⓬ **Each** one of those impacts is about 100 times as powerful as a hit **that** would cause serious brain injury to a human.

each는 '각각의'라는 의미로 각각의 개체를 강조하므로 단수 취급하는 형용사이다. every도 마찬가지로 단수 취급한다. 즉, 「each(every)+단수 명사+단수 동사」로 쓰인다.

ex. **Every** student of the class **comes** to school early. (반의 모든 학생은 학교에 일찍 온다.)

Q2 What problems can repeated blows to the brain cause later in life?
(뇌에 가해지는 반복되는 타격은 삶의 후반부에 무슨 문제를 야기할 수 있나?)

A2 They can cause a variety of physical and mental problems.
(신체적, 정신적으로 다양한 문제를 일으킬 수 있다.)

Check It!

1. What kind of innovations were made to make the helmets much safer and stronger?
   They are built to survive massive _____, and they are _____ and more _____ for the wearer.

2. 다음 우리말과 같도록 빈칸에 알맞은 말을 쓰시오.
   이것이 아이들이 그 애니메이션 캐릭터를 좋아하는 이유이다.
   = _____ _____ _____ children love the animation character.

3. 다음 두 문장이 같도록 빈칸에 알맞은 말을 쓰시오.
   The scandal about the singers was not true.
   = The scandal about the singers was _____ _____ the truth.

Answer 1 impacts, light, comfortable 2 This is why 3 far from

❶ This was the very question that interested two Korean scientists, Sang-Hee Yoon and Sungmin Park: ❷ How do woodpeckers manage to avoid hurting themselves as they pound away at hard surfaces?

❸ The scientists studied woodpeckers closely, and learned that the birds have spongy bones in the frontal part of their skulls. ❹ Woodpeckers also have beaks that are hard yet flexible. ❺ They also noticed that there is very little space for a woodpecker's brain to move around inside its skull. ❻ The scientists concluded that the flexibility of the various parts of a woodpecker's head helps to absorb shocks, which softens the blow of impacts.

❼ The researchers decided to build a mechanical device that would imitate the functions of a woodpecker's spongy bone and flexible beak. ❽ Their goal was to improve black boxes, the devices on airplanes that keep detailed records of each flight. ❾ Black boxes are used to find out the causes of airplane crashes, so they must be able to endure the impact of falling from the sky.

❿ The researchers placed the black box's recording device inside an aluminum container tightly packed with tiny pieces of glass. ⓫ This was done to reproduce the effect of the spongy bone in a woodpecker's skull. ⓬ They also covered the container with a layer of rubber to absorb shocks and then covered the whole thing with a layer of steel. ⓭ The project was a great success: ⓮ The new black box was 60 times more protective than older types.

> The spongy bone reduces the shock from impacts.
> The tip of the beak is pushed backward and downward.

180

Words & Expressions

- skull [skʌl] 명 두개골
  ex. Inside the *skull* was a well-preserved brain!
- flexible [fléksəbl] 형 유연한, 잘 구부러지는
  ex. Rubber is very *flexible* material.
- absorb [əbsɔ́:rb] 동 흡수하다
  ex. Children's minds *absorb* anything like a sponge.
- soften [sɔ́:fən] 동 부드럽게 하다
- mechanical [məkǽnikəl] 형 기계적인, 기술적인
- detailed [ditéild] 형 상세한
- imitate [ímitèit] 동 모방하다
  ex. He's trying to *imitate* a bird's cry with his lips.

- endure [indʒúər] 동 참다, 견디다
  ex. I cannot *endure* his behavior any longer.
- impact [ímpækt] 명 충격
- aluminum [əljú:mənəm] 명 알루미늄
  ex. *Aluminum* cans can be recycled easily.
- rubber [rʌ́bər] 명형 고무(의)
  ex. We're going to take the *rubber* boat.
- protective [prətéktiv] 형 보호하는
- backward [bǽkwərd] 부 뒤로
- downward [dáunwərd] 부 아래쪽으로
- pack ~ with ... ~을 …로 채우다
  ex. The concert hall was *packed with* people.

❶ 이것이 바로 두 한국인 과학자인 윤상희와 박성민을 흥미롭게 하는 질문이었다. ❷ 딱따구리가 어떻게 단단한 표면을 박을 때 스스로를 해치는 것을 피할 수 있을까?

❸ 과학자들은 딱따구리를 철저히 연구하여 새들의 두개골 앞부분에 해면질 뼈가 있다는 것을 알게 되었다. ❹ 딱따구리는 또한 단단하지만 유연한 부리를 가지고 있다. ❺ 그들은 또한 딱따구리의 뇌가 두개골 안쪽에서 움직일 공간이 거의 없다는 것을 알아냈다. ❻ 과학자들은 딱따구리 머리의 다양한 부분들의 유연성이 충격을 흡수하게 해 주고, 그것이 타격을 완화시켜 준다고 결론을 내렸다.

❼ 연구진들은 딱따구리의 해면골과 유연한 부리의 기능을 모방한 기계적 장치를 만들기로 했다. ❽ 그들의 목표는 각 비행을 자세히 기록하는 장치인 블랙박스를 개선하는 것이었다. ❾ 블랙박스는 비행기 추락의 원인을 알아내기 위해 사용되기 때문에 하늘에서 떨어지는 충격을 견딜 수 있어야 한다.

❿ 연구진들은 블랙박스의 기록 장치를 작은 유리 조각들로 꽉 채운 알루미늄 용기 안에 넣었다. ⓫ 이것은 딱따구리의 두개골 안에 있는 해면골의 효과를 재현하기 위해 행해졌다. ⓬ 그들은 또한 충격을 흡수하기 위해 고무층으로 용기를 덮고 나서 강철층으로 전체를 덮었다. ⓭ 그 프로젝트는 크게 성공했다. ⓮ 새로운 블랙박스는 예전 것보다 60배 더 보호되었다.

Structures

❶ This was **the very** question **that** interested two Korean scientists, Sang-Hee Yoon and Sungmin Park
the very는 '바로 그, ~야말로'라는 뜻이다. that은 주격 관계대명사로 선행사에 the very가 쓰인 경우에는 주로 that을 쓴다.

❷ How do woodpeckers **manage to avoid hurting** themselves as they pound away at hard surfaces?
manage to는 '겨우 ~하다, 가까스로 ~하다'라는 뜻이며, 뒤에는 동사원형이 온다. avoid는 동명사를 목적어로 취하는 동사이다.

❹ Woodpeckers also have *beaks* **that** are hard **yet** flexible.
that은 주격 관계대명사로, 선행사는 beaks이며 which로 바꿔 쓸 수 있다. 또한 yet은 부사로, '~인데도, 그럼에도 불구하고'라는 의미이다.

❺ They also noticed that there is very little space **for a woodpecker's brain to move around** inside its skull.
to부정사의 의미상의 주어는 부정사 앞에 「for+목적격」으로 나타낸다. 따라서 to move around의 주체는 a woodpeckers' brain이다.

❻ The scientists concluded that the flexibility of the various parts of a woodpecker's head **helps to absorb** shocks, **which softens** the blow of impacts.
help는 뒤에 to부정사나 원형부정사가 목적어로 올 수 있다. 또한 which는 계속적 용법의 관계대명사이며, 선행사는 앞 문장 전체이다. 관계대명사 앞에 콤마(,)가 있는 경우를 계속적 용법이라고 하며, 이때 관계사절은 선행사에 대한 부가적인 정보를 제공한다. 계속적 용법의 관계대명사는 「접속사+대명사」의 의미를 나타내며, that으로 바꿔 쓸 수 없다.

❼ The researchers **decided to build** a mechanical device that would imitate the functions of a woodpecker's spongy bone and flexible beak.
decide는 to부정사를 목적어로 취하는 동사로 '~을 하기로 결정하다'의 의미이다. to부정사를 목적어로 취하는 동사에는 plan, want, hope, wish, manage, expect, afford, advise, choose, promise, refuse, tell 등이 있다.

⓮ The new black box was **60 times more protective than** older types.
「배수사+비교급+than」은 '~보다 —배 더 …한'이라는 의미이며, 「배수사+as+원급+as+명사」로 바꿔 쓸 수 있다. 즉, 60 times as protective as older types와도 같은 의미이다.

Q3 What features of the woodpecker's head protect it from impacts?
(딱따구리 머리의 어떤 특징이 머리를 충격으로부터 보호해 주나?)

A3 The spongy bone, hard yet flexible beak, and very little space between the brain and the skull are the features that protect the woodpecker's head from impacts.
(해면골과 딱딱하면서도 유연한 부리, 뇌와 두개골 사이에 공간이 거의 없는 것이 딱따구리의 머리를 충격으로부터 보호하는 특징이다.)

Check It!

1. 본문에서 과학자들이 딱따구리에 대해 알아낸 것들을 관련된 것끼리 연결하시오.
   (1) Woodpeckers have • • ⓐ to move around inside the skull.
   (2) Woodpeckers' beaks are • • ⓑ spongy bones.
   (3) Woodpeckers' brains have little space • • ⓒ hard yet flexible.

2. 다음 우리말과 일치하도록 빈칸에 알맞은 말을 쓰시오.
   (1) 나는 이 문제를 간신히 혼자 풀 수 있었다.
      = I could _____ _____ _____ the problem on my own.
   (2) 거실은 내 방보다 두 배만큼 크다.
      = The living room is twice _____ _____ _____ my room.

❶ From the positive and exciting results of the black box project came another realization: ❷ If woodpecker-inspired technology worked so well to protect black boxes, it <u>would</u> probably also work well in the improvement of helmet design.
가정법 과거 (현재 사실의 반대)

❸ Two Chinese scientists, Yubo Fan and Ming Zhang, decided to <u>look into</u> this
동격 ～을 조사하다
more closely, and created computer models of the birds' heads. ❹ They also filmed the woodpeckers <u>so they could</u> <u>watch them pecking</u> in super slow motion.
(that) 생략   지각동사+목적어+현재분사

❺ They came to many of the same conclusions <u>as</u> Yoon and Park, but they
～처럼(= like)
also noticed the importance of the shape of a woodpecker's beak. ❻ The top part of the beak is <u>longer than</u> the bottom half. ❼ When it hammers into a tree, it
～보다 긴
bends down and back, <u>absorbing</u> some of the impact. ❽ The researchers believe
～하면서(분사구문)
<u>that</u> these discoveries could be very useful <u>in developing</u> new helmets. ❾ In fact,
목적절을 이끄는 접속사   in -ing ～할 때
several helmet manufacturers are already searching hard for ways <u>to make</u> 'a
형용사적 용법
woodpecker helmet,' <u>whose</u> modern origin <u>dates back to</u> Franz Kafka.
소유격 관계대명사   ～로 거슬러 올라가다

181

Words & Expressions

- realization [rì(ː)əlizéiʃən] 명 깨달음, 실현
- inspire [inspáiər] 동 영감을 주다, 고무하다
  ex. The interior design was *inspired* by her trip to Europe.
- bend [bend] 동 구부리다, 굽히다
  ex. Try not to *bend* your back.
- manufacturer [mæ̀njəfǽktʃərər] 명 제조업자
  ex. A merchant bought some goods from a *manufacturer*.
- look into ～을 조사하다, ～을 들여다보다
  ex. The school principal is going to *look into* the matter.
- search for ～을 찾다
  ex. I usually *search for* information on the Internet.

- date back to (기원이) ～로 거슬러 올라가다

+More Information

Black Box
비행기나 차량에서 사용하는 장치로, 사고에서 중요하게 사용된다. 특히 항공기 사고 당시 조정석에서의 기장과 부기장의 대화 내용 및 교신 기록이 담겨 있어서 비행기 사고 원인의 단서를 찾는 데 사용된다. 블랙박스는 상당한 충격에 견딜 수 있도록 제작되어 자체 무게(대략 11킬로그램의 3,400배까지의 충격(3,400G)을 견디며, 섭씨 1천100도의 온도에서 30분, 섭씨 260도에서 10시간까지, 깊이 6,096미터의 물속에서 30일간 견뎌 낼 수 있어서 내부 기록 보존이 가능하다.

❶ 블랙박스 프로젝트의 긍정적이고 흥미로운 결과로부터 또 다른 깨달음을 얻었다. ❷ 딱따구리에서 영감을 얻은 기술이 블랙박스를 보호하기 위해 잘 작동한다면 그것은 아마 안전모 디자인의 개선에도 효과가 있을 것이다. ❸ 두 명의 중국 과학자 Yubo Fan과 Ming Zhang은 이것을 더 자세히 조사하기로 했으며, 새의 머리를 컴퓨터 모델로 만들었다. ❹ 그들은 또한 정말 느린 움직임으로 쪼는 딱따구리를 보기 위해 그것을 촬영했다.

❺ 그들은 많은 부분 윤상희, 박성민과 같은 결론에 도달했지만, 딱따구리의 부리 모양의 중요성도 발견했다. ❻ 부리의 상단 부분은 하단의 절반보다 길다. ❼ 나무에 망치질하며 쫄 때 그것은 뒤쪽과 아래쪽으로 구부려져 충격의 일부를 흡수한다. ❽ 연구자들은 이 발견이 새로운 안전모를 개발하는 데 매우 유용할 수 있다고 믿는다. ❾ 사실, 몇몇 안전모 생산회사들은 이미 '딱따구리 안전모'를 만드는 방법을 열심히 찾고 있으며, 그것의 현대 기원은 프란츠 카프카에게까지 거슬러 올라간다.

Structures

❶ From the positive and exciting results of the black box project **came another realization**:
From ~ project의 부사구가 문장 앞으로 나와 주어와 동사의 위치가 바뀌게 된 도치 구문이다. 이렇게 장소나 방향의 부사구를 문장의 앞으로 옮겨 강조할 때는 부사구 뒤에 동사가 나오고 그 다음 주어가 나오는 도치가 일어난다. 하지만 부사구가 문장의 앞에 와도 부사구 뒤에 콤마(,)가 있거나 주어가 대명사일 때는 도치가 일어나지 않는다.

❷ If woodpecker-inspired technology **worked** so well to protect black boxes, it **would** probably also **work** well in the improvement of helmet design.
가정법 과거란 현재 사실과 반대되거나 일어날 가능성이 희박한 일을 가정할 때 쓴다. 「if+주어+동사의 과거형, 주어+조동사의 과거형+동사원형」의 형태로 쓴다.

❹ They also filmed the woodpeckers **so** they **could watch them pecking** in super slow motion.
「so that+주어+can」은 '~가 …할 수 있도록'이라는 뜻인데, 이 문장에서는 that이 생략되었다. watch them pecking은 「지각동사+목적어+현재분사」 구문으로 지각동사는 목적격 보어로 동사원형이나 현재분사를 쓴다.

❺ They came to many of **the same** conclusions **as** Yoon and Park, ~.
the same ~ as …는 '…와 같은 ~'이라는 의미이다. 이때 as는 the same conclusions를 선행사로 하는 관계대명사이며, 이렇게 선행사가 the same의 수식을 받는 경우 유사관계대명사 as를 써서, '같은 종류의 ~'라는 의미를 나타낸다.

❽ The researchers believe that these discoveries could be very useful **in developing** new helmets.
in ~ing은 '~할 때, ~하는 점에서'라는 의미인데, 이 문장에서는 '~할 때'라는 의미로 쓰였다.

❾ In fact, several helmet manufacturers are already searching hard for ways **to make** 'a woodpecker helmet,' **whose** modern origin dates back to Franz Kafka.
whose는 계속적 용법의 관계대명사이며, 관계절 안에서 소유격으로 쓰였다. whose의 선행사는 a woodpecker helmet이므로, whose는 '그리고, 딱따구리 안전모의 현대 기원은 ~'으로 해석할 수 있다. 계속적 용법의 관계대명사는 선행사를 한정하는 것이 아니라 앞의 내용에 이어서 부연 설명할 때 쓰인다.

ex. The 911 call saved a man **whose** car had crashed badly. 〈한정적 용법〉
(911은 차가 심하게 부서진 남자를 구조했다.)
The police rescued a cat, **whose** hair was black and white. 〈계속적 용법〉
(경찰은 고양이를 한 마리 구조했는데, 그것의 털은 얼룩무늬이다.)

Q4 What is the new finding of the Chinese researchers? (중국 연구원들의 새로운 발견은 무엇인가?)

A4 They found that the top part of the woodpecker's beak is longer than the bottom half.
(그들은 딱따구리의 부리 상단 부분이 하단의 절반보다 길다는 것을 발견했다.)

Check It!

1. 딱따구리의 부리 모양이 어떠한 특징이 있는지 본문에서 찾아 문장을 완성하시오.
The top part of the woodpeckers' beak is _____ _____ the bottom half. When it hammers into a tree, the beak _____ some impact.

2. 다음 문장에서 어법상 틀린 부분을 찾아 고쳐 쓰시오.
(1) In the doorway her father stood.
(2) I heard someone yelled last night.

3. 다음 우리말과 일치하도록 빈칸을 채우시오.
시내에 새 건물이 있는데, 그것의 디자인이 매우 독특하다.
= There is a new building downtown, _____ design is very unique.

AFTER YOU READ

A MAPPING IDEAS

상자 안의 단어를 이용해서 딱따구리의 머리와 블랙박스 사이의 유사점을 보여 주는 그래픽 조직도를 완성하시오.

딱따구리 머리	블랙박스
특징 강한 충격으로부터 뇌를 보호한다	특징 비행 기록 장치를 강한 충격으로부터 보호한다
특별한 디자인 • 스펀지 같은 뼈 • 뇌와 두개골 사이에 공간이 거의 없다 • 딱딱하지만 유연한 부리	특별한 디자인 • 알루미늄 용기 안의 작은 유리 조각 • 고무 한 겹 • 강철 한 겹

Answer (1) brain (2) spongy (3) device
(4) glass

B DETAILS

읽고 사실이면 T, 거짓이면 F를 쓰시오.
1. 카프카는 안전모를 발명한 것으로 말해진다.
2. 현대 안전모는 충격으로부터 보호해 주는 것과는 여전히 완벽하지 못하다.
3. 어떤 사람들은 딱따구리가 머리를 치는 타격을 견딜 수 있다.
4. 중국 연구가들은 블랙박스의 더 나은 디자인을 제안했다.

Answer 1. T 2. T 3. F 4. F

C YOUR RESPONSE

우리가 딱따구리의 머리로부터 얻을 수 있는 기술적인 아이디어에 대해 짝과 대화해 봅시다.

우리가 딱따구리 머리의 특징들을 어떻게 사용할 수 있을까?
나는 더 좋은 스마트폰 케이스를 만들기 위해 그것을 이용할 수 있을 것 같다.

B MAPPING IDEAS

 Solution

본문의 중심 내용을 이해하고 요약하여 딱따구리(woodpecker)의 머리와 블랙박스(black box)의 유사점을 보여 주는 그래픽 조직도를 완성한다.

B DETAILS

Solution

A MAPPING IDEAS

Complete the graphic organizer that shows the similarities between a woodpecker's head and a black box using the words in the box.

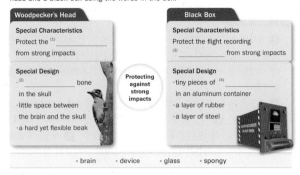

Woodpecker's Head		Black Box
Special Characteristics Protect the (1) _____ from strong impacts	Protecting against strong impacts	**Special Characteristics** Protect the flight recording (3) _____ from strong impacts
Special Design • (2) _____ bone in the skull • little space between the brain and the skull • a hard yet flexible beak		**Special Design** • tiny pieces of (4) _____ in an aluminum container • a layer of rubber • a layer of steel

• brain   • device   • glass   • spongy

B DETAILS

Read and write T if the statement is true, and F if it is false.

Statements	T/F
1 Kafka is said to have invented a helmet.	
2 Modern helmets are still far from perfect in protecting against impacts.	
3 Some people can survive the beating a woodpecker takes on its head.	
4 The Chinese researchers proposed a better design for black boxes.	

C YOUR RESPONSE

Talk with your partner about what technological ideas we can get from the features of the woodpecker's head.

How do you think we could use the features of the woodpecker's head?

I think we could use them to make better smartphone cases.

3은 딱따구리가 머리를 치는 타격을 견딜 수 있는 사람에 대한 언급은 없고, 이러한 타격은 인간의 삶에 신체적, 정신적 영향을 미칠 수 있다고 했으며, 4는 중국 연구가들은 딱따구리의 머리를 연구하여 블랙박스의 더 나은 디자인을 제안한 것이 아니라 안전모의 더 나은 디자인을 제안했다.

C YOUR RESPONSE

Sample Answer 1

I think we could use them to make stronger armors for soldiers. (나는 군인들의 전투복을 더 강하게 만들기 위해 그것을 이용할 수 있을 것 같다.)

Sample Answer 2

I think we could use them to make stronger bodies for cars. (나는 자동차의 외관을 더 강하게 만들기 위해 그것을 이용할 수 있을 것 같다.)

More Questions

※ 다음 내용이 본문의 내용과 일치하면 T, 일치하지 않으면 F에 표시하시오.
1. Old-style helmets caused neck pain because of their heavy and massive design. T ☐ F ☐
2. The hard hat invented by Kafka was designed for protecting against falling objects in factories. T ☐ F ☐
3. Researchers decided to improve black boxes by imitating the functions of a woodpecker's bones and beak. T ☐ F ☐
4. Chinese scientists created computer models of the birds' beaks to study woodpeckers. T ☐ F ☐
5. Helmet manufacturers are searching hard for ways to make 'a woodpecker helmet.' T ☐ F ☐

Answer 1 T 2 T 3 T 4 F 5 F

A

- The novels of Kafka **have been read** for decades.
- The tiger **has been raised** by human parents for years.
- The painting **has been thought** of as the oldest work of art in the world.

| Tip | '-되어 왔다'라는 의미를 나타내는 형식을 익혀 봅시다.

cf. People **have been reading** Kafka's novels for decades.

- Complete the passage using the words in parentheses.

Several animals and plants (been, have, studied) by scientists for centuries. Their goal is to find solutions to human problems by learning how similar problems (been, have, solved) by nature.

B

- Kafka is believed **to have invented** the hard hat.
- He seems **to have forgotten** to bring the document.
- She is likely **to have left** her bag on the train.

| Tip | 문장의 시점보다 앞선 시점을 나타내는 형식에 초점을 두어 살펴봅시다.

cf. It is believed that Kafka **invented** the hard hat.

- Change the form of the word in parentheses. Add a word if necessary.

A: Did John remember to bring a gift for Sarah?
B: He seems to (forget) to bring one.
A: Maybe he plans to pick something up later for her.

Quote for You · Choose the best word for the blanks.

I seem **to have loved** you in _____ forms, times... In life after life, in age after age, forever.

– *Rabindranath Tagor, Unending Love*

Rabindranath Tagor
(1861–1941)
인도의 시인이자 철학자.
1913년 아시아 최초로
노벨문학상을
수상했다.

a. careless b. numberless c. worthless

answer: b.

183

A

- 카프카의 소설들은 수십 년 동안 읽혀져 왔다.
- 그 호랑이는 수년 동안 인간 부모에 의해 길러져 왔다.
- 그 그림은 세상에서 가장 오래된 미술 작품으로 여겨져 왔다.

cf. 사람들은 수십 년 동안 카프카의 소설들을 읽어 왔다.

Answer have been studied, have been solved

B

- 카프카는 단단한 모자를 발명했다고 믿어진다.
- 그는 그 서류를 가져오는 것을 잊었던 것처럼 보인다.
- 그녀는 가방을 기차에 두고 온 것 같다.

cf. 카프카가 단단한 모자를 발명했다고 믿어진다.

Answer have forgotten

Quote for You

나는 셀 수 없는 형태와 셀 수 없는 시간으로 당신을 사랑했던 것 같아요. 이번 삶에서 다음 삶에서, 이 시간에 다음 시간에, 영원히.

Answer b

A

■ 괄호 안에 있는 말들을 사용해서 문단을 완성하시오.

몇몇 동물과 식물은 과학자들에 의해 수세기 동안 연구되어 왔다. 그들의 목표는 어떻게 유사한 문제들이 자연에 의해 해결되어 왔는지를 배움으로써 인간의 문제들에 대한 해결책을 찾는 것이다.

🎙 Solution

주어가 동작을 당하는 대상이 됨을 나타내는 수동태는 「be동사+과거분사」의 형태로 쓴다. 수동태의 시제는 be동사를 변형시켜 나타낼 수 있다. 그러므로 '~되어 왔다'라는 의미로 과거의 동작이 현재까지 영향을 미치고 있음을 나타내려면 수동태의 현재완료형인 「have(has) been+과거분사」로 쓸 수 있다.

B

■ 괄호 안의 단어의 형태를 바꾸시오. 필요하다면 단어를 추가하시오.

A John이 Sarah를 위한 선물을 가져오는 것을 기억했니?
B 그는 선물 하나를 가져오는 것을 잊었던 것처럼 보여.
A 아마 그는 나중에 뭐라도 그녀를 위해 사 주려고 계획하겠지.

🎙 Solution

본동사와 to부정사구의 동사가 같은 시제에 일어나면 단순부정사(to+동사원형)을 쓰고, to부정사구의 동사가 본동사의 동작보다 먼저 일어났음을 나타낼 때는 완료부정사(to have+과거분사)를 쓴다. 주로, 판단과 추측, 주장, 감정을 나타내는 표현과 함께 쓰인다.

Quote for You

+More Quotes

- Everything seems to have been turned upside-down, but in a good way.

모든 것이 거꾸로 뒤집혔던 것처럼 보인다. 좋은 방법으로.

— Mark Roberts

Words & Expressions

- decade [dékeid] 명 십 년(특히 1910~1919년 같은 기간을 나타냄)
- raise [reiz] 동 기르다, 양육하다
  ex. *Raising* a dog takes a lot of responsibility.
- century [séntʃəri] 명 세기, 100년
  ex. The recent rainfall was the largest downpour in a *century*.
- goal [goul] 명 목표, 목적
  ex. My *goal* is to ace the next exams.
- solution [səljúːʃən] 명 해결책
  ex. I think the best *solution* is to tell an adult.
- document [dάkjəmənt] 명 서류, 문서
  ex. iPods and other music devices can store pictures and *documents*.
- be likely to ~인 것 같다
  ex. It *is likely to* rain.

GRAMMAR POINTS

현재완료 수동태

주어가 동작의 주체가 아니라 동작을 당하는 대상임을 나타내는 수동태는 「be동사+과거분사」의 형태로 쓰며, 수동태의 시제는 be동사를 시제에 맞게 변형시켜 am(are, is)나 was(were)로 나타낼 수 있다. 이러한 수동태가 과거의 동작이 현재까지 영향을 미치고 있음을 나타낼 때는 「have(has) been+과거분사」로 쓴다.

(1) 현재완료 시제의 형태인 「have+과거분사」와 수동태의 기본 형태인 「be동사+과거분사」가 결합된 형태이다.
   ex. Hundreds of buildings **have been destroyed** due to the earthquake.
      (지진으로 수많은 건물이 파괴되었다.)
      Some books **have been stacked** on the table.
      (책들이 탁자 위에 쌓여 있다.)
(2) 현재완료 시제이기 때문에 계속, 결과, 완료, 경험의 용법으로 사용될 수 있다.
   ex. The restaurant downtown was closed for the renovation last month. + It is closed now.
      = The restaurant downtown **has been closed** for the renovation since last month. 〈계속〉
      (시내에 있는 그 식당은 지난달부터 수리를 위해 문을 닫은 상태이다.)
      My bicycle was stolen. + So I don't have it now.
      = My bicycle **has been stolen**. 〈결과〉
      (내 자전거는 도둑맞았다.)
cf. have been -ing: 어떤 동작이 최근까지 또는 말하고 있는 시점까지 계속 진행되고 있음을 나타내는 현재완료진행 시제이다.
   ex. I started waiting for the call in the morning. + I am still waiting for it.
      = I **have been waiting** for the call all the morning.
      (나는 아침 내내 전화를 기다리고 있다.)

완료수동태

to부정사의 동사가 본동사의 동작보다 먼저 일어난 일을 나타내는 경우에는 완료부정사 「to have+과거분사」를 쓸 수 있다.
He is pleased **to have worked** with her. → 그가 기쁜 것은 지금이고, 그녀와 일했던 것은 과거의 일이다.
(그는 그녀와 함께 일한 것이 기쁘다.)
= He **is** pleased that he **worked** with her.
He was pleased **to have worked** with her. → 그가 기쁜 것은 과거이고, 그녀와 일했던 것은 그보다 더 과거의 일이다.
(그는 그녀와 함께 일했던 것이 기뻤다.)
= He **was** pleased that he **had worked** with her.

(1) 문장의 동사와 to부정사의 동사가 같은 때 일어난 일이면 단순부정사 「to+동사원형」을 쓴다.
   ex. The result seems **to be** satisfying.
      (결과는 만족스러워 보인다.)
      He is said **to be** kind and smart.
      (그는 친절하고 똑똑하다고 한다.)
(2) seem, assume, appear, suppose, believe, think, expect 등의 동사와 주로 쓰인다.
   ex. It's supposed **to have been discovered** around 1920.
      (그것은 1920년쯤에 발견된 것으로 추정된다.)
      The novel is assumed **to have been written** in 1968.
      (그 소설은 1968년에 쓰인 것으로 추정된다.)
      He seems **to have spent** much time in England.
      (그는 많은 시간을 영국에서 보낸 것 같다.)

정답 및 해설 254쪽

1. 다음 괄호 안의 단어를 어법상 알맞은 형태로 변형하여 빈칸을 완성하시오.

(1) They have _____ unfairly for a long time. (treat)

(2) Everybody in the class has _____ to her party. (invite)

(3) All the documents for the meeting _____ . (lose)

2. 다음 우리말과 같은 뜻이 되도록 문장을 완성하시오.

(1) 아름다운 교회들이 르네상스 시대 동안에 건설되었다.

= The beautiful churches _____ during the Renaissance age.

(2) 그녀는 아침에 화가 났던 것 같다.

= She seems _____ angry in the morning.

(3) 항공기가 아직 발견이 되지 않았고 가라앉은 것으로 믿어진다.

= The aircraft _____ yet and is believed to have sunk.

3. 다음 두 문장이 같은 뜻이 되도록 빈칸을 채우시오.

(1) It seems that she made a terrible mistake the other day.

= She seems _____ a terrible mistake the other day.

(2) She started to teach at Harvard University. She is still teaching there now.

= She _____ at Harvard University.

(3) It seems that it snowed before.

= It seems _____ before.

4. 다음 문장에서 어법상 틀린 부분을 찾아 바르게 고쳐 쓰시오.

(1) The copy machine is believed to be out of order from last night.

_____ → _____

(2) He seems to forget to bring his lunch box.

_____ → _____

(3) It has been test as thoroughly as possible.

_____ → _____

(4) Yoga is thought to had developed in India long time ago.

_____ → _____

(5) The lost puppy has found alive in the park.

_____ → _____

- unfairly 불공평하게, 불공정하게 (↔ fairly)
- treat 대하다, 대우하다
- document 서류, 문서

- construct 건설하다
- Renaissance age 르네상스 시대
- aircraft 항공기
- sink 가라앉다

- mistake 실수
- the other day 일전에
- seem ~인 것 같다

- copy machine 복사기
- out of order 고장 난
- forget to ~할 것을 잊다
- thoroughly 철저히
- develop 개발하다, 발달시키다
- alive 살아 있는

LET'S WRITE

거미줄이 새를 구하다
고층 건물 유리 창문에 충돌하는 새들에 대해 들어 본 적 있습니까? 우리는 이러한 현상에 대한 글을 읽고 문단을 요약할 것이다.

A GET IDEAS
다음 단락을 읽고 가장 적절한 제목을 고르시오.
a. 새들이 직면하는 위험들
b. 창의적인 젊은 연구원들
c. 자외선 빛으로 새들 구하기
d. 거미줄의 아름다움

Answer c

B ORGANIZE IDEAS
A의 문단을 요약하는 노트를 완성하시오.
해결할 문제
수많은 새들이 창문의 유리로 날아들어 죽임을 당해 왔다.
자연에서 찾은 본보기
자외선 빛을 반사하는 거미줄
본보기가 어떻게 작동하는가
• 반사된 자외선 빛은 새들이 거미줄을 통과하여 비행하는 것을 피하도록 경고한다.
개발된 기술
• 새들을 그것에 충돌하는 것으로부터 보호하는 자외선 반사 유리

Answer (1) have been killed (2) window glass
(3) Spider webs (4) warns (5) avoid

A GET IDEAS
수백만 마리의 새들이 창의 유리로 곧바로 날아가서 죽임을 당해 왔다. 새들은 유리창이 거의 보이지 않기 때문만이 아니라 그것이 근처의 나무나 하늘, 새 자신을 반사함으로써 새들을 혼란스럽게 하기 때문에 창문의 유리에 충돌한다. 이 문제를 다루기 위해 연구원들은 자신의 관심을 자외선을 반사하는 거미줄로 돌렸다. 반사된 자외선은 새들이 그 빛을 쉽게 볼 수 있기 때문에 새들에게 거미줄 사이를 통과하여 나는 것을 피하도록 경고한다. 따라서 거미줄은 자신이 파괴되는 것으로부터 자신을 지킬 수 있다. 이 사실에 영감을 받아 연구원들은 최근에 새로운 종류의 유리를 개발했다. 그것은 마치 거미줄이 그런 것처럼 자외선을 반사하여 새들을 그것에 충돌하는 것으로부터 보호할 수 있다.

🔵 Solution

많은 새들이 창의 유리에 충돌해서 죽는 원인은 유리창이 거의 보이지 않고 근처의 나무나, 하늘, 새 자신을 반사해서 새들을 혼란시키기 때문인데, 연구원들은 거미줄이 자외선을 반사하고 반사된 자외선을 새들이 쉽게 볼 수 있기 때문에 거미줄을 통과하는 것을 피하게 된다는 사실을 알아냈다. 이렇게 연구원들은 자외선 빛을 반사하는 거미줄의 기능에 영감을 받아 새들을 보호할 수 있는 새로운 종류의 유리를 개발했다.

🔵 Structures

• Birds crash into window glass **not only** because it is nearly invisible **but also** because it often confuses

---

Spider Webs Save Birds
Have you ever heard of birds crashing into the glass windows of high buildings? We are going to read and summarize a passage about this phenomenon.

A GET IDEAS
Read the following passage and choose the best title.

Hundreds of millions of birds have been killed by flying directly into window glass. Birds crash into window glass not only because it is nearly invisible but also because it often confuses birds by reflecting nearby trees, the sky, or the birds themselves. To address this problem, researchers turned their attention to spider webs that reflect ultraviolet (UV) light. The reflected UV light warns birds to avoid flying through the spider webs because birds can easily see the light. The spider webs thus protect themselves from being destroyed. Inspired by this fact, researchers recently developed a new kind of glass. It reflects UV light, just as spider webs do, protecting birds from crashing into it.

a. Dangers Facing Birds   b. Creative Young Researchers
c. Saving Birds with UV Light   d. The Beauty of Spider Webs

B ORGANIZE IDEAS
Complete the summary note of the passage in A.

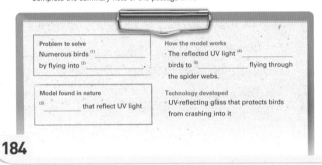

Problem to solve
Numerous birds (1) _____
by flying into (2) _____

Model found in nature
(3) _____ that reflect UV light

How the model works
· The reflected UV light (4) _____
  birds to (5) _____ flying through
  the spider webs.

Technology developed
· UV-reflecting glass that protects birds
  from crashing into it

184

---

birds ~.
not only because A but also because B는 not only A but also B의 변형된 형태로, 'A이기 때문만이 아니라 B이기 때문이다'라는 뜻을 나타낸다.

• To address this problem, researchers turned their attention to spider webs **that** reflect ultraviolet (UV) light.
that은 주격 관계대명사로 which로 바꿔 쓸 수 있다.

• The reflected UV light **warns** birds **to avoid** flying through the spider webs because birds can easily see the light.
「warn+목적어+to부정사」는 '~가 …하도록 경고하다'라는 뜻이며, avoid -ing는 '~하는 것을 피하다'라는 뜻이다.

• **Inspired by this fact**, researchers recently developed a new kind of glass.
Inspired by this fact는 분사구문으로 Because they were inspired by this fact의 의미이다. (Being) Inspired에서 Being이 생략된 형태이다.

• It reflects UV light, just as spider webs do, **protecting birds from crashing into it**.
protecting birds from crashing into it은 동시동작을 나타내는 분사구문이다.

B ORGANIZE IDEAS

🔵 Solution

A GET IDEAS 본문에 사용된 핵심 어구를 이용하여 요약문을 완성한다.

C WRITE A SUMMARY

Complete the summary of the passage in A based on the note in B.

Numerous birds _____.

(problem to solve)

To address this problem, researchers studied _____.

(model found in nature)

The reflected UV light warns birds to _____.

(how the model works)

Inspired by this fact, researchers developed _____

(technology developed)

+ Writing Tip

글을 요약할 때는 글의 주제를 나타내는 핵심 문장과 표현을 찾아내고, 이를 이용해 새로운 문장으로 다시 씁니다.

Peer Review	My partner thinks ...
Does the summary include the problem, chosen model, properties of the model, and learned technology?	☺ ☺ ☺
Does the summary convey the key points of the original passage in a clear and efficient manner?	☺ ☺ ☺
Are the phrases and sentences in the summary natural and acceptable?	☺ ☺ ☺
partner's comments:	

D REVIEW & REVISE

Read the comments and revise your writing.

185

C WRITE A SUMMARY

B에 적힌 메모를 바탕으로 A의 글 요약문을 완성하시오.

동료 평가

• 요약문은 문제와 선택된 본보기, 본보기의 속성, 거기서 배운 기술을 모두 포함하는가?
• 요약문은 원래 글의 요점을 명확하고 효율적인 방법으로 전달하고 있는가?
• 요약문의 어구와 문장은 자연스럽고 수용할 만한가?
• 짝의 의견

D REVIEW & REVISE

평가를 읽고 작문을 고쳐 쓰시오.

Writing Tip	Writing a summary

기억에 남은 여행기 쓰기

여행했던 곳 중에서 기억에 남았던 곳을 선택하여 구체적인 내용과 함께 자세하게 써 본다. 여행기는 여행한 장소, 기간, 여행 동기, 그곳에서 했던 경험 등과 함께 여행 후에 느낀 점까지 포함시켜야 여행지의 생생함을 전달할 수 있다.

C WRITE A SUMMARY

Solution

B ORGANIZE IDEAS에서 자신이 정리한 내용을 토대로 하여 글을 작성한다.

Sample Answer

Numerous birds <u>have been killed by flying into window glass</u>. To address this problem, researchers studied <u>spider webs that reflect ultraviolet (UV) light</u>. The reflected UV light warns birds <u>to avoid flying through the spider webs</u>. Inspired by this fact, researchers developed <u>UV-reflecting glass that protects birds from crashing into it</u>.

수많은 새들이 창문 유리로 날아들어 죽임을 당해 왔다. 이 문제를 다루기 위해 연구원들은 자외선을 반사하는 거미줄을 연구했다. 그 반사된 자외선은 새들에게 거미줄을 통과하여 비행하는 것을 피하도록 경고한다. 이 사실에 영감을 받아 연구원들은 새들을 그것에 충돌하는 것으로부터 지켜 주는 자외선 반사 유리를 개발했다.

D REVIEW & REVISE

Solution

동료 평가의 내용을 바탕으로 하여 내용 오류부터 문법 오류, 구두점 오류까지 범위를 넓혀 가며 여러 번 수정을 거쳐 글을 작성하도록 한다.

Words & Expressions

• numerous [njúːmərəs] 형 수많은
  ex. Many people suffer from numerous *incurable* diseases.
• address [ədrés] 동 (문제를) 다루다
  ex. His essay *addresses* the real issues.
• reflect [riflékt] 동 반사하다, 반영하다
  ex. Water *reflects* light.
• warn [wɔːrn] 동 경고하다
  ex. The doctor *warned* me of the dangers of smoking.
• inspire [inspáiər] 동 영감을 주다, 고무시키다
  ex. He *inspires* me to be more creative.
• develop [divéləp] 동 개발하다
  ex. The government will *develop* digital textbooks.

ACROSS SUBJECTS

Biomimicry: 자연으로부터 배운 기술

지구상의 동물과 식물은 생존을 위해 많은 어려움을 극복하기 위해 오랫동안 진화했다. 결과적으로, 그들 중 몇몇은 우리의 문제를 더 잘 해결하기 위한 아이디어를 우리에게 줄 수 있는 특별한 특징을 가지게 되었다.

STEP 1
네 명으로 모둠을 만들어 껍질이 까끌까끌한 씨앗들과 벨크로의 공통된 특징들에 대해 토의하시오.
껍질이 까끌까끌한 씨앗으로부터 배운 기술
특별한 속성
지나가는 동물이나 사람의 옷에 쉽고 빠르게 달라붙는다.
용도
옷과 가방, 신발 같은 다양한 물체의 나눠진 부분을 잠근다.

STEP 2
특별한 속성을 가진 동물 또는 식물과 그들로부터 배울 수 있는 가능한 기술들에 대해서 토의하시오. 가장 재미있어 보이는 것을 골라 표를 완성하시오.

인터넷에서 생체 모방의 예들에 대해서 더 배워 보세요.
검색어: 생체 모방 / 생체 모방의 예 / 자연으로부터의 기술 / 놀라운 능력을 가진 동물과 식물

Biomimicry: Technology Learned from Nature

Animals and plants on Planet Earth evolved for a long time to cope with many challenges to their survival. As a result, some of them came to have special features that can give us ideas to better address our problems.

STEP 1 | Make groups of four and discuss what features burrs and Velcro have in common.

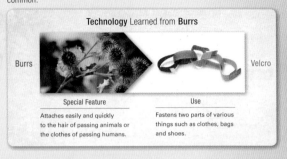

Technology Learned from Burrs

Burrs | Velcro

Special Feature	Use
Attaches easily and quickly to the hair of passing animals or the clothes of passing humans.	Fastens two parts of various things such as clothes, bags and shoes.

STEP 2 | Discuss animals and plants with special features and possible technologies that can be learned from them. Pick one that seems most interesting and complete the table.

Animal or Plant	Special Features	Possible Technology

Learn more about the examples of biomimicry on the Internet

Search Words | biomimicry | examples of biomimicry | technologies from nature | animals and plants with amazing abilities

186

STEP 1

Sample Answer

Animal or Plant	Special Features	Possible Technology
Kingfishers	When they catch fish, they dive into the water smoothly without a big splash of water.	Inspired by the kingfisher's beak, the high-speed train became quieter and faster.
Mosquitoes	Several moving parts on the tip of a mosquito's mouth bite through the skin with a minimum of pain.	Needles prick into skin painlessly like mosquito bites.

동물이나 식물	특별한 특징들	가능한 기술
물총새	물총새가 고기를 잡을 때 큰 물보라 없이 매끄럽게 입수한다.	물총새의 부리에서 영감을 얻은 고속 열차는 더 조용하고 빨라졌다.
모기	모기의 입 끝에 있는 움직이는 여러 부분이 최소한의 통증으로 피부를 문다.	바늘은 모기에 물리는 것과 같이 고통 없이 피부를 찌른다.

+ More Information

생체 모방 기술 적용 사례
• 벨크로(Velcro): 도꼬마리 열매의 갈고리 모양의 돌기를 본뜸
• 퀄컴의 미라솔 디스플레이: 나비의 날개에서 아이디어를 얻음
• 방수 페인트, 나노미터 입자 코팅 유리: 연잎의 작은 돌기가 물을 밀어내는 원리를 적용함
• 전신 수영복: 울퉁불퉁한 돌기가 있는 상어 비늘의 표면 마찰력 감소 기능을 적용함
• 로봇 청소기: 장애물 위치를 파악해서 먹이를 잡는 박쥐의 초음파 기술을 모방함
• 비행 장치 설계: 레오나르도 다빈치가 새의 날개 구조와 골격을 연구하여 모방함

Words & Expressions

• evolve [iválv] ⑧ 진화하다, 발달하다
  ex. The bird has *evolved* many features enabling it to fly.
• cope with ~에 대처하다
  ex. Here are some healthy ways to *cope with* stress.
• survival [sərváivəl] ⑲ 생존
  ex. Water is most necessary for *survival*.
• as a result 결과적으로
  ex. *As a result*, she became the last person to live here.
• attach [ətǽtʃ] ⑧ 붙이다, 첨부하다
  ex. They are *attached* to the leaf by a short stem.
• fasten [fǽsən] ⑧ 단단히 잠그다, 매다
  ex. *Fasten* your seat belt!

Technology Learned from _____

Animal or Plant	Technology
_____	_____

Special Feature	Use
_____	_____

STEP 4   Present each group's poster to the class and vote for the best one.

Think & Evaluate		Evaluate each group's project work	Excellent	Good	Fair
			Group 1	Group 2	...
Does the poster include the model animal or plant, its special feature, the proposed technology, and its use?					
Is the nature-inspired technology creative and useful?					
Did all the members of the group cooperate to complete the poster?					

187

STEP 3

STEP 2에서 찾은 정보를 가지고 포스터를 완성하시오.

STEP 4

각 모둠의 포스터를 학급에 발표하고 최고를 선정하시오.

평가표
• 포스터에 본보기가 된 동식물, 그들의 특별한 자질, 제안된 기술과 그 용도 등이 모두 포함되어 있는가?
• 자연에 영감을 받은 기술이 창의적이고 유용한가?
• 모든 모둠원이 적극적으로 포스터를 만드는 데 참여했는가?

STEP 2

Sample **Answer 1**

물총새로부터 배운 기술들

동물이나 식물	기술
Kingfishers 물총새	Quieter train 조용한 열차

특징
Kingfishers dive into the water smoothly without a big splash of water to catch fish.
물총새는 고기를 잡기 위해 큰 물보라 없이 매끄럽게 입수한다.

적용
Quieter and faster high-speed trains have been, inspired by the kingfisher's beak.
더 조용하고 더 빠른 고속 열차는 물총새의 부리에서 영감을 얻었다.

Sample **Answer 2**

모기로부터 배운 기술들

동물이나 식물	기술
Mosquitoes 모기	Needles 바늘

특징
Several moving parts on the tip of mosquito's mouth bite through the skin with a minimum of pain.
모기의 입 끝에 있는 움직이는 여러 부분이 최소한의 통증으로 피부를 문다.

적용
Needles that prick into the skin painlessly have been inspired by mosquito bites.
고통 없이 피부를 찌르는 바늘은 모기에 물리는 것에서 영감을 얻었다.

Sample **Answer 3**

돌고래로부터 배운 기술들

동물이나 식물	기술
Dolphins 돌고래	Sensitive pressure sensors 고성능 압력 탐지기

특징
They can send signals underwater.
바닷속에서 신호를 보낼 수 있다.

적용
Sensitive pressure sensors must be located underneath passing waves in waters as deep as 6,000 meters.
6천 미터의 깊은 수중을 통과할 때 고성능 압력 탐지기를 장착할 수 있다.

CHECK UP

1. Listen and choose what you should not do when you notice a gas leak.

    a. open the windows   **b.** turn off the gas

    c. turn on the fan   **d.** call the gas company

🎧 Script

W Today I'm going to tell you what to do when you notice a gas leak. First, open all the windows to let out the leaked gas. Then turn off the gas if it is open. Remember you're not supposed to turn on electrical devices such as fans and lights because electrical sparks can cause an explosion. And then call the gas company right away at the number displayed near the gas stove.

여 오늘 저는 여러분께 여러분이 가스 누출을 알아차렸을 때 무엇을 해야 할지 말씀드리겠습니다. 먼저, 누출된 가스를 내보내기 위해 창문을 열어 두십시오. 그 다음, 가스가 열려 있다면 그것을 차단하십시오. 전기 불꽃이 폭발을 일으킬 수 있기 때문에 선풍기나 전등 같은 전기 장치들을 켜지 말아야 한다는 점을 기억하십시오. 그 다음, 가스레인지 근처에 보이는 번호로 즉시 가스 회사에 전화하십시오.

---

1. 듣고 가스 누출을 알아차렸을 때 무엇을 하면 **안 되**는지를 고르시오.

a. 창문을 여시오

b. 가스를 끄시오

c. 선풍기를 켜시오

d. 가스 회사에 전화하시오

Answer | c

🎤 Solution

폭발을 일으킬 수 있기 때문에 선풍기나 전등 같은 기구를 켜지 말라고 했다.

Words & Expressions

- gas leak 가스 누출
- electrical [iléktrikəl] ⑱ 전기의
- spark [spɑːrk] ⑧ 불꽃을 일으키다, 유발하다
- explosion [iksplóuʒən] ⑲ 폭발

---

2. Listen and choose the best response to the boy's last words.

    a. What a pity! We should protect bats.

    b. I'm so relieved to hear that. Thank you.

    c. How interesting! I'd like to learn more about it.

    d. That's horrible! I hope I never come across that animal.

🎧 Script

G Wow! Is this a cleaning robot?

B Yes, it is. We got it last month.

G Does it clean all the rooms on its own?

B Yes, it does. It learns where the rooms are for itself.

G I wonder how it can do that.

B I heard it uses a technology learned from bats.

G _____

여 와! 이게 청소 로봇이니?

남 그래, 우리는 지난달에 그것을 샀어.

여 그것이 스스로 모든 방을 청소한다고?

남 그래. 그것은 방들이 어디 있는지 스스로 알아.

여 어떻게 그럴 수 있는지 궁금하다.

남 내가 듣기로는 그것은 박쥐로부터 배운 기술을 사용한대.

여 _____

---

2. 대화를 듣고 남자의 마지막 말에 가장 적절한 답을 고르시오.

a. 안됐구나! 우리가 박쥐를 보호해야 해.

b. 그 말을 들으니 정말 안심이 된다. 고마워.

c. 재미있구나! 나는 그것에 대해서 더 알고 싶어.

d. 끔찍해! 나는 그 동물과 마주치지 않기를 바라.

Answer | c

🎤 Solution

여자와 남자는 청소 로봇에 대해 이야기하고 있는데, 남자는 스스로 방의 위치를 알아내서 청소하는 기술은 박쥐로부터 배운 것이라고 한다. 이 말을 듣고 여자는 '재미있구나! 나는 그것에 대해서 더 알고 싶어.'라고 말하는 것이 가장 적절하다.

Words & Expressions

- cleaning robot 청소 로봇
- on one's own 스스로, 혼자 힘으로
- for oneself 스스로
- technology [teknálədʒi] ⑲ 기술

3. Choose the one that best shows what the underlined part means.

> The researchers decided to build a mechanical device that would imitate the functions of a woodpecker's spongy bone and flexible beak. Their goal was to improve black boxes, the devices on airplanes that keep detailed records of each flight. Black boxes are used to find out the causes of airplane crashes, so they must be able to endure the impact of falling from the sky.

a. to reduce air resistance when the woodpecker flies
b. to protect the brain of the woodpecker from strong impacts
c. to make the head of the woodpecker small and light enough
d. to enable the woodpecker to survive on a small amount of food

Solution

딱따구리의 스펀지 같은 뼈와 유연한 부리의 기능을 모방한 기계 장치를 만들

---

3. 문단을 읽고 밑줄 친 부분이 보여 주는 것이 무엇인지 가장 적절한 것을 고르시오.

연구원들은 딱따구리의 스펀지 같은 뼈와 유연한 부리의 기능을 모방한 기계 장치를 만들기로 했다. 그들의 목표는 각 비행의 세부 기록들을 보관하는 비행기 장치인 블랙박스를 개선하는 것이었다. 블랙박스는 비행기 충돌의 원인을 밝히기 위해 사용되므로, 그것은 창공에서 낙하하는 충격을 견뎌 낼 수 있어야 한다.
a. 딱따구리가 날 때 공기 저항을 줄이는 것
b. 강한 충격으로부터 딱따구리의 뇌를 보호하는 것
c. 딱따구리의 머리를 충분히 작고 가볍게 만드는 것
d. 딱따구리가 적은 양의 음식을 먹고 생존하는 것을 가능하게 하는 것
Answer b

기로 한 것은 b. '강한 충격으로부터 딱따구리의 뇌를 보호하는 것'에 해당한다.

---

4. Change the form of the words in parentheses (A) and (B) to best fit the context. Add words if necessary.

> Many wrong beliefs about water safety have long **(A)** (hold) by people. One of them is the belief that once we learn to swim, we don't need life jackets during water activities. This is simply wrong. Life jackets are reported to have **(B)** (save) the lives of hundreds of thousands of good swimmers.

Solution

many wrong beliefs가 주어이고 뒤에 전치사 by로 이어지므로 수동태 been held가 맞는데, 현재완료의 계속 용법을 더해 have been held로 써야

---

4. 괄호 (A)와 (B)의 단어의 형태를 변형하여 문맥에 알맞은 말을 넣으시오. 필요하다면 단어를 추가하시오.

수상 안전에 대한 많은 잘못된 믿음들이 사람들에 의해 유지되어 왔다. 그것들 중 하나는 일단 수영을 배우기만 하면 수상 활동 동안 구명조끼가 필요가 없다는 것이다. 이것은 단순히 잘못된 것이다. 구명조끼는 수십만 명의 수영을 잘하는 사람들의 생명을 구해 왔다고 보고된다.
Answer (A) been held   (B) saved

적절하다. 또한 구명조끼가 과거부터 현재까지 많은 사람들의 생명을 구해 왔다는 의미가 되어야 하므로, 완료부정사 to have saved가 알맞다.

---

5. Choose the best place for the sentence in the box.

> Some of them inspired humans to develop new technologies.

> (❶) Animals and plants have long been studied by people for their unique abilities and characteristics. (❷) For example, birds are known to have been the model for the airplane designed by Leonardo da Vinci. (❸) Other animals such as geckos and kangaroos are now serving as the models for various robots. (❹) These animals evolved over a long time to adapt to their environment, developing their special abilities to fly, walk on walls, or jump efficiently. Biomimicry means imitating these abilities to develop technologies that can solve various human problems.

Solution

주어진 문장의 them이 가리키는 것은 첫 번째 문장의 their unique abilities and characteristics이다. 또한 주어진 문장의 예를 드는 내용이 이어지는 것

---

5. 상자 안의 문장이 들어갈 가장 적절한 곳을 고르시오.

동물과 식물은 자신의 독특한 능력과 특징 때문에 사람들에 의해 오랫동안 연구되어 왔다. 그들 중 일부는 사람들에게 영감을 주어 새로운 기술을 발전시키도록 했다. 예를 들어, 새들은 레오나르도 다빈치에 의해 디자인된 비행기에 본보기가 되었다고 알려져 있다. 도마뱀과 캥거루 같은 다른 동물들은 다양한 로봇들을 위한 본보기들로서 역할을 하고 있다. 이 동물들은 자신의 독창적인 날고 벽 위를 걷고 효율적으로 점프하는 능력을 개발하면서 환경에 적응하기 위해 오랫동안 진화했다. Biomimicry는 다양한 인간의 문제를 해결할 수 있는 기술을 발전시키기 위해 이 능력을 모방하는 것을 의미한다.
Answer ❷

이 적절하므로, 주어진 문장은 ②에 들어가는 것이 흐름상 자연스럽다.

01 다음 대화의 빈칸에 들어갈 말로 가장 적절한 것은?

> A Judy, you look tired. What's wrong?
> B I can't sleep well these days. I really want to have a good night's sleep.
> A Why don't you have a cup of warm milk before you go to bed?
> B _____

① Because I don't like milk.
② Milk will be good for you.
③ I'm planning to get up early.
④ That sounds like a good idea.
⑤ It's important to go to sleep at a fixed time every night.

02 다음 중 빈칸에 들어갈 말로 알맞지 <u>않은</u> 것은?

> A Hi, Junseop. What happened to your leg?
> B Hi, Minji. I fell on the stairs and broke it.
> A _____ It must have hurt a lot.
> B It really did! But it feels okay now.

① That's a pity.
② That's too bad.
③ I'm sorry about that.
④ I'm sorry to hear that.
⑤ You'd better go to sleep.

03 다음 대화의 밑줄 친 부분의 의도로 알맞은 것은?

> A Minho, you look tired.
> B I went to bed very late last night and didn't sleep well.
> A Why? Was there any particular reason?
> B Well, not really. I watched movies and then chatted with my friends online.
> A <u>It's important to get enough sleep. Otherwise, your health will suffer.</u>

① 잠이 필요한 이유를 설명하려고.
② 충분한 잠의 중요성을 강조하려고
③ 잠을 잘 잘 수 있는 방법에 대해 조언하려고
④ 수면 장애를 극복한 자신의 경험을 전해 주려고
⑤ 잠을 충분히 자지 못한 데 대한 유감을 표시하려고

04 다음 대화에 이어질 대화의 순서를 바르게 나열한 것은?

> A Did you know that there was a car accident near here yesterday?
> B Yes, I did. In fact, there was another accident in the same spot last year.

> (a) Maybe we can. How about doing a campaign for safe driving?
> (b) Me, too. Can we be of any help with that?
> (c) That's scary. I hope there are no more accidents there.
> (d) That's a good idea. Let's do it.

① (a) − (b) − (d) − (c)
② (b) − (d) − (a) − (c)
③ (c) − (b) − (a) − (d)
④ (c) − (d) − (a) − (b)
⑤ (d) − (b) − (a) − (c)

05 다음 대화의 밑줄 친 부분과 의미가 같은 것은?

> A Hi, Steve! <u>Have you heard much about Korea?</u>
> B Yes, a lot. My friends have told me a lot about famous places in Korea.
> A Great! And where have you been in Korea?
> B I've been to Gyeongju, Seoraksan, and Jejudo. They were all wonderful.

① Why do you like Korea?
② Do you know about Korea?
③ Have you ever visited Korea?
④ How come you live in Korea?
⑤ Where did you hear about Korea?

06 다음 짝지어진 두 단어의 관계가 같도록 빈칸에 알맞은 말을 주어진 철자로 시작하여 쓰시오.

(1) psychology : psychologist
  = poem : p＿＿＿＿＿＿

(2) naked : bare = special : u＿＿＿＿＿＿＿

(3) encourage : discourage
  = exclude : i＿＿＿＿＿＿

(4) attain : gain = soft : t＿＿＿＿＿＿＿

07 다음 빈칸에 공통으로 알맞은 것은?

> • You have to ＿＿＿＿＿ advantage of this opportunity.
> • John will ＿＿＿＿＿ the place of you while you're in the hospital.

① do
② get
③ take
④ make
④ have

08 다음 중 어법상 옳은 것은?

① Clara proposed that John starts early.
② That surprised me was that he won first prize.
③ Do you know the woman dancing on the stage?
④ You'd better take an umbrella in case of it rains.
⑤ She achieved her dream of become an astronaut.

09 다음 중 어법상 어색한 것은?

① This is the same watch as I lost yesterday.
② He sat silently, with his dog sleep at his feet.
③ Jane suggested that we should leave at once.
④ The librarian found an old book written in the year 1000.
⑤ To his disappointment, John could not win the final match.

10 다음 문장에서 생략된 부분을 찾아 빈칸을 완성하시오.

(1) She is a famous writer popular among young people.
  = She is a famous writer ＿＿＿＿＿＿＿
  ＿＿＿＿＿ popular among young people.

(2) Mr. Green recommended that the report be submitted by Friday.
  = Mr. Green recommended that the report ＿＿＿＿＿ be submitted by Friday.

11 다음 글의 밑줄 친 ⓐ~ⓔ 중 생략할 수 없는 것은?

> I wanted to change, and started to reflect on myself. Realizing ⓐ that I loved taking photos, I tried doing that for a month. I joined a photography club. I went from looking at pictures all day to actually taking them. Before long I found out ⓑ what I liked and dreamed of becoming. Why don't you try to find something ⓒ that you love to do, and then get started right away? First, keep an eye out for specific activities ⓓ that you are really interested in. Make sure you are ready to take advantage of any chances ⓔ that are available to you: sign up for programs, talk with specialists, and keep getting involved. Then stick your toe in the water and find out what your true passions are.

① ⓐ   ② ⓑ   ③ ⓒ   ④ ⓓ   ⑤ ⓔ

12 다음 글의 밑줄 친 ⓐ~ⓔ 중 어법상 어색한 것은?

Hello, I'm Susan. I'm a professional personal trainer. When I started ⓐ exercising, I found that it boosted my energy, reduced stress, and ⓑ helping me feel good. Now I want you to experience the same benefits ⓒ as I did. You want to stay in shape, don't you? Then exercise. Physical activities such as running and aerobics help ⓓ improve blood circulation and strengthen your muscles. This will give you more energy and even ⓔ boost your brain power.

① ⓐ   ② ⓑ   ③ ⓒ   ④ ⓓ   ⑤ ⓔ

13 다음 글의 목적으로 알맞은 것은?

Some of you might find it hard to discover what you really like. Then stick to your school work and pay close attention to school subjects you are better at. Take your time, and keep doing what you feel like doing for the next thirty days. My experience tells me that thirty days is just about the right amount of time to plant the seed of a new life passion. So why not begin something you think you will like, and give it a shot for the next thirty days? As the famous saying goes, "Shoot for the moon. Even if you miss, you'll land among the stars."

① to thank   ② to advise
③ to advertise   ④ to apologize
⑤ to advocate

[14~15] 다음 글을 읽고, 물음에 답하시오.

Since you have just started high school, it may not be easy for you to fit in with new people and keep your own self-identity in a whole new environment. But why don't you just be yourself? No one is going to like you if you don't like yourself. _____ you listen to your inner self, the real you, _____ confident you will feel about yourself.

When you don't feel right about what you're wearing or how you look, just do the best you can and look at yourself in the inner mirror rather than the social mirror. When you are not sure about trying something new and unfamiliar, focus on your own feelings instead of worrying about what others may think of you.

14 윗글의 빈칸에 공통으로 알맞은 것은?

① More(more)   ② Better(better)
③ The(the) more   ④ The(the) better
⑤ The(the) most

15 윗글에서 필자의 주장과 일치하지 않는 것은?

① Be yourself.
② Listen to the real you.
③ Do the best you can.
④ Look at yourself in the social mirror.
⑤ Focus on your own feelings.

16 Philip과 Jane에 관한 다음 글의 내용과 일치하지 않는 것은?

Philip

I want to do well as a high school student, and I'm more than determined to do so. Yet I have little idea what I want to do in the future. To be honest, I am not sure I can do anything well. Where should I begin?

Jane

I have a lot of questions about myself. "How good do I look to others?", "How many students in my class really like me?", and "How worthy am I?" These questions come to me so often that I find it difficult to get along with friends and to concentrate on my school work.

① Philip과 Jane은 학생이다.
② Philip과 Jane은 친구와 문제가 있다.
③ Philip은 진로 문제를 고민하고 있다.
④ Jane은 외모 문제를 고민하고 있다.
⑤ Jane은 학업에 집중하지 못하고 있다.

[17~18] 다음 글을 읽고, 물음에 답하시오.

Hello, I'm Edward and I'm a nutritionist. Let me ask you a question. This special drink will help you reduce stress, increase energy, and maintain a healthy body weight. What drink am I talking about? In fact, this magical drink is something that you all know. It's water! Do you also want to have nice skin? Drink water. Water is nature's own beauty cream. Drinking water hydrates skin cells, giving your skin a healthy glow. Likewise, water is very important for basic body functions because about 70% of our body is water, and we need about 2 liters of water a day. However, many of us don't get enough water and eventually experience dehydration. For this reason we have to drink plenty of water.

17 윗글의 밑줄 친 부분과 쓰임이 같은 것은?

① There was no evidence that he was guilty.
② He realized that he made a terrible mistake.
③ It was in the parking lot that he lost his keys.
④ Don't buy your children everything that they want.
⑤ The important thing is that you didn't keep the secret.

18 윗글에서 물의 효능으로 언급되지 <u>않은</u> 것은?

① Water reduces stress.
② Water increases energy.
③ Water hydrates skin cells.
④ Water makes you lose weight.
⑤ Water gives your skin a healthy glow.

19 다음 빈칸 (A)와 (B)에 알맞은 말끼리 짝지어진 것은?

The second best position is sleeping on your side with your body straight. This can reduce snoring and it allows you to keep your spine relatively straight.   (A)   you may develop more wrinkles because of the pressure on your face.

A poor position for sleeping is on your side with your knees curled up to your stomach. This position makes it difficult to breathe and can cause back and neck pain.   (B)   just straighten out a bit and try not to curl up so much.

	(A)		(B)
①	Moreover	—	So
②	Moreover	—	After all
③	However	—	So
④	However	—	That is
⑤	First of all	—	That is

[20~21] 다음 글을 읽고, 물음에 답하시오.

So how can we increase our water intake? First of all, I suggest that you ⓐ replace sugary drinks such as soft drinks and juice with water. This will reduce your sugar intake and help you to feel full. You can also increase your water intake by ⓑ eat more fruits and vegetables. Because these foods contain a great deal of water, they can provide up to 20% of the water your body needs each day. In case you get thirsty between meals, you can carry a water bottle with you. You can also flavor your water with fruits or herbs to enjoy it more. Remember, drinking lots of water will help you look and feel better.

20 밑줄 친 ⓐ와 ⓑ의 형태로 바르게 짝지어진 것은?

① replace — eat
② replace — eating
③ replacing — eat
④ to replace — eating
⑤ to replace — to eat

21 윗글의 필자가 제안한 내용이 <u>아닌</u> 것은?

① Replace sugary drinks with water.
② Eat more fruits and vegetables.
③ Drink water up to 20% of your weight.
④ Carry a water bottle with you.
⑤ Flavor your water with fruits or herbs.

22 주어진 글 다음에 이어질 글의 순서로 가장 적절한 것은?

Hi, everyone. Nice to meet you all here today. I'm Annie from Ottawa. You know what these yellow sticky notes are for and probably use them for many purposes.

(A) But after a lot of thinking and talking with my parents and closest friends, I concluded that although bullies use words to hurt people, I should use them to encourage others.

(B) I am here to tell you how I use them. It's to encourage people, give them strength, and help them feel happy.

(C) When I was in middle school, someone broke into my locker and used my smartphone to post hateful things on my SNS page. It was so hurtful and difficult to overcome.

① (A) — (C) — (B)   ② (B) — (A) — (C)
③ (B) — (C) — (A)   ④ (C) — (A) — (B)
⑤ (C) — (B) — (A)

[23~24] 다음 글을 읽고, 물음에 답하시오.

Hi, I'm Greg. I live in New York City. I love playing computer games. Who doesn't at my age? I even learned computer programming because I wanted to make a computer game of my own! But recently I found <u>another way to use my skills</u>, and I'm excited to share it with you today.

My grandfather is dealing ⓐ_____ Alzheimer's disease. As some of you might know, Alzheimer's patients often suffer ⓑ_____ wandering. Well, my grandfather sometimes wanders ⓒ_____ knowing where he is going. Wandering ⓓ_____ at night is especially dangerous. In fact, my grandfather had several accidents because his caregiver failed to wake up when he started wandering ⓔ_____ the middle of the night.

I really wanted to help my grandfather. So I set out to design a wireless system that triggers an alert on a caregiver's smartphone when a patient steps out of bed.

서술형
23 밑줄 친 부분의 구체적인 내용을 윗글에서 찾아 30자 내외의 우리말로 쓰시오.

24 빈칸 ⓐ~ⓔ에 들어갈 말로 **잘못된** 것은?

① ⓐ with
② ⓑ as
③ ⓒ without
④ ⓓ around
⑤ ⓔ in

25 다음 글의 빈칸에 들어갈 말로 <u>어색한</u> 것은?

> Once I started high school, I took action. The idea was to spread kindness by posting notes with positive messages all over the school. I spent an entire weekend making positive notes, such as "_____" The following Monday I put them up around the school, and named my campaign "Positive Post-It Day."

① You're amazing!
② Believe in your own strength.
③ You are worth more than you think.
④ Think about what others may think of you.
⑤ Everyone is unique and special in their own way.

[26~27] 다음 글을 읽고, 물음에 답하시오.

> To my delight, it worked! I will never forget how deeply moved and excited my family and I were when we first saw my device detecting my grandfather's wandering. At that moment, I was struck by ⓐ <u>what</u> I could do for people, using my knowledge and skills. Now I am making more sensors to donate to nursing homes for Alzheimer's patients.
> ⓑ <u>What</u> I really wanted to tell you today is that your knowledge and skills, whatever they are, can be used to help others. It's exciting to imagine ⓒ <u>what</u> would happen if all of us were to join in to help others with ⓓ <u>what</u> we can and like to do best. I don't know exactly ⓔ <u>what</u> such a world would look like, but I'm certain it would be a much better world. Thank you so much for your time!

26 윗글의 밑줄 친 ⓐ~ⓔ 중 다음 밑줄 친 부분의 쓰임과 같은 것으로 짝지어진 것은?

> Please tell me <u>what</u> you know about him.

① ⓐ, ⓑ, ⓒ
② ⓐ, ⓑ, ⓓ
③ ⓐ, ⓒ, ⓔ
④ ⓑ, ⓒ, ⓔ
⑤ ⓒ, ⓓ, ⓔ

27 마지막 부분에서 필자의 심경으로 가장 적절한 것은?

① worried
② hopeful
③ hopeless
④ flattered
⑤ sorrowful

28 다음 글의 종류로 알맞은 것은?

> If you like chicken, drop into Sun Chicken House. Its best and most popular dish is smoked chicken grilled in the oven. You will like its smoky and delicious taste a lot. What's more, the waiters are also friendly and the prices are quite reasonable. I'd give this restaurant four and a half stars. Isn't it great to have the chance of enjoying really tasty chicken in the neighborhood?

① recipe
② review
③ report
④ invitation
⑤ notice

[29~30] 다음 글을 읽고, 물음에 답하시오.

From this old man, I learned that *naengmyeon* is wonderfully diverse, but that the two main versions are *mulnaengmyeon* — water chilled noodles, and *bibimnaengmyeon* — mixed chilled noodles. When you want something cool and refreshing, go for *mulnaengmyeon*. When you want something a little drier and spicier, try *bibimnaengmyeon*.

Naengmyeon, however, is not complete without its cold noodles being topped with hot spices. The real taste of *mulnaengmyeon* comes out when the noodles are topped with mustard sauce, and ⓐ that of *bibimnaengmyeon* when the noodles are served with a red pepper sauce. Thus, it's not just the coldness of the noodles, but the heat from peppers that Koreans have used for centuries to beat the summer heat. As the old saying 'ⓑ fight fire with fire' goes, enjoying hot spices in the summer helps people stay cool, and this, interestingly, is supported by modern findings in herbal medicine: certain herbs and spices cause sweating, which naturally cools the body.

서술형

29 밑줄 친 ⓐ가 가리키는 말을 윗글에서 찾아 세 단어로 쓰시오.

30 밑줄 친 ⓑ의 의미로 알맞은 것은?

① 전화위복
② 명약관화
③ 이열치열
④ 고진감래
⑤ 감탄고토

[31~32] 다음 글을 읽고, 물음에 답하시오.

The idea of eating *samgyetang* sounded good, but I didn't want to try it all alone. So I asked my friend Damil to join me, and then I committed to the experience. After researching nearby restaurants, I decided on one specializing in this soup. When we arrived, the owner of the restaurant gave us a broad, curious smile, and showed us to a table covered with *kimchi*, hot green peppers, and red pepper sauce. Within minutes, two boiling bowls were placed on our table. With a delight only matched by children on Christmas morning, I blew on the soup to part the steam and catch my first glance of this tasty treat: a whole young chicken stuffed with ginseng, garlic, and rice, served in a clear broth. It all made sense now. I finally understood the old man's wisdom. The ingredients used in *samgyetang* would take my summer blues away.

31 밑줄 친 부분과 쓰임이 같은 것은?

① This table is made of marble.
② She has a piece of Pablo Picasso.
③ My grandparents felt proud of me.
④ I have a dream of visiting India some day.
⑤ This is one of the greatest museums in the world.

32 윗글에서 느껴지는 필자의 심경 변화로 가장 적절한 것은?

① scared → relieved
② suspicious → satisfied
③ excited → disappointed
④ indifferent → interested
⑤ embarrassed → grateful

서술형

33 다음 글의 빈칸에 공통으로 알맞은 말을 다음 영영풀이를 참고하여 주어진 철자로 시작하여 쓰시오.

fresh or vigorous, as through rest, drink, or food

As we left the restaurant, I felt a breath of fresh air. Whether the wind was real or imagined, and whether the benefit of the soup was real or imagined, I felt truly r_____. With that feeling came a sudden understanding of the 'fight fire with fire' wisdom: enjoy something really hot, let the body breathe out, and find yourself r_____ in a breeze. Finally, Seoul's summer heat felt as cool and fresh as the late fall in Los Angeles.

01
다음 대화의 빈칸에 들어갈 말로 가장 적절한 것은?

> A It's Saturday. Let's go for a drive to the beach.
> B All right, but _____ by bike.
> A Why? You like driving, don't you?
> B Yes, I do, but today is Car-Free Day.

① we can't go there
② we had to go there
③ we ought to go there
④ we don't have to go there
⑤ we should have gone there

02
다음 대화의 빈칸에 들어갈 말로 적절하지 않은 것은?

> A Hey, Gwangsu! Why are you running?
> B I want to get to the cafeteria first.
> A Well, _____ in the hallway.
> B I'm not running. I'm just walking really fast.

① You should not run
② you must not be running
③ you're not supposed to run
④ I'm afraid that I can't let you run
⑤ I'm sorry, but you're not allowed to run

03
다음 대화에 이어질 대화의 순서를 바르게 나열한 것은?

> A What a lovely bag! It's so cool.
> B Thanks. I made this by myself.

> (a) What a good idea! Isn't it a way of going green?
> (b) No kidding!
> (c) I couldn't agree more. We ought to make every effort to save the earth.
> (d) I got the idea from a TV show. It showed how to make eco-bags out of old banners.
> (e) Yes, it is. I'm worried about the future of our planet, and we need to do something about it.

① (a) − (b) − (d) − (e) − (c)
② (b) − (d) − (a) − (e) − (c)
③ (c) − (e) − (b) − (a) − (d)
④ (d) − (a) − (c) − (b) − (e)
⑤ (e) − (b) − (a) − (c) − (d)

04
다음 대화의 빈칸에 들어갈 말로 의미가 나머지와 다른 것은?

> A What are you planning to do this vacation?
> B I'm not sure. Maybe I'll watch some movies at home. How about you? Any plans?
> A Yeah, I'm going to relax at the beach with my cousin for a few days. _____ _____
> B Sounds wonderful.

① We are having fun swimming every day.
② We expect to have fun swimming every day.
③ We can't wait to have fun swimming every day.
④ We've been waiting to have fun swimming every day.
⑤ We're looking forward to having fun swimming every day.

05
다음 대화의 밑줄 친 부분과 바꿔 쓸 수 있는 것은?

> A I'm reading *The Little Prince* in my book club.
> B That's a really popular book. <u>Please tell me your opinions on it.</u>
> A Well, one of my favorite parts is the beginning. There's a picture of the snake eating an elephant. It's funny.

① I feel the same way.
② Why do you like it?
③ Why don't you read it?
④ What do you think of it?
⑤ How much do you like it?

06 다음 빈칸에 알맞은 말을 〈보기〉에서 찾아 쓰시오.
(필요하면 어형을 변형하시오.)

보기

| renewable | encounter | origin | inspire |

(1) Consider available _____ energy and water.
(2) They think his music _____ and moves people.
(3) The _____ of the fire is unknown.
(4) I _____ my boss in front of the building this morning.

[07~08] 다음 중 어법상 어색한 것을 고르시오.

07 ① 2004 is the year which I was born.
② She asked me if I was having trouble.
③ The old hospital in the town has been closed.
④ Unless it rains tomorrow, we will go on a picnic.
⑤ I had my ankle twisted. This is why I went to the hospital.

08 ① She gave me a pen, whose color was blue.
② He seems to have forgotten to bring an umbrella.
③ I have been working on this project since last week.
④ He is one of the most important person in Korean history.
⑤ Modern helmets are still far from perfect in protecting against impacts.

09 다음 두 문장이 같은 의미가 되도록 빈칸을 완성하시오.

(1) She said to him, "Are you having a good time here?"
= She asked him _____.
(2) It appears that the overheated engine caused the fire.
= The overheated engine _____.

[10~11] 다음 글의 밑줄 친 ⓐ~ⓔ 중 어법상 어색한 것을 고르시오.

10
We believe ⓐ that every day should be Earth Day, not just April 22nd. We hope you will do something for our planet. ⓑ In case of you're scratching your head ⓒ wondering what to do on this Earth Day, we've ⓓ put together a list of our favorite eco-activities. We've included suggestions that promote earth-loving care ⓔ as well as a sense of connection to this beautiful planet we call home.

① ⓐ   ② ⓑ   ③ ⓒ   ④ ⓓ   ⑤ ⓔ

11
Eco-fashion, also ⓐ known as slow fashion and sustainable clothing, is trendy, too. ⓑ Motivating by concern for the earth, green consumers choose natural fibers or organically ⓒ producing fabrics. Taking responsibility for the environment and considering a garment's carbon footprint has become an important consideration for millions of shoppers. In fact, wearing ⓓ recycled or second-hand clothing has become fashionable and seems to be much more than a ⓔ passing trend.

① ⓐ   ② ⓑ   ③ ⓒ   ④ ⓓ   ⑤ ⓔ

12 다음 글에 주어진 문장이 들어가기에 가장 적절한 곳은?

Not everyone has access to the Internet, but we are surrounded by so many ways in which we can shop.

Most teenagers love to shop for clothes. (①) A day out browsing in a mall is one of the most popular pastimes among young people. (②) Part of the appeal is finding the most recent fashions at affordable prices. (③) Bagging a bargain has become a thrill in itself. (④) At the same time, many more of us are shopping online because it is easier and cheaper than shopping at local stores. (⑤) Sometimes it is hard to resist buying current fashions at a lower price. This is fast fashion.

13 주어진 글 다음에 이어질 글의 순서로 가장 적절한 것은?

One of the pioneers of ethical clothing is Bono. He and his wife aim to create a global fashion organization focusing on trade with Africa and other developing countries.

(A) This program promotes eco-friendly cotton farming and is helping to lift farmers out of poverty.

(B) Their organization has joined forces with a conservation society to form the Conservation Cotton Initiative.

(C) In 2007, they launched a clothing division producing T-shirts that are 100 percent sewn in Africa.

① (A) — (C) — (B)
② (B) — (A) — (C)
③ (B) — (C) — (A)
④ (C) — (A) — (B)
⑤ (C) — (B) — (A)

[14~15] 다음 글을 읽고, 물음에 답하시오.

Some people think having a green wardrobe is going to cost them more money or be too much trouble. However, chances are that you are already greener than you think. You may already have shared clothes with your friends or given your old clothes to charity. Or possibly you have reused clothes instead of throwing them out. Just add '_____' to your going green list, and you will make a real difference to the environment.

Once you start to go green, you will find lots of ways in which you can get into the eco-fashion scene. You will also discover how easy and rewarding being green is. Just knowing that you are doing your part to preserve the planet for the future is one of the best feelings ever.

14 윗글의 빈칸에 들어갈 말로 가장 알맞은 것은?

① Raise
② Induce
③ Reduce
④ Increase
⑤ Expand

15 윗글의 요지로 가장 알맞은 것은?

① We should preserve our planet.
② Going green costs too much money.
③ Discovering used clothes is rewarding.
④ We should give our old clothes to charity.
⑤ There are various easy ways to be eco-friendly.

16 Poppy에 관한 다음 글의 내용과 일치하지 <u>않는</u> 것은?

Poppy is a teenager with her own blog about fashion:

"I can't afford to buy all the latest fashions because I can't earn much money at my age. So 'make do and mend' is something I like to keep in mind. Once, instead of spending my money on something new, I dug out an old garment that my grandma gave to me. Then I changed the shape a little, and like magic, I had a new one. I also love buying, altering, and wearing second-hand items because nobody else has the same things. My fixed-up clothes are unique, so nobody can copy my fashion. Best of all, I'm caring for the planet, too."

① She doesn't have enough money to buy all the latest fashions.
② She likes spending her money on something new.
③ Her grandma gave her old clothing and she mended it.
④ She likes to wear used items after altering them.
⑤ She likes something that nobody else has.

[17~18] 다음 글을 읽고, 물음에 답하시오.

Why do you think the baobab has such an enormous trunk and root-like branches? It is because of the weather where it grows. After the rainy season, about nine months of dry weather follow. Such dry weather is hard for plants to survive in. Yet scientists have discovered that baobabs can grow to enormous sizes, reaching heights of 5 to 30 meters, and have trunk diameters of 7 to 11 meters. How can this big tree survive in the dry season? This large tree can actually store as much as 120,000 liters of water, and the small branches help reduce water loss.

17 윗글의 제목으로 가장 알맞은 것은?

① The Reason Baobabs Can Survive
② The Size and Height of Baobabs
③ How Much Water Baobabs Can Store
④ Appearance of Baobabs and Their Survival Characteristics
⑤ The Weather Characteristics of Rainy and Dry Season

18 윗글에서 언급되지 <u>않은</u> 것은?

① 바오바브나무의 뿌리 모양
② 바오바브나무의 생존 환경
③ 바오바브나무의 몸통 크기
④ 바오바브나무의 물 저장량
⑤ 바오바브나무의 나뭇가지의 역할

19 다음 빈칸 (A)와 (B)에 알맞은 말끼리 짝지어진 것은?

Hummingbirds are the smallest bird in the world. These birds are easily recognized due to their special hovering movement and colorful feathers. They flap their wings so fast ___(A)___ they make a humming noise, which is why they are called hummingbirds. Scientists have found that hummingbirds have unique, fast wing strokes, which allow them to fly forward, backward, sideways, and even to stop in midair. Although they are small, they can fly up to 54 kilometers per hour. They are also talented at staying in one place like a bee. How is this possible? They can flap their wings in a figure-8 pattern, ___(B)___ enables them to hover. As they hover, they use their long tongues to take sweet liquid from flowers.

	(A)	(B)
①	that	it
②	that	that
③	that	which
④	so	which
⑤	so	it

[20~21] 다음 글을 읽고, 물음에 답하시오.

My school's drama club is preparing Shakespeare's play *The Merchant of Venice* so that we can perform it at our school festival in August, and I have the best role: Portia. Portia is one of the most significant female characters in Shakespeare's plays. She isn't just some princess in a palace. She runs off to Venice, pretends to be a lawyer, and saves the life of her husband's friend Antonio by arguing his <u>case</u> at a trial. Anyway, the more I practice the play, the more closely I seem to follow her path in Venice.

20 밑줄 친 부분과 같은 의미로 쓰인 것은?

① This is my sister's jewel <u>case</u>.
② Bring your raincoat, just in <u>case</u>.
③ In serious <u>cases</u>, you may suffer from heart problems.
④ The court <u>case</u> will do serious harm to the economy.
⑤ We have to know what to do in <u>case</u> of emergencies.

21 윗글과 일치하지 <u>않는</u> 것은?

① '베니스의 상인'은 셰익스피어의 희곡들 중 하나이다.
② 8월 학교 축제에서 우리 연극 동아리는 공연이 있다.
③ 연극 '베니스의 상인'에서 나는 여성 등장인물 Portia를 맡았다.
④ Portia는 궁전에 사는 공주가 아니다.
⑤ Portia는 변호사인 척하면서 재판에서 Antonio의 목숨을 구한다.

22 다음 글의 빈칸에 들어갈 말로 가장 적절한 것은?

This year my parents are celebrating their 20th wedding anniversary. This is why we have been planning to take a special family trip for several years. Finally, with summer vacation about to start, we discussed travel _____. Naturally the first thing I suggested was Venice. My younger sister and my parents were all excited about seeing the canals and gondolas, so they agreed right away. I can't believe it! We're going to see the real Venice. It will be like the theater come to life!

① description
② termination
③ destination
④ determination
⑤ coordination

[23~24] 다음 글을 읽고, 물음에 답하시오.

On the third day, we took a tour of the city with a tour guide named Piero. We started in St. Mark's Square, the cultural center of Venice. From there, we could see St. Mark's Basilica, a huge cathedral, holding hundreds of dazzling mosaics and fantastic works of art. Right next to St Mark's Basilica is Doge's Palace, and we went inside. <u>가장 인상적인 방들 중 하나는 Four Doors Room이었다.</u> It was filled with paintings of Greek and Roman myths. My favorite painting was Neptune Offering Gifts to Venice, which shows the mythological god of the sea, Neptune, giving treasures of the sea to the city of Venice. Then our tour guide took us to the Compass Room. When he explained that this was where trials were held long ago, I could imagine myself as Portia entering the Compass Room to defend 'the merchant of Venice.'

23 밑줄 친 부분을 바르게 옮긴 것은?

① One of most impressive rooms was the Four Doors Room.
② One of the best impressive rooms was the Four Doors Room.
③ One of the most impressive rooms was the Four Doors Room.
④ One of the best impressive rooms were the Four Doors Room.
⑤ One of the most impressive room was the Four Doors Room.

24 필자가 본 것으로 언급되지 <u>않은</u> 것은?

① 거대한 성당
② 모자이크 예술 작품
③ 궁전
④ 그리스 신화 그림
⑤ 재판

25 다음 글에 나타난 필자의 심경으로 가장 적절한 것은?

> After the gondola ride, we took another boat to the Island of Murano, which is famous for its glass-blowers. We visited a glass factory and watched an artist melt glass in a very hot oven. I couldn't believe how he was able to make the hot lump of glass into an elegant horse with just a few skillful movements of his tools.

① embarrassed ② admired
③ frightened ④ anxious
⑤ confused

[26~27] 다음 글을 읽고, 물음에 답하시오.

> Franz Kafka is best known as one of the most important writers of the 20th century. His novels such as *The Castle* and *The Trial* ⓐ_____ for decades.
>
> However, some people also ⓑ credit him as a pioneer in helmet design. As a young man, Kafka worked at an insurance company. Part of his job involved learning about the injuries suffered by people working at dangerous jobs. Sometime between 1910 and 1912, he is believed to have invented the hard hat, a light helmet designed to protect against falling objects in factories.

26 윗글의 빈칸 ⓐ에 들어갈 말로 가장 적절한 것은?

① has widely read
② have widely read
③ has been widely read
④ had been widely read
⑤ have been widely read

27 윗글의 밑줄 친 ⓑ와 같은 의미로 쓰인 것은?

① I credit her with honesty.
② I used to overuse credit cards.
③ My teacher is a man of credit.
④ The credit rating has been raised.
⑤ The teacher is in high credit with the students.

28 다음 글의 빈칸에 공통으로 들어갈 낱말을 주어진 철자로 시작하여 쓰시오.

> As time passed, numerous i_____s were made, making today's helmets much safer and stronger than Kafka's original design. They are built to survive massive impacts while remaining light enough for wearers to play sports or do their jobs. Another i_____ is that while old-style helmets were heavy and bulky, causing neck pain, today's helmets are lighter and more comfortable for the wearer. This is important because people are much more likely to wear helmets if they are comfortable.

29 다음 빈칸 (A)와 (B)에 알맞은 말끼리 짝지어진 것은?

> Doctors believe that repeated blows to the brain can cause a variety of physical and mental problems later in life. This is __(A)__ some scientists believe it is so important to study woodpeckers. They hammer their beaks into trees at speeds of over 20 kilometers per hour. They can peck about 20 times per second. On average, they knock their heads against hard surfaces about 12,000 times every day. Each one of those impacts is about 100 times as powerful as a hit that would cause serious brain injury to a human. __(B)__ somehow, woodpeckers never suffer any physical or mental damage. Why not?

	(A)	(B)
①	why	— Therefore
②	why	— Yet
③	why	— Or
④	because	— Yet
⑤	because	— Therefore

[30~31] 다음 글을 읽고, 물음에 답하시오.

The researchers decided to build a mechanical device that would imitate the functions of a woodpecker's spongy bone and flexible beak. Their goal was to improve black boxes, the devices on airplanes that keep detailed records of each flight. Black boxes are used to find out the causes of airplane crashes, so they must be able to endure the impact of falling from the sky.

The researchers placed the black box's recording device inside an aluminum container tightly packed with tiny pieces of glass. This was done to reproduce the effect of the spongy bone in a woodpecker's skull. They also covered the container with a layer of rubber to absorb shocks and then covered the whole thing with a layer of steel. The project was a great success: The new black box was 60 times more protective than older types.

30 윗글의 제목으로 가장 적절한 것은?

① Various Functions of Black Boxes
② How Much Stronger Modern Black Boxes Are
③ How to Find Out the Causes of Airplane Crashes
④ Improvement of Black Boxes by Imitating Woodpeckers
⑤ Similarities Between a Woodpecker and a Black Box

31 윗글의 내용과 일치하지 <u>않는</u> 것은?

① A woodpecker has a spongy bone and a flexible beak.
② The researchers made a project to improve the device on airplanes.
③ The whole black box was placed inside an aluminum container.
④ The container was covered with tiny pieces of glass.
⑤ The project made the new black box much more protective.

서술형

32 Read the paragraph and answer the question in English.

In the beginning, the great god had a few small leftover pieces after making all of the other birds. He did not want to waste any pieces, so he used the leftovers to create a hummingbird. The great god said, "I want to make sure the hummingbird can fly well since it is so small. So I will give it the ability to fly forward, backward, and even to stay in just one place." He liked this little bird so much that he made a mate for it and invited all of the other animals to their wedding. Everything about the wedding was beautiful, except for the hummingbirds, who only had plain gray feathers. The other birds felt sorry for them and said to each other, "Let's offer some of our beautiful feathers to decorate the couple for their wedding." So the hummingbirds received many beautiful feathers.

Q Why did the other birds feel sorry for the hummingbirds?

서술형

33 Read the paragraph and answer the question in English.

When we walked out of the Compass Room and across the Bridge of Sighs, we could see the charming canal that flows under the bridge, leading to the prison. On our way back to the bed-and-breakfast, our tour guide told us, "Venice was built on wet and muddy land by people who were trying to escape from armies from the north and east." When I heard that, I was quite surprised. Who would have thought that this city, born from tears and suffering, would turn into a place of such great beauty?

Q According to the above passage, what is the origin of the city?

LESSON 1

Where Should I Begin?

GRAMMAR POINTS 27쪽

1 (1) in case (2) who's (3) goes

2 (1) I will give you my number, just in case. (2) In case of floods, what do we have to do? (3) Let's take swimming suits in case there's a pool at the hotel.

3 (1) We found a box which was covered with dirt. (2) I know an actor who is popular in the Philippines. (3) The baby that is sleeping on the bed is very cute.

4 (1) who → who 생략 또는 who(that) is(comes) (2) of → of 생략 또는 that (3) was → was 생략 또는 which(that) was

5 case

1 해석

(1) 답장을 받지 못할 경우 나에게 알려 주세요.
(2) 붉은색 재킷을 입은 저 소녀를 보아라.
(3) 이 계획이 잘못될 경우에 대비하여 우리는 또 다른 계획을 세워 두어야 한다.

해설

(1) 뒤에 절이 이어지므로, in case가 알맞다.
(2) 주격 관계대명사 바로 뒤에 분사 형태가 올 수 없고, be동사를 수반해야 한다.
(3) in case절에서는 현재 시제가 미래 시제를 대신한다.

2 해석

(1) 만일의 경우를 대비해서 내 전화번호를 너에게 줄게.
(2) 홍수가 날 때 우리는 무엇을 해야 할까?
(3) 호텔에 수영장이 있을 경우에 대비해서 수영복을 가져가자.

해설

(1) 문장 맨 뒤에 단독으로 오는 경우이므로, just in case로 쓴다.
(2) of가 있으므로, 「in case of+명사」의 형태로 쓴다.
(3) in case가 있으므로, 절이 이어지도록 쓴다.

3 해석

(1) 우리는 먼지로 덮여 있는 상자를 발견했다.
(2) 나는 필리핀에서 인기 있는 배우를 알고 있다.
(3) 침대에서 자고 있는 아기는 아주 귀엽다.

해설

(1) 과거분사 covered가 뒤에서 a box를 수식하므로,

그 앞에 넣는다.
(2) 형용사 popular가 뒤에서 an actor를 수식하므로, 그 앞에 넣는다.
(3) 현재분사 sleeping이 뒤에서 The baby를 수식하므로, 그 앞에 넣는다.

4 해석

(1) 나는 멕시코에서 온 친구가 한 명 있다.
(2) 여러분이 원하는 정보를 찾지 못할 경우에는 저희에게 연락하세요.
(3) 나는 나무로 만들어진 벽시계를 하나 샀다.

해설

(1) who 뒤에 동사가 없으므로, be동사를 쓰든가 who를 생략해야 한다.
(2) In case of 다음에 절이 이어지므로 In case (that)로 써야 한다.
(3) 동사 bought가 있는데 그 뒤에 동사 was가 또 있으므로, 관계대명사를 쓰든가 was를 생략해야 한다.

5 해석

• 비행기에서 지루해질 경우를 대비해서 나는 재미있는 책을 한 권 가지고 갔다.
• 비가 올 경우에 경기는 연기될 것이다.

해설

첫 번째 문장은 「in case+절」, 두 번째 문장은 「in case of+구」의 형태가 되어야 한다.

LESSON 2

Be Smart, Be Healthy

GRAMMAR POINTS 57쪽

1 (1) should (2) use (3) are

2 (1) She was wearing the same dress as I was. (2) He gets the same pay as the boss does. (3) My twin sister has the same nose as I do.

3 (1) Tom suggested that I (should) look for another job. (2) He recommends that this wine should be consumed within six months. (3) The murder suspect insisted that he had been treated harshly during the police investigation.

4 (1) was → did (2) what → as (3) which → as

5 as(As)

1 　**해석**

(1) 집주인은 우리에게 월요일까지 집세를 지불하라고 주장했다.
(2) 선생님은 수업 중에 아무도 휴대 전화를 사용해서는 안 된다고 요구한다.
(3) 최근의 연구에 따르면 며느리들이 시어머니들보다 더 많이 일하는 것 같다고 한다.

해설

(1) 주장을 나타내는 동사(insist)가 쓰인 문장의 목적절(that절)에는 「(should+)동사원형」을 쓴다.
(2) 요구를 나타내는 동사(demand)가 쓰인 문장의 목적절(that절)에는 「(should+)동사원형」을 쓴다.
(3) suggest가 '제안하다'가 아니라 '시사하다, 나타내다'의 의미로 쓰였으므로 that절의 동사는 인칭과 시제에 맞춰 써야 한다.

2 　**해석**

(1) 그녀는 내가 입고 있던 것과 같은 종류의 드레스를 입고 있었다.
(2) 그는 사장이 받는 것과 같은 (급의) 급료를 받는다.
(3) 내 쌍둥이 여동생은 나와 같은 코를 가지고 있다.

해설

(1)~(3) '…와 같은 (종류의) ~'라는 뜻의 「the same ~ as …」 구문을 활용하여 영작한다.

3 　**해석**

(1) Tom은 나에게 다른 일을 찾아볼 것을 제안했다.
(2) 그는 이 포도주를 여섯 달 이내에 마실 것을 권한다.
(3) 그 살인 용의자는 경찰 조사에서 자신이 거칠게 다뤄졌다고 주장했다.

해설

(1) 제안을 나타내는 동사(suggest)가 이끄는 that절에서는 「(should+)동사원형」을 쓴다.
(2) 권유를 나타내는 동사의 목적절(that절)에는 「(should+)동사원형」을 써야 하는데, this wine과 consume이 수동 관계이므로 조동사가 있는 문장의 수동태 표현인 should be consumed로 쓰거나 should를 생략하고 be consumed로 써야 한다.
(3) 주장을 나타내는 동사 insist가 쓰였지만 that절의 내용이 이미 벌어진 일에 대한 주장이므로 인칭과 시제를 고려하여 과거완료 수동태 형태인 had been treated로 써야 한다.

4 　**해석**

(1) 그는 내가 산 것과 같은 종류의 드론을 샀다.
(2) 너는 너에게 유익할 그러한 친구를 선택해야 한다.

(3) 그들은 필요한 만큼의 좌석을 마련하지 못했다.

해설

(1) was를 문장 동사 bought를 대신하는 대동사 did로 고쳐야 적절하다.
(2) 선행사가 such의 수식을 받을 때는 유사관계대명사 as를 쓴다.
(3) 선행사가 as의 수식을 받을 때는 유사관계대명사 as를 쓴다.

5 　**해석**

• 저것이 나를 공격했던 개와 같은 종류의 개이다.
• 제가 전화상으로 설명 드렸듯이, 당신의 요청은 다음 회의에서 고려될 것입니다.

해설

첫 번째 문장의 빈칸에는 「the same ~ as …」 구문에 사용되는 유사관계대명사 as가 와야 하고, 두 번째 문장의 빈칸에는 '~대로, ~와 같이'라는 뜻의 접속사 as가 와야 한다.

LESSON 3

Take Action, Make a Difference

GRAMMAR POINTS　　　　　85쪽

1 (1) surprise (2) What
2 (1) To my delight (2) To our excitement
　　 (3) To my sister's disappointment
3 (1) What I meant was that it doesn't suit you. (2) What excites me most is that we already have the technology.
4 (1) Ben → Ben's (2) are → is
5 What I want to emphasize is that yesterday is history and tomorrow is mystery.

1 　**해석**

(1) 놀랍게도, 그는 그녀가 아직 살아 있다는 것을 들었다.
(2) 내가 정말 의미하는 것은 그것이 그렇게 쉽지는 않다는 것이다.

해설

(1) 「to one's+감정 명사」의 형태로 써야 하므로, 명사형 surprise가 알맞다.
(2) '~한 것은'의 주어가 관계대명사 what으로 시작하는 문장이다.

2 `해석`

(1) 기쁘게도, 나는 내 잃어버린 강아지를 찾았다.
(2) 흥분되게도, 그가 시합에서 이겼다.
(3) 내 여동생이 실망하게도, 그 영화표가 매진이었다.

`해설`

(1)~(3) 「To+(대)명사의 소유격+감정 명사」의 형태로, 주어를 소유격으로, 감정 형용사를 명사 형태로 바꿔 쓴다.

3 `해석`

(1) 내가 의미했던 것은 그것이 너에게 어울리지 않는다는 것이었다.
(2) 나에게 가장 흥미로운 것은 우리가 이미 그 기술을 가지고 있다는 것이다.

`해설`

(1) 관계대명사 what으로 시작하는 주어 부분으로, 「what+주어+동사」의 순서로 쓴다.
(2) 관계대명사 what 자체가 주어에 해당되므로, 「what+동사 ~」의 순서로 쓴다.

4 `해석`

(1) Ben이 실망스럽게도, 나는 그의 요리를 더 망쳤다.
(2) 그녀가 친구들에게 말하려는 것은 그 장소에는 특별한 뭔가가 있다는 것이다.

`해설`

(1) 감정 명사의 주체인 명사나 대명사는 소유격 형태로 써야 한다.
(2) 관계대명사 what을 포함한 주어는 단수 취급하여 동사도 단수 동사로 써야 한다.

5 `해석`

내가 강조하고 싶은 것은 어제는 역사이고, 내일은 알 수 없다는 것이다.

`해설`

'~한 것은 …이다'의 「What ~ is that+주어+동사 …」 구문으로 쓴다.

LESSON 4

Some Like It Cold, Some Like It Hot

GRAMMAR POINTS　　　　113쪽

1 (1) turned (2) closed (3) on
2 (1) He was looking at the picture with his arms folded. (2) She went out with her cell phone put in her pocket. (3) With the winter approaching, we are busy preparing for Christmas.
3 (1) her finger pointing to the window (2) his wife knitting beside him
4 (1) join → joining (2) possible → possibility (3) move → moving
5 (1) chance of (2) possibility that (3) hope that (4) belief that

1 `해석`

(1) 그녀는 TV를 켜 놓은 채로 졸고 있었다.
(2) 그녀는 눈을 감은 채로 침대에 누웠다.
(3) 그는 선글라스를 쓴 채로 뛰고 있었다.

`해설`

(1) 컴퓨터는 무엇인가에 의해 켜지는 수동의 의미이므로 과거분사 turned on이 된다.
(2) 눈은 감기는 것이므로 수동의 의미가 되어 과거분사 closed가 된다.
(3) 선글라스를 끼는 것은 전치사 on을 쓴다. (put on sunglasses)

2 `해석`

(1) 그는 팔짱을 낀 채로 그림을 쳐다보고 있었다.
(2) 그녀는 핸드 전화를 주머니에 넣은 채로 나갔다.
(3) 겨울이 다가오면서 우리는 크리스마스를 준비하느라 바쁘다.

`해설`

(1) 팔은 접히는 것으로 수동의 의미이므로 과거분사 folded가 된다.
(2) 휴대 전화를 주머니에 넣어지므로 과거분사 put이 된다. (put — put — put)
(3) 겨울이 다가오는 주체가 되므로 현재분사 approaching이 된다.

3 `해석`

(1) 그녀의 손가락이 창문을 가리키자 아이가 울기 시작했다.

(2) 그의 아내는 옆에서 뜨개질을 하고 있었고, 그는 책을 읽고 있었다.

해설

(1) 손가락이 창문과 능동의 관계이므로 현재분사 pointing을 쓴다.

(2) 그는 책을 읽고 있었고 그의 아내는 옆에서 뜨개질을 하고 있는 상황의 분사구문이다(동시동작). 그의 아내가 뜨개질을 하는 주체가 되므로 현재분사 형태 knitting이 된다.

4 **해석**

(1) 제가 그 팀에 들어갈 기회가 아직 있나요?

(2) 그들은 악어한테 물릴 가능성에 노출되었다.

(3) 그녀는 큰 집으로 이사할 생각에 만족한다.

해설

(1)~(3) 동격의 of에 관한 문제이다.
「chance(possibility, idea)+of+-ing」의 표현에서 추상명사(chance, possibility, idea)와 of 이하가 동격의 관계가 된다.

5 **해설**

(1) of가 이끄는 구와 chance가 동격을 이룬다.

(2) that이 이끄는 절과 possibility가 동격을 이룬다.

(3) that이 이끄는 절과 hope이 동격을 이룬다.

(4) that이 이끄는 절과 belief가 동격을 이룬다.

LESSON 5

We Are What We Do

GRAMMAR POINTS   141쪽

1 (1) problems (2) which (3) boy (4) where
2 (1) Honesty is one of the most important things in our life. (2) This is one of the most touching movies that I have ever watched. (3) Make groups of four and find ways in which you can get out of the maze.
3 (1) in which (2) in which (3) when
4 (1) habit → habits (2) that → which
   (3) most → the most
5 in

1 **해석**

(1) 교육은 한국에서 가장 심각한 문제들 중 하나이다.

(2) 당신이 사업에서 성공한 방법을 나에게 알려 주십시오.

(3) 세준은 우리 학교에서 세 번째로 키가 큰 소년이다.

(4) 우리는 우리 부모님이 결혼하신 교회를 방문했다.

해설

(1) 「one of the+최상급 형용사」 뒤이므로, 복수 명사가 필요하다. (가장 ~한 것들 중 하나)

(2) 선행사 the way 뒤에 전치사 in이 있으므로, 목적격 관계대명사 which가 필요하다. 전치사 뒤에 관계대명사 that은 올 수 없다.

(3) 「the+서수+최상급 형용사」 뒤이므로, 단수 명사가 필요하다. (~번째로 가장 …한)

(4) 선행사 the church 뒤에 전치사가 없고 문맥상 my parents got married in the church의 장소를 나타내므로, 관계부사 where가 필요하다.

2 **해석**

(1) 정직함은 우리 인생에서 가장 중요한 것들 중 하나이다.

(2) 이것은 내가 이제껏 본 가장 감명 깊은 영화들 중 하나이다.

(3) 네 명이 한 모둠을 이루어 미로에서 벗어날 방법을 찾아라.

해설

(1) '가장 ~한 것들 중 하나'라는 의미가 되도록 「one of the+최상급 형용사+복수 명사」의 순서로 쓴다.

(2) '이제껏 ~한 중 가장 …한 것들 중 하나'라는 의미가 되도록 「that+주어+have ever+과거분사」의 순서로 쓴다.

(3) 선행사 ways를 수식하도록 「전치사+목적격 관계대명사+주어+동사 ~」의 순서로 쓴다.

3 **해석**

(1) 이것은 방이다. 그는 그 방에서 자신의 첫 소설을 썼다.
   → 이것은 그가 자신의 첫 소설을 쓴 방이다.

(2) 나는 방법을 모른다. 그는 그 방법으로 정보를 얻을 수 있었다.
   → 나는 그가 정보를 얻는 방법을 모른다.

(3) 나는 그날을 기억한다. 나는 그날 버스에서 Jake를 보았다.
   → 나는 버스에서 Jake를 본 그날을 기억한다.

해설

(1) 장소를 나타내는 선행사 the room을 수식하는 관계대명사절을 이끄는 in which가 알맞다.

(2) 이유를 나타내는 선행사 the way를 수식하는 관계대명사절을 이끄는 in which가 알맞다.

(3) 시간을 나타내는 선행사 the day를 수식하는 관계대명사절을 이끄는 on which를 써야 하는데, 빈칸에 하나만 제시되었으므로 on which를 대신하는 관계부사 when이 알맞다.

4 해석

(1) 매일 아침 우유를 마시는 것은 일상생활에서 가장 좋은 습관들 중 하나이다.

(2) 나는 아이들을 즐겁게 해 줄 수 있는 방법을 많이 알고 있다.

(3) 간디는 역사상 가장 존경 받는 사람들 중 하나이다.

해설

(1) '가장 ~한 것들 중 하나'라는 의미이므로, 단수 명사 habit은 복수 명사 habits로 써야 한다.

(2) 전치사 in 뒤이므로, 관계대명사 that은 관계대명사 which로 써야 한다.

(3) '가장 존경 받는'이라는 의미가 되도록 형용사의 최상급을 써야 하는데, 형용사의 최상급 앞에는 정관사 the를 써야 한다.

5 해석

• 파리는 세계에서 가장 인기 있는 (관광) 목적지들 중 하나이다.

• 나는 그 방정식을 푼 방법을 잊어버렸다.

해설

'가장 ~한 것들 중 하나'라는 최상급 구문에서 비교의 범위(장소)를 나타낼 때는 전치사 in을 쓰며, 선행사가 방법을 나타내는 the way이고 뒤에 목적격 관계대명사 which가 왔으므로 전치사 in을 써야 한다.

LESSON 6
When Myths Meet Science

GRAMMAR POINTS 169쪽

1 (1) whether (2) which (3) which

2 (1) Mike won first prize in the lottery, which surprised everybody. (2) He said he forgot the dinner appointment with her, which was a lie. (3) Yuna's flight was delayed, which meant she had to wait two hours at the airport.

3 (1) if(whether) I was good at sports (2) if(whether) he liked reading detective novels (3) what her favorite food was

4 (1) the restaurant (2) One of the boys kept laughing (3) Barcelona

5 if

1 해석

(1) Cruz 부인은 나에게 뉴욕을 좋아하는지 물었다.

(2) 그는 정오까지 그의 일을 끝내려고 노력했지만, 그것이 불가능하다는 것을 깨달았다.

(3) 여름에 우리는 삼촌 집에 머무는데, 그곳은 바다에서 가깝다.

해설

(1) 의문사가 없는 의문문을 간접화법으로 바꿀 때는 접속사 if(whether)가 필요하다.

(2) 앞 문장의 일부(to finish his work by noon)를 선행사로 가지는 계속적 용법의 관계대명사 which가 와야 적절하다. 관계대명사 that은 계속적 용법으로 쓰지 않는다.

(3) and it(= my uncle's house)의 의미를 가지는 계속적 용법의 관계대명사 which가 와야 알맞다.

2 해석

(1) Mike는 복권 1등에 당첨되었다. 그것은 모두를 놀라게 했다.

(2) 그는 그녀와의 저녁 약속을 잊어버렸다고 말했다. 그것은 거짓말이었다.

(3) 유나의 비행기가 연착되었다. 그것은 그녀가 공항에서 두 시간이나 기다려야 한다는 것을 의미했다.

해설

(1)~(3) 앞 문장 전체나 일부를 선행사로 가지며 부가적인 설명을 더하는 계속적 용법의 관계대명사 which를 사용하여 두 문장을 연결한다.

3 해석

(1) Tony는 나에게 말했다. "너는 운동을 잘하니?"
(2) Nancy는 그에게 말했다. "너는 탐정 소설 읽는 것을 좋아하니?"
(3) 그는 그녀에게 말했다. "네가 가장 좋아하는 음식은 뭐니?"

해설

(1)~(2) 의문사가 없는 의문문을 간접화법으로 바꿀 때는 전달동사를 ask로 바꾸고, 인용문을 「if〔whether〕+주어+동사」의 순서로 쓴다.
(3) 의문사가 있는 의문문을 간접화법으로 바꿀 때는 전달동사를 ask로 바꾸고, 인용문을 「의문사+주어+동사」의 순서로 쓴다.

4 해석

(1) 그들은 그 식당에 도착했지만, 식당은 그날 문을 닫았다.
(2) 그 소년들 중 한 명이 계속 웃어 댔는데, 그것이 Jenny를 몹시 화나게 했다.
(3) 1992년 올림픽은 바르셀로나에서 개최되었는데, 그곳은 스페인의 북동부에 있다.

해설

(1)~(3) 계속적 용법의 관계대명사 which는 앞 문장 전체나 일부를 선행사로 가지며, 선행사에 대한 부가적인 정보를 더한다.

5 해석

· Sally는 그 아이들에게 마실 것을 원하는지 물었다.
· 만일 네가 의사가 되고 싶으면 여러 해 동안 대학에 다녀야 한다.

해설

첫 번째 문장의 빈칸에는 의문사가 없는 의문문을 간접화법으로 바꿀 때 사용되는 접속사 if가 필요하고, 두 번째 문장의 빈칸에는 '만일 ~한다면'이라는 뜻의 조건의 접속사 if가 와야 알맞다.

LESSON 7
Venice Diary

GRAMMAR POINTS 199쪽

1 (1) unless (2) otherwise (3) why
2 (1) unless they are with an adult (2) This is why she called in sick today
3 (1) Unless you are over fifteen (2) otherwise you'll miss the train (3) This is why I'm here
4 (1) because, why (2) unless, otherwise

1 해석

(1) 더 빨리 걷지 않으면 너는 버스를 놓칠 것이다.
(2) 기회를 잡아라, 그렇지 않으면 그것을 후회할 것이다.
(3) 나는 오늘 첫 기차를 잡기를 원했다. 이게 내가 아침에 일찍 여기에 있는 이유이다.

해설

(1) 문맥상 더 빨리 걷지 '않는다면' 기차를 놓친다는 내용이므로 unless가 알맞다.
(2) 문맥상 앞 내용을 반대로 가정하므로 otherwise가 알맞다.
(3) 앞 문장의 내용이 원인, 뒤의 내용이 결과에 해당되므로 why가 알맞다.

2 해석

(1) 아이들은 어른과 함께 있지 않으면 들어갈 수 없다.
(2) 그녀는 심한 감기에 걸렸다. 이것이 그녀가 아프다고 전화한 이유이다.

해설

(1) if ~ not 부사절을 unless로 바꿔서 쓸 수 있다.
(2) 앞 문장이 원인에 해당되고, this is why 뒤에는 앞 문장에 대한 결과의 내용을 쓴다.

3 해설

(1) '~하지 않으면'이므로, Unless로 시작하며 뒤에 주어와 동사가 이어진다.
(2) '그렇지 않으면'의 앞 내용에 대한 반대를 가정하므로, 「otherwise+주어+동사」의 순서로 쓴다.
(3) '이것은 ~인 이유이다'의 의미이므로, 「this is why+주어+동사」의 순서로 쓴다.

4 해석

(1) 나는 지갑을 갖고 오는 것을 잊어서 지금 당장 집에 가야 한다.
(2) 더 열심히 공부하지 않으면 너는 어떤 것도 모를 것이다.

해설

(1) 지갑을 갖고 오는 것을 잊은 것이 '원인', 집에 가야 하는 것이 '결과'에 해당되므로 각각 because, why가 차례대로 들어간다.

(2) unless는 '조건'의 해당되는 부분에, otherwise는 안 했을 경우 '결과'에 해당되는 부분에 들어가야 한다.

LESSON 8

The Solution Is in Nature

GRAMMAR POINTS

227쪽

1 (1) been treated (2) been invited (3) have been lost

2 (1) had been constructed (2) to have been (3) has not been found

3 (1) to have made (2) has been teaching (3) to have snowed

4 (1) to be → to have been (2) to forget → to have forgotten (3) has been test → has been tested (4) to had developed → to have developed (5) has found → has been found

1 해석

(1) 그들은 오랫동안 불공평하게 대우 받아 왔다.

(2) 교실의 모든 사람들이 그녀의 파티에 초대 받았다.

(3) 회의를 위한 모든 서류들을 잃어버렸다.

해설

(1) treat는 '대하다'라는 의미이므로, 주어 they는 '대우를 받다', 즉 수동으로 표현되어야 한다. for a long time은 '오랫동안'이라는 의미이므로, 현재완료수동태가 되어 been treated가 들어가야 적절하다.

(2) 모든 사람들이 초대되었다는 수동을 나타내는 「be동사+과거분사」에 주어진 동사 has 뒤에는 완료 표현이 적절하다.

(3) 주어가 all the documents이고 동사가 lose이므로 서류들을 잃어버린 것은 수동형으로 표현하는 것이 적절하고, 그 결과 지금 없다는 것을 표현하는 현재완료형으로 쓰는 것이 적절하다.

2 해설

(1) Renaissance age는 과거 시점이고 churches는 건설된 것이므로 수동으로 표현되며, during이라는 기간을 나타내는 전치사가 있으므로 과거완료수동으로 표현된다.

(2) in the morning은 말하는 시점(seems)보다 이전 시제이므로 완료부정사가 쓰인다.

(3) aircraft가 아직(yet) 발견되지 않았으므로 현재완료 수동으로 쓰임이 적절하다.

3 해석

(1) 그녀가 전날 끔찍한 실수를 했던 것 같다.

(2) 그녀는 하버드 대학교에서 가르치고 있다.

(3) 이전에 눈이 왔던 것 같다.

해설

(1) that 절 안의 시제는 과거(made)이고 주절의 본동사는 현재(seems)이므로, 빈칸에는 완료부정사가 적절하다.

(2) 그녀가 가르치기를 시작해서 지금도 가르치는 것을 계속하는 중이므로, 빈칸에는 완료진행형이 적절하다.

(3) that절 안의 시제는 과거(snowed)이고 주절의 본동사는 현재(seems)이므로, 빈칸에는 완료부정사가 적절하다.

4 해석

(1) 복사기가 고장 난 것으로 믿어진다.

(2) 그는 점심 도시락 가져오는 것을 잊은 것 같다.

(3) 그것은 가능한 철저히 검사되어 왔다.

(4) 요가는 오래 전 인도에서 발달된 것으로 생각된다.

(5) 잃어버린 강아지가 공원에서 살아서 발견되었다.

해설

(1) 의미상 to 부정사안의 시제(현재완료)가 주절의 본동사 시제(현재)보다 앞서므로, 완료부정사가 적절하다.

(2) 의미상 to 부정사안의 시제(과거)가 주절의 본동사 시제(현재)보다 앞서므로, 완료부정사가 적절하다.

(3) 주어 it이 테스트되는 것이므로, 수동태가 적절하다.

(4) 오래 전(long time ago)에 요가가 발달된 것이 주절의 본동사 is보다 앞서므로, 완료부정사 형태가 적절하다.

(5) 강아지가 발견되어지는 것이므로 수동태 완료 형태가 적절하다.

---

1 ④ **2** ⑤ **3** ② **4** ③ **5** ② **6** (1) (p)oet
(2) (u)nique (3) (i)nclude (4) (t)ender **7** ③
8 ③ **9** ② **10** (1) who[that] is (2) should
11 ② **12** ① **13** ② **14** ① **15** ④ **16** ②
17 ④ **18** ④ **19** ③ **20** ② **21** ③ **22** ③
23 환자가 침대 밖으로 나오면 간병인의 스마트폰으로
알리는 무선 시스템 **24** ② **25** ① **26** ②
27 ② **28** ② **29** the real taste **30** ③
31 ④ **32** ② **33** (r)efreshed

---

1 ┃해석┃

A: Judy, 너 피곤해 보여. 무슨 문제가 있니?
B: 요즘 통 잠을 잘 못 자. 정말 밤에 푹 잤으면 좋겠어.
A: 자러 가기 전에 따뜻한 우유 한 컵 마시는 게 어때?
B: 그거 참 좋은 생각이구나.

┃해설┃

Why don't you ~?는 '~하는 게 어때?'라는 뜻의 제안하는 표현이다. 따라서 제안을 수락하든가 거절하는 대답이 이어져야 한다. Why로 물었다고 해서 Because를 이용하거나 이유를 말하는 답을 하지 않도록 주의한다.
① 내가 우유를 좋아하지 않기 때문이야.
② 우유는 너에게 좋을 거야.
③ 나는 일찍 일어날 계획이야.
⑤ 매일 밤 일정한 시간에 잠자리에 드는 게 중요해.

2 ┃해석┃

A: 안녕, 준섭아. 네 다리에 무슨 일이 생겼니?
B: 안녕, 민지야. 계단에서 넘어져서 다리가 부러졌어.
A: 그 말을 들으니 유감이구나. 많이 아팠겠다.
B: 정말 그랬어! 하지만 지금은 괜찮아.

┃해설┃

다리를 다쳤을 때와 같이 좋지 않은 일에 대해 '그것 참 안됐구나.'와 같은 의미의 유감이나 동정을 표시할 때는 I'm sorry to hear that. / I'm sorry about that. / That's a pity. / That's too bad. 등과 같은 말을 사용한다. ⑤는 '너는 자러 가는 게 좋겠어.'라는 의미이다.

3 ┃해석┃

A: 민호야, 피곤해 보이는구나.
B: 어젯밤에 매우 늦게 잠자리에 들어 잠을 잘 못 잤어.
A: 왜? 어떤 특별한 이유라도 있니?
B: 음, 꼭 그렇지는 않아. 영화를 보고 나서 친구랑 온라인으로 수다를 좀 떨었지.
A: 잠을 충분히 자는 건 중요해. 그렇지 않으면, 너의

건강이 더 나빠질 거야.

┃해설┃

It's important to는 '~하는 것은 중요하다'라는 의미로, 무언가에 대한 중요성을 강조하고 싶을 때 사용한다. It's important to get enough sleep.은 I want to stress that you have to get enough sleep.(나는 네가 충분한 잠을 가야 한다는 점을 강조하고 싶어.)와 같이 말할 수도 있다.

4 ┃해석┃

A: 어제 여기 근처에서 자동차 사고가 있었던 거 알고 있었니?
B: 응. 사실, 작년에 같은 지점에서 다른 사고도 있었어.
(c): 무서워. 그곳에서 더 이상 사고가 없으면 좋겠어.
(b): 나도 그래. 우리가 그것에 도움이 될 수 있을까?
(a): 아마 있을 거야. 안전한 운전을 위해 캠페인을 하는 건 어때?
(d): 좋은 생각이야. 그렇게 해 보자.

┃해설┃

(c)의 That은 같은 장소에서 작년에 또 다른 사고가 있었다는 것을 가리키므로, 주어진 대화에 바로 이어지고, 이 말에 동의한 후 도움이 될 수 있을지를 묻는 (b)가 이어진다. (b)의 질문에 대한 답이 (a)이고 (a)에 대한 답이 (d)이므로, (c) – (b) – (a) – (d)의 순서가 알맞다.

5 ┃해석┃

A: 안녕, Steve! 한국에 대해서 많이 들어 봤니?
B: 응, 많이. 내 친구들이 한국의 유명한 장소에 대해 많이 얘기해 줬어.
A: 좋아! 그리고 한국에서 어디에 가 봤니?
B: 경주와 설악산, 제주도에 가 봤어. 모두 멋있었어.

┃해설┃

Have you heard much about ~?은 '~에 대해 들어 봤니?'라는 뜻으로 무언가에 대해 알고 있는지를 묻는 표현이므로, ② '너는 한국에 대해 알고 있니?'와 의미가 같다.
① 너는 왜 한국을 좋아하니?
③ 너는 한국을 방문해 본 적이 있니?
④ 너는 왜 한국에 살고 있니?
⑤ 너는 한국에 대해 어디에서 들었니?

6 ┃해석┃

(1) 심리학 : 심리학자 = 시 : 시인
(2) 나체의 : 벌거벗은 = 특별한 : 독특한
(3) 용기를 주다 : 좌절시키다 = 배제하다 : 포함하다
(4) 획득하다 : 얻다 = 부드러운 : 연한

해설

(1)은 '명사 : 행위자'의 관계이고, (2)는 동의어 관계, (3)은 반의어 관계, (4)는 동의어 관계이다.

7 **해석**

· 너는 이 기회를 이용해야 한다.
· 네가 병원에 있는 동안 John이 너를 대신할 것이다.

해설

· take advantage of: ~을 이용하다
· take the place of: ~을 대신하다

8 **해석**

① Clara는 John이 일찍 출발해야 한다고 제안했다.
② 나를 놀라게 한 것은 그가 1등을 했다는 것이었다.
③ 너는 무대 위에서 춤추고 있는 여자를 아니?
④ 너는 비가 올 때를 대비해서 우산을 가져가는 게 좋겠다.
⑤ 그녀는 우주 비행사가 되는 꿈을 이뤘다.

해설

① propose가 '~해야 한다고 제안하다'라는 '당위'의 의미를 나타내므로, starts는 should start나 should를 생략하여 start로 써야 한다.
② 명사절을 이끌며 surprised의 주어인 동시에 문장의 주어가 될 수 있는 선행사를 포함한 관계대명사가 와야 하므로, That은 What으로 써야 한다.
④ in case of 뒤에는 구가 와야 하는데 it rains라는 절이 이어지고 있으므로, in case of는 in case that으로 써야 한다.
⑤ 동격을 나타내는 of 뒤에는 구가 와야 하므로, become은 동명사인 becoming으로 써야 한다.

9 **해석**

① 이것은 내가 어제 잃어버린 것과 같은 (종류의) 시계이다.
② 그는 자신의 개를 발 근처에 잠들게 둔 채 가만히 앉아 있었다.
③ Jane은 우리가 당장 떠나야 한다고 제안했다.
④ 사서는 1000년도에 쓰인 옛 서적을 발견했다.
⑤ 실망스럽게도, John은 결승 경기에서 이길 수 없었다.

해설

② with his dog sleep은 분사구문으로 his dog와 sleep의 관계가 능동이므로, sleep은 현재분사 sleeping으로 써야 한다.

10 **해석**

(1) 그녀는 젊은이들 사이에서 인기 있는 작가이다.

(2) Green 선생님은 금요일까지 보고서를 내야 한다고 권고하셨다.

해설

(1) popular among young people은 a famous writer를 뒤에서 수식하고 있으므로, 그 사이에 「주격 관계대명사+be동사」가 생략되어 있다고 볼 수 있다.
(2) 당위를 나타내는 동사 recommend의 목적절인 that절에서는 동사원형 앞에는 조동사 should가 생략되어 있다고 볼 수 있다.

11 **해석**

나는 변하고 싶어서 자신을 되돌아보기 시작했습니다. 내가 사진 찍는 것을 좋아한다는 것을 깨닫고는 그것(사진 찍는 일)을 한 달 동안 해 봤죠. 나는 사진 동아리에 가입했어요. 하루 종일 사진을 쳐다보는 데서 실제로 찍는 데로 나아간 거죠. 오래지 않아 나는 내가 좋아하는 것과 내가 되고 싶은 꿈을 발견하게 됐습니다. 자신이 좋아하는 것을 찾으려고 노력해 보고, 그것을 즉시 실천해 보는 것은 어떨까요? 우선, 자신이 정말로 흥미를 가지고 있는 구체적인 활동에 주의를 기울여 보세요. 프로그램에 등록하고 전문가들과 이야기해 보고 지속적으로 (활동에) 참여하는 것처럼 자신에게 주어진 어떤 기회라도 이용할 준비를 갖추도록 하세요. 자신의 발가락을 물에 넣어 보고 자신의 진정한 열정이 무엇인지 발견하도록 하세요.

해설

ⓐ는 Realizing의 목적절을 이끄는 접속사, ⓒ는 something을 수식하는 목적격 관계대명사, ⓓ는 specific activities를 수식하는 목적격 관계대명사, ⓔ는 선행사 any chances 뒤에 쓰인 「주격 관계대명사+be동사」이므로 모두 생략 가능하다. 하지만 ⓑ는 선행사를 포함한 관계대명사이므로, 생략할 수 없다.

12 **해석**

안녕하세요, 저는 Susan입니다. 저는 전문 개인 트레이너입니다. 제가 운동을 시작했을 때 저는 운동이 에너지를 북돋우고 스트레스를 줄여 주며 기분이 좋아지게 도와주는 것을 알게 되었습니다. 이제 저는 여러분도 제가 경험했던 것과 같은 혜택을 경험해 보시기를 원합니다. 여러분은 건강을 유지하기를 원하시죠, 그렇지 않나요? 그러면, 운동하세요. 달리기와 에어로빅 같은 신체 활동들은 혈액 순환을 향상하고 근육을 강화하는 데 도움이 됩니다. 이것은 여러분에게 더 많은 에너지를 주고 두뇌의 힘을 북돋아 줄 것입니다.

해설

ⓑ는 that절의 동사인 boosted, reduced와 함께 등위접속사 and로 병렬적으로 이어진 구조이므로, 과거

형 helped로 써야 한다.

13 해석

여러분 중 몇몇은 자신이 진정으로 좋아하는 것을 발견하는 것이 어렵다고 느낄 수 있습니다. 그렇다면 학업에 충실하고 자신이 잘하는 과목에 면밀한 주의를 기울여야 한답니다. 시간을 충분히 가지고 자신이 하고 싶은 일을 30일 동안 꾸준히 해 보도록 하세요. 내 경험상 그 30일은 새로운 삶의 열정의 씨앗을 심을 수 있는 적절한 시간입니다. 따라서 자신이 좋아할 것으로 생각되는 무언가를 지금 시작해서 다음 자신이 좋아하는 일을 30일 동안 시도해 보는 것은 어떨까요? "달을 향해 출발하라. 설령 실패한다 하더라도 많은 별들 중 하나에 도달하게 될 것이다."라는 유명한 말처럼 말이죠.

해설

이 글은 자신이 좋아하는 것을 찾지 못해 고민하는 사람들에게 시간을 가지고 자신이 좋아하는 일을 30일 동안 꾸준히 시도해 보라고 ② '조언하기 위해' 쓴 글이다.
① 감사하기 위해
③ 광고하기 위해
④ 사과하기 위해
⑤ 옹호하기 위해

[14~15]

이제 막 고등학교를 시작했으니 새로운 사람들과 잘 어울리고 완전히 새로운 환경에서 자신의 정체성을 유지하는 것이 쉽지는 않을 거예요. 하지만 그냥 자신의 평소 모습을 유지하지 그래요? 스스로를 좋아하지 않으면 아무도 당신을 좋아하지 않을 거예요. 자신의 내적 자아, 즉 진정한 자신의 목소리를 들으면 들을수록 자신에 대해서 자신감을 더 많이 느끼게 될 겁니다.
자신의 옷차림이나 외모에 대해서 뭔가 만족스럽지 않다고 느낄 때면 그저 자신이 할 수 있는 최선을 다하고 사회적 거울을 통해 자신을 바라보는 대신 내적 거울을 통해 자신을 바라보세요. 새롭고 익숙하지 않은 것을 시도해 보는 데 확신이 서지 않을 때도 다른 사람들이 자신에 대해 어떻게 생각할지 걱정하기보다는 자신의 감정에 초점을 맞추세요.

14 해설

「the+비교급 ~, the+비교급 …」은 '~할수록 더 …하다'라는 의미인데, 첫 번째 빈칸에는 부사 much의 비교급인 The more가 알맞고, 두 번째 빈칸에는 형용사 confident의 비교급인 the more confident의 the more가 알맞다.

15 해석

① 네 자신이 되어라.
② 진정한 자신에게 귀를 기울여라.

③ 자신이 할 수 있는 최선을 다해라.
④ 사회적 거울을 통해 자신을 바라보아라.
⑤ 자신의 감정에 초점을 맞추어라.

해설

look at yourself in the inner mirror rather than the social mirror에서 사회적 거울이 아니라 내적 거울을 통해 자신을 바라보라고 했으므로, ④는 필자의 주장과 일치하지 않는다.

16 해석

Philip
저는 고등학생으로서 잘하고 싶고, 그렇게 하려고 굳게 결심도 했어요. 하지만 저는 자신이 미래에 무엇을 하기 원하는지 잘 모르겠어요. 솔직히 말해, 저는 그 무엇도 잘할 수 있을 것 같은 확신이 서지 않아요. 어디서부터 시작해야 할까요?

Jane
나는 나 자신에 대해 많은 질문이 있어요. "내가 다른 사람들에게 얼마나 예쁘게 보일까?", "우리 반에서 나를 정말 좋아하는 학생들은 몇 명이나 될까?", "나는 얼마나 가치 있는 사람일까?" 같은 것이죠. 이런 질문들이 너무나 자주 떠올라서 친구들과 잘 지내기도 어렵고 학업에 집중하기도 어려워요.

해설

친구와 문제가 있는 것은 Jane이고 Philip은 친구 문제에 관해 언급하지 않았으므로, ②가 글의 내용과 일치하지 않는다.

[17~18]

안녕하세요, 저는 Edward이고 영양학자입니다. 제가 여러분께 질문을 하나 드리죠. 이 특별한 음료는 여러분이 스트레스를 줄이고, 에너지를 증가시키며, 건강한 체중을 유지하도록 도와줍니다. 제가 어떤 음료에 대해 말하고 있는 걸까요? 사실, 이 마법의 음료는 여러분 모두가 알고 있는 것입니다. 그것은 물입니다! 여러분은 또한 좋은 피부를 가지고 싶으시죠? 물을 드세요. 물은 자연만의 미용 크림입니다. 물을 마시는 것은 여러분의 피부가 건강한 윤기를 띠게 하면서 피부 세포에 수분을 공급해 줍니다. 게다가 물은 우리 몸의 기본적인 기능에 매우 중요합니다. 왜냐하면 우리 몸의 약 70퍼센트가 물이고, 우리는 하루에 약 2리터의 물이 필요하기 때문입니다. 그런데 우리들 중 많은 사람들이 물을 충분히 섭취하지 않아서 결국에는 탈수를 경험하게 됩니다. 이런 이유 때문에 우리는 물을 많이 마셔야 합니다.

17 해석

① 그가 유죄라는 증거는 없었다.
② 그는 자신이 엄청난 실수를 했다는 걸 깨달았다.

③ 그가 열쇠를 잃어버린 것은 바로 주차장에서였다.
④ 자녀들이 원하는 걸 전부 사 주지 말아라.
⑤ 중요한 것은 네가 비밀을 지키지 않았다는 것이다.

해설

본문의 that은 선행사 something을 수식하는 목적격 관계대명사로 쓰였다. ①은 동격, ②는 동사의 목적절을 이끄는 접속사, ③은 It is(was) ~ that 강조 용법, ④는 목적격 관계대명사, ⑤는 보어절을 이끄는 접속사로 사용된 that이다.

18 **해석**

① 물은 스트레스를 줄인다.
② 물은 에너지를 증가시킨다.
③ 물은 피부 세포에 수분을 공급한다.
④ 물은 체중을 감소시킨다.
⑤ 물은 피부에 윤기를 준다.

해설

글 전반부에 maintain a healthy body weight라고 언급되어 있는데, 이는 건강한 체중을 유지시킨다는 의미이지 체중을 감소시킨다는 의미는 아니다.

19 **해석**

두 번째로 좋은 자세는 몸을 똑바로 편 채로 옆으로 누워 자는 것입니다. 이것은 코 고는 것을 줄여 주고, 여러분이 척추를 비교적 똑바로 펴게 해 줍니다. 하지만 얼굴에 가해지는 압력 때문에 주름이 더 많이 생기게 될 수 있습니다.

수면에 좋지 않은 자세는 무릎을 배까지 말아 올린 상태로 옆으로 눕는 것입니다. 이 자세는 숨 쉬는 것을 어렵게 만들고 등과 목의 통증을 야기할 수 있습니다. 그러니 그저 몸을 약간 쭉 펴고 너무 많이 말아 올리지 않도록 노력하세요.

해설

(A) 빈칸 앞에는 몸을 똑바로 편 채로 자는 것의 좋은 점이 오고 빈칸 뒤에는 주름이 생긴다는 단점이 오므로, 역접의 연결어 However가 알맞다.
(B) 빈칸 앞에는 몸을 말고 자는 것이 등과 몸의 통증을 야기한다는 내용이 오고 빈칸 뒤에는 몸을 펴고 몸을 말지 말라는 제안의 말이 오므로, 인과의 연결어 So가 알맞다.

[20~21]

그렇다면 우리는 어떻게 수분 섭취를 늘릴 수 있을까요? 우선, 저는 여러분이 청량음료나 주스 같은 설탕이 든 음료를 물로 대체할 것을 제안합니다. 이것은 여러분의 설탕 섭취를 줄이고 여러분이 포만감을 느낄 수 있도록 도와줄 것입니다. 여러분은 또한 과일과 채소를 더 많이 먹음으로써 수분 섭취

를 늘릴 수 있습니다. 왜냐하면 이 음식들은 많은 양의 수분을 포함하고 있어서 우리 몸이 매일 필요로 하는 수분의 20%까지 제공할 수 있습니다. 식사 사이에 목이 마른다면 여러분은 물병을 가지고 다닐 수 있습니다. 여러분은 또한 물을 더 많이 즐기기 위해 과일이나 허브 같은 것들로 물에 풍미를 더할 수도 있습니다. 기억하십시오, 물을 많이 마시는 것이 여러분을 더 나아 보이게 하고 더 기분 좋게 하는 데 도움이 될 것입니다.

20 **해설**

ⓐ는 당위적인 내용을 제안하는 동사 suggest의 목적절에 쓰인 동사로 앞에 조동사 should가 생략된 형태로 봐야 하므로, 동사원형 replace가 알맞다. ⓑ는 전치사 by 뒤에 오므로, '먹음으로써'라는 의미를 나타내도록 동명사 eating으로 써야 알맞다.

21 **해석**

① 설탕이 든 음료를 물로 대체해라.
② 과일과 채소를 더 많이 먹어라.
③ 체중의 20%까지 물을 마셔라.
④ 물병을 가지고 다녀라.
⑤ 물에 과일이나 허브로 풍미를 더해라.

해설

they can provide up to 20% of the water your body needs each day는 과일과 채소가 매일 몸이 필요로 하는 물의 20%를 공급한다는 말이지, 체중의 20%의 물을 마시라는 의미는 아니다.

22 **해석**

안녕하세요, 여러분. 오늘 여기서 만나게 돼서 반갑습니다. 저는 오타와에서 온 Annie라고 합니다. 여러분은 이 노란색 끈끈한 종이가 무엇에 쓰이는지 알고 계실 것이며 아마 많은 목적으로 그것들을 사용하실 것입니다. (B) 저는 제가 이것들을 어떻게 사용했는지 여러분께 말씀드리러 여기에 왔습니다. 그것은 사람들을 격려하고 그들에게 힘을 주며 그들이 행복을 느끼도록 돕는 것입니다. (C) 제가 중학생이었을 때 누군가 제 사물함을 부수고 들어와 제 휴대 전화를 사용해서 제 SNS 페이지에 혐오스러운 것들을 올렸습니다. 그 일은 제 마음을 너무 상하게 해서 극복하기 힘들었습니다. (A) 하지만 많은 생각을 하고 부모님과 가장 가까운 친구들과 얘기를 나눈 다음, 저는 남을 괴롭히는 아이들이 사람들을 상처 주기 위해서 말을 사용하지만, 저는 그들을 이용해서 다른 이들을 격려해야 한다고 결론을 내렸습니다.

해설

(B)의 them은 주어진 글의 these yellow sticky notes를 뜻하므로 (B)가 주어진 글에 바로 이어지며,

그러한 생각을 하게 된 계기의 시초를 설명하는 (C) 뒤에 그를 통해서 깨달은 바를 설명하는 (B)가 이어지는 순서가 가장 자연스럽다.

[23~24]

안녕하세요. 저는 Greg라고 해요. 저는 뉴욕 시에 살고 있어요. 저는 컴퓨터 게임을 하는 것을 좋아해요. 제 나이에 누가 그렇지 않겠어요? 저는 저만의 컴퓨터 게임을 만들고 싶었기 때문에 컴퓨터 프로그래밍을 배우기도 했어요. 하지만 최근에 저는 제 기술을 사용할 수 있는 또 다른 방법을 알게 되었고, 그것을 오늘 여러분과 함께 나눌 수 있어 신이 나요! 제 할아버지는 알츠하이머를 앓고 계세요. 여러분들 중 몇 분은 아실지도 모르지만, 알츠하이머 환자들은 자주 여기저기를 헤매고 다니는 일로 고통을 받아요. 음, 제 할아버지께서도 때때로 어디로 가는지도 모르고 헤매기도 하세요. 밤에 헤매고 다니시는 것은 특히 위험해요. 사실, 할아버지께서는 간병인이 한밤중에 할아버지가 헤매기 시작할 때 잠에서 깨지 못해서 몇 건의 사고를 겪기도 했어요.
저는 정말 할아버지를 돕고 싶었어요. 그래서 환자가 침대 밖으로 발을 내딛을 때 간병인의 스마트폰에 경보를 작동시키는 무선 시스템을 고안하기 시작했어요.

23 해설

another way to use my skills이란 맨 마지막 문장의 to design a wireless system that triggers an alert on a caregiver's smartphone when a patient steps out of bed를 가리킨다.

24 해설

ⓐ deal with: ~을 다루다, ~을 앓고 있다
ⓑ suffer from: ~로 고통 받다
ⓒ without -ing: ~하지 않고
ⓓ wander around: 헤매다, 돌아다니다
ⓔ in the middle of the night: 한밤중에

25 해석

고등학교 생활을 시작하자마자, 저는 행동을 취했습니다. 제 아이디어는 긍정적인 메시지를 담은 쪽지를 학교 여기저기에 붙여서 친절을 퍼뜨리는 것이었습니다. 저는 온 주말을 "_____"와 같은 긍정적인 메시지를 만드는 데 보냈습니다. 그 다음 월요일에 저는 학교 주위에 그들을 붙였고, 제 캠페인을 '긍정적인 포스트잇의 날'이라고 이름 붙였습니다.

해설

빈칸 앞에 positive notes라는 말이 있으므로, 긍정적인 메시지를 붙였다는 것을 알 수 있다. ④는 긍정적인 메시지라고 보기 어렵다.
① 너는 멋있어!

② 네 자신의 장점을 믿어 봐.
③ 너는 네가 생각하는 것보다 더 가치 있는 사람이야.
④ 다른 사람들이 너를 어떻게 생각하는지에 대해 생각해 봐.
⑤ 모두가 자신의 방식으로 독특하고 특별해.

[26~27]

기쁘게도, 그것이 작동했어요! 제 장치가 할아버지께서 헤매고 다니시는 것을 감지하는 것을 우리가 처음 보았던 그때, 저와 제 가족이 얼마나 깊게 감동받았고 신났는지 저는 잊을 수 없을 거예요. 그 순간, 저는 제 지식과 기술을 이용해서 사람들을 위해 제가 할 수 있는 일에 감명을 받았어요. 지금 저는 알츠하이머 환자들을 위한 양로원에 기부하기 위해서 더 많은 센서를 만들고 있어요.
제가 오늘 정말 여러분께 말씀드리고 싶은 것은 그것이 무엇이든 여러분의 지식과 기술이 다른 사람들을 돕기 위해 사용될 수 있다는 사실이에요. 우리 모두가 우리가 제일 잘할 수 있고 좋아하는 일로 다른 이들을 돕는 데 함께한다면 어떤 일이 일어날지를 상상하는 것은 신나는 일이에요. 그런 세상이 어떤 모습과 같을지 정확히 알지는 못하지만, 저는 그것이 훨씬 더 나은 세상이 될 것이라고 확신해요. 시간을 내주셔서 정말 감사합니다!

26 해설

주어진 문장은 '그에 대해 알고 있는 것을 나에게 말해 줘.'라는 의미로, 여기서 쓰인 what은 선행사를 포함한 관계대명사이다. 본문의 ⓐ, ⓑ, ⓓ 역시 선행사를 포함한 관계대명사이고, ⓒ, ⓔ는 간접의문문에 사용된 의문사이다.

27 해석

① 걱정스러운   ③ 절망스러운
④ 우쭐한   ⑤ 슬픔에 찬

해설

필자는 자신의 경험을 통해 남을 돕기 위해 자신의 지식과 기술을 사용한다면 훨씬 좋은 세상이 될 거라고 (I'm certain it would be a much better world.) 하면서 ② '희망에 차' 있다.

28 해석

닭고기를 좋아한다면 Sun Chicken House에 들러 주세요. 최고이자 가장 인기 있는 요리는 오븐에 구운 훈제 닭입니다. 여러분은 연기가 나고(훈제 냄새가 나는) 맛있는 것을 정말 좋아할 것입니다. 게다가, 웨이터도 친절하고 가격도 상당히 합리적입니다. 이 식당에 별 네 개 반을 주겠어요. 근처 이웃에서 정말 맛있는 닭고기를 맛볼 수 있는 기회를 얻는 것이 정말 멋지지 않나요?

해설

이 글은 Sun Chicken House라는 식당에 다녀와서 감상을 쓴 '식당 체험 후기'이다.
① 조리법　　　　② 후기
③ 보고서　　　　④ 초대장
⑤ 공지문

[29~30]

이 어르신으로부터 나는 냉면이 매우 다양하지만, 두 가지 주된 형태는 물냉면—물이 있는 차가운 면과 비빔냉면—비벼진 차가운 면이 있다는 것을 알게 되었습니다. 시원하고 상쾌한 것을 원할 때는 물냉면을 선택하세요. 조금 더 마르고 매콤한 것을 원하면 비빔냉면을 한번 먹어 보세요.
하지만 냉면은 차가운 면에 매운 양념이 얹어지지 않으면 완전하지 않습니다. 물냉면의 진정한 맛은 면에 겨자 소스가 얹어질 때이고, 비빔냉면은 면에 고추장 소스가 곁들여질 때입니다. 따라서, 여름 무더위를 이기는 것은 면의 차가움뿐만 아니라 한국인들이 수세기 동안 사용한 고추의 열입니다. '이열치열'이라는 옛 속담처럼 여름에 매운 양념을 즐기는 것은 사람들이 시원하게 지낼 수 있도록 도와주는데, 흥미롭게도 한약재의 현대적 발견이 이것을 뒷받침해 주는데, 특정 약초와 양념이 땀을 흘리게 하며, 자연스럽게 몸을 식혀 줍니다.

29 해설

that은 앞선 명사의 반복을 피하기 위한 대명사로 보통 뒤에 of의 수식을 받는다. 이 문장에서는 앞선 the real taste를 나타내어 물냉면의 진정한 맛과 비빔냉면의 진정한 맛을 비교하고 있다.

30 해설

fight fire with fire는 '불로써 불을 이기다'라는 말로 '이열치열'로 해석할 수 있다.

[31~32]

삼계탕을 먹는다는 생각은 좋은 것 같았지만, 나는 그것을 온전히 혼자 시도하고 싶지는 않았다. 그래서 나는 내 친구인 Damil에게 함께 하자고 부탁을 하고서는 그 경험을 시도했다. 가까운 식당을 조사한 다음, 나는 이 국물 요리를 전문으로 하는 한 곳을 결정했다. 우리가 도착했을 때 그 식당의 주인은 우리를 향해 호기심 가득한 미소를 활짝 지어 보였고, 우리에게 김치와 매운 푸른색 고추, 고추장이 깔린 식탁으로 안내했다. 몇 분 만에 두 개의 펄펄 끓는 국그릇이 우리 탁자 위에 놓였다. 크리스마스 아침의 아이처럼 기뻐서 나는 국물에서 수증기를 떨어뜨려 이 맛있는 것을 먼저 흘깃 보기 위해 입으로 바람을 불었다: 인삼과 마늘, 쌀로 채워져 깨끗한 국물에 통째로 제공되는 어린 닭 한 마리. 그것은 이제 모두 이해되었다. 나는 마침내 그 어르신의 지혜를 이해했다. 삼계

탕에 쓰이는 재료는 여름철의 내 우울한 기분을 날려 버릴 것이다.

31 해석

① 이 탁자는 대리석으로 만들어져 있다.
② 그녀는 파블로 피카소의 작품을 한 점 가지고 있다.
③ 우리 할아버지 할머니는 나를 자랑스럽게 생각하셨다.
④ 나는 언젠가 인도를 방문하는 꿈을 가지고 있다.
⑤ 이것은 세계에서 가장 위대한 박물관들 중 하나이다.

해설

밑줄 친 of는 동격을 나타낸다. (The idea = eating samgyetang) ④ 또한 a dream과 visiting India가 동격을 이루고 있다.

32 해석

① 무서운 → 안도한
③ 흥분한 → 실망한
④ 무관심한 → 흥미 있는
⑤ 당황한 → 고마워하는

해설

필자는 삼계탕을 먹는다는 생각에 솔깃했지만 그것을 온전히 혼자 시도하고 싶지는 않았다(I didn't want to try it all alone)는 말에서 '의심스러운' 감정을 느낄 수 있다. 그러나 삼계탕을 체험한 후 여름철 우울한 기분을 날려 버릴 것이라며(would take my summer blues away) '만족하고' 있다.

33 해석

우리가 그 식당을 떠날 때 나는 신선한 공기의 숨결을 느꼈다. 바람이 진짜인지 상상이었는지, 수프의 효능이 진짜인지 상상이었는지와는 상관없이 나는 진정으로 상쾌함을 느꼈다. 그 느낌과 함께 나는 갑자기 '이열치열'의 지혜에 대해 이해하게 되었다. 정말로 뜨거운 무언가를 즐기고, 몸이 숨을 내쉬게 하고, 산들바람에 몸이 상쾌해지는 것을 발견해라. 결국, 서울의 여름 무더위는 로스앤젤레스의 늦가을처럼 시원하고 상쾌하게 느껴졌다.

해설

'휴식이나 음료, 음식을 통해서 상쾌하고 원기를 회복하는'이라는 의미를 가진 형용사는 refreshed이다.

1 ③ **2** ② **3** ② **4** ① **5** ④ **6** (1) renewable (2) inspires (3) origin (4) encountered **7** ① **8** ④ **9** (1) if(whether) he was having a good time there (2) appears to have caused the fire **10** ② **11** ② **12** ⑤ **13** ⑤ **14** ③ **15** ⑤ **16** ② **17** ④ **18** ① **19** ③ **20** ④ **21** ④ **22** ③ **23** ③ **24** ⑤ **25** ② **26** ⑤ **27** ① **28** (i)nnovation **29** ② **30** ④ **31** ③ **32** Because everything except for the couple with the plain gray feathers at their wedding was beautiful. **33** The city was built on wet and muddy land by people who were trying to escape from armies.

1

해석

A: 토요일이네. 해변으로 드라이브 가자.
B: 좋아, 하지만 우리는 그곳에 자전거를 타고 가야 해.
A: 왜? 너는 운전하는 걸 좋아하잖아, 그렇지 않니?
B: 맞아. 하지만 오늘은 '차 없는 날'이잖아.

해설

ought to는 '~해야 한다'라는 의미로, 충고·조언·도덕적으로 옳거나 타당한 일에 대해 주로 쓰며 절대적이거나 강제성을 띠지 않는다. 빈칸에는 '차 없는 날'이기 때문에 자전거를 타고 '우리는 그곳에 가야 해'라는 의미로 we ought to go there이 가장 적절하다.
① 우리는 그곳에 갈 수 없어.
② 우리는 그곳에 가야 했어.
④ 우리는 그곳에 갈 필요가 없어.
⑤ 우리는 그곳에 가야 했어. (하지만 가지 않았어.)

2

해석

A: 안녕, 광수야! 왜 뛰고 있어?
B: 구내식당에 제일 먼저 도착하고 싶어서.
A: 음, 너는 복도에서 뛰면 안 돼.
B: 나는 뛰는 게 아니야. 나는 그저 정말 빠르게 걷고 있는 중이야.

해설

불허를 말할 때 사용하는 표현에는 I'm sorry, but it's not allowed ~. I'm afraid that I can't let you ~. You should not ~. You're not supposed to ~ 등이 있다. ④의 you must not be running에서 must be는 '~임이 틀림없다'라는 의미이므로 어색하다.

3

해석

A: 사랑스러운 가방이네! 멋져.

B: 고마워. 내가 혼자 이걸 만들었어.
(b): 농담하지 마!
(d): 나는 한 TV 프로그램에서 아이디어를 얻었어. 그것은 오래된 현수막으로 에코백을 만드는 법을 보여 줬어.
(a): 좋은 생각이구나! 그것이 친환경적인 방법이 아니니?
(e): 맞아. 나는 우리 지구의 미래가 걱정돼. 그리고 우리는 그것에 대해 무언가를 할 필요가 있어.
(c): 대찬성이야. 우리는 지구를 구하기 위해서 모든 노력을 다해야 해.

해설

두 사람은 B가 만든 가방을 소재로 대화를 하고 있다. A는 가방이 사랑스러우며 멋지다고 하고 B는 혼자 TV 프로그램에서 얻은 아이디어로 오래된 현수막으로 에코백을 만들었다고 말한다. 그 말을 들은 A는 멋진 생각이라고 하며 친환경적인 방법이라고 말한다. B가 우리 지구가 걱정이 되며 우리가 무엇인가를 해야 할 필요가 있다고 하자 A도 거기에 동의를 하며 우리가 지구를 구하기 위해 모든 노력을 해야 한다고 이어지는 것이 적절하다.

4

해석

A: 이번 방학에 뭘 할 거니?
B: 아직 확실하지 않아. 아마도 집에서 영화나 좀 보겠지. 너는 어때? 어떤 계획이라도 있니?
A: 응, 나는 사촌과 함께 며칠 동안 해변에서 쉴 예정이야. 우리는 날마다 수영을 하면서 재미있게 지낼 것을 기대하고 있어.
B: 멋지구나.

해설

②~⑤는 무엇에 대한 희망과 기대를 표현하는 말로 '우리는 날마다 수영을 하면서 재미있게 지낼 것을 기대하고 있어.'라는 의미인데, ①은 '우리는 매일 수영을 재미있게 하고 있어.'라는 현재 진행의 의미이다.

5

해석

A: 나는 독서 동아리에서 '어린왕자'를 읽고 있어.
B: 그건 정말 인기 있는 책이지. 그것에 대한 너의 의견을 말해 줘.
A: 음, 내가 가장 좋아하는 부분들 중 하나는 바로 시작 부분이야. 거기에는 코끼리를 먹는 뱀의 그림이 있어. 그건 웃겨.

해설

A와 B는 '어린왕자'에 대해서 대화를 나누고 있다. 밑줄 친 부분은 다른 사람의 의견을 묻는 표현 What's your view on ~?, What are your feeling about ~ ?, Please tell me your opinions on ~. 등으로

바꿔 쓸 수 있다.
① 나도 똑같이 느껴.
② 너는 왜 그것을 좋아하니?
③ 너도 읽어 보지 그래?
⑤ 너는 얼마나 많이 그것을 좋아하니?

6 해석
(1) 이용할 수 있는 재생 가능한 에너지와 물을 고려해 봐라.
(2) 그들은 그의 음악이 사람들에게 영감을 주고 감동시킨다고 생각한다.
(3) 불의 기원은 아직 알려지지 않았다.
(4) 나는 오늘 아침에 건물 앞에서 사장님과 마주쳤다.

해설

(2)는 주어가 his music으로 3인칭 단수이므로 inspires로 쓰고, (4)는 this morning이 있으므로 과거 시제로 써야 한다.

7 해석
① 2004년은 내가 태어난 해이다.
② 그녀는 내가 문제를 겪고 있는지를 물었다.
③ 마을의 오래된 병원이 문을 닫았다.
④ 내일 비가 오지 않으면 우리는 소풍을 갈 것이다.
⑤ 나는 발목을 삐었다. 이것이 내가 병원에 간 이유이다.

해설

① 문맥상 I was born in 2004의 의미가 되어야 하므로 전치사 in이 필요하다. 선행사가 전치사의 목적어인 경우, 전치사를 목적격 관계대명사 앞에 쓸 수 있으므로, 2004 is the year in which I was born.으로 쓴다. 이 문장에서 in which는 관계부사 when으로 바꿔 2004 is the year when I was born.으로 쓸 수도 있다.

8 해석
① 그녀는 파란색의 펜을 나에게 주었다.
② 그가 우산을 가져 오는 것을 잊은 것 같아.
③ 나는 지난주부터 이 프로젝트에 일을 해 오고 있어.
④ 그는 한국사에서 가장 중요한 사람들 중 하나이다.
⑤ 현대 안전모는 여전히 충격으로부터 보호하는 데 있어서 완벽하지 않다.

해설

④「one of the+최상급 형용사+복수 명사」는 '가장 ~한 것들 중 하나'로 해석되며, 주의할 점은 최상급 다음에 셀 수 있는 명사의 복수형을 써야 한다는 것이다. 그러므로 person은 people로 써야 한다.

9 해석
(1) 그녀는 그에게 "너는 이곳에서 즐거운 시간을 보내

고 있니?"라고 물었다.
= 그녀는 그에게 그가 그곳에서 즐거운 시간을 보내고 있는지를 물었다.
(2) 과열된 엔진이 화재를 일으킨 것 같다.

해설

(1) 의문사가 없는 의문문을 간접의문문으로 바꿀 때는 접속사 if 또는 whether를 활용하고, say to 또는 tell을 ask로 바꾼다. 그리고 따옴표 안의 의문문을「if〔whether〕+주어+동사」의 어순으로 바꿔 쓰고, 주어에 따라 동사의 수와 시제를 맞춘다. 그리고 부사 here은 there로 바꿔 쓴다.
(2) 본동사와 to부정사의 동작이 같은 때 일어나면 단순부정사(to+동사원형)를 쓸 수 있지만, to부정사가 본동사의 동작보다 먼저 일어난 경우에는 완료부정사(to have+과거분사)를 쓴다. 완료부정사는 주로 판단과 추측, 주장, 감정을 나타내는 표현과 함께 쓰인다.

10 해석
우리는 단지 4월 22일이 아니라 매일이 지구의 날이라고 믿는다. 우리는 여러분이 우리 지구를 위해 무언가할 거라고 희망한다. 단지 여러분이 이 지구의 날에 무엇을 할지 궁금해서 머리를 긁을 경우에 대비해서 우리는 우리가 좋아하는 친환경 행동의 목록을 만들어 두었다. 우리는 우리가 집이라고 부르는 이 아름다운 행성에 대한 소속감뿐만 아니라 지구를 사랑하는 돌봄을 증진하는 제안들을 포함해 두었다.

해설

ⓑ in case of는 '만일 ~의 경우에' 또는 '~의 경우에 대비하여'라는 의미이며, 뒤에는 명사(구)나 동명사(구)가 와야 한다. 그런데 In case of 뒤에 you're ~ Earth Day라는 절이 오므로, In case that으로 써야 한다. 이때 that은 생략할 수 있다.

11 해석
Eco-fashion은 또한 slow fashion 그리고 지속 가능한 의류라고 알려져 있는데, 역시 최신 유행이다. 지구에 대한 걱정에 동기 부여가 되어 환경을 생각하는 소비자들은 천연 섬유나 유기적으로 생산된 섬유들을 선택한다. 환경에 대한 책임을 지는 것과 의류의 탄소 발자국을 고려하는 것은 수백만의 쇼핑객들에게 중요한 고려 사항이 되었다. 사실, 재활용되었거나 중고 의류를 입는 것은 유행이 되었으며 지나가는 경향 그 이상인 것처럼 보인다.

해설

ⓑ Motivating 뒤에 by가 이어지고 앞에는 Being이 생략된 분사구문이므로 Motivating을 Motivated로 고쳐야 '~에 의해 동기 부여가 된'이

라는 의미가 된다. 접속사와 주어를 찾아 다시 쓰면 As they(= green consumers) are motivated by concern for the earth가 된다. 분사구문은 원래 현재분사로 시작하는 것이 원칙이나 특별한 의미를 나타내지 않는 being 또는 having been은 생략할 수 있다.

12 해석

대부분의 십 대들은 옷을 사는 것을 좋아한다. 쇼핑센터에서 물건들을 둘러보기 위해 하루 외출하는 것은 젊은이들 사이에서 가장 인기 있는 취미들 중 하나이다. 매력적인 부분은 알맞은 가격에 가장 최근의 패션을 찾는 것이다. 싸게 산 물건을 가방에 넣는 것은 그 자체로 흥분되는 일이 되었다. 동시에 우리들 중 많은 이들은 지역의 가게에서 쇼핑을 하는 것보다 더 쉽고 저렴하기 때문에 인터넷으로 쇼핑을 한다. 모두가 인터넷에 접근하는 것은 아니지만, 우리는 우리가 쇼핑할 수 있는 많은 방법에 둘러싸여 있다. 때로는 더 낮은 가격에 최신 패션 상품들을 구매하는 것에 저항하는 것은 어려운 일이다. 이것이 fast fashion이다.

해설

십 대들이 쇼핑센터에서 쇼핑을 즐기고 알맞은 가격에 가장 최근의 패션을 찾는 것을 좋아하며 또한 지역 가게보다 더 값싸게 물건을 살 수 있는 인터넷 쇼핑을 많이 한다는 내용의 글이다. 주어진 문장은 우리들 중 많은 이들이 지역 가게에서보다 더 쉽고 값싼 인터넷 쇼핑을 한다는 내용 뒤 즉 ⑤에 들어가는 것이 가장 적절하다.

13 해석

윤리적 의상의 선구자들 중 한 사람은 Bono이다. 그와 그의 아내는 아프리카와 다른 개발 도상국과의 무역에 중점을 둔 세계적인 패션 기구를 만드는 데 목표를 두고 있다. (C) 2007년, 그들은 100퍼센트 아프리카에서 바느질된 티셔츠를 생산하는 의류 분과를 시작했다. (B) 그들의 조직은 Conservation Cotton Initiative를 형성하기 위해 한 보호 단체와 힘을 합쳤다. (A) 이 프로그램은 친환경적인 목화 재배를 홍보하고 농부들이 빈곤으로부터 올라서는 데 도움을 주고 있다.

해설

(C)의 they는 주어진 글의 He and his wife, 즉 'Bono와 그의 부인'을 가리키므로, 주어진 글 뒤에는 (C)가 적절하다. (B)의 Their organization은 (C)의 a clothing division을 가리키며, (A)의 This program은 (B)의 Conservation Cotton Initiative을 가리키므로, (C) — (B) — (A)의 순서가 가장 자연스럽다.

[14~15]

어떤 사람들은 친환경적인 옷장을 가지는 것이 돈을 더 많이 들게 하고 많이 곤란하게 할 것이라고 생각한다. 하지만, 아마도 여러분은 이미 자신이 생각하는 것보다 더 친환경적일 가능성이 있다. 여러분은 이미 친구와 옷을 나누어 봤거나 자신의 오래된 옷을 자선 단체에 주었을지도 모른다. 또는 아마 여러분은 옷을 버리는 대신 재사용했을 것이다. 그저 '줄이자'를 당신의 친환경 목록에 더하라, 그러면 여러분은 환경에 진정한 변화를 만들 것이다.
일단 친환경적이기 시작하면 여러분은 에코패션의 상황에 들어갈 수 있는 많은 방법을 찾을 것이다. 여러분은 또한 친환경적인 것이 얼마나 쉽고 보람 있는지를 발견할 것이다. 그저 미래를 위해 지구를 보존하는 데 자신의 역할을 하고 있다는 것을 아는 것은 여태껏 최고의 기분들 중 하나이다.

14 해석

① 올리다 ② 유도하다, 설득하다
④ 증가시키다 ⑤ 확장하다, 늘리다

해설

친환경이 되는 방법들로 나열된 것과 어울리는 것은 ③ '줄이다'이다.

15 해석

① 우리는 우리의 행성을 보존해야 한다.
② 친환경이 되는 것은 비용이 많이 든다.
③ 중고 옷을 발견하는 것은 보람된 일이다.
④ 우리는 오래된 옷을 자선 단체에 주어야 한다.
⑤ 친환경적이 되기 위한 다양한 쉬운 방법들이 있다.

해설

이 글은 '친환경적이 되겠다고 결심하는 것은 어렵지 않으며, 친구와 옷을 나누어 봤거나 오래된 옷을 자선 단체에 주었거나 옷을 재사용해 보았다면 친환경이 되는 것은 쉽고 보람된 일이라는 것을 알게 될 것이다.'라는 내용이므로, 요지로는 ⑤ '친환경적이 되기 위한 다양하고 쉬운 방법들이 있다.'가 가장 적절하다.

16 해석

Poppy는 패션에 대한 그녀만의 블로그를 가진 십 대이다.
"저는 제 나이에 많은 돈을 벌 수 없기 때문에 최신 패션을 모두 살 수 있는 경제적 능력이 없어요. 그래서 '고치면서 오랫동안 쓰자'가 제가 기억하고 싶은 것이에요. 한번은 뭔가 새로운 것을 사는 데 돈을 쓰는 대신에 저는 할머니께서 저에게 주신 오래된 옷을 들춰냈어요. 그 다음에 약간 모양을 바꿨고, 마술처럼 저는 새것을 갖게 되었어요. 저는 또한 다른 누구도 같은 것을 가지고 있지 않기 때문에 중고 물품을 사서 바꿔 입는 것을 좋아해요. 저의 고쳐 입은 옷들은 독특하고, 그래서 아무도 제 패션을 따라 할 수 없어요. 무엇보다도 제가 또한 지구를 생각하고 있다는 점이에요."
① 그녀는 모든 최신 유행을 살 돈이 없다.
② 그녀는 새로운 것을 위해 돈을 쓰는 것을 좋아한다.
③ 할머니는 낡은 옷을 그녀에게 주었고 그녀는 그것을 고쳤다.
④ 그녀는 중고 물품을 변형한 후에 착용하는 것을 좋아한다.
⑤ 그녀는 아무도 가지고 있지 않은 것을 좋아한다.

해설

패션 블로그를 운영하는 십 대 Poppy는 최신 패션들을 모두 살 수 있는 경제적 능력이 없어서 뭔가 새로운 것을 사는 데 돈을 쓰기보다는 중고 물품을 고쳐서 새로운 것을 만들어 가지는 것을 좋아한다. 또한 그것들은 독창적이고 지구를 생각하고 있어서 좋다고 말하고 있다. 하지만 ②는 새로운 것을 사는 데 돈을 쓰는 것을 좋아한다는 것이므로, Poppy의 관한 내용으로 일치하지 않는다.

[17~18]

여러분은 바오바브나무가 왜 그렇게 거대한 몸통과 뿌리처럼 보이는 나뭇가지를 가지고 있다고 생각하는가? 그 이유는 바로 그것이 자라는 날씨 때문이다. 우기가 지난 후, 약 아홉 달의 건조한 날씨가 뒤따른다. 그렇게 건조한 날씨에서 식물들은 생존하기가 어렵다. 그러나 과학자들은 바오바브나무가 5미터에서 30미터의 높이에 이르는 거대한 크기로 자라고, 직경이 7미터에서 11미터나 되는 몸통을 가질 수 있다는 것을 발견했다. 이 큰 나무가 어떻게 건조한 계절에 생존할 수 있는 걸까? 바오바브나무는 땅 속에서 물을 찾을 수 있는 깊은 뿌리를 가지고 있고, 그것은 길고 건조한 계절을 위해 몸통에 물을 저장한다. 이 거대한 나무는 실제로 12만 리터나 되는 물을 저장할 수 있고, 작은 나뭇가지들은 물의 손실을 줄이는 데 도움이 된다.

17 **해석**

① 바오바브나무가 생존 할 수 있는 이유
② 바오바브나무의 크기와 높이
③ 바오바브나무는 얼마나 많은 물을 저장할 수 있는가?
④ 바오바브나무의 생김새와 생존을 위한 특징
⑤ 우기와 건기의 날씨 특성

해설

이 글은 바오바브나무가 거대한 몸통과 뿌리처럼 생긴 나뭇가지를 가진 이유가 건조한 날씨 때문이고, 이 큰 나무가 건조한 계절에 생존하는 방법은 땅 속에서 물을 찾을 수 있는 깊은 뿌리를 가지고 있고 작은 나뭇가지들은 물의 손실을 줄이는 데 도움이 된다는 내용이므로, 제목으로는 ④ '생존을 위한 바오바브나무의 생김새'가 적절하다.

18 **해설**

글 전반부에 ② 생존 환경이 제시되고 있고, ③ 몸통 크기는 다섯 번째 문장에 나타나 있다. ④ 물 저장량과 ⑤ 나뭇가지의 역할은 마지막 문장에 나와 있는데, ① 뿌리 모양에 관한 언급은 없다.

19 **해석**

벌새는 전 세계에서 가장 작은 새이다. 이 새의 독특한 맴도는 움직임과 화려한 깃털 때문에 우리는 그것을 쉽게 알아볼 수 있다. 이 새는 자신의 날개를 아주 빠르게 퍼덕거려서 윙윙대는 소리를 만들어 내는데, 그것이 이 새가 벌새라고 불리는 이유이다. 과학자들은 벌새들이 독특하고 빠른 날갯짓을 가지고 있고, 이것이 그들로 하여금 앞으로, 뒤로, 옆으로 심지어 허공에서 멈출 수 있게 한다는 것을 발견했다. 몸집은 작지만, 그것은 한 시간에 54킬로미터까지 날 수 있다. 그것은 또한 벌처럼 한 곳에 머무를 수 있는 능력을 가지고 있다. 이것이 어떻게 가능할까? 그것은 자신의 날개를 8자 모양으로 퍼덕거릴 수 있는데, 그것이 그 새가 공중을 맴도는 것을 가능하게 한다. 한곳에서 맴돌 때 그것은 자신의 긴 혀를 사용해서 꽃으로부터 달콤한 액체를 가져간다.

해설

(A) so ~ that ...은 '아주 ~해서 (그 결과) …하다'라는 의미이다.
(B) 콤마(,) 다음에 오는 관계대명사 which는 계속적 용법으로, 선행사뿐 아니라 앞선 절 전체 또는 일부의 내용을 이어 받아 부가적인 정보를 더한다.

[20~21]

나의 학교 연극 동아리는 8월에 학교 축제에서 공연하기 위해 셰익스피어의 연극 '베니스의 상인'을 준비 중이고, 나는 가장 좋은 역할인 Portia를 맡았다. Portia는 셰익스피어의 희곡들 중 가장 두드러진 여성 등장인물들 중 하나이다. 그녀는 그저 궁전에 있는 어떤 공주가 아니다. 그녀는 베니스로 달려가 변호사인 척하면서 재판에서 그의 사건을 입증함으로써 남편 친구인 Antonio의 목숨을 구한다. 어쨌든, 내가 연극 연습을 더 많이 하면 할수록 나는 그녀의 베니스에서의 행로를 더 가까이 따라가는 것처럼 보인다.

20 **해석**

① 이것은 내 여동생의 보석 상자이다.
② 만일의 경우에 대비해서 비옷을 가져와라.
③ 그러한 경우, 결과는 예측 가능하다.
④ 그 재판 사건은 경제에 심각한 해를 끼칠 것이다.
⑤ 비상사태가 발생할 경우에 대비하여 무엇을 해야 하는지 알 필요가 있다.

해설

본문에 쓰인 case는 '사건'이라는 의미이므로, ④에 쓰인 case와 같은 의미로 쓰였다.

21 해설

She isn't just some princess in a palace.의 '그녀는 그저 궁전에 있는 어떤 공주가 아니다.'라는 의미는 그녀가 궁전에서 있긴 하지만 단순히 궁전에만 있는 것에 아니라 다른 어떠한 일들도 한다는 의미를 내포하며 뒤에 이어지는 문장에 그것에 대한 설명이 나온다. 그러므로 ④가 글의 내용과 일치하지 않는다.

22 해석

올해 우리 부모님은 20번째 결혼기념일을 축하하실 것이다. 이것이 우리가 몇 년 동안 특별한 가족 여행을 가려고 계획해 오고 있는 이유이다. 마침내, 여름 방학이 막 시작하려는 참에 우리는 여행 목적지를 의논했다. 자연스럽게 내가 제안했던 첫 번째 것은 베니스였다. 나의 여동생과 부모님께서는 모두 운하들과 곤돌라를 보는 것에 신이 나 있었고 그들은 바로 동의했다. 나는 그것을 믿을 수가 없었다! 우리가 진짜 베니스를 보러 갈 것이다. 그것은 연극이 실제가 되는 것 같을 것이다!

① 묘사　　　　　② 종결
④ 결정　　　　　⑤ 합동

해설

빈칸 뒤의 문장에서 필자가 제안한 첫 번째가 Venice라고 했으므로 빈칸에는 '목적지'를 뜻하는 destination이 적절하다.

[23~24]

세 번째 날, 우리는 Piero라는 관광 가이드와 함께 도시 여행을 했다. 우리는 베니스의 문화 중심인 St. Mark's 광장에서 시작했다. 거기서부터 우리는 수백 점의 눈부신 모자이크와 환상적인 예술 작품들을 지닌 거대한 성당인 St. Mark's Basilica를 볼 수 있었다. St. Mark's Basilica 바로 옆에는 Doge's Palace가 있고, 우리는 그 안으로 들어갔다. 가장 인상적인 방들 중 하나는 Four Doors Room이었다. 그것은 그리스와 로마의 신화들의 그림들로 채워져 있었다. 내가 좋아하는 그림은 Neptune Offering Gifts to Venice이었는데, 그것은 바다의 보물들을 베니스에게 주는 바다의 신화의 신인 Neptune을 보여 준다. 그 다음, 우리의 관광 가이드는 우리를 Compass Room으로 데려갔다. 그가 이곳이 오래 전에 재판이 열렸던 곳이라고 설명했을 때, 나는 내 자신을 '베니스의 상인'을 옹호하기 위해 Compass Room으로 들어오는 Portia가 된 것처럼 상상할 수 있었다.

23 해설

③ 「one of the+최상급 형용사+복수 명사」는 '가장

~한 것 들 중에서 하나'라는 의미이며 '가장 인상적인'은 the most impressive로 쓸 수 있다.

24 해설

⑤ When he explained that this was where trials were held long ago, ~.에서 필자는 오래 전에 재판이 열렸던 곳을 본 것이지 실제 재판을 본 것은 아니다.

25 해석

곤돌라 탑승 후, 우리는 또 다른 배를 타고 Murano 섬에 갔는데, 그곳은 유리를 부는 사람들로 유명하다. 우리는 유리 공장을 방문했고, 한 예술가가 매우 뜨거운 오븐에서 유리를 녹이는 것을 보았다. 나는 그가 어떻게 그의 도구들의 단지 몇 번의 숙련된 움직임으로 그 뜨거운 유리 덩어리를 우아한 말로 만들 수 있는지 믿을 수 없었다.

① 당황한　　　　② 감탄하는
③ 두려워하는　　④ 걱정하는
⑤ 당황스러운

해설

I couldn't believe how ~.에서 필자는 유리 공예 예술가들에 대해서 놀라움과 감탄을 표현하고 있다.

[26~27]

프란츠 카프카는 20세기의 가장 중요한 작가들 중 한 명으로 가장 잘 알려져 있다. 〈성〉과 〈심판〉 같은 그의 소설은 수십 년 동안 널리 읽히고 있다.

그러나 일부 사람들은 그를 안전모 디자인의 선구자로 믿고 있다. 카프카는 젊을 때 보험 회사에서 일했다. 그의 직업 중 일부는 위험한 직장에서 일하는 사람들이 입은 부상에 대해 배우는 것과 관련이 있었다. 1910년에서 1912년 사이 언젠가, 그는 공장에서 떨어지는 물체로부터 보호하기 위해 설계된 가벼운 안전모인 딱딱한 모자를 발명한 것으로 여겨진다.

26 해설

빈칸이 있는 문장의 주어는 His novels이며 빈칸에는 동사가 들어가야 한다. 의미상 소설이 읽히는 것이므로 수동태로 써야 하고 빈칸 뒤에 기간을 나타내는 말이 이어지므로, '과거부터 지금까지 ~되고 있다'라는 의미의 현재완료 수동형 「have been+과거분사」가 알맞다.

27 해석

① 나는 그녀가 정직하다고 믿는다.
② 나는 신용 카드를 과도하게 사용했다.
③ 나의 선생님은 평판이 좋은 분이다.

④ 신용 등급이 올라갔다.
⑤ 교사는 학생들에 대해 높은 신용을 가지고 있다.

해설

ⓑ는 이 문장에서 '믿다'라는 의미의 동사로 쓰였다.

28 **해석**

시간이 지남에 따라 카프카의 독창적인 디자인보다 오늘날의 안전모를 훨씬 더 안전하고 강하게 만드는 수많은 혁신이 이루어졌다. 착용자가 스포츠나 일을 할 수 있도록 충분히 가벼우면서 엄청난 충격에도 견딜 수 있도록 만들어졌다. 또 하나의 혁신은 구식 안전모는 무겁고 부피가 커서 목에 통증을 유발하는 반면, 오늘날의 안전모는 착용자에게 더 가볍고 편안하다는 것이다. 안전모가 편안하면 사람들이 훨씬 더 착용할 가능성이 있기 때문에 이것은 중요하다.

해설

새로운 기술로 무엇인가를 바꿔서 더 좋게 만드는 것을 '혁신'이라고 하며, 안전모가 더 안전하고 튼튼하고 가볍게 만들어진 것이므로, '혁신'이 이루어진 것이다. '혁신'을 뜻하는 철자 i로 시작하는 낱말은 innovation이다.

29 **해석**

의사들은 뇌에 반복적으로 가해지는 타격이 삶의 후반부에 다양한 신체적, 정신적 문제를 일으킬 수 있다고 믿는다. 이것이 일부 과학자들이 딱따구리를 연구하는 것이 매우 중요하다고 생각하는 이유이다. 그들은 시간당 20킬로미터 이상의 속도로 나무에 부리를 박는다. 그들은 초당 약 20회 쫄 수 있다. 평균적으로 그들은 머리를 딱딱한 표면에 하루에 약 12,000번 부딪친다. 이러한 각각의 충격은 인간에게 심각한 뇌 손상을 일으키는 충격의 100배 정도로 강력하다. 하지만 어떻게 해서 딱따구리는 육체적 또는 정신적 손상을 전혀 겪지 않는다. 왜 그럴까?

해설

(A) 빈칸 뒤에 '일부 과학자들이 딱따구리를 연구하는 것이 매우 중요하다고 생각한다'라는 말이 오고, 빈칸 앞의 This는 앞 문장, 즉 '의사들은 뇌에 반복적으로 가해지는 타격이 삶의 후반부에 다양한 신체적, 정신적 문제를 일으킬 수 있다고 믿는다.'를 가리키므로, 앞 문장의 내용이 '원인'이며 빈칸 이하의 내용이 '결과'에 해당한다. 따라서 빈칸에는 why가 들어가야 하는데, This is why ~는 '이것이 ~한 이유이다'라는 뜻이다.

(B) 빈칸 앞에는 딱따구리가 엄청난 속도와 빈도로 강하게 머리를 딱딱한 표면에 두드린다는 내용이 오고, 빈칸 뒤에는 딱따구리는 신체적. 정신적 손상으로 전혀 고통 받지 않는다는 내용이 오므로, (B)

에는 '하지만'이라는 의미인 Yet이 적절하다.

[30~31]

연구진들은 딱따구리의 해면골과 유연한 부리의 기능을 모방한 기계적 장치를 만들기로 했다. 그들의 목표는 각 비행을 자세히 기록하는 장치인 블랙박스를 개선하는 것이었다. 블랙박스는 비행기 추락의 원인을 알아내기 위해 사용되기 때문에 하늘에서 떨어지는 충격을 견딜 수 있어야 한다.

연구진들은 블랙박스의 기록 장치를 작은 유리 조각들로 꽉 채운 알루미늄 용기 안에 넣었다. 이것은 딱따구리의 두개골 안에 있는 해면골의 효과를 재현하기 위해 행해졌다. 그들은 또한 충격을 흡수하기 위해 고무층으로 용기를 덮고 나서 강철층으로 전체를 덮었다. 그 프로젝트는 크게 성공했다. 새로운 블랙박스는 예전 것보다 60배 더 보호되었다.

30 **해석**

① 블랙박스의 다양한 기능들
② 현대의 블랙박스가 얼마나 더 강한가?
③ 비행기 추락의 원인을 찾는 방법
④ 딱따구리를 모방한 블랙박스의 개선
⑤ 딱따구리와 블랙박스의 유사성

해설

연구자들은 딱따구리 뼈와 부리의 기능을 모방한 기계 장치, 즉 블랙박스를 개선하기 위해 프로젝트를 실행하여 구형보다 60배나 더 방어적인 블랙박스를 만들었다는 내용이므로, 이 글의 제목으로는 ④ '딱따구리를 모방한 블랙박스의 개선'이 가장 적절하다.

31 **해석**

① 딱따구리는 해면질 뼈와 유연한 부리를 가지고 있다.
② 연구자들은 비행기에서 장치를 개선하기 위한 프로젝트를 마련했다.
③ 전체 블랙박스를 알루미늄 용기에 넣었다.
④ 기록 장치는 작은 유리 조각으로 덮여 있었다.
⑤ 프로젝트는 새로운 블랙박스를 훨씬 더 잘 보호하도록 했다.

해설

연구진들은 블랙박스의 기록 장치를 작은 유리 조각들로 꽉 채운 알루미늄 용기 안에 넣은 후, 그 용기를 충격을 흡수하기 위한 한 겹의 고무로 덮고 전체를 강철로 한 겹 덮었다고 했으므로, 전체 블랙박스를 알루미늄 용기에 넣었다는 ③은 글의 내용과 일치하지 않는다.

32 **해석**

태초에 위대한 신은 다른 모든 새들을 만들고 나서 몇 개의 작은 나머지 조각들을 가지고 있었다. 그는 어떤 조각도 헛되이 쓰고 싶지 않았다. 그래서 그는 그 나머지를 벌새를 만드는 데 사용했다. 그 위대한 신은 말했다. "벌새가 너무 작으니까 나는 그것이 반드시 잘 날 수 있도록 하고 싶다. 그래서 나는 그것에게 앞뒤로, 그리고 한 장소에만 머물면서도 날 수 있는 능력을 줄 것이다." 그는 이 작은 새를 무척 좋아해서 그것을 위해 짝을 만들어 주고 다른 모든 동물들을 그들의 결혼식에 초대했다. 수수한 회색 깃털만을 가진 벌새들을 제외하고는 결혼식에 대한 모든 것이 아름다웠다. 다른 새들이 그들을 불쌍하게 여겨 서로에게 "결혼식에서 그 커플을 장식할 수 있도록 우리의 아름다운 깃털을 그들에게 주자."라고 말했다. 그래서 벌새들은 많은 아름다운 깃털들을 받았다.

Q: 왜 다른 새들은 벌새를 불쌍하게 여겼나?

> **해설**

Everything about the wedding was beautiful, except for the hummingbirds, who only had plain gray feathers.에서 답을 유추할 수 있다.

33 해석

우리가 Compass Room 밖으로 걸어 나와서 Bridge of Sighs를 건널 때 우리는 다리 아래를 흐르는 멋진 운하를 볼 수 있었는데, 그 다리는 감옥으로 이어지는 것이었다. 우리가 민박집으로 돌아오는 길에 우리의 관광 안내원은 우리에게 "베니스는 북쪽과 동쪽으로부터의 군대로부터 탈출하기 위해 노력했던 사람들에 의해 축축하고 진흙투성이의 땅 위에 지어졌어요."라고 말했다. 내가 그것을 들었을 때 나는 무척 놀랐다. 이 도시가 눈물과 고통으로부터 탄생해서 그렇게 멋진 아름다운 곳으로 변할지 그 누가 생각했겠는가?

Q: 윗글에 따르면 그 도시의 기원은 무엇인가?

> **해설**

가이드가 한 말인 "Venice was built on wet and muddy land by people who were trying to escape from armies from the north and east."에서 답을 유추할 수 있다.

Memo

Memo

Memo

지은이

양현권 서울대학교 영어교육과

강규한 국민대학교 영어영문과

백순도 국민대학교 영어영문과

남택현 서울 수도여자고등학교

High School English
자습서

펴 낸 이	주민홍
펴 낸 곳	서울특별시 마포구 월드컵북로 396(상암동) 누리꿈스퀘어 비즈니스타워 10층
	(주)NE능률 (우편번호 03925)
펴 낸 날	2018년 1월 10일 초판 1쇄 발행
	2023년 3월 15일 10쇄
전 화	02 2014 7114
팩 스	02 3142 0356
홈페이지	www.neungyule.com
등록번호	제 1-68호
I S B N	979-11-253-1974-0
정 가	16,000원

NE 능률

고객센터

교재 내용 문의 : contact.nebooks.co.kr (별도의 가입 절차 없이 작성 가능)

제품 구매, 교환, 불량, 반품 문의 : 02-2014-7114

전화 문의 응답은 본사의 근무 시간 중에만 가능합니다.

NE능률 교재 MAP

아래 교재 MAP을 참고하여 본인의 현재 혹은 목표 수준에 따라 교재를 선택하세요.
NE능률 교재들과 함께 영어실력을 쑥쑥~ 올려보세요!
MP3 등 교재 부가 학습 서비스 및 자세한 교재 정보는 www.nebooks.co.kr에서 확인하세요.

교과서/
내신

중1

중학영어1 자습서 [김성곤_2015 개정]
중학영어1 평가문제집 1학기 [김성곤_2015 개정]
중학영어1 평가문제집 2학기 [김성곤_2015 개정]
중학영어1 자습서 [양현권_2015 개정]
중학영어1 평가문제집 1학기 [양현권_2015 개정]
중학영어1 평가문제집 2학기 [양현권_2015 개정]

중2

중학영어2 자습서 [김성곤_2015개정]
중학영어2 평가문제집 1학기 [김성곤_2015개정]
중학영어2 평가문제집 2학기 [김성곤_2015개정]
중학영어2 자습서 [양현권_2015 개정]
중학영어2 평가문제집 1학기 [양현권_2015 개정]
중학영어2 평가문제집 2학기 [양현권_2015 개정]

중2-3

생활 일본어 자습서 [2015 개정]
생활 중국어 자습서 [2015 개정]

중3

중학영어3 자습서 [김성곤_2015 개정]
중학영어3 평가문제집 1학기 [김성곤_2015 개정]
중학영어3 평가문제집 2학기 [김성곤_2015 개정]
중학영어3 자습서 [양현권_2015 개정]
중학영어3 평가문제집 1학기 [양현권_2015 개정]
중학영어3 평가문제집 2학기 [양현권_2015 개정]

고1

영어 자습서 [김성곤_2015 개정]
영어 평가문제집 [김성곤_2015 개정]
내신100신 기출예상문제집_영어1학기 [김성곤_2015]
내신100신 기출예상문제집_영어2학기 [김성곤_2015]
영어 자습서 [양현권_2015 개정]
영어 평가문제집 [양현권_2015 개정]

고1-2

영어 I 자습서 [2015 개정]
영어 I 평가문제집 [2015 개정]
내신100신 기출예상문제집_영어 I [2015 개정]
실용 영어 자습서 [2015 개정]
실용 영어 평가문제집 [2015 개정]
일본어 I 자습서 [2015 개정]
중국어 I 자습서 [2015 개정]

고2

영어 독해와 작문 자습서 [2015 개정]
영어 독해와 작문 평가문제집 [2015 개정]
영어 회화 자습서 [2015 개정]

고2-3

영어 II 자습서 [2015 개정]
영어 II 평가문제집 [2015 개정]
내신100신 기출예상문제집_영어II [2015 개정]

고3